거시적 독서 지도

저자 소개

한 철 우

서울대학교 사범대학 국어교육과 및 동대학원 졸업.
미국 미조리대학교 대학원 독서 교육 전공(Ph.D.)
한국교원대학교 국어교육과 교수(현재)

• 저서
『국어교육학 원론』(공저, 1996)
『독서(고등학교 검인정 교과서)』(공저, 1996)
『독서 지도 방법』(공역, 1997)
『문학 중심 독서 지도』(공저, 2001)
『학교 현장 독서 지도 어떻게 할 것인가』(공저, 2007)

• 논문
「문학교육과 독서 교육」(1989)
「효율적인 어휘지도 방안」(1992)
「청소년 독서 자료의 분석 연구(2인 공동)」(1997)
「사람들은 왜 책을 안 읽는가」(1997) 외 다수

거시적 독서 지도

초판 인쇄 2011년 12월 20일
초판 발행 2011년 12월 30일

지은이 한철우
펴낸이 이대현
편 집 이소희
펴낸곳 도서출판 역락
　　　　서울 서초구 반포4동 577-25 문창빌딩 2층
　　　　전화 02-3409-2058(영업부), 2060(편집부)
　　　　팩시밀리 02-3409-2059
　　　　이메일 youkrack@hanmail.net
　　　　등록 1999년 4월 19일 제303-2002-000014호

ISBN 978-89-5556-969-8 93370
정 가 30,000원

* 잘못된 책은 교환해 드립니다.

거시적 독서 지도

한 철 우

역락

머리말

독서(讀書 reading)가 독해(읽기)와 독서(책읽기)로 나뉘어져 이해되어 독서 지도가 실현되는 것은 학문적으로 볼 때에는 바람직하지만, 국어교과서에 갇힌 채 '독해(읽기)' 중심으로 독서 지도가 이루어지는 것은 바람직하지 않다.

독해 중심의 독서 지도는 독해 전략 중심으로 독서 지도가 이루어져, 기능 중심의 국어교육 혹은 읽기라는 비판에 처하게 마련이다. 독해 전략이니 창의적 독서 지도이니 하여 다소간에 이들 비판을 비켜가려 하지만, 근본적으로는 이러한 독해 중심의 독서 지도가 국어 능력이나 독서 능력 신장에 효과가 없다는 비난의 빌미를 제공하는 데서 벗어나기가 어렵다. 물론 이러한 비판이 다소 과장되거나 자기 학문 영역의 이기주의적 발상에서 출발한 측면도 있지만, 그러나 그러한 비판의 다소 불순한 의도를 의심한다 할지라도 독서지도의 불편한 진실을 밝혀 이를 극복할 책임이 독서연구자들에게 있음을 부인할 수는 없다.

독서 능력의 발달은 다소 거칠게 말하더라도 지식과 독서 전략이 함께 할 때 온전한 것이며, 어느 한쪽의 능력이 부진할 때에는 기대만큼의 발달을 성취할 수 없다. 특히 중등(7학년) 이상의 독자에게는 독해학습 중심의 읽기보다는 글이나 책을 많이 읽는 거시적 독서가 독서 능력 신장에 더 많은 기여를 하게 된다. 독서는 정보 제공의 기능, 창의 사고의 기능, 정서 함양의 기능 등을 가지고 있는데, 그러므로 지속적인 거시적 독서를 통하여 지식이나 경험이 축적되고, 창의적 사고의 훈련이 거듭되어야 독서 능력이 온전히 발달되는 것이다.

그 동안, 독서 연구가 독해 전략의 교수학습 중심으로 이루어진 가운데 독서 연구의 체계가 잡히고, 내용이 질적으로 양적으로 발전해 왔다. 학교 현장에서는 독서 이론의 확립이 되어 있지 않았을 때에도 국어 시간에 독해 중심으로 독서 지도가 이루어져 왔지만, 인지심리학 중심의 독서 이론이 질적으로 양적으로 많은 발전을 성취한 지금에도 독서 지도가 독해 중심으로 가르쳐지고 있다.

　그러나 독서 교육의 궁극적 목적은 평생 독서자 즉 책을 가까이하고 즐겨 읽으며, 그들의 삶의 질적 향상에 독서가 기여하도록 하는 데 있다. 이를 뒷받침할 수 있는 독서 능력의 신장을 위해서는 독해 기능의 능력 못지않게 책을 읽는 거시적 독서 행위가 뒷받침되어야 한다. 독해 전략의 학습과 연습만으로는 독서 능력이 온전히 향상될 수 없다. 독서 능력의 발달을 고려한 독서 지도에서도 독해 전략의 학습보다는 거시적 독서 지도의 비중이 더 커져야 한다.

　이 책에서는 국어교과서, 독서교과서의 독해 중심 교수학습보다는 책 읽기 중심의 독서 지도를 위한 글들로 엮었다. 어떤 글은 이미 다른 책에 있던 글들도 있다. 이는 거시적 독서라는 틀에 맞추기 위해서 부득이한 선택이었다. 공동 연구 집필했던 글들도 양해를 얻어 여기에 넣었다. 거시적 독서의 이론을 정립하기 위해서는 보다 체계적인 탐색과 연구가 필요한 실정이다. 이 책이 거시적 독서 지도의 활성화를 촉진하는 데 조금이라도 기여하기를 바랄 뿐이다.

2011년 12월 저자 씀

차 례

머리말 ___ 5

Ⅰ. 거시적 독서 지도의 기초

제1장 거시적 독서 지도의 이해 __ 13

1. 미시적 독서 지도의 한계 13
2. 독해 기능 학습의 문제 15
3. 미시적 독서의 극복 19
4. 거시적 독서 지도 방안 23

제2장 독서 능력의 발달 __ 29

1. 유아기의 독서 단계 31
2. 초기 독서 단계 39
3. 전이기 독서 단계 46
4. 자립독서기 단계 49
5. 고급독서기 단계 52

제3장 독서의 동기와 태도 __ 57

1. 읽기 태도 모형 58
2. 독서 태도에 영향을 미치는 요인 62
3. 긍정적인 독서 태도 강화의 지도 방법 70

제4장 독서와 어휘 __ 87

1. 어휘력과 언어 능력 88
2. 어휘 지도의 원리 92
3. 어휘 지도 방법 95
4. 어휘 지도 학습 활동의 실제 103

제5장 초기 독서의 오류 유형 __ 113

1. 문제의 제기 113
2. 음독 연구의 이론적 동향 115
3. 음독 오류의 유형 119
4. 한국어 읽기 음독 오류의 경향 122
5. 결론 130

제6장 독서 능력 평가 도구 개발 __ 135

1. 독서 능력 표준화 검사 도구 개발의 필요성 135
2. 독서 능력 표준화 검사 도구 개발 과정 137
3. 검사 시행과 표준화 과정 144
4. 문항 수정 방법 155
5. 결론 164

제7장 삶의 질과 독서 __ 167

1. 삶의 질이란 무엇인가? 167
2. 독서와 삶의 질적 향상 170
3. 청소년 삶의 질과 독서 175

제8장 독서 이론과 독서 지도의 고찰 __ 185

1. 독해과정 연구와 독서 교육 185
2. 학교 독서 지도의 비판적 검토 201

Ⅱ. 거시적 독서 지도의 실천

제 1 장 독서 환경과 독서 지도 __ 213
    1. 책을 읽지 않는 이유 215
    2. 효과적인 독서 지도 227

제 2 장 청소년 독서 자료의 분석 __ 237
    1. 서론 237
    2. 청소년 독서 자료의 개념 242
    3. 청소년 독서 자료의 분석 247
    4. 결론 261

제 3 장 독서와 문학의 통합 지도 __ 265
    1. 독서의 과정과 문학의 과정 266
    2. 독서와 문학의 통합 가능성 271
    3. 문학과 독서의 통합적 읽기 활동 277

제 4 장 독서 교육 지원 시스템의 방향 __ 285
    1. 독서의 과정에 대한 이론 285
    2. 독서 발달에 대한 이론 288
    3. 독서 지도 방향에 대한 이론 290
    4. 독서 교육 지원시스템의 방향 296

제 5 장 학교 독서 지도의 방향과 과제 __ 305
    1. 학교 독서 지도 지원 체제의 확립 307
    2. 학생 독서 지도의 방향 316

III. 교과 독서 지도의 이해

제1장 활동 중심 독서 지도의 의미와 방향 __ 335
1. 활동 중심 독서 교육의 필요 335
2. 활동 중심 독서 교육의 의의 338
3. 활동 중심 독서 교육의 지향점 347

제2장 교과 독서의 의미와 방향 __ 359
1. 도입 359
2. 현재 독서 교육은 어떻게 이루어지고 있는가? 362
3. 교과 독서의 본질은 무엇인가? 366
4. 교과 독서의 교육적 지도 방안은 무엇인가? 370
5. 이제 남은 과제는 무엇인가? 377

제3장 독서이력철의 구성과 평가 방안 __ 379
1. 독서이력철의 구성 방안 380
2. 독서이력철 평가 방안 386
3. 독서이력철 평가의 기록 389

제4장 독후활동지의 제작과 유형 __ 393
1. 독후활동지의 이론적 근거 395
2. 독후활동지 412

Ⅰ. 거시적 독서 지도의 기초

제1장 거시적 독서 지도의 이해

제2장 독서 능력의 발달

제3장 독서의 동기와 태도

제4장 독서와 어휘

제5장 초기 독서의 오류 유형

제6장 독서 능력 평가 도구 개발

제7장 삶의 질과 독서

제8장 독서 이론과 독서 지도의 고찰

제1장 ▌ 거시적 독서 지도의 이해

1. 미시적 독서 지도의 한계

일반적으로 독서 지도는 읽기(독해)와 독서로 나누어 인식된다(국어교육 연구소, 1999). 독서든 읽기든 영어로는 모두 Reading이다. 그런데 우리는 독서는 '책읽기'로, '읽기'는 국어 시간의 독해 학습을 지칭한다. 국어과 교육과정 영역의 명칭이 '읽기'이다. 이 읽기 영역 속의 교육과정은 독해 기능이나 전략의 항목들로 내용이 구성되어 있다. 이 독해 전략의 내용들은 국어 교과서에서 단원 목표로 나타난다. 비판하며 읽기, 추론하며 읽기, 글의 주제, 글의 짜임 등이 그것이다. 이와 같은 교과서 구성은 자연스럽게 국어 수업에서 독해 전략 중심의 미시적 독서 지도가 중심을 이루도록 하는 데에 절대적 영향을 미친다. 미시적 독서 지도에 미치는 영향은 학교 평가나 대학입시를 위한 수학능력 시험의 언어영역의 평가에서도 마찬가지이다. 언어영역의 평가 형식과 내용은 중·고등학교 읽기 지도에 보다 직접적인 영향을 미친다.

그런데 국어 시간의 이러한 독해 중심의 미시적 독서 지도는 소위 책

읽기라는 거시적 독서의 외면을 초래한다. 국어 교사는 교과서 중심의 독서 지도는 열심히 하지만 책을 읽는 거시적 독서에는 관심이 없다. 그 것은 평가와 관련이 없다고 믿기 때문이다. 학생들은 더욱 그렇다. 가뜩이나 학습 부담이 많은 터에, 학생들이 시험에 나오지 않는다고 생각하는 것을 공부할 리가 없는 것이다. 책을 읽는 것이 국어 시험에서 좋은 성적을 얻는 데 효과가 있다는 확신이 서지 않는 한, 학생들은 책을 읽는 독서는 계속 외면할 수밖에 없다. '책을 읽어야 훌륭한 사람이 된다' 든지, '읽으면 행복합니다'든지 하는 추상적인 구호로는 그 바쁜 학생들을 독서에 끌어들이기 어려울 것이다.

독해 전략 중심의 미시적 독서 지도는 고등학교로 가면 더욱 심하다. 국어 교과서 상, 하 두 권을 거의 1년에 마치고, 나머지 시간은 문제풀이 중심으로 학습을 한다. 한 권의 책을 읽는 독서는 엄두도 낼 수 없으며, 이들에게는 사치일 뿐이다. 그러면 이들 문제풀이식 독서 지도는 학생들의 독서 능력 향상에 효과가 있을까? 독서 이론에 의하면, 이러한 문제풀이식 미시적 독서 지도는 학생들이나 교사의 눈앞의 불안감을 해소시킬 수 있을지는 모르나, 근본적인 불안감을 해소시킬 수 있는 독서 능력을 신장시키지는 못한다. 즉 독서 학습 효과가 없는 것이다. 문제풀이식 미시적 독서 지도가 분명히 그것의 한계 효용을 가지고 있다고 보아야 한다.

학교 독서 지도는 사실상 국어 교과서 중심의 미시적 독서 지도에 그치고 있고, 국어 교사는 책읽기 독서 지도를 외면하고 있을 뿐 아니라 책읽기 독서 지도 방법에 대하여 잘 알지 못하며, 책읽기 독서 지도는 국어 교사를 넘어서는 일로 받아들여지고 있다. 책읽기 독서 지도가 사회 운동 차원으로 전개되는 실정이다. 독서 지도는 아직도 오래 전부터 해오던, 권장도서 혹은 필독도서의 선정과 책읽기의 권장, 감상문 써오기 등의 일방적인 독서 지도가 행정지도 차원으로 이루어지고 있다.

국어 시간에 국어 교사가 거시적 독서 지도를 외면하고 있는 현재의 독서 지도 방식은 과연 타당한가? 독서 지도의 목적이 학습자의 독서 능력을 향상시키고 바람직한 독서 태도를 갖게 하며, 평생 독서하는 독자를 만드는 데 있다고 볼 때, 현재와 같은 독서 지도의 방식이 이에 기여한다고 볼 수 있는가? 현재도 변함 없이 이루어지고 있는 국어 교과서 중심의 미시적 독서 지도만으로 교사와 학생이 바라는 독서 능력의 신장을 기대할 수 있는가?

2. 독해 기능 학습의 문제

국어교육의 목표가 '언어사용 기능의 신장'이라고 강조되면서 국어교육에서 '기능(skill)'의 문제는 항상 논란의 대상이 되어 왔고 아직도 명확하게 해결이 되지 않은 채로 잠복되어 있는 실정이다. 기능(skill)은 무엇을 잘 수행할 수 있는 습득된 능력이다. 이 기능은 글씨쓰기, 도예, 골프 등의 운동기능을 지칭한다. 그리고 기본적으로는 지적인 기능 즉 이해와 사고(思考)에 관련된 기능을 뜻한다(Harris 외, 1995). 학습과 관련된 기능의 뜻은 두 번째의 개념과 관련된다.

국어교육에서 기능을 둘러싸고 벌어지고 있는 문제의 본질은 무엇인가?

첫째, 기능의 학습은 지나치게 언어의 실용성을 강조함으로써 국어 사용의 격을 떨어뜨린다는 것이다. 즉 창의적 사고로서의 언어적 특성을 배제하게 되고, 깊이 있는 삶의 표현 매체로서의 문학적 언어 사용이 아닌 피상적인 일상적 사용 기능만의 언어 사용을 강조함으로써 언어 사용의 격을 떨어뜨린다는 것이다.

둘째, 기능이 지식이나 정서적 영역을 소홀히 함으로써 국어 교육에서 인간 교육의 가능성을 배제시킨다는 것이다. 즉 기능적 인간, 꼭두각시 인간을 길러낸다는 주장이다.

그러나 이러한 기능의 학습이 가지고 있는 부정적인 인식에도 불구하고, 학교 현장에서는 아직도 문제풀이식 기능학습이 변함없이 이루어지고 있다. 고등학교의 경우 정규 국어 교과서 학습은 2년 과정을 거의 1학년에서 속성으로 마치고, 2학년부터는 1년에 5~10권 정도의 문제집 풀이식 기능 학습이 이루어지고 있는 실정이다.

그러면 이러한 기능학습 중심의 독서 지도가 주류를 이루고 있는 까닭은 무엇인가? 수학 능력 시험의 언어 영역에서 읽기 영역의 평가 내용을 보면, 사실적 이해, 추론적 이해, 비판적 이해, 논리적 이해 등 독해 기능 중심으로 분류되어 있다. 이 기능 중심의 독서 기능 분류는 Bloom 의 학습목표 분류학에 바탕을 두고 Barett가 독서 지도에 적용을 하여 구안한 것이다.

독해 기능이 아직도 유효한 까닭은 학교 교육에 절대적 영향을 가지고 있는 대학 입학 시험이라는 현실적 이유 때문이기는 하지만, 독서 기능의 독서 학습의 내용과 위계를 제시하고 있기 때문이다. 독서 기능의 분류와 학습은 행동주의 심리학에 바탕을 둔 학습 이론에 따라 분석, 구안된 것이다. 행동주의 심리학에서 학습 이론은 학습 목표를 달성하기 위해 학습할 내용을 학습 가능한 세부 내용으로 분석하여 위계를 정하고 체계화시킨다. 이러한 과정을 거쳐 독서 학습의 목표를 달성하기 위한 내용을 설정하고 이를 하위 내용으로 다시 분석하여 위계를 정하여 얻은 독서 학습 내용의 체계가 독서 기능이다.

독해 기능의 분류와 체계가 갖는 의의는 첫째, 독서 교육의 내용이 무엇인가를 밝혀냈다는 것이다. 독서 지도가 읽을 글을 주고 다만 읽으라고 한다면 그것은 독서를 가르친 것이라고 할 수 없는 것이다. 과거에 칠판에 제목을 제시하고 원고지에 글을 쓰라는 식의 글쓰기 지도가 학습 지도가 아닌 것처럼 독서 지도의 내용을 구체적으로 제시한 것이 독해 기능이다. 다른 교과의 학습 내용 특히 내용 교과의 학습 내용은 교과서에 단원명으로 제시되어 있어 이 교과가 무엇을 학습하는 것인지 그 내용과 체계가 분명하지만, 국어 교과서는 그렇지 않다. 물론 국어교과서도 단원명이 국어과 학습 내용을 제시하고 있지만 그 단원의 학습 목표만을 학습 내용으로 보지 않는다.

둘째 독서 학습 내용의 체계를 제시하였다는 점이다. 국어과 교육과정을 보면 학년별로 기능들이 평면적으로 나열되어 있기는 하지만 나름대로 독서 학습 내용의 체계를 제시하고 있는 것이다.

셋째, 독서는 가르칠 수 있다는 것을 말해 주고 있다. 즉 구체적인 독서 학습 내용이 제시됨으로써 무엇을 가르치고, 학습자가 무엇을 모르고 무엇을 할 수 없는지 이 기능 습득의 확인을 통해서 진단하고 처방함이 가능해졌다는 것이다. 또한 기능 학습을 위계화함으로써 독서 기능을 하나하나 체계적으로 습득하면 독서의 완전학습에 이른다는 소위 완전학습의 가능성과 학습의 효율성을 제시하였다는 점이다.

이러한 독해 기능의 효용성과 대학입시의 현실적 영향 때문에 학교 독서 지도에서는 독해 기능 중심의 지도가 이루어지고 있는 것이다.

Maxim and Five(1988)는 "학습자가 어떤 기능(skill)을 자립적으로 사용할 수 있을 때, 또 그것에 대해 깊이 이해하고 있으며, 그것이 어떻게 작용하는지를 이해하고 새로운 읽기 자료에 적용할 수 있을 때 그 기능은 전략(strategies)이 된다."고 하였다.

이는 천경록(1995)이 "기능은 문제 해결의 논리이고, 전략은 의사결정의 논리"로 정리한 바와 유사하다고 할 수 있다. 전략의 개념에는 행동 주가 어떤 목적에 도달하기 위하여 최적의 선택을 해 나가는 방법의 의미가 있다. 이러한 전략의 속성으로는 유연성(flexibility)과 통합성(integration), 발견성(heuristic)이 거론되고 있다. 유연성이란 기계적인 규칙의 적용이 아니라 목표 달성을 위한 여러 가지 정보와 상황을 종합하여 융통성을 발휘하는 것이다. 통합성은 모든 정보를 종합 조정하는 것을 말한다. 발견성은 예상하지 않았던 새로운 내용이나 절차를 알게 되는 것을 말한다.

기능이 숙달되어 잊어진다면 그리고 그 숙달된 기능이 상황에 따라 유연성 있게 사용된다면 그것은 전략이 된다. 브레이크를 발로 밟는 기능이 숙달된다면, 그 브레이크 사용 기능은 운전의 여러 가지 상황에서 운전자가 상황에 맞게 매우 적절하게 사용하게 되는데 이때 운전자는 전략을 구사하게 되는 것이다.

그러나 스터디 스킬(study skill)의 개념이 구체적인 목적을 가지고 읽거나 듣는 행위를 돕는 이를테면 정보를 기억하기, 지시에 따르기, 정보찾기, 정보를 조직하기 선택하기 등과 관련된 기술이나 전략의 총칭을 뜻한다(Harris 외, 1995)고 볼 때, 기능과 전략은 명확히 구분되지 않고 사용되기도 한다. 그렇지만 기능은 행동주의 심리학에 바탕을 두었고, 전략은 인지심리학에 바탕을 두었으므로 기능은 분석적 반복연습의 특성을 가지고 있다면, 전략은 총체적 구성주의적 관점에 서 있는 점이 다르다고 보아야 할 것이다.

전략 중심의 독서에서 독자는 낱말을 고립시켜 이해하기보다는 전체 의미의 맥락 속에서 읽으려고 한다(Maxim and Five, 1998). 그들은 문맥을 이용하여 예측하며, 글의 내용에 관하여 내가 알고 있는 것이 무엇인지 생각하고, 다른 이야기를 읽고 있는 이야기와 관련시키려고 하며, 모르는 것은 다른 사람에게 물어보며, 책의 제목과 목차 등을 미리 훑어보기도 한다. 어려운 내용이 있으면 다시 읽는다.

3. 미시적 독서의 극복

국어 교과로서의 독해 기능 지도는 흔히 내용 이해와 고립된 기능 중
심 지도(skills-in- isolation approach)가 되기 쉽다. 그러니까 독서 기능들은
자주 내용 연결 혹은 내용과의 통합이 없는 탈맥락 속에서 학습되는 것
이다. 결과적으로 독서는 정적(static)인 것이 되거나 글 속의 주요 지식
(domain knowledge)이 무시되거나 최소화된다. 이럴 때에 독서 교육은 가치
나 내용이 없는 기능주의 교육이 된다는 비난을 면키 어렵다. 제5차 국
어과 교육과정의 언어사용 기능 신장의 강조가 자칫 내용이 제거된 탈
맥락의 기능 교육만을 초래하지 않을는지 염려한 까닭이 여기에 있다(김
대행, 1990 ; 국어교육을 위한 교사 모임, 1989). 그렇지 않아도 입시 위주의 국
어교육은 읽기 기능만을 가르치는 문제풀이식 지도에 치우치고 있는 실
정이다.

독해 기능 중심의 지도는 독서의 과정을 분절화시킨다. 그런데 이러한
분절화는 독서의 과정에서 독자는 이용 가능한 모든 텍스트 정보―음
운, 형태, 구문 등―를 동시적으로 이용하기 때문에 독서 기능의 분절
화를 통한 기능 중심의 지도는 독서를 방해하며, 이는 언어 이해 과정의
본질을 부정하는 셈이 된다. 독서 기능의 지도가 행동주의 심리학에 바
탕을 두었으므로 오늘날 독서심리 연구를 주도하고 있는 인지심리학의
구성주의와는 거리가 멀다고 할 것이다. 구성주의는 분리된 부분보다는
총체성을 지향하며, 학습의 반복성(연습중심)보다는 능동성과 전략을 강조
한다. 부분의 단순합이 곧 전체가 될 수 없으므로 쪼개진 기능들을 습득

한다고 해서 그들 습득한 기능이 자동적으로 독서의 과정에서 통합되어 기능하지 않는다. 그러나 구성주의적 독서의 관점에 의하면, 독서의 과정에서 독해의 기능들은 동시적이며 총체적으로 기능하게 된다.

독해 기능 분리의 기능중심 지도 방식은 학습의 목적, 이용된 글의 유형, 학습 과제 유형 등 모두가 학습 전략의 선택에 영향을 미친다는 독서 이론에 배치된다. 독서 지도의 정적인 이러한 방식은 독자는 사전 경험에서 얻는 지식이 있으며, 글의 이해를 위하여 독서의 과정에서 그 지식을 글 속의 지식과 통합시키는 독서의 본질을 간과하고 있는 것이다. 글의 이해는 지식을 배제하고는 온전히 이루어질 수 없다. 지식의 개입 없이는 기능의 학습조차도 일어나지 않을지 모른다. 글의 총체적 이해를 위하여 독자는 텍스트 내의 여러 가지 정보 요소들의 관계를 파악하고, 자신의 가지고 있는 지식과 글 속의 새로운 지식을 통합시킨다. 즉 독자, 텍스트, 독서 상황들 사이에 상호작용이 원활히 이루어질 때에 비로소 독자는 텍스트로부터 의미를 구성해낼 수 있다(Anderson 외, 1985).

Voss(1986)는 독자의 글 내용 지식 수준이 글 내용의 이해와 통합, 글 내용의 회상에 영향을 미친다는 사실을 밝혀냈다. 독자의 지식 수준이 글의 이해에 영향을 미친다는 사실은 독서 기능 습득과 독서 능력 신장의 한계를 시사하고 있다. 즉 지식의 축적 없이 기능의 습득과 향상도 어렵고, 아울러 글의 이해력 신장도 한계를 가지게 된다. 독해 기능의 향상과 이해력의 향상은 함께 가는 것이지 어느 한쪽의 일방통행만으로 독서 능력이 신장되지 않는다. 어떤 글에 대하여 아는 내용이 많으면 그 글을 이해하기 용이하다. 지식이 많다면, 어구 내용 추론, 문단의 중심 내용 파악, 중심내용 파악 등의 독해 기능의 유창성 습득이 미흡하더라도 글의 이해가 가능할지도 모른다.

독서 발달에 따른 독서 지도 이론에 따르면, 7학년 이상의 고급독서기의 독자는 기능적 문식성을 습득하며, 신문 등의 텍스트를 유창하게 읽는다. 이 시기 이상이 되면, 자기 선택 독서(self-selected reading)가 중요한 방법이 된다. 학생들이 스스로 책을 선택하고 자발적으로 다양한 읽을거리를 읽는 것은 유창성의 발달과 독서에 대한 바람직한 태도 형성, 경험적 지식의 확대 등을 위해 중요하다. 그들이 상당한 정도의 독서 능력을 가지고 있지만, 교과 내용의 어려운 글 자료를 읽게 되는 경우에는 교사의 직접적인 지도가 필요하다. 고급 독서기가 되면 독서 기능보다는 폭넓은 독서를 통한 지식의 확대가 독서 능력 신장의 관건이 된다.

다른 여러 교과에서 학생들은 교과적 지식을 이해하고 기억하려는 목적으로 정보적 텍스트를 읽는다. 내용 교과적 독서는 포함된 정보의 양이 많기 때문에 학생 혼자 읽어내기가 힘들다. 고급독서기의 독자들은 상당한 정도의 독서 능력을 가지고 있지만, 내용 교과적 텍스트를 읽을 때에는 어휘, 사실, 개념, 가치 등에 대한 배경 지식이 부족한 학생들에게 교사의 직접 지도가 필요하다(Nelson, 1986). 고급독서기의 텍스트에 포함된 정보는 추상적이고 지식의 범위가 넓다.

한편 문학 중심 독서 프로그램에서는 저학년부터 문학 작품 전체를 읽게 하고, 많이 읽게 하도록 권장하고 있다. 이 독서 지도 프로그램에서는 독서 교육에서 독해 기능보다는 책읽기가 독서 발달에 더 큰 효과가 있다고 보고 전국적으로 책읽기를 우선적으로 강조하고 있는 것이다.

독서 위원회의 보고서(Anderson, Hibert, Scott & Willkinson, 1985)에 의하면 초등학생 읽기 지도 시간의 약 70%가 독해 기능 연습 문제를 푸는데 쓰이지만, 이런 활동이 읽기 성적의 향상과는 무관하다는 것이다. 한편, 문학 작품을 학생들에게 읽어 주는 것이 오히려 읽기의 성공에 필요한 배경 지식을 쌓는 데 필요하며(Anderson et al, 1985), 학교에서 책을 읽는 시간의 양이 읽기 성취도 결과와 관련이 깊다는 연구가 있다. 그러나 1990

년과 1992년의 미국국립교육평가원(NAEP)의 보고서에 의하면, 학생들이 학교에서 거의 책을 읽지 않는다고 한다. 또한 1988년과 1990년에 미국 국립교육평가원이 평가한 4학년, 8학년, 12학년 학생의 반수 정도가 전 교과를 통틀어 하루에 10페이지 정도밖에 읽지 않는다고 한다(Foertsch, 1992 ; Langer, Applebee, Mullis & Foertsch, 1990).

만약 학교 수업이 독해 기능 학습지를 푸는 데 국한된다면 어떻게 읽기의 즐거움을 알 수 있겠는가? 실제로 책을 읽히지는 않으면서 어떻게 학생들을 평생 독자로 만들 수 있겠는가? 학생들이 책을 읽고 싶은 욕구를 가지게 하려면 의미있는 문학 읽기 경험을 갖는 것이 필수적이다. 읽기 교과서와 기능 연습지는 책을 읽고 싶은 욕구를 자극시키지 못한다.

독서 전략을 가르치는 데에도 책읽기는 강조되고 있다. 독서 전략을 효과적으로 학습시키려면 책읽기 맥락 속에서 가르쳐야 한다는 것이다. 읽기와 쓰기 맥락에 참여하기, 학생을 폭넓은 읽기·쓰기 활동에 참여시키기, 읽기 쉬운 자료 읽기 속에서, 아울러 어려운 글의 읽기 속에서도 익히기, 전략 사용의 유창성과 통합성을 익히기 위해 책을 다시 읽기 등을 권장하고 있다(Maxim and Five, 1988). 독서 기능과 전략을 효과적으로 가르치기 위해서는 학습자가 능동적인 역할을 하도록 해야 한다. 독서 기능과 전략을 가르치기 위해서는 다양하고 풍부한 독서의 기회를 제공해야 한다. 즉 교실에 여러 종류의 책을 많이 갖추어 놓기, 소리 내어 책을 읽어주기, 하루 30분 혹은 1시간 책을 읽도록 독서시간을 주기, 함께 읽고 감상을 말하게 하거나 토론하게 하기, 혼자 혹은 그룹으로 읽게 하기 등을 권고한다. 독서 전략을 미시적인 차원에서만 가르칠 때 그 독서 전략은 실제 독서 상황에서는 작동하지 않는 전략을 위한 전략의 학습에 지나지 않는다. 전략이든 기능이든 실제의 독서 상황에서 적용되도록 하기 위해서는 실제의 독서 상황에서 학습하도록 해야 한다.

4. 거시적 독서 지도 방안

사회에서나 학교에서 책읽기 독서가 강조되어 왔음에도 교사가 읽을 책의 목록을 제시해 주는 것 외에 독서 지도를 하지 못하고, 학생들이 좀처럼 책읽기를 하지 않는 까닭은 무엇인가? 하나는 교과서 외의 책을 읽는 것이 학생들이 학업 성과를 올리는 데 기여하느냐에 대한 회의에서 오는 것이고, 다른 하나는 교사가 구체적인 책읽기 독서 지도 방법을 잘 모르는 데서 온다. 앞의 이유 즉 독서 기능이나 독서 전략 중심의 미시적 독서 지도가 왜 독서 능력을 향상시키는 데 한계가 있는지, 독서 능력을 향상시키기 위해서는 왜 책읽기 독서를 해야 하는지에 대해서는 앞 절에서 논의하였다. 이 절에서는 거시적 독서를 하는 방법에 대해서 검토해 보기로 한다.

(1) 자기 선택 독서

학생들이 스스로 책을 선택하고 자발적으로 다양한 읽을거리를 읽는 것은 독해의 유창성 발달과 독서에 대한 바람직한 태도 형성, 경험적 지식의 확대 등을 위해 중요하다. 그들이 상당한 정도의 독서 능력을 가지고 있지만, 교과 내용의 어려운 글자료를 읽게 되는 경우에는 교사의 직접적인 지도가 필요하다.

자기 선택 독서 프로그램에서는 선택, 독서 시간, 독서내용의 공유 등 세 가지 요소가 중요하다. 중등학교 학생들에게 교사는 그들의 흥미, 수준에 적합한 자료를 제공해야 한다. 소설 등의 이야기 텍스트인 경우, 성숙한 독자에게 또는 이들보다 뒤떨어지는 미숙한 독자들을 위해서 각각 적합한 책들을 학교도서관 혹은 학급문고에 갖추어 놓아야 한다. 잘 갖추어진 학급문고는 학생들의 독서에 대한 흥미를 불러일으키고 독서 태도를 변화시키며, 독서량을 증가시킨다(Fader et al., 1976).

학교에서는 최소한의 독서 시간을 확보해야 한다. 이 시기의 학생들은 학교 공부와 숙제, TV 시청, 스포츠 등에 시간을 빼앗기기 때문에 학교에서 일정 시간의 독서 시간을 확보해 주어야 한다. 학생들은 소설, 전기, 역사와 사회 및 자연 과학 서적 들을 읽으며, 그들의 다양한 독서 경험을 독서 토론 등의 활동을 함으로써 서로 나눌 필요가 있다.

(2) 문학 중심 독서 지도

문학 중심 독서는 독서 교육에 문학을 중심으로 끌어들이는 것이다. 독서 지도 방안으로는 언어경험적 방법, 읽기-쓰기의 통합적 방법, 총체언어적 방법, 독본 중심 방법, 독서 토론 등의 여러 가지 방법이 있는데, 문학 중심 독서 지도 방법은 최근에 관심이 집중되고 있는 독서 지도 방법이다. 문학 중심 지도 방법은 문학 작품이 많이 포함되는 독본(Basal Readers) 중심의 방법과 유사한 점이 있으나 문학중심 프로그램에서는 교사나 학생이 학습자의 흥미나 욕구에 따라 읽고 싶은 문학 작품을 선택한다는 것이 다르다. 독본에는 이미 독본의 저자가 선정한 작품을 학습하게 되지만 문학 중심 방법은 읽을 작품의 선정이 자유롭다.

학교에서 독서 교육에 문학을 활용하는 데 대한 관심이 높아지고 있다(McGee, 1992). 초등학생 읽기 지도 시간의 약 70%가 독해 기능 연습 문제를 푸는데 쓰이지만, 이런 활동이 읽기 성적의 향상과는 무관하다는 것이다. 한편, 문학 작품을 학생들에게 읽어 주는 것이 오히려 읽기의 성공에 필요한 배경 지식을 쌓는 데 필요하며(Anderson et al, 1985), 학교에서 책을 읽는 시간의 양이 읽기 성취도 결과와 관련이 깊다는 연구가 있다. 만약 학교 수업이 독해 기능 학습지를 푸는 데 국한된다면 어떻게 읽기의 즐거움을 알 수 있겠는가? 실제로 책을 읽히지는 않으면서 어떻게 학생들을 평생 독자로 만들 수 있겠는가? 학생들이 책을 읽고 싶은 욕구를 가지게 하려면 의미있는 문학 읽기 경험을 갖는 것이 필수적이다. 읽기 교과서와 기능 연습지가 책을 읽고 싶은 욕구를 자극시키지 못한다.

문학 중심 독서의 방법에는 중핵 작품(Core Book) 독서, 지정도서(Text Sets) 독서, 주제 중심(Thematic Units) 독서 등이 있다(Gunning, 1996).

중핵 작품 독서는 교육적으로 좋은(교훈적인) 내용을 포함한 작품, 쟁점이 있어 토론하기에 좋은 작품, 인물·배경·시점 등을 가르치기에 좋은 작품, 사회나 삶을 이해하는 데 훌륭한 시사점을 제공하는 작품 등을 선정하여 지도한다.

지정도서는 여러 가지 선정 기준과 방식으로 선정되어 묶여진 책들이다. 선정된 책들은 화제, 장르 등의 공통 기준에 따라 선정될 수 있다. 지정도서는 스포츠, 등산, 해양 등 화제에 관한 책, 영웅이나 동물 등 이야기의 등장인물이 유사한 책, 전기나 탐정 등 장르가 같은 책들로 구성되어 둘 또는 그 이상의 작품끼리 비교하고 대조하는 독서와 학습을 할 수 있다.

(3) 독서클럽과 독서 토론을 통한 독서 지도

독서 클럽이란 학생들이 소집단을 구성하고 그 소집단에서 직접 책을 선정하고, 자율적인 방법으로 책을 읽은 뒤, 정기적으로 토의 모임을 갖는 활동이다. 이러한 형태의 독서 클럽은 학교를 중심으로 하며 활동이 구조화되어 이루어진다는 점에서 기존의 독서 클럽이나 사회 운동의 차원으로 이루어지는 일반적인 독서 클럽과는 다소 구별된다. 일반적으로 이루어지는 독서 클럽은 사회 교육이나 교양 교육의 차원으로 진행되지만, 학교에서 학생을 중심으로 이루어지는 독서 클럽은 독서 지도의 차원에서 이해해야 한다.

최근에 독서 교육에서 관심을 끌고 있는 것 중의 하나가 독자중심, 독자의 의미 구성, 독서 토론이다. 독서 토론은 독자가 읽은 것에 관해 서로 의견을 나누는 상호작용 활동이다.

독서 토론의 전략에는 '양서탐구토론', '대화식 독서 토론', '토의망식 토론' 등이 있다.

양서탐구토론(Great Books' Shared Inquiry)은 미국 양서협회가 아동, 청소년, 성인 등의 독서를 촉진시키기 위해 제안한 방법이다. 독서모임의 리더는 그 작품에서 논의될 수 있는 핵심 주제나 문제가 무엇인지를 찾고 구성원들에게 그들이 읽은 작품의 핵심 문제를 탐구해 갈 수 있는 질문을 만들어 제공한다. 대화식 독서 토론(Conversational Discussion Group)은 야외 카페의 안락한 분위기에서 영화에 대해 자유로운 대화를 하듯이 읽은 책에 대하여 대화를 나누는 독서 토의이다(Tierney 외, 1995).

토의망식토론은 작품을 읽고 난 후 흔히 나타날 수 있는 견해의 불일치나 상반되는 의견을 보다 명료하게 하려는 데 목적이 있으며, 이 목적을 달성하기 위해 그래픽보조자료로서 토의망을 이용한다(Tierney 외, 1995). 토론의 과정은 책의 선정 등 독서를 위해 준비하기, 토의망 설명하기, 소집단 토의하기, 전체 토의하기, 종합토론 등의 단계로 이루어진다.

(4) 독서 워크숍

독서 워크숍은 글쓰기 워크숍의 원리에 바탕을 두고 개발된 독서 지도 방법이다. 독서 워크숍은 쓰기의 과정과 유사하게 독서의 과정에 기초를 두고 있다. 독서 워크숍의 가장 중요한 것은 '시간'이다. 매일 혼자 책을 읽을 시간이 주어진다. 둘째 중요한 요소는 '선택'이다. 학생들은 자신이 읽을 책을 선택하도록 한다. 독서워크숍의 세 번째 중요한 요소는 '반응'이다. 학생들은 책을 읽고 교사 또는 다른 학생과의 대화를 제출한다.

독서 워크숍은 작문 워크숍의 구조와 유사하다. 학습은 문학 또는 문식성에 대하여 5분에서 7분 동안의 시범 학습으로 시작한다. 시범학습에 이어 학생들은 혼자서 책을 읽는다. 학생들은 자신이 읽은 책에 대해 무엇을 어떻게 생각했는지 반응을 쓴다. 그들은 교사 혹은 다른 학생에게 편지 형식의 반응 글을 쓸 수도 있다.

독서 워크숍에서 학생들은 실제의 글읽는 목적을 가지고 독서하며 그들이 읽은 것에 반응한다. 문학 작품과 상호작용을 하면서 문학에 대해 학습한다. 독자로서 자신의 경험이나 좋은 문학에 대한 기준을 임의로 설정하고 좋은 문학인지를 판단하는 학습을 한다. 독서 워크숍은 문학 학습의 개별화된 지도방법이기 때문에 다양한 교수 학습상황에서 적용될 수 있으면, 특히 독서 수준이 다양한 교실에서 사용될 수 있다. 독서 워크숍은 기능 학습, 문제풀이 연습(drill) 중심의 독서 학습에 비하여 많은 시간을 실제의 독서에 투입한 책읽기 중심의 독서가 중요함을 많은 연구들이 밝혀 주고 있다.

독서 토의(reading conference)는 독서 워크숍의 세 번째 단계에서 이루어지는데, 작품을 읽는 목적, 작가의 기법에 대해 이야기하기, 작품에 대한 자신의 반응 등을 말한다. 독서 토의는 작품 감상에서 독자의 능동적 역할을 중요시한다. 독서토의에서 교사와 학생은 자유로운 대화와 토의, 질의 응답, 토의의 핵심주제, 주제의 발견 등에 함께 참여한다. 독서 토의에서 학습의 책임은 학생에게 이양된다.

제 2 장 ▌독서 능력의 발달

학습자의 발달에 대한 정보는 교육을 효과적으로 하는 데 기초가 되는 중요한 정보이다. 피아제의 인지 발달에 대한 연구가 모든 교과 학습의 기초가 되고 있으며, 흥미와 태도 발달, 언어 발달, 성격 발달 등 발달에 대한 정보는 각 교과 학습의 기초가 되는 정보를 제공한다.

독서 발달에 대한 연구는 그 역사가 오래 되지 않는다. 독서 발달 연구는 작문 발달 연구와 같이 언어 발달의 한 영역이다. 그 동안 언어 발달은 주로 음운, 어휘 등의 발달 연구에 머물렀다. 음운, 어휘 등의 발달 연구가 순수하게 미시적 언어 발달 연구에 집중하고 있지만, 독서 발달 연구는 가정환경, 학교 환경 등 보다 거시적(巨視的)인 측면까지 포함하고 있다. 그런 거시성(巨視性) 때문에 독서 발달에 대한 연구는 최근에 이르러서야 관심을 끌고 있다. Chall이 오래 전에 발달 연구를 시도하였으나 아직 그에 대한 연구 정보가 부족하여 미흡한 점이 없지 않았다. 그러나 다시 그 연구를 바탕으로 그 동안의 독서 발달 연구가 축적되어 이제 그 연구 성과를 바탕으로 정리할 수 있게 되었다.

독서 발달 연구는 아동의 발달 시기에 따라 독서 교육을 달리할 수 있도록 기초적인 정보를 제공한다는 점에서 중요하다. 발달 정도를 아는 것은 곧 그 발달 정도에 이르지 못한 아동의 정보를 알 수 있다는 뜻도 되기 때문에 무엇을 가르쳐야 하며, 어떤 자료를 가지고, 어떤 내용을, 어떤 방법으로 가르쳐야 하는지에 대한 정보를 제공한다. 6세 전후가 된 아동들이 5, 6천 단어를 이해하고 있다면, 이 정보를 기초로 우리는 어휘지도의 내용과 방법 특히 문자 지도가 중심이 되는 초기 독서 지도의 내용과 방법, 학습 자료를 적절하게 결정할 수 있게 되는 것이다.

학습자 중심의 교육, 수준별 학습지도를 위해서는 독서 발달에 대한 정보가 더욱 필요하다. 7학년 수준의 독자에 대한 발달 정도를 안다면, 그리고 그들의 발달 정도에 대한 독서 지도가 어떠해야 하는지를 안다면, 책을 내어주고 읽으라는 식의 일방적인 단순한 독서 지도는 하지 않을 것이다. 그들의 흥미, 태도 발달의 경향을 알면, 그들에 맞는 책을 선택할 수 있고, 그들의 발달 정도에서는 미시적인 기능지도보다는 어휘학습, 내용지식 학습지도, 자기 선택 독서, 토의 토론식 독서 지도 등의 보다 거시적인 독서 지도를 할 수 있게 되는 것이다.

Chall(1996)은 독서 발달 단계를 단계 0(Stage 0)에서 단계 5(Stage 5)까지 여섯 단계로 나누고 있다. 각 단계의 이름을 용어로 정하지는 않고 각 발달 단계의 특징을 기술하고 있다. 단계 0은 출생부터 6살까지, 단계 1은 1~2학년, 단계 2는 2~3학년, 단계 3A는 4~6학년, 단계 3B는 7~9학년, 단계 4는 10~12학년, 단계 5는 대학 이상 등의 발달 정도를 말한다.

Wood(1992)는 유아독서기, 초기독서기, 전이독서기, 자립독서기, 고급 독서기 등의 다섯 단계로 나누고 있다. 유아독서기는 출생부터 유치원까지, 초기독서기는 1~2학년, 전이독서기는 2~3학년, 자립독서기는 4~6학년, 고급독서기는 7학년 이상 등으로 나누고 있다. Chall과 Wood의 단계 구분은 대체로 같으나 Chall이 7학년 이후의 발달 단계를 다소 세분하고 있다. 본 장에서는 Wood의 발달 단계에 따라 그 특징을 기술하고자 한다.

1. 유아기의 독서 단계(Emergent Reading Stage)

(1) 독서 발달 특성

문식성의 발달은 아주 어린 시기부터 시작된다. 그러나 읽기 능력 발달에서의 유아기란 음성 언어 능력이 충분히 발달하여 문자에 관심을 가지기 시작하는 시기를 말한다. 이 시기의 아동들은 모국어의 기본적인 문법 구조를 습득하고 있으며, 상당한 정도의 어휘를 이해하고 사용할 수 있는 능력을 가지고 있다. 아동들은 문자 언어를 접하게 되고 문자의 본질에 대한 관심이 커진다. 그들은 그림과 텍스트의 차이를 알게 되며, 창의적인 방식으로 읽고 쓰는 것을 모방한다.

아동을 둘러싸고 있는 가정과 사회 환경은 아동의 언어 발달에 영향을 미친다. 그러나 무엇보다도 그들의 문식성 경험이 더 큰 영향을 끼친다. 어떤 아동들은 부모가 정기적으로 책을 읽어 주고, 집에 책이 많이 있어 책을 늘 본 아동들은 책과 이야기에 친숙하게 되며, 이들 어린이들은 거의 매일 읽거나 쓰는 것을 보고 자라게 된다. 이런 환경은 문식성이 풍부한 환경이다. 그들은 부모가 늘 책이나 신문, 잡지를 읽는 것을 목격하게 되며, 이런 환경의 아동들은 그들 부모의 행동을 모방하게 된다.

이와는 대조적으로 어떤 가정의 아동들은 텔레비전에 보여지는 자막의 글자나 과자와 음식 봉지에 적힌 글자 정도를 보긴 하지만, 부모들이 책을 읽어 주지 않거나 책이 많이 없어 책을 볼 기회가 드물다. 이런 아동들은 열악한 문식성 환경에 처하게 되며, 이러한 차이는 나중의 독서 능력 발달에 커다란 차이를 가져 오게 한다.

가. 개념 발달과 언어 발달

인간은 유형을 발견하는 능력을 가지고 있다. 이러한 능력이 있기 때문에 우리는 사물을 분류하고, 구조화하고, 질서화하며 세계를 인식한다. 간단히 말해서 개념 획득이란 사물이나 사건, 아이디어를 범주화하는 것을 말한다(Bruner, 1966). 아동들은 태어날 때부터 직관적으로 보는 것을 범주화하려 한다. 이 과정은 아동들이 학습하는 방식에서 나타나는데, 그들은 두 사물을 비교함으로써 같은 점과 다른 점을 찾아낸다.

우리는 세계를 인식하는 능력을 가지고 태어난다. 개념 발달은 경험이나 경험을 조직하는 방식에 따라 이루어진다. 개념 발달은 직접적으로 가르쳐지지는 않는다. 산길을 가다가 아이가 다람쥐를 보고 "고양이가 있네!"라고 했을 때, 엄마가 "아니야, 그것은 다람쥐야."라고 하면, 부모가 고양이와 다람쥐의 차이점을 굳이 설명하지 않더라도 아이는 고양이와 다람쥐의 차이점에 주의를 기울이게 된다. 다람쥐의 이름을 붙이는 것 즉 다람쥐라고 지시하는 것이 곧 그 차이점을 가르치는 것은 아니다. 다만 새로운 범주 즉 다람쥐라는 범주의 존재를 알려주었을 뿐인 것이다. 아이는 새로운 범주에 대해 의문을 가지게 되고, 스스로의 힘으로 다람쥐와 고양이의 차이를 발견한다. 아마도 고양이와 다람쥐를 많이 보게 됨으로써 그 차이를 인식하게 될 것이다.

개념은 직접적으로 가르쳐지지는 않지만, 어떤 경험을 제공하거나 구조화함으로써 개념 획득을 도와줄 수 있다. 아이들이 이름붙이기, 비교하기, 설명하기, 구조화하기 등의 언어 경험을 갖게 할 수 있다. 즉 교사는 어떤 동물(예, 중국 판다곰)을 보여 주고, 이들을 다른 동물과 비교하는 경험을 하게 함으로써 개념 획득을 도와준다.

언어 발달은 개념 획득과 궤를 같이하며, 개념 획득을 반영하며, 개념 획득을 형성한다. 어린이는 읽기 학습에서 그들의 음성언어 경험을 활용한다. 어린이가 음성언어를 습득하는 방식과 문식성을 습득하는 방식은 다르므로 읽기 교사는 이러한 차이를 이해해야 한다.

문식성의 발달은 음성언어의 발달과 유사하다. 즉 문식성 발달은 음성언어에서와 마찬가지로 전체에서 부분으로 발달한다. 음성언어에서 아이들이 처음에는 무슨 소린지 구별이 안 되는 옹아리를 하듯이, 쓰기에서 글자나 그림과는 구분이 되는, 글자를 닮은 휘갈겨 쓰는 낙서를 한다.

부모가 책을 많이 읽어준 아이들은 앉아서 책을 읽으며, 이때 아이들은 페이지를 넘기며 그들 자신의 말로 읽는다. 글자를 읽지는 못하지만, 여러 번 들은 책들은 그림을 보면서 페이지의 내용을 기억하며 읽는다. 아이들의 이러한 행동은 곧 책이란 이야기가 있으며, 책장은 어떻게 넘기고 어떻게 읽는지를 어느 정도 이해하고 있음을 반영하는 것이다.

아동의 언어 발달에서 가장 주목되는 사건은 첫 단어를 말하는 것이다. 아이가 첫 단어를 말할 때 부모들은 신기해하고 기뻐 어쩔 줄을 모르며, 몇 번이고 다시 시켜보기도 한다. 새 단어를 말할 때마다 부모는 아이들을 칭찬하고 격려한다. 그러나 글자를 읽는 것은 이런 환영과 칭찬을 듣는 때문만은 아니다. 아이들이 글자를 읽으면 기뻐하기도 하지만, 아이들이 정확하게 읽지 못할 때는 야단을 치기 일쑤다. 글자 읽기의 이런 정확성을 요구하는 부모의 욕심 때문에 아이들은 위축되기 쉽다. 아이들의 글자 읽기 학습에서 정확성이 지나치게 요구되면, 아이들은 시행착오로부터 학습하는 기회를 상실하게 되고, 학습하기 위한 용감한 시도를 하지 못하게 된다.

나. 이야기 유형에 대한 학습

이야기를 많이 들은 아이들은 그렇지 않은 아이들보다 읽기 학습에서 성공할 확률이 높다. 왜냐하면 아이들이 이야기(동화)를 많이 들을 경우, 이야기의 구조나 언어를 많이 이해하게 되기 때문이다. 다시 말하면, 이야기 유형이나 언어에 친숙하게 되는 것이다. 이것은 새로운 이야기의 언어나 이야기의 줄거리를 예언할 수 있게 하며, 이야기를 이해하고 기억하는 데 도움을 준다. 잘 구조화된 이야기는 대체적으로 공통적인 특징을 가진다. 이야기 문법은 이야기의 요소와 그들의 관계를 설명해 준다. 문장문법이 문장의 요소와 요소들의 관계를 설명하듯이 가장 간단한 이야기 문법은 인물과 배경의 제시, 사건의 발단, 인물의 행동 목표 설정, 목표 달성을 위한 행동시도, 결과, 반응 등으로 구성된다(Golden, 1984).

동화나 소설 등 이야기를 읽을 때, 독자는 의식적인 것은 아니지만 이야기 문법을 이용한다. 독자는 이야기의 이어질 내용을 예측하며, 독자가 가진 이야기의 부분 부분과 전개 순서에 대한 지식은 그들이 이야기를 이해하고 기억하는 데 도움을 준다. 이야기를 많이 들은 유치원 아이들은 이야기 유형에 대하여 어렴풋이 알게 되며, 이야기의 요소와 유형에 대한 지식은 그들이 이야기에 반응하고 즐기도록 도와준다. 그러므로 아동에게 이야기를 가르쳐야 할 교사들은 이야기 문법에 대하여 보다 명시적으로 이해할 필요가 있다. 아이들에게 적절한 이야기책을 선택하여 읽어주고, 이야기를 이해하거나 회상하는 능력을 평가할 수 있어야 하기 때문이다.

아이들에게 독서란 즐거운 것이란 인식을 심어주려면, 이야기 구조가 잘 짜여진 것, 재미있는 인물이 등장하는 작품을 선택해야 한다. 그러한 작품은 전형적인 이야기 구조를 가진다.

아이들에게 좋은 동화 작품을 읽어주면, 아이들은 이야기 언어와 이야기 구조를 학습하게 된다. 동화 속의 언어는 일상적 대화의 언어와는 사뭇 다르다. 동화속의 문자 언어는 특이한 표현의 어구가 많으며, 어휘 또한 일상 대화 언어보다 풍부하다.

이야기를 회상하는 능력은 듣기와 읽기의 이해력 발달에 중요한 요소이므로, 유아기 독서 발달 단계에서 매우 중요하게 다루어져야 한다 (Gambrell, Pfeiffer, & Wilson, 1985). 이야기 다시 말하기는 이야기 언어를 흉내 내게 하고, 이야기 구조와 위계의 인식 능력을 발달시킨다. 이야기 다시 말하기 연습을 함으로써, 인물과 배경으로 이야기가 시작되며, 주제 혹은 중심문제를 구체적으로 이해하며, 문제가 무엇이고 그것이 어떻게 해결되는지 등을 설명할 수 있는 능력을 발달시킨다.

교사지도하에 이야기에 대한 토의를 하는 것은 아이들의 이야기 다시 말하기 능력을 발달시킨다(Morrow 1985). 교사는 이야기는 무엇에 대한 이야기인가, 이야기는 어떻게 시작하는가, 이 이야기에서 해결되어야 할 문제는 무엇인가, 어떤 일들이 일어났는가, 이 이야기의 문제가 해결될 수 있겠는가, 이 이야기는 어떻게 끝날 것 같은가 등을 물을 수 있다.

다. 문자의 본질과 목적에 대한 인식

읽기 학습의 중요한 전제 조건은 문자의 본질과 목적에 대한 인식이다. 문자란 무엇인가, 왜 필요한가, 우리가 말하는 음성언어와는 어떻게 다른가 등에 대한 인식이 읽기 학습을 위해 중요하다는 것이다. 다시 말하면, 이러한 인식의 바탕위에서 읽기 학습이 효율적으로 이루어질 수 있는 것이다. 문자언어에 대한 인식은 가정에서의 풍부한 문자언어 경험과 관련이 있다. 부모가 어린이에게 문자언어 경험을 충분히 제공할 때, 아이는 문자의 본질과 음성언어와의 관계를 이해하게 된다. 문자언어에 대한 경험은 사회경제적 여건이 중류인 가정에서 더 풍부하다(Durkin,

1966).

아동들이 인식해야 하는 문자에 대한 인식은 첫째, 문자란 의미있는 것임을 아는 것이다. 종이 위의 단순한 무늬와는 달리 글자는 어떤 메시지를 가지며, 즉 '고양이, 기차' 등의 단어에서부터 '기차는 길다.', '돼지 열두 마리가 소풍을 간다.' 등과 같이 어떤 메시지를 가지고 있음을 깨닫는 것이다.

둘째, 문자는 기록된 언어라는 것을 인식하는 것이다. 어린이는 읽고 쓰는 행위를 관찰하면서 문자는 언어를 기록하는 것이란 사실을 깨닫는다. 상표 이름, 사람이나 사물 이름, 이야기 등은 같은 방식으로 읽혀지는 기록된 언어라는 사실을 알게 된다.

셋째, 읽기는 왼쪽에서 오른쪽으로, 위에서 아래쪽으로 이루어짐을 인식하는 것이다. 이에 대한 인식은 읽기 행동을 계속 관찰함으로써 깨닫게 된다.

넷째, 문자언어는 낱말들로 구성됨을 아는 것이다. 음성언어에서 발화는 낱말들로 분절되지 않고 연속적이다. 그러나 문자언어는 분절적으로 인식된다. 즉 음절, 낱말, 어절 등으로 구분되어 표기됨을 깨닫는 것이다.

(2) 독서 지도

이 시기의 학교(유치원) 독서 지도는 긍정적인 독서 태도를 갖게 하는 것이 중요하다. 즉 독서란 즐거운 것이며, 독서에 쉽게 다가갈 수 있으며, 독서란 자신들의 삶과 밀접한 관계가 있다는 것을 깨닫게 할 수 있도록 해야 한다.

긍정적 태도 형성뿐 아니라, 이 시기의 독서 지도는 아이들에게 새로운 동화를 읽어 줌으로써 새로운 개념을 익히게 하고, 이야기의 내용에 대해 토의하며, 이야기의 구조에 대한 폭넓은 이해를 가능하게 할 수 있다.

가. 독서 환경

교사들이 제공하는 독서 자료와 독서를 지도하는 방식은 아이들이 독서의 즐거움과 독서 탐구를 추구하느냐에 영향을 미친다. 문자 사용의 목적과 의의를 알게 하는 여러 가지 지도 방법으로는 물건의 이름을 붙인 꼬리표, 학생의 물품에 붙인 이름표, 간단한 지시 사항 등이 있다. 이런 방법은 문자가 어떤 구실을 즉 무엇을 하느냐를 알려주는 것을 뜻한다.

책은 아이들에게 가장 흥미를 끌게 하는 곳에 두어야 한다. 그리하여 아이들이 관심을 갖고 책의 세계로 들어갈 수 있도록 한다. 학급문고는 문자언어 환경을 풍부하게 제공하는 가장 중요한 요소이다. 교실에 다양한 동화나 소설 독서 자료를 갖추고 책을 쉽게 빌리게 할 수 있도록 하는 것은 그렇지 않은 학급의 아이들보다 더 많이 책을 읽게 한다고 한다(Huck et al, 1987). 더욱이 같은 학급 문고라도 어디에 자리를 마련하는가 즉 아이들의 눈에 잘 뜨이고 자유로이 책을 빌리게 할 수 있을 때, 아이들로 하여금 더 많이 책을 읽게 하며, 그렇지 않을 경우에는 큰 효과가 없다(Morrow, 1982).

잘 꾸며진 독서방은 교실에 들어갔을 때, 먼저 주의를 끄는 매력적인 곳이어야 한다. 독서방은 교실 한 쪽에 피아노 등으로 가려져 만든 작은 방이다. 그 방은 포스터, 책표지, 독후감, 저자에 대한 이야기 등으로 꾸며진다. 독서방은 단순히 책을 두는 곳이 아니라 책을 읽으며 편히 쉴 수 있는 편안한 곳이어야 한다.

나. 독서 지도

유아기의 문식성 학습은 직접 가르쳐진 것에 의해서가 아니라 모방에 이해서 이루어진다. 스스로 알려고 하는 욕구와 동기에 의해서 촉진된다 (Morrow, 1989). 아이들은 어른이 읽고 쓰는 행동을 보면서 자기도 그런 읽기 쓰기 행동에 참여하고 싶어 하고 모방하려 한다. 처음에는 어른들의 행동을 대략적으로 비슷하게 흉내 내며, 이런 흉내가 잘 한다고 칭찬 받으면 그대로 따라 하려 하고, 읽고 쓰는 활동에 참여하려 한다. 책을 펼쳐들고 읽는 흉내를 내며, 읽어 달라기도 하고 또 소리 내어 읽기도 한다.

① 책 읽어 주기

아이들에게 책을 읽어주는 것은 유아기 독서 지도의 가장 효과적인 방식이다. 하루에 두세 번씩은 어린이에게 이런 읽기 활동을 할 수 있어야 한다. 유치원에서는 오전 중에는 교사가 아이들을 자신의 주위에 둘러싸이게 하여 재미있는 이야기를 읽어 주며 듣게 하는 것도 좋은 독서 지도 활동이다.

음악 시간에는 노래를 부른 다음, 가사를 적고 읽어 보도록 할 수 있다. 10분 쉬는 시간을 가진 다음에는, 돼지의 소풍 같은 잘 아는 이야기를 읽어 주고 따라 하게 할 수 있으며, 아이들이 잘 모르는 새로운 이야기를 읽어 줄 수도 있다. 또 아이가 가져온 책을 읽어 줄 수도 있으며, 오전 시간을 읽기로 끝내기도 한다.

아이들에게 책을 읽어 줄 때는, 아이들이 단순히 듣고만 있는 것이 아니라 읽기 활동에 아이들이 직접 참여하도록 권장되어야 한다. 책을 읽어 주는 중간 중간에 아이들의 느낌이나 생각을 물어볼 수도 있다. 또 등장 인물이나 사건을 자신들의 상황과 관련시킬 수 있도록 질문할 수 있다.

② 읽어준 이야기 다시 말하기

아이들에게 이야기를 몇 번 되풀이 읽어 준 후, 유치원 어린이들이 들은 이야기를 다시 이야기하게 한다. 어린이들은 잘 아는 이야기를 간단한 연극으로 꾸미거나 그림(삽화)으로 그리기를 좋아한다. 스토리 보드에 그려진 삽화들은 아이들의 이야기 회상을 도와준다.

아이들은 이런 읽기 활동을 통하여 문자언어와 음성언어의 관계를 학습하게 된다. 소리 내어 말해진 것이 문자(기호)로 그려진다는 것을 알게 되는 것이다. 더욱 강조하기 위하여 교사는 특정한 단어를 지적하여 줄 수도 있다.

2. 초기 독서 단계(Initional Reading Stage)

초기 독서 단계는 초등학교 1~2학년(만 6~7세) 시기에 해당한다. 그러나 초기 독서 단계의 발달은 어린이의 분포가 넓다. 즉 나이나 학년이 거기에 도달했다 하더라도 독서 발달 단계로 보면 넓게 흩어져 있다. 집에서나 학교에서 읽어주는 독서 경험을 많이 했거나 인물에 대한 반응, 느낌과 생각 표현하기, 줄거리 회상하기 등의 독서 활동을 했다면, 이런 좋은 독서 경험이 있는 아동들은 그렇지 않은 아동들과는 발달 정도가 현저히 다르다.

유아기 독서 단계에서 초기 독서 단계로 옮겨가는 이행 과정은 단절적이 아니라 연속적이다. 유아 독서 단계의 독자는 책의 문자와 문장은 의미 있는 기호이며, 낱말은 글자가 모여 이루어지며, 왼쪽에서 오른쪽으로 그리고 위에서 아래로 읽어가며, 글자는 소리값을 가지고 있다는 것을 알게 될 뿐이다.

(1) 발달적 특성

가. 의미 구성 과정으로서의 독서

초기 독서 단계에서 독서란 단순히 글자를 소리 내어 정확히 읽는 행위가 아니라, 문자와 낱말, 문장 등이 무엇인가 의미를 가지고 있으며, 독서는 그런 의미를 구성해 내는 행위라는 인식을 해야 한다. 아동에게 폭넓게 책을 읽어주고, 어른들이 책을 읽거나 쓰는 문식성 활동을 많이 볼 수 있을 때, 그리고 의미 있는 맥락 속에서 문자가 읽혀질 때 아동들은 독서가 의미를 구성하는 과정이며, 즐거움과 정보를 준다는 것을 알게 된다. 그러나 폭넓은 독서 경험이 없거나 의미 구성 과정으로서의 독서 지도가 이루어지지 않을 때, 아동들은 단어들을 전체 문맥 속에서 읽기보다는 고립된 문자로서 읽게 된다.

나. 시각 어휘(일견 어휘, sight vocabulary)

초기 독서 단계에서 중요한 학습 목표가 되어야 할 것은 시각 어휘의 습득이다. 시각 어휘란 문맥 속에서 글자와 소리값의 음운론적 규칙에 대한 지식이 없이도 바로 읽어야 하는 단어들이다. '우산'은 '우'의 소리값을 알고, '사'와 'ㄴ'의 소리값 및 두 소리 합성의 규칙을 습득한 후 읽을 수 있다. 그러나 아동들이 문자를 습득할 때 모두 그러한 규칙의 학습을 통해서만 읽을 수 있게 되는 것은 아니다. 아주 기본적인 단어들은 글자와 소리값의 관계를 터득하기 전에 많은 시각 훈련을 통해 즉시적으로 읽어낼 수 있어야 한다. 단어마다 글자와 소리값의 관계를 분석한 다음 읽어야 한다면 독서 속도는 매우 더딜 것이다.

성숙한 독자들이 책 속에서 만나는 단어들은 대부분 음운론적 규칙의 분석 없이 거의 자동적으로 읽히는 시각 어휘들이다. 시각 어휘는 빈도

수가 높은 단어만도 아니요, 무조건 반복 훈련과 암기를 통해서 익혀지는 단어들만도 아니다. 시각 어휘는 부모나 교사가 책을 많이 읽어 줄 때, 아동들이 단어를 자주 보게 됨으로써 저절로 익히게 되는 단어들이다.

시각 어휘의 학습은 두 가지 방안이 있다. 첫째, 초등학교 읽기 교과서에서처럼 새로운 단어의 출현 빈도를 체계적으로 통제하여 제시하는 방식이다. 그러나 이러한 방식은 자칫 현실 세계의 자연스런 언어 맥락에서 벗어날 수 있다. 또 단어 출현 빈도를 엄격히 통제하기 때문에 이야기가 재미없고, 읽기 지도가 이야기의 재미와 의미 이해보다는 단순히 글자 읽기와 쓰기 지도가 중심이 될 염려가 있다. 둘째, 단어의 출현 빈도의 통제를 완화시켜 재미있는 이야기를 읽게 하고, 그래서 아동들이 이야기를 읽는 과정에서 자신들도 모르게 자연스럽게 시각 어휘를 학습하게 하는 방법이다(Weaver, 1988). 즉 의미 구성과 재미있는 읽기가 중심이 되는 독서 행위를 통해서 시각 어휘를 습득해 가게 하는 것이다.

다. 단어 재인 전략

초기 독서 단계에서는 시각 어휘 학습을 통해 습득된 단어가 읽기 자료에서 많이 발견되지는 않는다. 즉 읽기 자료에서 이미 학습한 단어가 있어 바로 읽게 되는 경우는 아주 제한적이다. 결국 대부분의 단어는 글자와 소리값의 관계를 터득해서 읽을 수 있게 되거나, 문장의 통사적 관계, 문맥적 관계 파악을 통해서 어떤 단어인지를 알고 읽을 수 있게 된다는 것이다. 초기 독서 단계에서 단어의 재인 전략[문자 읽기]은 음운 전략, 통사적 전략, 문맥적 전략 등 세 가지이다.

언어학자들은 음성언어(oral language)의 세 가지 중요한 요소로 음운, 통사, 의미를 든다. 음운은 그 언어에서 사용되는 의미를 변별해 내는 소리값 전체이다. 통사는 그 언어의 문장에서 단어가 배열되는 방식 즉 문법 구조이다. 아동들은 학교에 입학하기 전에 이미 모국어의 통사적 구조를 습득하게 된다. "간다 학교에 나"와 같은 구조나 "나 학교는 간다."와 같은 문장을 만들지는 않을 것이다.

초기 독서 발달 단계에서 읽기 자료에서 모르는 단어가 나왔을 때, 아동들이 단어를 읽는 전략은 첫째 글자-소리값 관계 단서, 둘째 통사적 단서, 셋째 의미 단서 등이다.

① 통사 및 의미 단서-문맥 이용 전략

아동들은 초등학교에 들어오기 전에 이미 모국어 구문 체계를 습득했기 때문에 발화된 문장에서 다음에 어떤 단어가 나올 것인지를 예측할 수 있다. "나는 _____을(를) 먹는다."에서 명사, 대명사 등 체언이 와야 함을 안다. 밑줄 친 부분에 모르는 단어가 왔을 때, 아동들은 먹을거리가 되는 그런 명사적 단어들을 예측하고 짐작하여 읽을 것이다. 의미 단서는 전후 문맥 속에서 짐작될 수 있을 것이다. 이때 아동의 세상 경험과 배경 지식이 중요한 단서가 된다. 어떤 결혼식 장면에서 음식을 먹는 문장이라면 '국수' 같은 것이 될 수 있을 것이고, 생일 파티 장면이라면 케이크가 될 수도 있을 것이다.

② 음운 전략

음운 전략은 모르는 단어를 읽을 때 글자와 소리값의 관계를 이용하는 전략을 말한다. 즉 글자가 어떤 소리로 읽혀지는지 그 규칙을 습득하고, 그 지식을 읽기에 활용하는 것이다. '붕어'를 만났을 때, '부'와 'ㅇ'의 소리값을 이미 알고 있다면, 아동은 '붕어'를 읽는다.

글자와 소리값의 관계를 학습시키는 방법은 아동들이 글을 읽을 때, 이러한 전략을 사용하도록 하기 위한 것이다. 이렇게 글자와 소리값을 가르쳐 단어를 읽을 수 있게 하는 읽기 지도(문자지도) 방법을 '발음법 (phonics)'이라고 한다. 우리나라의 경우 발음법은 자모를 통해서는 지도 되기가 어렵다. 즉 'ㄱ, ㄴ, ㄷ……' 등 자모의 소리값을 가르치기는 힘 들다. 우리 문자의 표기 방법은 음절 중심으로 이루어지고 있기 때문에 음절을 기초로 한 발음법을 통하여 초기 독서 지도(문자지도)가 이루어져 야 한다.

'아, 어, 오, 우, 으, 이, 야, 여, 요, 유' 등의 기본 음절의 소리값을 가 르치고 한글의 읽는 방법을 터득하게 해야 한다. '우'의 소리값을 지도 할 때에는 '우산, 우유, 우동' 등 아동들에게 친숙한 단어를 통해 지도하 며, 이와 같은 방식으로 다른 음절도 지도할 수 있다. 기본 음절을 익힌 다음에 받침이 있는 음절을 지도하여 글자 읽는 방법을 학습하도록 한다.

(2) 초기 독서 지도

가. 책읽어주기와 독서 경험 공유하기

집에서 부모가 어린이들에게 책을 읽어주는 것은 초기 독서 단계에서 흔히 있는 일이다. 이 때, 부모가 책을 읽어주는 것이기 때문에 아이들 이 책을 읽지 않는 것으로 생각할 수 있으나 그렇지 않다. 독서 행위는 부모가 사실상 아이들과 함께 책을 읽는 것이다. 이 때, 아이들이 아직 혼자 힘으로 글을 읽을 수 없으나 문자를 봄으로써 문자를 익히게 된다.

'책읽어주기'가 학교 초기 독서 지도에서 중요하게 다루어진 것은 뉴 질랜드의 홀더웨이(Don Holdaway)의 10년간에 걸친 연구 프로젝트에서였 다. 막연히 아이들에게 책을 읽어주는 것이 중요하다고는 생각하고 있었 지만, 전통적으로는 교실에서 책을 읽어주는 것은 아이들이 글자를 볼 수도 없고, 또 아이들이 글자를 읽는 것이 아니기 때문에 극히 제한적으로만 생각되었다. 또 책 읽어 주기는 초기 독서 지도의 효과적인 방식으로 인식되기보다는 이야기를 읽어주는 재미있는 활동으로 더 인식되어 왔다. 홀더웨이의 '책읽어주기'는 전통적인 방식의 책읽어주기와는 다르다. 전통적인 책읽어주기에서는 아이들은 듣기만 하였으나 새로운 방식의 책 읽어 주기에서는 아이들도 글자 크기가 확대된 글을 같이 읽는 기회가 주어진다는 것이다.

책읽어주기에서는 아이들이 많이 들었거나 부모가 많이 읽어주어서 익숙한 이야기가 선택되어야 한다. 흥부놀부 이야기, 토끼와 거북이 등 아이들이 잘 아는 전래동화, 이솝이야기 등을 읽어 준다.

첫 단계에서는 아이들에게 전에 읽어본 경험이 있는 이야기를 소개한다. 그리고 이야기의 내용 예측하기 활동을 한다. 이 이야기는 아이들이 이미 익히 아는 내용이기 때문에 어떤 단어와 문장이 나올 것인지를 예측할 수 있다. 교사는 아이들이 책 표지의 그림을 보면서 서로 이야기하게 하며, 어떤 내용이 나올 것이지를 예측하게 한다.

두 번째 단계의 읽기에서는 글자 읽기를 중심으로 한다. 교사가 글자가 크게 확대된 글을 읽어 주고, 아이들이 따라 읽게 한다. 내용 중심의 읽기보다는 글자에 관심을 집중시키면서 읽는 읽기 활동이다. 교사는 글자, 단어를 짚어 가면서 읽어 주고 따라 읽게 한다.

이 읽기 활동은 30~40분 동안에 같은 이야기를 2~3번 읽는다. 학습의 과정은 시범 읽기, 짚어가며 읽기, 쉬어가며 읽기, 가리고 읽기 등의 단계로 이루어진다. 시범 읽기에서 교사는 이야기의 전개와 내용에 적절한 감정을 넣어 읽음으로써 문학적 언어의 특성을 깨닫도록 한다. 짚어가며 읽기에서는 쓰여진 글자와 단어, 문장들이 음성언어를 활자화한 것이라는 것, 왼쪽에서 오른쪽으로 읽어간다는 것 등을 알게 한다. 쉬어가며 읽기에서는 중요단어 앞에서 잠시 읽기를 멈추고, 아이들이 이야기 내용에 대한 기억, 자신의 세상 경험 등을 바탕으로 들어갈 단어를 예측하게 한다. 가리고 읽기에서는 특정한 단어나 음절 글자를 가리고 예측하게 하는 것이다. '가방'이란 단어에서 '방'자를 가리고 '가__'에서 어떤 단어가 있어야 하는지를 예측하게 한다.

나. 언어경험적 접근

언어경험적 독서 지도 방법은 '함께 읽기'나 '읽기 교과서 지도' 방법을 보완할 수 있는 독서 지도 방법이다. 이 읽기 지도는 총체언어적 지도 방법으로 분류되며, 발음법과 같이 부분에서 전체로 나아가는 분석적 방법이 아니라 전체에서 부분으로 나아가는 총체적 방법이다.

아이들은 자신의 경험이나 사고를 자신의 언어로 말하고, 그것을 자신이 직접 쓰거나 다른 사람의 도움으로 문자화한다. 그 글의 내용은 아이 자신이 말한 것이므로 음성언어와 문자의 관계, 글자나 단어의 기능 등을 이해하게 될 것이다.

언어경험적 접근은 말할 내용 토의하기, 글로 나타내기, 읽기 지도 등의 과정을 거친다. 토의하기는 말할 내용에 대해 교사나 부모가 아이와 얘기를 주고받는 것을 말한다. "어제 엄마, 아빠와 어디 갔었지? 거기서 무엇을 하고 놀았지? 무엇을 보았지?"하고 아이들이 말할 내용을 찾아내도록 도와주는 과정이다. 아이가 "나는 엄마 아빠와 서울대공원에 놀러 갔습니다. 코끼리도 보고 호랑이도 보고 원숭이도 보았습니다. 청룡열차도 탔습니다."라고 말했다면, 교사는 그 내용을 커다란 종이 위에 적거나 또는 스케치북 같은 곳에 적는다. 그런 다음 아이로 하여금 그 글을 읽게 한다. 아이는 이미 그 내용을 잘 알기 때문에 글자 읽는 부담이 낯선 글을 읽는 것보다 훨씬 적을 것이다. 그뿐 아니라, 문자언어란 입으로 말하는 것을 적은 것이란 점 즉 문자언어와 음성언어의 관계를 쉽게 인식하게 되고, 또 독서란 그렇게 어려운 것이 아니며, 재미있는 것으로 생각하게 할 수 있다.

3. 전이기 독서 단계(Transitional Reading Stage)

(1) 발달적 특성

전이독서기 단계의 독자들은 상당한 정도의 시각어휘를 가지고 있으며, 모르는 단어를 문맥을 통하여 알아낼 수 있다. 그래서 이 시기의 독자들은 쉬운 글이긴 하지만, 아직 읽어보지 않은 텍스트를 잘 읽을 수 있다. 그러나 비록 문맥 속에서 모르는 단어들을 파악할 수 있으나, 아직도 글자를 읽는 것이 힘겹고 어려운 일이다. 그들은 낯선 단어를 소리내어 읽는데 힘들어 하며, 손가락을 짚어가면서 읽는 버릇이 있다. 글을 읽는 능력이 빠른 속도로 발전하고 있으나, 아직도 유창성을 획득하는 데 필요한 많은 읽기 훈련과 경험이 부족하여 글을 빠르게 읽지는 못한다.

가. 유창성

훌륭한 독자는 글을 유창하게 읽는다. 다시 말하면, 이들은 특별한 주의를 기울이지 않아도 아주 빠른 속도로 정확하게 글을 읽고, 내용을 이해할 수 있다. 글 속의 단어들을 쉽게 빨리 읽을 수 있을 때, 독자는 내용의 이해에 집중할 수 있다. 그런데 전이독서기의 독서부진아들은 대체로 단어를 읽는 정확성과 유창성이 떨어진다. 즉 그들은 단어를 더듬더듬 겨우 읽으며, 겨우 글자를 읽는 데 급급하기 때문에 문장의 뜻을 파악할 겨를이 없다. 유창성과 독해력은 상관관계가 높다. 겨우 단어를 더

듬거리며 읽는 아동들은 단어의 뜻을 파악하는 데 대부분의 시간을 보내게 된다. 유창성을 획득하려면 많은 독서를 통하여 어휘력을 길러야 한다. 모르는 단어가 많이 나오면, 유창하게 읽기가 어렵다.

나. 독서와 작문에 대한 동기화

이 시기의 독자들은 자립적으로 읽으려고 노력한다. 대부분의 아동들은 이미 1년 이상 전에 충분한 유창성을 획득하여 책을 즐겁게 읽을 수 있다. 이 시기의 읽고 싶어 하는 즐거운 독서 태도는 이 시기 내내 지속적으로 유지되어야 하며, 결국 독서란 그리 크게 힘들이지 않고도 할 수 있는 일이란 희망을 잃지 않도록 해야 한다. 이 유창성을 획득한 아동들에게는 물론이고, 평균 정도 혹은 그 이하의 아동들에게까지도 책을 읽는 일은 사실 즐거운 것이다. 독서 교육의 목표가 높은 수준의 독서 능력을 가진 독자를 많이 있게 하는 것으로 생각되고 있지만, 그보다 더욱 중요한 목표는 자발적으로 폭넓게 읽으며 즐겁게 책을 읽을 수 있는 독자를 많이 길러내는 데 있는 것이다.

그러나 불행하게도 전형적인 학교 독서 지도의 경향은 매우 힘들고 지루하다. 학생들에게 주어진 과제는 단조롭고 지루한 작업을 필요로 한다. 이러한 학교 독서 지도는 학생들로 하여금 독서에 대한 부정적인 태도를 갖게 하기 쉽다. 학생들이 읽기를 좋아하게 되는 것은 교사들의 태도에 달려 있다(Hickman, 1983). 독서에 관심이 많은 교사들은 학생들의 수준에 적합한 책이 무엇인가를 알고 있으며, 책의 내용에 대해 토의하고 책을 추천하는 등 독서 지도에 적극적이다. 그들은 학생들에게 좋은 문학 작품을 매일 읽어주기도 한다.

(2) 독서 지도

전이단계의 독서기에는 유창성 습득이 가능하도록 독서를 많이 하는 것을 강조해야 한다. 이러한 목표를 달성하기 위하여 학생 중심 독서 지도와 교사 중심 독서 지도를 할 수 있다.

학생 중심 독서 지도에서는 학생 스스로 읽을거리를 선택하고 혼자 읽으며, 교사는 이를 관찰한다. 독서 교육의 중요한 목표 중의 하나는 유능한 독자를 기르는 것만이 아니라 정보를 얻기 위하여 혹은 즐기기 위하여 독서하는 사람이 되게 하는 것이다. 폭넓은 독서는 독해의 기초가 되는 배경 지식을 쌓도록 한다. 자발적인 독서와 독서의 성취도는 상관관계가 높다(Irving, 1980). 학교 독서 지도에서 자발적인 독서를 위해 독서 시간을 주는 것만으로는 불완전하다. 책을 읽도록 동기화되어야 하며, 독서에서 성공의 기쁨을 가지는 기회를 많이 갖도록 해야 하며, 그들이 읽은 책의 내용을 가지고 토의 등을 통하여 반응하는 기회를 갖도록 해야 한다. 학생들은 자신에게 적합한 책이나 글 자료를 스스로 선택하고, 다양한 읽기 자료를 읽어야 한다. 학교 도서관이나 학급 교실에 학생들이 쉽게 빌릴 수 있도록 다양한 읽기 자료가 비치되어야 한다. 효과적인 독서 지도가 되기 위해서는 책을 빌리거나 책을 읽는 시간, 그리고 토의하는 시간이 충분히 확보되어야 한다. 또 책을 읽은 기록 즉 책을 읽은 권수, 간략한 독서 후의 기록 등이 있을 필요가 있다.

교사 중심 독서 지도는, 교사가 선택한 자료를 가지고 교사 지도하에 이루어지는 독서 지도이다. 교사 중심 독서 지도에서는 학생들이 선택하지 않는 다양한 독서 자료를 제공할 수 있고, 글의 내용이나 독서 과정을 교사가 구체적인 단계를 밟아 지도할 수 있는 장점이 있다. 즉 교사가 독서 지도의 전문가로서 미숙한 독자를 자세히 안내할 수 있다는 것이다. 어려운 읽기 자료는 교사가 내용 관련 지식을 자세히 풀어서 설명함으로써 학생들이 이해하는 데 도움을 준다. 또 학생들에게 공통적인 독서 경험을 제공할 수 있다. 이런한 독서 지도 방법은 크게 읽기 전·중·후로 나누어지며, 이 모형 중 대표적인 것이 바로 DRA(Directed Reading Activity)이다.

DRA는 읽기 능력을 향상, 강화시키는 데 가장 널리 그리고 오랫동안 사용되어 온 읽기 지도 방법이다. 이 방법은 소설, 전기 등 이야기 글이나 내용 교과적인 글(Content area materials) 등의 지도에서 사용될 수 있다.

4. 자립독서기 단계(Indepedent Reading Stage)

(1) 발달적 특성

이 단계에 이르면, 아동들은 이미 많은 독서 경험을 가졌으며, 긴 글, 그리고 다양한 글을 많이 읽을 수 있는 능력을 가지게 된다. 그러나 그들이 읽은 많은 글은 대부분 그들의 개인적 경험과 관련된 한정된 내용들이었다. 이 단계에 들어서게 되면, 아동들은 자신들이 경험하지 못했거나 내용에 대해서 잘 알지 못하는 즉 그들의 배경지식 한계를 넘어서는 어려운 여러 종류의 텍스트를 만나게 된다. 또한 전 단계에서 있었던 많은 독서가 유창성의 훈련과 발달로 아동들은 이미 수많은 시각어휘를 학습하였으며, 음독의 속도보다 묵독의 속도가 더 빠르게까지 되었다. 정보를 얻거나 감상을 하기 위한 독서에서 음독보다 묵독이 더 큰 비중을 차지하게 되었다.

유창성을 획득함으로써 많은 아동들이 즐겁게 읽을 수 있게 되었으며,

글자 읽는 것이 아니라 글 내용의 의미 이해에 더 집중할 수 있게 되었다. 그러나 유창성이 자동적으로 독서의 즐거움을 보장해 주는 것은 아니며, 무엇보다 학급의 환경이 중요하다.

이 시기의 지도 목표는 자립적이고, 여러 분야의 독서를 하도록 동기화시켜야 하며, 독해 중심의 지도를 하는 한편, 어휘를 확장하거나 교과 학습을 위한 독서 방법을 구안해야 한다.

이 시기의 아동들은 어휘 발달에 문제를 가지고 있는 경우가 많다. 문장은 잘 읽을 수 있으나 단어의 뜻을 잘 몰라서 뜻의 이해에 장애를 가진다. 이 시기의 학생들은 보다 어려운 단어가 많은 글을 대하게 되기 때문이다(Wood, 1992). 교과서의 글만 보더라도 3, 4학년 교과서 중 도덕, 사회, 과학 등의 교과서에 특히 어려운 단어가 급속히 증가한다. 6, 7세가 되기까지 아동들은 5, 6000 정도의 생활 어휘를 습득하고 있으며, 이들 어휘만으로도 초기 독서기 단계의 아동들은 그들이 읽는 대부분의 글자료를 이해하는 데 큰 지장이 없다. 초기 독서기 단계의 아동들이 읽는 글자료는 대부분 이야기글이다. 이야기글의 텍스트는 생활 어휘가 많다. 그러나 자립독서기에 오면, 아동들은 보다 다양한 내용의 어려운 텍스트를 만나게 된다. 이 단계에서는 문자를 파지하는(decoding) 능력의 유창성만으로는 독서의 장애를 극복하기 어렵다.

(2) 독서 지도

이 시기의 독자들이 상당한 정도의 유창성을 확보하고 있기 때문에 혼자 읽을 수 있지만, 아직도 이들은 교사의 직접 지도(direct instruction)에 의해서 독서 능력이 향상될 여지가 많다.

이 시기의 아동들이 읽게 되는 이야기글은 구조가 보다 복잡해지며,

이야기 구조의 명료한 인식이 글 이해를 증진시킨다. 전 단계에서 아동들은 이야기 유형이나 구조에 대해서 어렴풋하게 이해하여도 문제가 없었다. 이야기가 비교적 단순하고 그들의 생활 경험과 관련한 이야기가 많았기 때문이다. 그러나 보다 복잡한 이야기 구조를 읽고 이해하려면, 이야기 구조를 명확하게 파악하는 것이 필요하다. 또한 이 시기에 아동들이 학습해야 하는 것은 글을 많이 읽고 그 글읽기의 양을 늘림으로써 독서 능력을 향상시키는 것이다.

이야기글의 이해는 이야기 문법을 활용하면 효과적이다(Schmitt and O'brien, 1986). 성인 독자이든 학생 독자이든 누구나 이야기를 이해하고 내용을 기억하는 데에 이야기 구조를 이용한다. 이야기 구조에 대한 지식이 많으면 더 좋은 독자가 된다. 다시 말하면, 이야기 구조를 더 잘 알고 이용하면 이야기를 더 잘 이해하게 된다. 이야기 구조 학습에 바탕을 둔 질문 전략은 학생들이 이야기를 이해하는 데 많은 도움을 줄 수 있다. 이야기의 중요 요소에 주의를 집중하여 이야기를 학습하는 이 전략은 이야기를 총체적으로 이해하도록 돕는다.

정보적 자료들은 내용도 어렵고, 또 텍스트의 구조도 이들에게 익숙하지 않기 때문에 교사의 직접 지도가 요구된다. 설명적 텍스트를 잘 읽도록 하려면 정보가 기술되는 방식을 인식하도록 해야 한다. 설명적 텍스트는 이야기 텍스트의 구조와는 다르다. 독자들은 글 속에 어떤 내용이 들어 있는지를 먼저 살펴보고(preview), 자신이 이 화제에 대하여 알고 있는 지식을 관련시켜 읽을 준비를 해야 한다. 다음으로 독자는 글의 내용 구조를 파악해야 한다.

학생들로 하여금 설명적 텍스트의 구조를 인식하게 하고, 글의 중요 정보를 파악하는 데 글의 구조를 이용하도록 가르치면, 학생들이 글의 내용을 더 잘 이해고 효과적으로 기억한다. 학생들의 이해를 증진시키는

지도 방식에는 위계에 다라 내용 요약하기, 내용 도표 만들기, 구조조직
자 완성하기, SQ3R, 소제목 활용하여 학습하기 등이 있다.

5. 고급독서기 단계(Refinement Reading Stage)

(1) 발달적 특성

고급독서기에 이른 학생들은 기능적 문식성을 획득하게 된다(Wood,
1992). 그들은 매일 매일이라도 다양한 자료 즉 신문, 잡지, 소설, 기타
참고 자료들을 능숙하게 읽어낼 수 있다. 이 때, 문식성 능력은 생활하
는 데 있어 문제를 해결하는 도구가 된다. 이러한 읽기와 쓰기의 문식성
능력은 생애 동안 지속되는 것이다. 즉 이 때까지 획득된 능력은 좀처럼
잃어버리거나 떨어지지 않고, 상당 기간 동안 지속되기 때문에 중요하
다. 학교에서의 교육이 지속되지 않더라도 이 능력은 좀처럼 잃어버리지
않는다.

이 단계의 특징은 독자가 읽는 관심 영역의 확대이다. 전 단계에서 독
자는 특정한 저자나 장르에 한정하여 읽는 경향이 있지만, 이 단계에 이
르게 되면 독자들은 다른 독자와의 토론 등 상호작용 과정을 통하여 매
우 다양한 장르에 접하게 되고, 광범위한 저자와 장르에 관심을 가지게
된다. 그러나 그들이 한 특정한 저자에 흥미를 갖게 되면, 그 저자나 작
가의 작품에만 몰두하는 경향이 있다. 즉 자기가 좋아하는 작가의 작품
을 집중해서 읽는 것이다. 그래서 그 작가의 문체나 작품의 내용상 형식
상 특징을 다른 사람에게 설명할 수 있기도 한다. 즉 그 작가에 대한 연
구를 하기까지 한다.

이 단계의 독자들은 또한 독서를 전략적으로 한다(O'Donnell, 1979). 이야기 텍스트를 읽을 때와 정보적 텍스를 읽을 때 차이점이 무엇인지, 중점적으로 읽어내야 할 사항이 무엇인지를 알고 있으며, 여가 독서나 감상적 독서, 학습하기 위한 독서에서 읽어내야 할 내용과 읽는 방법이 어떻게 다른지를 알고 있다. 그러므로 그들은 독서의 목적이나 상황에 따라 구별하여 독서를 한다.

이 단계의 독서 학습의 목표는 전 단계에서 획득한 독서 능력을 확장하는 것이다. 이 시기의 학생들은 이야기텍스트이든 설명적 텍스트이든 모두를 다 잘 읽을 수 있는 능숙한 독자이긴 하지만, 보다 사려 깊고 전략적으로 능숙한 독자가 되도록 노력해야 된다. 그들은 보다 수준 높은 추상적인 글을 읽어낼 수 있는 독서의 힘을 갖추도록 지도되어야 한다.

(2) 효과적인 교수학습 프로그램

이 단계에서는 자기 선택 독서(self-selected reading)가 중요한 방법이 된다. 학생들이 스스로 책을 선택하고 자발적으로 다양한 읽을거리를 읽는 것은, 유창성의 발달과 독서에 대한 바람직한 태도 형성, 경험적 지식의 확대 등을 위해 중요하다. 그들이 상당한 정도의 독서 능력을 가지고 있지만, 교과 내용의 어려운 글자료를 읽게 되는 경우에는 교사의 직접적인 지도가 필요하다.

자기 선택 독서 프로그램에서는 선택, 독서 시간, 독서내용의 공유 등 세 가지 요소가 중요하다. 중등학교 학생들에게 교사는 그들의 흥미, 수준에 적합한 자료를 제공해야 한다. 소설 등의 이야기 텍스트인 경우, 성숙한 독자에게 또는 이들보다 뒤떨어지는 미숙한 독자들을 위해서 각각 적합한 책들을 학교도서관 혹은 학급문고에 갖추어 놓아야 한다. 잘 갖추어진 학급문고는 학생들의 독서에 대한 흥미를 불러일으키고 독서 태도를 변화시키며, 독서량을 증가시킨다(Fader et al., 1976).

학교에서는 최소한의 독서 시간을 확보해야 한다. 이 시기의 학생들은 학교 공부와 숙제, TV 시청, 스포츠 등에 시간을 빼앗기기 때문에 학교에서 일정 시간의 독서 시간을 확보해 주어야 한다. 학생들은 소설, 전기, 역사와 사회 및 자연 과학 서적 들을 읽으며, 그들의 다양한 독서 경험을 독서 토론 등의 활동을 함으로써 서로 나눌 필요가 있다.

학년이 높아갈수록 문학 작품 읽기에 대한 교사의 직접 지도가 강조된다. 학생들이 혼자 읽는 독서는 대부분 감상을 위한 독서이며, 이 독서는 개인적 독서이다. 그러나 교사가 직접지도를 하는 독서에서는 높은 수준의 문학 작품을 읽게 된다. 이러한 독서 경험은 독자로 하여금 독서의 폭과 깊이를 확장시킨다. 신화와 전설, 신념, 가치, 철학 등의 문화적 전통을 경험하게 한다. 대부분의 문학 작품은 인간과 자연, 인간과 인간, 인간과 자기 자신 등의 관계를 언어로 표출하는 예술이다. 교사의 직접 지도는 최소한의 수준 높은 독서 경험을 모든 학생들이 경험하도록 한다. 작품은 교사의 주도하에 혹은 교과서에 의해 선정된 작품이며, 학생들은 이를 감상한다. 여기서 학생과 교사는 같은 작품을 읽고 토의함으로써 독서 경험을 공유하는 효과가 있다. 효과적인 문학 독서는 독서의 전중후(前中後) 활동을 통하여 다양한 독서 활동에서 다양한 독서 활동을 하는 방법이 있다. 문학독서 방법에서 읽기 전 활동에는 예측안내표, 앙케트/질문표, 대조표 등이 있고, 읽기 중 활동에는 인물망, 인물맵, 문학맵 등이 있으며, 읽기 후 활동에는 책개요표, 독서일지, 문학세계망 등의 학습활동이 있다.

고급독서기에서 교사의 직접지도에 의한 내용교과의 독서 지도는 독서 지도 프로그램에서 중요하다. 기초적인 문식성 능력을 획득한 독자들은 여러 교과의 다양한 텍스트를 읽고, 성공적인 학습을 하기 위해 능숙한 독서 전략과 학습 전략을 구사해야 한다. 내용 교과적 독서는 포함된 정보의 양이 많기 때문에 학생 혼자 읽어내기가 힘들다. 고급독서기의 독자들은 상당한 정도의 독서 능력을 가지고 있지만, 내용 교과적 텍스트를 읽을 때에는 어휘, 사실, 개념, 가치 등에 대한 배경 지식이 부족한 학생들에게 교사의 직접 지도가 필요하다(Nelson, 1986). 고급독서기의 텍스트에 포함된 정보는 추상적이고 지식의 범위가 넓다. 사회, 과학 등의 교사는 지식은 있으나 독해 과정에 대한 이해가 부족하기 때문에 학생들은 학습에 어려움을 겪는다. 이 시기의 어휘 학습 지도는 특히 중요하며, GRP(Guided Reading Procedure), SQ3R 등의 방법을 활용한 독서 지도가 필요하다.

제3장 ▌ 독서의 동기와 태도

우리가 어릴 때부터 귀에 못이 박히도록 듣는 소리 중의 하나가 바로 책을 읽으라는 것이다. 그리하여 그것은 이제 부모의 목소리가, 교사의 목소리가 아니라 우리 스스로의 내면에서 강박적으로 들려오는 소리가 되어 버렸다. 강박 관념은 종종 죄의식을 낳는다. 그리하여 책을 실제로 많이 읽어야 하는 사람이나 그렇지 않은 사람이나, 책을 많이 읽고 있는 사람이나 적게 있는 사람이나 모두 책을 놓고 있는 순간을 조금씩은 불편하게 여기게 되어 있다.

독서는 이와 같이 당위적인 차원에만 머물러 있는 것이 아니다. 정보화 사회라고 했을 때, 그것은 정보가 이곳저곳에 넘쳐난다는 것을 의미하기도 하지만, 그러한 정보를 빨리 정확하게 수용하지 못하면 살기 어려운 사회가 되었다는 것을 의미하기도 한다. 갈수록 많은 정보가 필요하고, 그러한 정보를 조종할 능력이 요구될 때, 책읽기의 중요성은 더욱 커진다.

그러나 문제는 그럼에도 불구하고 책을 읽지 않는다는 데 있다. 한 통계에 의하면(김경희, 1995 : 15), 우리나라 성인의 연평균 독서량은 9.6권이라고 한다. 한 달에 한 권의 책도 읽지 않는 셈이다. 성인뿐만이 아니다. 책을 읽지 않는 것은 학생들도 마찬가지다. 왜 이런 현상이 나타나는가? 책을 읽으라고 매일 강조하고, 현실적으로 책 읽는 것이 중요한 시대가 되었는데도 왜 책을 가까이 하지 않는 것일까?

현재 학교나 가정의 독서 교육에서 가장 큰 관심을 가져야 할 문제는 읽기 능력을 어떻게 향상시킬 것인가, 어떻게 올바른 책을 고를 수 있는 안목을 키워 줄 것인가 하는 문제가 아닌 것 같다. 아무리 독서 능력이 뛰어나다고 할지라도 책을 손에서 놓아버린다면 무슨 소용이 있겠는가? 매우 조심스럽기는 하지만, 현재의 독서 교육은 책을 가까이 하는 사람을 키우기보다는 오히려 책을 싫어하고, 심지어는 혐오하는 사람을 기르고 있지 않는지 반성해 볼 필요도 있다. 따라서 이제 학교 및 가정의 독서 교육은 독서 능력의 향상과 함께 평생 독서자를 기르는 문제에 관심을 기울여야 한다.

이 글은 이러한 필요와 반성에서 쓰여졌다. 즉, 무엇이 독서 태도에 영향을 미치는가? 어떻게 하면 긍정적인 독서 태도를 강화할 수 있는가? 등의 문제를 중심으로 학교와 가정에서의 긍정적인 독서 태도 강화 지도 방안을 논의하고자 한다.

1. 읽기 태도 모형

Fishbein-Ajzen 모형, 그리고 Liska 모형은 일반 심리학자들에 의해 제시된 이론 중에서 태도 관련 모형이다. 이렇게 일반 심리학에서 촉발된 태도 관련 연구는 독서 분야에도 영향을 미쳐서, 독서 태도 관련 연구가 구체적인 성과를 얻기 시작하였다. 다음에 소개하는 모형은 이러한 연구성과 중에서 주목할 만한 것으로 독서 태도를 설명하는 중요한 시사점을 줄 것이라고 여겨진다.

(1) Mathewson 모형

독서 태도 이론의 확립에 많은 기여를 한 최초의 모형은 Mathewson 모형이다. Mathewson(1994)은 독서 과정에서 정의적 요인과 인지적 과정 사이의 상호 작용을 다룬 모형을 제시하였다. 이 모형은 1985년에 제시한 자신의 모형을 보완하고 확장한 모형으로, 독서 관련 태도 이론에 주목할만한 기여를 하고 있다. Mathewson은 이 모형에서 독서를 하는 동안에, 혹은 독서 학습을 할 때, 태도가 어떤 역할을 하는지에 관심을 기울이고 있다. 따라서 그의 모형은 태도가 어떤 요인에 의해 영향을 받는지, 그리고 태도는 어떻게 발달하는지에 대한 설명은 다소 부족하다. 그러나 그의 모형은 그러한 이상적인 모형을 구성해 가는 데 있어서 매우 중요한 출발점을 제공하고 있다고 보여진다.

Mathewson의 모형에서는 태도를, 읽고자 하는 마음을 굳히는 데 영향을 미치는 중요한 세 가지 요인 중의 하나로 보았다. 다른 한 가지는 외적 동기 요소이고, 또 다른 한 가지는 개인의 감정 상태이다. 그러나 우리가 정작 관심을 가져야 할 것은 원인으로서의 태도가 아니라 결과로서의 태도이다. 즉, 태도가 무엇에 영향을 미치는가보다는 무엇이 태도에 영향을 미치는가에 더 관심을 기울여야 한다. Mathewson은 태도에 영향을 미치는 요인으로 두 가지 주요 요인과 두 가지 부가 요인을 들고 있다. 주요 요인은 '근본 개념(cornerstone concepts)'과 '설득적 의사 소통(persuasive communications)'으로 구성된다. 근본 개념은 개인적 가치, 목적, 자아개념 등을 포함하고, 설득적 의사소통은 다시 중심 내용(예컨대, 교사의 독서 지도)과 주변 내용으로(독서 자료의 형식상의 매력)으로 구성된다. 그리고 부가 요인은 개인의 독서 경험에서 비롯되는 인지적, 정서적 만족감을 포함한다.

Mathewson 모형에서 중요한 점은 태도를 세 가지 요인으로 구분한 점이다. 이는 태도 자체를 이해하는 데 많은 도움을 준다고 여겨진다. 즉 Mathewson은 태도를 독서에 대한 느낌, 독서 위한 준비 행위, 독서에 대한 평가적 신념을 모두 포함하는 것으로 설명하고 있다.

(2) McKenna 모형

McKenna(1995)는 그 동안 논의된 여러 가지 독서 태도 모형들을 통합하여 구체적인 독서 행동을 설명할 수 있는 하나의 독서 태도 습득 모형을 만들려고 노력하였다. 그는 여러 모형들을 하나의 통합된 모형으로 종합하기 위해서 먼저 각 모형의 어떤 개념이 서로 중복되고 있는지 살펴보고 새로운 독서 태도 모형을 제안하였다.

그는 개인의 독서에 대한 태도는 주로 주관적 규범에 대한 신념, 독서 결과에 대한 신념, 독서 경험과 같은 세 가지 요소의 영향을 주로 받아 발달한다고 가정하였다.

주관적 규범에 대한 신념이란 의미 있는 타인이 독서를 얼마나 가치 있게 여기느냐에 대한 신념, 혹은 인식이라고 할 수 있다. 이러한 주관적 규범에 대한 신념은 문화, 가정, 또래 집단, 그리고 다른 환경적 요인들의 영향을 받는다. 주위의 의미 있는 타인이 나에게 어떤 기대를 하느냐, 나의 어떤 행동을 가치 있게 여기느냐는 나의 행동을 결정하는 데 많은 영향을 미친다. 왜냐하면 우리는 대개 나에게 의미 있는 타인의 기대에 우리의 행동을 맞추려는 경향성을 지니고 있기 때문이다. 독서도 마찬가지다. 주위의 의미 있는 타인이 독서를 중요하게 생각하느냐 그렇지 않느냐, 혹은 내가 운동을 하는 것을 가치 있게 생각하느냐, 책을 읽는 것을 가치롭게 생각하느냐에 따라 독서에 대한 나의 태도는 달라지게 마련이다.

주위의 기대에 따른 태도 변화를 직접적으로 보여주는 예가 아동의 성(性) 차이에 따른 독서 태도의 변화다. 미국의 경우 이러한 연구 결과가 다수 발표되었다(Anderson, Tollerson, & Gilbert, 1985; Ross & Fletcher, 1989). 이들 연구 결과에 따르면, 남자보다는 여자가 독서에 대한 긍정적인 태도가 강하게 나타났다. 이는 부모, 혹은 주위 사람의 기대 차이에서 비롯된 것으로 나타났다. 다른 문화권에서도 유사한 사례가 보고되었는데, 아일랜드와 일본 문화권에서는 남자보다 여자가 독서에 대해서 긍정적인 태도를 가지고 있는 것으로 나타났다. 이는 문화적 차이에서 비롯된 것이다.

McKenna 모형은, 한 개인이 독서를 하였을 때 어떤 일이 발생할 것인지에 대한 신념이 독서 태도에 영향을 미친다는 것을 보여주고 있다. 이와 같은 독서 결과에 대한 신념은 주위 환경에서 비롯되기도 하며, 개인의 실제 독서 경험에서 비롯되기도 한다. 특히 후자의 경우가 독서 태도와 중요한 관계가 있다. 독서 결과에 대한 불만스러움의 반복 순환은 독서 태도에 부정적인 영향을 미치게 된다. 반대로 독서에 대한 만족스러운 경험의 연속은 독서에 대한 긍정적인 태도의 강화로 이어질 것이다. 학생들이 나이가 들어가고, 또 학교를 졸업하고 사회에 진출함에 따라 여가 시간이 점차 많아지고 그 때 무엇을 할 것인지를 결정해야 하는 때가 많아진다. 독서에 대한 성공 경험, 혹은 실패 경험은 이 때 그들의 결정에 중요한 영향을 미치게 된다.

독서 행동 또한 독서 태도에 영향을 미친다. McKenna가 제안한 모형은, 독자의 특별한 독서 경험이 두 가지 방식으로 독서 태도에 영향을 미친다는 것을 보여주고 있다. 하나는 직접적인 방식이고, 다른 하나는 간접적인 방식이다. 간접적인 방식의 예를 들면, 개인의 독서 경험은 독서 결과에 대한 개인의 신념에 영향을 미친다. 그리고 이렇게 형성된 독서 결과에 대한 개인의 신념은 다시 독서 태도에 영향을 미친다. 신념이 바뀌면 태도 또한 같이 변한다. 직접적인 방식의 예를 들면, 독서 행동은 신념의 변화와 같은 인지적 매개 과정을 거치지 않고 바로 독서 태도에 영향을 미친다. Liska(1984)는 독서 행동과 독서 태도 사이의 이러한 연결 관계를 증명한 바 있으나, 독서 분야에서는 그 관계가 구체적으로 밝혀지지 않은 편이다.

2. 독서 태도에 영향을 미치는 요인

독서 태도에 영향을 미치는 요인을 몇 가지 단정하여 정리하기는 힘들다. 개인마다 영향을 미치는 요인이 다를 수 있으며, 한 개인일지라도 독서 상황 및 성장 과정에서 독서 태도에 영향을 미치는 요인은 달라질 수 있기 때문이다. 또한 나이, 지역, 사회경제적 배경에 따라 영향 요인이 달라질 수 있다. 그럼에도 불구하고, 독서 태도에 영향을 미치는 일반적인 요인은 어느 정도 합의를 보고 있다고 보여진다. 다음은 앞에서 살펴본 여러 가지 모형에서 독서 태도에 중요한 영향을 미친다고 설명한 요인을 중심으로 정리한 것이다.

(1) 개인적 요인

가. 독서 행동

Fishbein-Ajzen 모형에서는 '독서 행동'을 간접적인 영향 요인으로 보았고, Liska 모형에서는 '독서 행동'을 태도에 직접적인 영향을 미치는 주요 요인으로 보았다. 책을 재미있게 읽은 독자가 책에 대한 긍정적인 태도를 갖게 되고, 재미없는 책을 읽은 독자가 독서에 대해 부정적인 태도를 갖게 되는 것은 당연한 이치다. 이는 재미나 흥미의 측면에서만 그러한 것이 아니다. 책을 통해 호기심을 충족시킨 경험, 문제를 해결한 경험, 새로운 인식의 지평을 맛본 경험 등은 모두 독서에 대한 긍정적인 태도를 강화시켜 주는 중요한 요인이 된다.

나. 독서 목적

Gardner와 Lambert(1959)는 제2언어 혹은 외국어 학습 동기와 관련해서 '통합적 성향'과 '도구적 성향'이라는 개념을 제시하였다.

통합적 성향이란 언어 학습을 통해 가족 공동체, 지역 공동체, 사회 공동체에 무리없이 진입하여 함께 생활하고자 하는 성향이다. 독서를 통해 이러한 목적을 달성할 수 있다고 생각을 하게 된다면, 독서에 대한 긍정적인 태도는 매우 강해질 것이다. 예컨대, 가족 구성원, 혹은 친구들의 지배적인 담화가 책에 관계된 것일 때, 학생들은 이들 구성원에 합류하기 위해 책을 읽어야겠다는 강한 목적 의식을 가지게 될 것이다.

도구적 성향이란 언어 학습 자체를 어떤 것을 해결하고 성취하는 도구로서 인식하는 성향을 말한다. 독서를 통해 나에게 유익한 무엇인가를 얻을 수 있다는 생각을 하게 된다면, 독서에 대한 긍정적인 태도가 강화되는 것은 자연스러운 일일 것이다. 책을 많이 읽으면 상식이 많아진다,

책을 많이 읽으면 공부에 도움이 된다, 책을 읽으면 세상을 보다 잘 이해하게 된다 등과 같은 기능적이고 실용적인 목적 의식은 독서 태도에 많은 영향을 미친다.

다. 독서의 결과에 대한 신념

독서의 결과에 대한 신념은 독서에 대한 '자기 효능감'으로 이해할 수도 있다. 자기 효능감은 '어떤 과제를 잘 수행하여 기대하는 결과를 얻을 수 있다는 개인의 능력에 대한 판단'(가경신, 1997 : 21)이라고 정의할 수 있다. 이와 관련해서 Bandura(1977)는 효능 기대와 결과 기대를 제안하고 있다. 효능 기대는 목표 달성을 위해 필요로 하는 행동을 성공적으로 수행할 수 있다는 개인의 신념을 의미한다. 한편, 결과 기대는 결과에 대한 개인적 평가로서 어떤 행동은 성공적 결과를 가져오고 어떤 행동은 실패를 초래할 것이라는 개인의 예상이나 기대를 의미한다. 독서 태도에 영향을 미친다고 여겨지는 독서 결과에 대한 신념은 결과 기대에 가깝다고 할 수 있다.

독서를 잘 할 수 있고, 독서 결과가 좋을 것이라는 믿음은 독서에 대한 자신감을 갖게 하고, 독서에 대한 부정적인 인식을 감소시켜 긍정적인 태도를 강화하게 된다. 반면에 독서를 잘 해낼 수 없고, 독서의 결과가 좋지 않을 것이라는 믿음은 독서를 거부하는 인식을 강화하여 결국은 독서에 대한 부정적인 태도를 강화하게 될 것이다.

(2) 환경 요인

학습이나 독서에 있어서 학생들이 지각하고 있는 심리적 환경은 매우 중요한 역할을 한다. 학습이 이루어지는 공간은 가정, 학교, 그리고 사회이다. 나이가 어린 학생들에게는 가정과 학교의 환경이 학습에 매우 중요하다. 가정은 개인이 최초로 접하게 되는 사회 환경으로 그 속에서 언어를 습득하고, 지식을 받아들이는 인지(認知)틀이 형성되며, 심리적 판단들이 이루어진다. 학교 환경은 학교문화, 풍토 등을 말하는데, 특히 교사의 기대나 태도, 학급 구성원의 응집력, 학교나 학급의 분위기 등이 매우 중요한 심리적 환경 요소로 작용한다(한철우, 1997).

이런 환경 요인은 독서 및 독서 태도에도 매우 중요하게 작용한다. 독서에 중요하게 작용하고 독서를 조장하는 환경을 특히 문식성 환경(literacy environment)이라고 하는데, 학생들에게는 가정과 학교가 주요한 문식성 환경이 된다고 할 수 있다. 문식성 환경은 학생이 읽으려는 결정을 하게 하는 것만이 아니라 읽는 과정과 그 결과에도 영향을 미친다. 독서 태도 및 동기를 향상시키는 교실 환경은 교실의 풍부한 문식성 환경, 책에 관한 사회적 상호작용과 교사의 성향에 의해서 조성된다.

가. 가정의 문식성 환경

가정의 문식성이란 부모, 아이들, 그 외 다른 구성원들이 문식성을 사용하는 모든 방식을 말한다(Morrow, 1995 : 7). 문식성 환경은 매일 매일의 생활에서 자연스럽게 일어나는 독서, 작문, 대화하기, 읽은 것에 대해 이야기하기, 부모의 독서 행위, 읽을거리 등을 포함한다. 이러한 문식성 환경은 학생들의 독서 태도에 매우 큰 영향을 미친다. 즉 집에 소유하고 있는 책이 많은지 적은지, 가족과 같이 서점에 자주 가는지 그렇지 않은지, 부모님가 책 읽는 것을 권장하는지 안 하는지, 부모가 독서를 강조하는지 안 하는지, 가족과 자주 읽은 책에 대해 이야기를 나누는지 그렇지 않은지 등과 같은 가정의 문식성 환경이 학생들의 독서 태도에 영향을 미친다.

학습의 모든 것은 부모가 아이들에게 책을 읽어 주는 것으로부터 시작한다(Morrow, 1995 : 2). 독서 능력의 습득은 유치원 또는 초등학교에 입학하기 전에 가정에서부터 시작된다. 가정에서는 부모, 기타 다른 구성원로부터 독서를 배운다. 독서 능력의 습득에 필요한 어휘, 세상에 관한 지식, 부모의 독서 습관 및 태도, 글을 읽고 사고하는 방식 등을 배운다. 가정의 문식성 환경은 학생의 독서 습관과 태도, 독서 능력의 습득에 커다란 영향을 준다. 한 연구에 의하면 학생들의 독서 성적은 가정에서 책을 얼마나 많이 읽느냐에 커다란 영향을 받는다고 한다(Anderson, 1985 : 26). 대부분의 아이들은 가정에서 책을 읽는 방법을 배우며, 독서 성적이 높은 아이들의 가정에는 책이 많고, 도서관을 방문하는 기회가 많으며, 도서관에서 부모, 형제들이 함께 책을 읽는다고 한다. 요약하여 말하면, 부모는 아이들이 처음 만나는 교사일 뿐만 아니라 계속해서 독서 태도 및 습관 형성에 커다란 영향을 미친다고 할 수 있다(한철우, 1997).

나. 학교의 문식성 환경

점차 나이가 들고 학년이 올라갈수록, 학생들이 가정의 문식성 환경보다는 학교의 문식성 환경에 더 지배를 받게 된다. 학교의 문식성 환경은 국어 교사의 독서에 대한 태도, 국어 교사의 독서 지도 방식, 독서 행사와 같은 학교의 정책 등을 포함한다.

학교에서의 독서 지도는 국어 교사가 전담하고 있는 것이 현재 학교 교육의 현실이다. 그리고 국어 교과서의 대부분은 독서 자료 중심으로 편찬되어 있다. 또 국어 시간의 대부분을 독서 지도에 할애하고 있다. 심지어는 말하기, 듣기, 쓰기 지도까지 독서로 대체하는 경우까지 있는 형편이다. 그러므로 국어 교사가 독서 능력뿐만 아니라 독서 태도 형성에 미치는 영향은 매우 크다고 할 수 있다. 국어 교사가 독서에 대하여 가지고 있는 태도는 학생들의 독서에 대한 태도에 영향을 미친다.

국어 교사의 독서 지도 방식도 학생의 독서 태도에 중요한 영향을 미친다고 볼 수 있다. 독서 수업이 지루하고 딱딱하다면, 학생들이 독서에 대해 부정적인 태도를 갖게 되는 것은 당연한 일인지도 모른다. 문학 작품 감상을 포함한 독서 수업을 하면서 학생들의 자율적이고 창의적인 반응을 격려하기보다는 정해진 답을 찾는 데 초점을 맞춘다면, 학생들의 독서에 대한 태도는 부정적으로 형성될 수밖에 없을 것이다. 국어 교사의 독서 지도 방식과 독서 태도와의 관련성을 검토하면서 중요하게 다루어져야 할 것이 바로 독서 능력이다. 독서 태도는 독서 능력을 향상시키는 원인이 되기도 하지만, 반대로 독서 능력은 독서 태도를 긍정적으로 강화하는 원인이 되기도 한다. 국어 교사의 올바른 독서 지도를 받고 독서 능력이 향상된 학생은 책을 읽는 것에 대한 자신감을 갖게 될 것이고 이러한 자신감은 책 독서에 대한 긍정적인 태도로 발전할 것이다.

학교 정책도 학교의 문식성 환경을 이루는 중요한 요소가 된다. 독서 행사를 실시하여 책 읽는 것을 격려한다든지, 독서 클럽을 운영하여 학교의 전반적인 분위기를 책을 읽고, 읽은 내용에 대해 토의하는 분위기로 이끌어간다면, 학생들의 독서 태도에 바람직한 영향을 미칠 것이다. 특히 가정의 문식성 환경이 좋지 않은 학생의 경우에는 학교의 문식성 환경이 더욱 중요한 영향을 미치게 마련이다. 학교 도서관 운영 실태도 학교의 문식성 환경을 이루는 중요한 요소이다. 학생들이 다양한 책을 접할 수 있도록 다양한 종류의 책을 많이 보유하는 문제, 학생들이 언제든지 이용할 수 있도록 학교 도서관을 개방적으로 운영하는 문제, 전문 사서를 두어 학생들의 책 이용을 관리하는 문제 등은 학생들의 독서 태도에 많은 영향을 미칠 것이다.

다. 사회의 문식성 환경

사회의 문식성 환경은 교우 환경, 지역 환경, 사회 환경, 입시를 포함한 각종 교육 정책 등을 포함한다.

학생들의 경우에는 교우 환경이 독서 태도에 큰 영향을 미친다. 이는 친구라는 또래 집단의 영향을 가장 많이 받는 청소년들의 일반적인 특징에서 기인하는 것이기도 하다. 또래 집단이 여가 시간을 보내는 방식, 또래 집단의 지배적인 담론이 무엇이냐에 따라 독서에 대한 태도는 크게 달라질 것이다. 학생들이 여가 시간에 책을 독서보다는 TV를 시청하고, 영화를 보고, 오락을 하고, 이야기를 하는 데 더 많은 시간을 보낸다면, 독서에 대한 긍정적인 태도를 기대하기는 힘들다. 또한 친구들이 나누는 이야기의 소재가 드라마, 영화, 공연 등에 등장하는 연예인 혹은 스타들의 뒷이야기로 채워진다면 이 또한 학생들의 독서 태도에 부정적인 영향을 미칠 것이다. 청소년은 또래 집단을 따르는 일반적인 경향을 가지고 있으며, 또래 집단에서 소외되지 않으려고 하기 때문이다.

지역 환경이나 사회 환경 또한 독서 태도에 영향을 미친다. 지역 공동체 안에 학생들이 편안하고, 자율적으로 드나들 수 있는 도서관이 있는지 여부, 책을 많이 읽는 것을 권장하고 격려하는 분위기가 형성되어 있는지의 여부, 독서 클럽과 같이 책 독서에 쉽게 동참할 수 있는 제도적 장치가 마련되어 있는지의 여부, 책을 많이 읽은 사람을 존경하고 대우하는 분위기가 갖추어져 있는지의 여부 또한 학생들의 독서 태도에 많은 영향을 미친다. 입사 시험을 볼 때, 승진 시험을 볼 때, 책 독서와 관련된 평가 요소의 반영 여부도 태도와 밀접한 관련을 갖는다.

현재와 같이 입시 정책이 모든 것의 위에서 군림하는 지배 논리로서 작용하는 사회에서는 입시 정책도 사회적 문식성 환경을 구성하는 중요한 요소가 된다. 대학 입시가 수학 능력 시험으로 바뀌면서 독서의 중요

성이 부각되고 책을 많이 읽는 것을 강조하는 분위기가 고조된 점은 이를 잘 반증한다.[1]

옥정인(1999 : 69)에 따르면, 대도시 지역, 학부모의 교육 수준이 높은 가정, 가정의 사회경제적 수준이 높은 학생의 경우에는 가정의 문식성 환경이 학생들의 독서 태도에 큰 영향을 미친 것으로 나타났다. 반면에 읍면 지역, 학부모의 교육 수준이 낮은 가정, 가정의 사회경제적 수준이 낮은 학생의 경우에는 가정의 문식성 환경보다 학교 혹은 지역 공동체의 문식성 환경이 더 큰 영향을 미친 것을 나타났다. 사회적 문식성 환경을 개선해야 하는 이유는 그 자체에도 정당성이 있지만, 이와 같이 가정 혹은 학교의 문식성 환경으로부터 소외된 학생을 돕는 차원에서도 고려해 볼 필요가 있다.

(3) 타인의 기대에 대한 신념

앞에서도 살펴보았지만, 타인의 기대에 대한 신념이란 독자에게 의미 있는 타인이 독서에 대해 가지고 있는 기대나 생각에 대한 독자의 신념을 말한다. 신념이란 말 대신에 의식 혹은 인식이라고도 할 수 있다. 일종의 타자 의식이라고도 할 수 있다. 독자에게 의미 있는 타자에 대한 의식이라고 하였는데, 이 때의 '타자'는 개인일 수도 있고 집단일 수도 있다. 개인이란 나와 가장 친한 친구, 나의 부모님, 나에게 국어를 가르

---

1) 대학 입학 시험이 논술 및 수학 능력 시험 체제로 바뀌었음에도 불구하고 고등학생들의 실제 독서량은 증가하지 않았다는 보고도 있다(김경희, 1995). 이런 결과가 나온 데에는 다른 여러 가지 변인이 있었을 것으로 생각된다. 그러나 사회 전반에 걸쳐 독서를 강조하는 일반적인 분위기가 형성되고, 초등학교 때부터 체계적인 독서 지도가 있어야 한다는 여론이 확산된 것이 사실이다. 그리고 각종 독서 지도사 양성 과정이 생기고, 몇몇 상업적인 출판사를 중심으로 개별 방문 지도가 정착된 점도 또한 사실이다.

치는 교사, 내가 존경하는 친척 혹은 사회적 인물 중의 한 사람 일수도 있다. 집단이라고 했을 때는 가족 공동체, 또래 공동체, 지역 공동체, 사회 일반일 수 있다. 그리고 위에서와 같이 실체를 지닌 사람이나 집단, 혹은 공동체일 수도 있지만, 실체를 지니지 않은 신념, 이념, 혹은 분위기나 이데올로기일 수도 있다.

타인의 기대에 대한 신념은 독자가 독서 상황에서 독서를 할 것인가 말 것인가, 어떤 종류의 책을 읽을 것인가 등등의 판단을 하는 데 있어서 하나의 규준 역할을 하기 때문에 주관적 규범이라고도 한다. 앞에서 '타인'은 눈에 보이지 않은 실체로서 하나의 분위기나 이데올로기일 수도 있다고 했는데, 예컨대 독서와 관련된 담론이 지배적인가 아닌가, 책 읽는 것을 권장하는 분위기인가 홀대하는 분위기인가, 책 읽는 것을 높이 평가하는 사회인가 낮게 평가하는 사회인가 등등의 경우가 그 예에 속한다. 사람은 의미 있는 타인의 행동을 따르려는 경향성을 지니고 있다. 책을 읽는 것도 비슷하다. 따라서 의미 있는 타인이 독서에 대해서 어떤 생각과 기대를 품고 있는지는 개인의 독서 태도에 매우 중요한 영향을 끼친다고 할 수 있다.

3. 긍정적인 독서 태도 강화의 지도 방법

앞에서는 독서 태도 모형과 독서 태도 습득 모형을 점검하면서 독서 태도에 영향을 미치는 요인을 살펴보았다. 다음에서는 이러한 요인을 반영하여 긍정적인 독서 태도를 강화하기 위한 지도 방법을 제안하고자 한다. 지도의 주체를 교사, 부모, 혹은 더 나아가 사회 일반으로 하고 기술하였다.

(1) 교사 및 부모의 역할

학생의 독서에 대한 긍정적인 태도를 강화하는 데 있어서 교사 및 부모의 역할은 매우 크다. 학생들이 학교 교육을 마치고 사회에 나갔을 때는 사회의 문식성 환경이 더 큰 영향을 미치지만, 학교 교육을 받는 동안에는 가정의 문식성 환경과 학교의 문식성 환경이 지배적인 영향을 미친다. 다음에서는 가정의 문식성 환경의 주체인 부모와 학교의 문식성 환경의 주체인 교사의 역할에 대해서 살펴보고자 한다. 교사의 역할을 중심으로 기술하고 있지만, 많은 경우가 부모에게도 해당된다고 여겨진다.

첫째, 독서 활동에서 기능의 획득보다는 긍정적인 태도 강화를 더욱 중시하는 주도자 역할을 해야 한다. 즉 독서 지도를 할 때, 학생들의 독서 기능 발달보다는 문식성 활동에 대한 학생들의 태도에 초점을 두어야 한다. 학생들의 독서 활동, 특히 독서 전 활동에서 독서에 대한 긍정적인 태도가 나타나지 않는다면, 독서 활동을 전면적으로 재검토할 필요가 있다. 교사는 독서 전략이나 기능의 사용에 있어서 능숙한 학생이나 서툰 학생 모두에게 독서에 대한 긍정적인 태도를 강조해야 한다. 그리고 교사와 부모는 성, 계층, 문화와 상관없이 모든 학생은 문식성 활동에 대한 긍정적인 태도를 갖게 될 수 있다는 신념을 가질 필요가 있다.

둘째, 무엇이 학생들에게 최선이냐를 결정하는 의사 결정자 역할을 해야 한다. 지혜가 있는 교사나 부모는 자신의 의사 결정이 그들 학생이 독서에 대해서 평생 갖게 될 태도에 의미 있는 영향을 미친다는 사실을 안다. 교사는 독서 교육과 관련해서 올바른 의사 결정을 해야 하며, 자신의 결정에 대해 확신을 가져야 한다. 그리고 문식성 활동을 즐겁게 하도록 도울 수 있는 유용한 지식과 방법을 계속해서 찾는 노력을 기울여야 한다.

셋째, 독서에 대한 긍정적인 태도를 강화하는 데 있어서 학생들이 서로를 돕도록 격려하고 주선하는 협력자 역할을 해야 한다. 교사나 부모는 가까운 친척, 동네 사람, 유명 인사나 연예인 등을 초청하여 학생들의 독서에 긍정적인 태도를 강화하고, 격려하는 데 활용할 필요도 있다.

넷째, 학생들의 문식성 활동을 도울 적절한 때를 발견하고, 학생들의 성취를 칭찬하고 격려하는 촉진자 역할을 해야 한다. 학생들이 아무리 작은 성취를 보였다할지라도 부모나 교사는 기꺼이 그 성취를 칭찬할 수 있어야 한다. 학생들이 문식성 활동을 재미있게 느낀다고 여겨지면, 몇몇 재미난 활동을 소개함으로써 그 즐거움을 계속 이어가게 할 수 있어야 한다. 목표를 이루었을 때의 적절한 칭찬은 결과적으로 학생들이 읽고 쓰는 과정에서 보이는 오류를 줄이는 효과를 가져오기도 한다.

이러한 네 가지 역할을 함으로써, 학생들은 진실로 문식성 활동에 대한 긍정적인 태도를 갖게 될 것이며, 문식력을 사용할 뿐만 아니라 즐기는 평생 독서자로서 성장해갈 것이다.

(2) 긍정적인 독서 태도 강화를 위한 학습의 조건

독자의 동기를 강화시키기 위한 모든 지도 방법은 최소한 다음의 네 가지를 필수적으로 갖추어야 한다(Good and Brophy, 1987). 첫째, 학습 환경이 반드시 긍정적이어야 한다. 이와 관련해서 Good와 Brophy(1987, 310)는 "교사는 반드시 학생들이 학습에 기울이는 노력을 지원하면서 인내심을 가지고 격려하는 사람이 되어야 한다. 학생들은 지적 모험을 하는 데 있어서 편안함을 느껴야 한다. 그리하여, 그들이 만일 실수를 하더라도, 크게 당황하지도 않을 것이며, 타인에게 비판을 받지 않을 것임을 몸으로 느낄 수 있어야 한다"라고 말하였다. 학생들이 교사(부모)를 감시하고 평가하는 존재로 인식한다면, 독서에 대한 학생들의 태도는 부정적으로 강화될 수밖에 없을 것이다. 교사(부모)는 내가 무엇을 하든, 잘하든 못하든 항상 따뜻하게 격려하고 지원하는 사람이라는 생각을 하도록 할 필요가 있다.

둘째, 독서 활동 및 책은 학생들의 수준에 비추어 난이도가 적절한 것이어야 한다. Adams(1990 : 113)에 따르면, 독서 성취도는 학생들이 독서 오류를 적게(2~5%) 범하면서 충분하게 이해하며 읽을 수 있는 자료를 제공했을 때 향상된다고 한다. 독서 태도에 있어서도 같은 논리가 적용된다. 학생들의 수준에 비해 지나치게 낮은 수준의 내용은 학생들을 지루하게 할 것이며, 지나치게 높은 수준의 내용은 학생들에게 심적, 인지적 부담감을 줄 것이다. 이러한 독서 경험은 독서 태도에 부정적인 영향을 미친다.

셋째, 학생들에게 의미 있게 다가가는 학습 목표를 제시하여야 한다. 동기를 촉진하는 데 있어서 교사의 일차적인 목표는 독서를 유용하고, 가치 있고, 소망할 만한 활동으로 만드는 데 있다. 기능이나 전략 교육은 학생들에게 그들의 목적을 달성할 수 있는 많은 기회를 제공함으로써 제대로 이루어질 수 있다. 즉, 아무리 중요한 독해 기능이나 전략이라고 할지라도 학생들이 독서 자체를 거부한다면 효과적으로 숙달될 수가 없다. 학생들이 자발적으로 책을 읽는 과정에서 많은 독해 기능과 전략이 자연스럽고 효과적으로 숙달될 수 있다.

넷째, 외적 동기 강화 전략은 자제되어야 한다. 외적 동기 강화 전략은 짧은 시간 내에서 보면, 효과적일지 모르지만 평생 독서자를 길러내는 데는 적합한 전략이 되지 못한다. 외적 동기가 사라지면, 독서에 대한 태도 또한 변하기 때문이다. 외적 동기 강화 전략을 활용하지 않는 것이 좋으며, 필요한 경우 제한된 상황에서만 사용해야 한다. 그리고 특정 전략의 남용이나 기계적인 적용은 그 효과를 오히려 떨어트릴 수 있다는 사실에 유의해야 한다.

(3) 긍정적인 독서 태도를 강화하기 위한 지도 방법

긍정적인 독서 태도를 강화하려는 이유는 평생 독서자를 만드는 데 일차적인 목적이 있다. 독서 태도를 문제삼는 것은 당장 눈에 보이는 독서 기능이나 능력을 향상시키기보다는 지속적으로, 기꺼이 평생에 걸쳐 독서를 하는 독자를 키우는 것이 더 중요하기 때문이다. 다음에서는 독서에 대한 긍정적인 태도를 강화시키는 데 중요한 몇 가지 지도 방법 및 전략을 제시하고자 한다. 이들은 지도 방법이나 전략이기보다는 독서 태도 강화를 위한 하나의 조건으로 이해할 수도 있다. Camboune(1991)가 말하기 상황에 적용한 몇 가지 지도 방법을 독서와 관련시켜 논의하고, 여기에 앞에서 제시한 모형에서 얻은 시사점을 추가시키는 방향으로 논의를 전개하고자 한다.

Camboune(1991)는 몇 가지의 지도 방법을 제시하였다.[2] 그리고 그것을 말하기 학습에 적용하였다. 그는 다른 학습 상황에도 적용해 볼 것을 많은 교사들에게 권장하고 있다. Camboune는 몰입하기, 시연하기, 기대하기, 책임감 갖기, 이용하기, 접근하기, 반응하기와 같은 일곱 가지 중요 개념 혹은 지도 방법을 중심으로 논의를 전개하였는데, 이 중에서 특

---

2) Camboune가 제시한 '몰입, 시연, 기대, 책임감, 이용, 접근, 반응'이란 개념은 독서 지도 방법과 직접적인 관련이 없다. Camboune는 학생들이 학습에 열중(몰두)할 수 있게 하는 학습 조건에 관심을 가지고 있었다. Camboune는 위 일곱 가지 사항이 학습 상황에 제시된다면, 학습자의 학습 참여율이 매우 높아질 것으로 보았다. 이 글에서는 이들 일곱 가지 학습 조건이 독서 태도를 긍정적으로 강화하는 데 중요하다고 보고, 독서 상황에 적용하여 보았다. 이 글의 맥락에서는 위 학습 조건을 지도 방법으로 대치할 수 있다고 본다.

히 두 가지가 학생들의 학습 태도를 긍정적으로 강화시키는 데 중요할 것으로 여겨진다. 몰입하기와 시연하기가 그것이다. 다른 조건들 — 기대하기, 책임감 갖기, 이용하기, 접근하기, 반응하기 — 은 학생들이 독서에 몰두하는 데 크게 기여할 것으로 기대된다. 교수·학습 상황, 혹은 가정의 문식성 환경에서 이러한 지도 방법이 적용된다면 학생들이 정규 학교 교육을 마친 후에도 계속해서 독서를 하는 평생 독서자로서 성장하는 데 도움이 될 것이다.

교사들은 긍정적인 독서 태도를 강화하기 위해서 이들 학습 방법을 어떻게 적용할 수 있을까? 이 글에서는 몇몇 사례와 지도 방법을 제공하고자 한다. 이들 사례 및 지도 방법을 통해서 학생들 스스로 독서를 가치 있게 여기게 하고, 그렇게 함으로써 학생들이 독서를 적극적으로 하게 하는 데 도움이 될 것이다.

가. 몰입하기

문식성을 강조하는 학급에서는 학생들이 독서에 열중할 수 있는 다양한 환경을 조성한다. 이런 학급에서는 이용 가능한 다채로운 독서 자료(책을 포함)를 구비하고 있고, 학급 도서관이 존재하며, 학생들에게 수시로 독서 자료를 접할 수 있는 기회가 제공된다. 또한 학생들에게 유용하다고 여겨지는 다양한 독서 자료를 수시로 제작하여 제공한다. 이 때 제시되는 독서 자료는 학생들에게 의미 있고, 재미있으며, 쓸모 있는 것들이다.

독서 자료를 제공하는 것만으로는 별로 효과가 없다. 이 독서 자료를 학생들이 자유롭게 그리고 조용하게 읽을 수 있는 환경을 조성해 주어야 한다. 현재도 학교 도서관, 학급 문고가 있는 학교가 많이 있다. 그러나 실제로 학생들이 이들 자료를 읽을 수 있는 시간을 정규 수업 시간에 주는 경우는 드물다. 학교가 문식성 있는 환경을 제공하기 위해서는 학생들이 그러한 독서 자료를 읽을 수 있는 별도의 시간을 마련해 주어야 한다. 그리고 자신의 흥미와 관심, 그리고 필요에 의해 찾아 읽을 수 있는 다양한 책을 구비하고 있어야 한다. 교사와 학생이 함께 묵독할 수 있는 일정한 시간을 마련하는 것을 생각해 볼 수도 있다. 이 묵독 시간에는 조용한 가운데 교사와 학생이 함께 자신이 선택한 책을 자유롭게 읽을 수 있다. 물론 이러한 정규 시간 이외에도 학생들이 원한다면 자기가 읽고 싶은 책을 골라 읽을 수 있는 어느 정도의 자율적인 시간을 줄 필요가 있다. Bissett(1969)의 연구에 의하면, 교실에 다양한 종류의 문학 선집이 있는 학급의 학생들이 그러한 선집이 없는 학급의 학생들보다 50퍼센트 정도 더 많이 책을 읽는다고 한다.

학생들에게 묵독 시간을 많이 주는 것과 관련해서 우리가 간과하지 말아야 할 문제가 하나 있다. Anderson 등(1985)은 학생들이 혼자서 독서에 몰두할 수 있는 시간을 많이 줄 것을 권장하고 있다. 이러한 견해의 밑바탕에는 책을 많이 읽으면 독해의 기능과 전략이 자연스럽게 향상될 것이라는 전제가 깔려있다. 그러나 이러한 견해와 전제는 한편으로는 옳고 한편으로는 그르다. 즉 독서에 매우 서툰 학생에게는 이것이 적절한 제안이 되지 못한다. 이런 학생에게 조용히 책을 읽으라고 하면, 그들은 책은 읽지 않은 채 그냥 조용히 앉아 있을 뿐이다. 이들에게 묵독은 시간을 낭비하는 것 이외에는 아무런 의미도 없다. 따라서 교사는 정규 수업 시간이든, 자유 시간이든 학생들에게 묵독의 시간을 제시할 경우에는 개별 학생들의 독서 능력을 함께 고려해야 한다.

묵독 시간을 제시하여 학생들이 독서에 몰두할 수 있게 하는 것만으로도 학생들의 독서에 대한 태도를 개선하는 데 기여할 수 있다. 그러나 훌륭한 교사, 혹은 부모는 여기서 더 나아가야 한다. 즉 학생들의 관심, 수준, 흥미에 맞는 독서 자료를 제공하는 데 많은 관심을 기울여야 한다.

학생들의 수준에 미치지 못하거나 수준을 넘어서는 독서 자료를 제시하게 되면 학생들이 독서 자료에 완전히 몰입하기 힘들다. 이렇게 되면, 혼자 책 읽는 시간이 은은한 행복을 안겨주는 시간이 되지 못하고 따분하고 지루한 시간이 되기 쉽다. 따라서 훌륭한 교사나 부모는 학생들의 수준, 흥미에 민감해져서 거기에 맞는 독서 자료를 제시하는 데 소홀해서는 안 된다. 학생들은 자신의 수준에 맞고, 흥미를 충족시키는 책을 접했을 때, 거기에 쉽게 몰입할 수 있다.

나. 시연하기

독서에 의해 획득되는 즐거움뿐만 아니라 독서 자료의 중요성과 기능은 우선 가족 구성원들에 의해 시연되고, 다음에 교사에 의해, 그리고 또 다른 사회 구성원에 의해 시연된다. 취학 전 아동은 이야기책을 잡고 책장을 넘기며, 부모와 다른 사람들이 하는 대로 따라 읽는다. 문식성 활동에서 부모, 교사, 그리고 의미 있는 타인의 시연은 매우 강력한 영향력과 힘을 갖는다. 학생들은 자신의 삶에 유의미한 사람들의 태도와 행위를 본받으려는 일반적인 성향을 가지고 있기 때문이다. 그들은 존경받는 타인들, 예를 들어 부모, 교사, 친구, 유명 인사, 연예인들의 행위를 모방하고 싶어 하는 심리적 충동을 항상 지니고 있다. 그리고 실제로 따라 하려고 노력하는 경우가 많다. 독서 행위에서도 마찬가지다. 의미 있고 영향력 있는 타인의 독서 행위는 독서에 대한 긍정적인, 혹은 부정적인 태도를 형성하는 데 많은 영향을 미칠 수 있다.

가정에서는 진정으로 독서를 좋아하는 부모보다 더 훌륭한 모델이 없다. 학교에서도 마찬가지다. 진정으로 독서를 좋아하고, 즐겨하는 교사보다 학생들에게 더 훌륭한 모델은 없다. 이러한 부모를 둔 자녀, 이러한 교사를 둔 학생은 자신들도 모르는 사이에 독서에 전염된다. 시연은 특히 학년이 낮은 학생들에게 효과가 더욱 크다. 교사나 부모는 학생의 나이와 학년 수준에 상관없이 매일매일 책을 읽어줄 위치에 있다. 그림책이든, 동화책이든, 학생들의 수준과 흥미에 맞추어 선정된 책을 열정을 담아 읽는다면 아무리 독서를 싫어하는 학생일지라도 귀를 쫑긋 세우고 다음 이야기에 귀를 기울일 것이다.

낭독은 학생들에게 문식성 활동의 즐거움을 일깨워주는 매우 효과적인 지도 방법 중의 하나이다. 대개는 담임 교사가 이러한 시연을 보이는 주체가 되지만 다른 사람의 힘을 빌릴 수도 있다. 교장, 다른 반 교사 등을 초청하여 학생들이 좋아하는 책이나 시를 읽어 줄 수도 있다. 부모들도 기꺼이 학생들에게 독서의 즐거움을 시연하는 초청 인사가 될 수도 있다. 또한 다른 학년의 학생, 지역 인사, 유명 연예나 스포츠 선수들도 효과적인 독자 모델이 될 수 있다.

가정에서도 부모가 매일 이러한 시연을 할 필요가 있다. 가족 내의 구성원이 즐겨 책을 읽고, 또 읽은 책에 대해 자녀들과 함께 이야기를 나눈다면 학생들의 독서에 대한 긍정적인 태도가 형성될 것이다. 또한 가정에 다양한 종류의 많은 책을 구비해놓고 자녀들이 아무 때나 아무 곳에서나 책을 읽을 수 있는 환경을 조성해주어야 한다. 무엇보다 중요한 것은 부모 자신이, 스스로 책을 즐겨 읽는 모습을 보여주는 것이다. 그리고 이것이 자녀들의 장래 독서 태도와 학업 성취에 중요한 영향을 미친다는 것을 인식할 필요가 있다. '주간 책 읽기'와 같은 프로그램을 짜서 운영할 필요가 있으며, 이러한 프로그램을 만들 때는 담임 교사에게 도움을 요청할 필요도 있다.

교실 안에서의 시연은 다양한 방식으로 진행될 수 있다. 교사는 다양한 장르의 글을 읽어 주고, 그 차이점을 설명할 수도 있다. 또한 한 작가를 선정하여 읽어 주고, 그 작가의 다른 작품을 찾아 읽도록 권장할 수도 있다. 그리고 학생들이 많이 읽었음직한 책에 대한 이야기를 꺼내 학생들과 함께 그 책의 내용과 작가에 대해 토의할 수도 있다. 다른 방식으로는 책을 읽다가 가장 중요한 대목에서 멈추고, 그 다음 이야기가 어떻게 진행되는지 알아오도록 하는 방식이 있다. 그러면 학생들은 집에 돌아가 그 대목을 읽고 와서 다음 시간에 발표하는 것이다.

다. 기대하기

학습의 조건으로서, '기대'는 여러 가지 다른 관점에서 조명될 수 있다. 우선, 학생들은 학습자로서 자신에 대한 기대를 가지고 있다. 그리고 직접적이든 미미하든, 가족 구성원, 교사, 혹은 친구들이 학습자에 대해 가지고 있는 기대들이 있다.

학생들은 학교에 입학할 때, 자신들이 독서에 대해 배울 것이며, 잘 배울 수 있을 것으로 스스로 기대한다. 독서에 대한 태도가 형성되는 시기는 이처럼 매우 이르다. 이 때 독서 자료, 혹은 책에 대한 긍정적인 체험은 평생 지속된다. 독서에 대한 긍정적인 태도가 확실하게 자리 잡기 위해서, 학생들은 자신에게 직면한 도전이 자신의 능력 내의 것이라고 믿어야 한다. 즉 예정된 독서 학습이 실제로 자신에 의해 성취될 수 있다는 것을 믿게 될 때, 비로소 독서에 대한 긍정적인 태도가 자리를 잡게 되는 것이다.

의식적인 수준에서든 아니든, 개인들은 자신의 목표를 스스로 세운다. 이러한 목표는 성취될 수 있어야 한다. 학생의 능력을 알고 있는 교사는 그들로 하여금, 그들이 독서와 관련된 과제를 성취할 수 있음을 보여줌으로써 이 개인적 목표 설정 과정을 가능하게 도와주어야 한다. 도달 가능한 목표를 설정하고, 반복되는 실패 경험을 피하도록 도와줌으로써 독서에 대해 긍정적인 태도를 가진 독자를 기를 수 있다. 이런 경험이 축적될 때 학생들은 독서란 즐거운 것임을 알게 된다. 즐길만한 활동은 반복될 가능성이 많은 것이다.

부모도 학생에 대해 높은 기대를 가지고 있다. 그들은 자녀가 걷고 말하는 것을 배울 것이라고 자연히 기대한다. 그들은 매일 그런 생각을 전달하고, 어린 자녀가 이러한 목표에 다가가도록 돕는다. 부모는 또한 자녀가 독서를 잘 배울 것이라고 기대한다. 이것은 부모가 직접 그러한 기대를 표현하든 그렇지 않든 사실이다. 가족구성원이 독서를 중요하게 여기고 있다는 사실을 빨리 알아챈 자녀는 더욱 쉽게 훌륭한 독자의 길에 들어선다. 독서를 강조하는 가족은 기꺼이 독서에 많은 시간을 투자한다. 그리고 집에 많은 책자를 가지고 있으며, 자녀를 데리고 도서관을 자주 방문한다.

학생의 성취에 대한 교사의 기대도 학생의 신념 체계에 영향을 미친다. 높은 기대를 가지고 "너는 잘 읽을 수 있어"라는 기대감을 말과 행동으로 표현하는 교사는 학생들에게 그들이 읽을 수 있으며, 그것은 매우 명확한 사실임을 전달하고 있는 셈이다. 교사들은 독서가 학습되어야 한다고 이해하지만, 그 방법과 그 방법을 적용하는 데 소요되는 시간의 길이는 각기 다를 수 있다. 그러므로 교사와 학생 모두, 합리적이고 도달 가능한 목표를 결정해야 한다. 잘못 설정된 목표에 대한 기대는 자칫 역효과를 낳을 수 있기 때문이다.

친구와 다른 공동체 구성원들이 학생들에 대해 갖는 기대도 강력하고 강제력이 있을 수 있다. 만약 이웃과 또래 집단이 독서를 중시하며, 그 미묘한 효과가 감지된다면, 학생들은 더더욱 독서를 좋아하게 된다. 불행하게도, 현재는 그 반대 현상을 더 많이 볼 수 있다.

라. 책임감 갖기

Olson(1940)은 찾기(seeking), 스스로 선택하기(self-selection), 스스로 속도를 조절하기(self-pacing)의 원칙을 제안하였다. 그는 내적인 필요에 의해 동기화된 학습자는 학습의 대부분에 대하여 책임감을 가질 것이라고 믿었다. 자신들의 필요와 이해 관계에 기초하여, 학생들은 독서 자료를 찾고, 선택하고, 스스로 자기 속도를 조절하며 읽는다는 것이다.

Cambourne(1991)는 책임감에 대한 많은 논의를 시연하기와 관련시켜 논의하였다. 즉 시연을 통해 학습자는 그들의 문식성 학습에 대해 스스로 결정하고 책임성감을 갖도록 격려를 받는다고 보았다. 책임감은 학생들이 학습에 능동적으로 참여하는 것을 돕는다. 교사가 수업을 하면서 능동적인 학생 참여를 권장할 때, 학생들의 책임감은 더욱 커진다.

앞에서 이 글은 다양한 화제와 다양한 독서 수준을 지닌 독서 자료를 보유한 학급 도서관을 마련할 필요가 있다고 하였다. 이 때 도서관의 운영권도 교사에서 학생에게로 점차적으로 이양될 필요가 있다. 도서관 자료를 배열하고 정리하는 방법, 자료를 대출하는 절차, 새로운 자료를 확보하는 방법 등은 학생들이 책임을 질 수 있는 영역들이다. 학생들은 역할을 나누어 맡고, 정책을 수립하고, 도서관을 확장하는 전략을 전개하면서, 자신들의 기여에 기쁨을 느끼고 도서관의 모든 면에서 중요한 역할을 수행할 수 있음을 자각할 수 있다.

책임감은 앞의 몰입하기 부분에서 다룬 묵독 프로그램에서도 강조될 수 있다. 학생들은 스스로 선택한 자료를 자신의 속도에 맞추어 읽는다. 무엇을 읽을지에 대한 논의나 점검이 생략되기 때문에 학생들은 스스로 자신의 독서 목적을 세우고, 그 목적을 달성하기 위해 읽는다. 그들은 자료를 이해하는 데 있어서 스스로 책임을 진다. 이러한 방식의 묵독은,

자기가 스스로 세운 자기 목적을 달성하기 위한 각자의 개인적인 독서가 더 강조됨으로써 학생 내부의 경쟁은 줄어들게 된다.

마. 적용하기

독서의 결과를 적용하도록 하는 것도 독서에 대한 긍정적인 태도를 강화시키는 좋은 방식이 될 수 있다. 독서가 독서 자체에만 그치지 않고, 연극화하기, 답사하기, 토론하기, 독서 신문 만들기 등과 같은 활동과 연관될 때, 독서에 대한 흥미와 관심은 더욱 깊어질 것이다.

독서 자료, 혹은 책과 관련된 지역을 답사하거나 관련된 인물을 만나서 면담을 하는 일은 독서 자료에 대한 사전 지식을 활성화하는 방식이면서 독서의 결과를 극대화하는 의미 있는 활동이다. 기행문이나 탐방기를 읽었다면, 실제 그 지역을 답사하면서 독서를 통해 얻은 간접적인 경험을 실제화 할 수 있다. 또한 문학 작품을 읽었다면 작가를 만나 작품 내용, 창작 동기, 작가의 세계관과 관련된 질문을 하면서 이야기를 나눌 수도 있다.

토론하기도 읽은 내용을 심화시키는 교수·학습 방법이면서 동시에 독서가 어떤 상황에 쓸모 있는지를 확인하는 좋은 기회를 제공한다. 동일한 주제를 다룬 몇 권의 책을 비교하는 토의를 할 수도 있고, 책을 영화화한 작품을 보고 책이 주는 느낌과 영화가 주는 느낌의 차이를 토의해 보게 할 수도 있다. 한편, 환경 문제, 정치 문제, 사랑 등과 같은 일상의 화제를 책의 내용과 관련시켜 토의해 보게 할 수 있다. 이러한 토의 경험은 자신이 속한 사회의 지배적인 담론에 능동적으로 참여하기 위해서는 다양한 독서 경험이 필요하다는 것을 실감하게 하는 좋은 기회를 제공해 준다.

작품을 연극으로 재구성하여 표현할 수도 있다. 이 방식 또한 독서를 권장하고 격려하는 효과적인 방식이다. 이러한 연극은 학급 구성원만 공유하는 것이 아니라, 다른 반 친구, 교직원, 부모 앞에서도 올려질 필요가 있다. 성공적인 연극은 독서에 대한 긍정적인 신념으로 받아들여지고, 이렇게 형성된 긍정적인 신념은 긍정적인 태도로 발전한다.

바. 반응하기

반응하기는 두 가지 형태를 지닌다. 하나는 타인이 학생에게 보이는 반응이며, 다른 하나는 학생이 작품에 보이는 반응이다. 반응하기는 그 자체가 학습을 위한 방식이면서 동시에 독서에 대한 긍정적인 태도를 강화시키는 방법이 될 수 있다.

학생들은 작품을 읽는 과정, 혹은 읽고 난 후에 타인과 작품을 중심으로 상호작용하는 경험을 갖게 된다. 이 때 타인은 친구, 부모, 교사를 포함한다. 이 때 타인의 반응은 지원적이고 격려하는 자세이어야 하며, 평가하고 점검하는 자세여서는 안 된다. 특히 교사, 부모의 반응은 수용적이어야 하며 많은 부분 인내심을 필요로 한다. 타인으로부터 적절한 반응을 얻지 못했을 때, 그 경험은 독서에 대한 실패 경험으로 남게 될 가능성이 있다.

반응하기는 작품을 읽고 난 후 보이는 학생들의 독서 후 활동을 포함한다. 학생들이 작품을 읽고 난 후, 작가에게 편지를 쓰거나, 비평문을 쓰거나, 이야기를 다시 쓰는 것과 같은 활동이 여기에 포함된다. 특히, 일지 쓰기(journal writing)가 대표적인 예인데, 일지 쓰기는 작품 내용에 대한 자유로운 반응일 수도 있고, 질문이나 특정 사안에 대한 대답일 수도 있다. 한편, 학생과 교사, 학생과 학생 사이의 대화 형식을 취할 수도 있다.

독서에 대한 예술적인 반응은 아이디어를 조직하고 표현하는 대단히 만족스러운 방법이다. 학생들은 적절한 삽화를 그려 넣어 책 표지를 디자인할 수도 있다. 많은 학생들은 이런 방면에 능력을 가지고 있기 때문에, 창조적인 표현 통해 자신의 정의적, 인지적 경험을 통합하도록 권장할 필요가 있다. 독서 감상문만이 작품에 대한 유일한 반응인 시대는 이미 끝났다.

학급 책을 만드는 것도 효과적인 반응을 구성하는 방법이다. 각각의 학생은 문학 선집에 대한 비평이나 선전 문구를 쓸 수도 있다. 이것들은 수집되어 학급 책으로 만들어질 수 있는데, 이렇게 만들어진 책은 서로 나누어 갖도록 한다. 학급 책을 만드는 활동은 결과적으로 독서에 대한 흥미를 고취시킬 것이다.

학생들의 독서에 대한 긍정적인 태도를 길러주는 적합한 다양한 지도 방법을 살펴보았다. 모든 학생에게 이들 모든 방법이 적용될 필요는 없다. 개인마다 학습 스타일이 다르듯, 개인마다 독서 태도에 영향을 받은 요인을 다를 수 있기 때문이다. 교사와 부모는 이러한 개인차를 잘 반영하여 적절한 지도 방법을 마련해야 한다.

독서 교육의 궁극적인 목표는 평생 독서자를 기르는 데 있다. 즉, 학교 교육을 마친 후에도 기꺼운 마음으로 책을 찾고 읽을 수 있는 태도를 지닌 사람을 기르는 데 있다. 물론 독서 능력이 뛰어난 사람을 기르는 것도 중요하다. 그러나 독서 능력이 뛰어나지만, 책을 읽지 않는 사람과 독서 능력이 뛰어나지 않지만, 책을 즐겨 있는 태도를 가진 사람이 있다고 한다면, 독서 교육은 후자의 모델을 선택해야 한다고 본다. 물론 독서 능력은 책을 읽는 과정에서 자연스럽게 향상되고, 독서 능력이 뛰어난 사람이 책을 즐겨 읽는다는 사실도 함께 고려되어야 한다.

이 글에서는 긍정적인 독서 태도를 강화시키는 지도 방법에 초점을 맞추어 논의를 전개하였다. 즉 독서 태도를 설명하고 있는 모형에는 무엇이 있는가?, 독서 태도에 영향을 미치는 요인은 무엇인가? 독서에 대한 긍정적인 태도를 강화시키기 위해서 학교와 가정은 무엇을 해야 하는가? 등에 초점을 맞추어 논의를 하였다.

독서 태도 관련 모형을 검토하면서 이 글에서는 독서 태도에 영향을 미치는 요인을 크게 개인적 요인, 환경 요인, 타인의 기대에 대한 신념으로 정리하였다. 그리고 개인적 요인에서는 독서 행동, 독서 목적, 독서의 결과에 대한 신념 등에 초점을 맞추어 이들 요인이 어떤 방식으로 독서 태도에 영향을 미치는지를 검토하였다. 환경 요인에서는 가정의 문식성 환경, 학교의 문식성 환경, 사회의 문식성 환경을 중심으로 이들 환경 요인이 독서 태도에 미치는 영향을 구체적인 사례를 들어 살펴보았다. 마지막으로, 긍정적인 독서 태도 강화를 위해서 교사와 부모가 해야할 역할이 무엇인지를 살펴보았다. 그리고 학생들이 독서에 대해 긍정적인 태도를 가지고 평생 독서자로 성장하는 데 필요한 몇 가지 지도 원리 및 방법을 소개하였다.

부모는 매일 책을 읽으라고 잔소리하고, 교사는 학생의 정의적 측면보다는 인지적 측면에만 관심을 기울이고, 학생은 점점 책과 멀어져 가는 모습이 현재 우리 독서 교육의 자화상이라고 할 수 있다. 이제는 가정, 학교, 사회 전체가 평생 독서자를 기르는 문제를 화두로 삼고, 이를 위한 구체적인 지도 방안과 프로그램을 마련해야 할 때가 되었다고 본다.

제 4 장 ▌ 독서와 어휘

　어휘 지식은 기본적인 독해 책략과 함께 음성 언어 및 문자 언어를 이해하는 열쇠이다. 어휘 지식이 없으면 음성 언어든 문자 언어든 이해할 수 없다. 어릴 때부터 듣기 장애를 가진 농아들은 어휘 지식이 없기 때문에 이 세상에 대한 기초적인 개념 형성이 되어 있지 않으며, 따라서 언어를 이해하지 못한다. 많은 어휘 지식을 갖고 있는 언어 사용자는 그만큼 성공적인 독자가 될 수 있다. 책을 펼쳤을 때 아는 단어가 많으면 그만큼 그 글을 이해하기가 수월해진다.

　독서에서 어휘 지식은 아무리 강조해도 지나침이 없을 정도이다. 독자가 글을 읽고 이해하게 되는 독서의 상호작용적 과정을 살펴보면 더욱 그러하다. 필자는 자신이 쓰는 글로부터 독자가 의미를 파악해 낼 것이라는 기대를 하며, 일련의 단어 연쇄로써 자신의 생각을 짜임새 있게 나타낸다. 글의 이해는 필자가 선택하여 사용한 단어의 이해 없이는 불가능하다. 개개 단어를 이해하고, 단어들의 관계 그리고 단어들의 집합이 나타내는 의미를 파악하는 것이 독서이다.

　독서는 일종의 의사 소통 과정이다. 독서 행위에서 효율적이고 효과적인 의사 소통은 필자가 사용한 의미를 독자가 어느 정도 가깝게 파악해 낼 때 이루어질 수 있는 것이다. 그러한 의미 이해를 위해서는 어휘 지식의 기반이 있어야 한다.

독해에 영향을 미치는 많은 요인 중에서 어휘 지식은 가장 중요한 요인 중의 하나이다. 그러나 중요한 것은 단어 그 자체가 아니라 단어의 의미를 이해하고 있는 폭과 깊이이다.

1. 어휘력과 언어 능력

(1) 어휘력과 언어 능력

어휘는 왜 가르쳐야 하는가? 국어 능력을 향상시키기 위해서라고 말할 수 있다. 국어 능력을 향상시키기 위해서 어휘력 향상이 필요한가? 흔히 국어 교육에서 어휘 지도가 필요하다고 누구나 말할 수 있고, 또 그렇게 말하고 있지만 그것을 좀 더 구체적으로 말하지는 않는다(이대규, 1990 ; 이충우, 1990). 그냥 중요하다고만 말한다. 그러나 우리는 좀더 구체적으로 말할 수 있어야 한다. 어휘력이 말하기, 듣기, 읽기, 쓰기와 어떤 상관 관계에 있는가, 그 상관 관계는 어떻게 구체적으로 설명할 수 있는가를 밝힐 필요가 있다.

어휘력과 여러 언어 능력과의 관계 중 밝혀진 것은 어휘력과 지적 능력, 어휘력과 독서 능력이다. 어휘 지식의 양은 언어 능력을 나타내는 여러 가지 지표 중 유력한 예언 지표이다. 어휘력과 일반 지능이 긴밀한 관계에 있다는 것은 지능 검사가 실시되어 온 이래 이루어진 매우 의미로운 발견 중의 하나이다. Terman(1981)은 정신 연령(mental age)과 어휘

점수와의 상관 관계가 .91임을 보고하고 있다. 이런 결과를 가지고 그는 어휘 평가 하나만으로도 전 지능지수를 알 수 있으며, 간이 지능 검사로서 어휘검사를 이용할 수 있다고 하였다. 그 이후 Terman의 주장은 여러 연령 집단에 걸쳐 연구 검증되었는데, 여러 지능 검사와 성취도 검사에서의 어휘 점수와 총점수와의 상관 관계 지수는 .71~.81로 매우 높은 상관 관계를 나타내고 있다.

어휘 지식이 독해 능력과 밀접한 관련이 있다는 사실도 많은 연구들이 일관되게 밝혀주고 있다. Davis는 9개의 독해력 검사의 요인 분석을 하였는데, 어휘력이 .8의 적재치(積載値)를 가지고 있는 것으로 나타내고 있다. Thustone은 Davis의 연구 자료를 재분석하고, 독해의 3가지 주요 요인이 어휘 지식, 결론을 도출하는 능력, 주제를 파악하는 능력 등임을 밝혔다. 이외에도 몇몇 독해 요인 분석 연구에서 어휘 지식 요인이 독해 능력에서 가지고 있는 적재치가 .41~.93으로 상당히 높음을 밝혀주고 있다(Singer and Ruddell, 1984).

어휘력과 독해력과의 밀접한 상관 관계는 여러 나라의 언어 환경에서도 마찬가지로 나타나고 있음을 Thorndike(1973)는 밝히고 있다. 그는 15개 나라의 10만 여명의 학생들로부터 자료를 수집하였는데, 독해와 어휘력의 상관 관계는 대체로 .71(10세), .75(14세), .66(17~18세)이었다. Thorndike는 이런 결과를 해석하고, 어휘 지식이 독해력과 매우 밀접한 관련이 있다는 것을 보여 준다고 결론 짓고 있다.

(2) 어휘력과 독해

어휘는 왜 가르쳐야 하는가? 어휘를 가르치면 무언인가에 도움을 주기 때문일 것이다. 단어는 곧 언어이므로 언어 능력 향상에 도움을 준다고 말할 수 있을 것이다. 어떻게 그것을 설명할 수 있는가? 강윤호(1989)는 단어를 많이 안다는 것은 그만큼 많은 지식을 가졌다는 것이라고 말한다. 그리고 그러한 언어 지식은 생각을 넓게 하고 깊게 한다고 말한다. 이대규(1990)도 비슷한 설명을 하고 있다. 이대규에 의하면, 인간은 많은 경험을 하는데 그 경험을 나타내주는 것은 바로 단어이며, 따라서 이 단어는 다른 사람의 사고 및 감정을 이해하는 데에 필수적이다. 강윤호와 이대규의 설명은 다음에서 말하는 지식 가설과 유사한 면이 있다. 그러나 이러한 설명은 좀 더 구체적일 필요가 있다. 어휘 지식이 왜 언어 능력과 밀접한 관련이 있는지를 설명하는 이론은 세 가지 견해를 들 수 있다(Anderson and Freebody, 1985).

첫째, 도구(instrument) 가설이 있다. 도구 가설에 의하면, 어휘 검사에서 높은 점수를 받는 사람은 낮은 점수를 받는 사람보다 그가 읽는 텍스트 속의 단어를 더 많이 알고 있을 것이며, 텍스트 속의 어휘를 아는 것은 곧 독해를 가능하게 하므로 더 많은 어휘를 아는 것은 곧 더 많은 이해를 가능하게 한다는 것이다. 다시 말하면, 어휘 지식은 직접적으로 텍스트 이해에서 인과적(因果的) 사슬의 관계에 있다는 것이다. 그러나 도구 가설은 어휘 지식이 어떻게 독해를 가능하게 하는지 혹은 돕는지를 말하지 않고, 다만 어휘 지식을 가지면 그 자체가 텍스트의 이해를 돕는다고 말할 뿐이다.

둘째, 언어 적성(aptitude) 가설이 있다. 이 가설에 의하면, 어휘력 검사에서 높은 점수를 받는 사람은 언어 이해가 빠른 사람이다. 같은 양의 문화적 배경을 가진 사람이라도, 어휘력이 높은 즉 언어 이해가 빠른 사람은 어휘력이 낮은 사람 즉 언어 이해에 우둔한 사람보다 글의 이해를 쉽게 한다. 언어 적성 가설에서 주장하는 핵심은 많은 어휘를 아는 사람은 지적으로 영민함(mental agility)을 갖고 있다는 것이다. 이 가설에 의하면 많은 어휘 지식이 텍스트를 더 잘 이해하는 데에 직접적으로 영향을 끼치지는 않는다. 어휘 검사에서의 점수는 언어 능력을 나타내는 하나의 지표일 뿐이다.

셋째의 가설은 지식(knowledge) 가설이다. 어휘 검사에서의 점수는 그 사람이 얼마나 많은 문화적 배경을 갖고 있느냐를 반영한다. 높은 점수를 받는 사람은 그만큼 넓고 깊은 문화적 배경 지식을 가지고 있다. 그런데 이러한 문화적 배경 지식은 텍스트를 이해하는 데에 대단히 중요하다는 것이 지식 가설의 주장이다. 어휘 지식이 독해에서 직접적으로 중요한 역할을 한다기보다는 어떤 단어의 의미를 안다는 것은 그 사람이 텍스트를 이해하는데 필요한 지식을 소유하고 있음을 나타낼 뿐이다. 예를 들면, '돛대'를 아는 어린이는 항해에 대한 지식을 가지고 있으며 이 지식은 곧 항해에 관한 글을 읽는데 도움을 준다. '덥다'라는 단어는 여름날의 땡볕, 목욕탕, 지나친 난방의 방 등을 생각하게 한다(이대규, 1990).

도구 가설과 지식 가설은 비슷한 것 같지만 다르다. 도구 가설은 개개 단어의 의미를 강조하지만, 지식 가설은 개념의 뼈대 즉 스키마를 강조한다. 지식 가설에 의하면, 개개 단어의 의미는 개념이란 빙산의 일부분일 뿐이다.

그러면 어느 가설이 독해와 어휘력과의 관계를 가장 잘 설명하고 있는가? 결론부터 말하면, 현재로서는 이에 대한 대답을 완벽하게 설명하는 이론이나 뒷받침하는 실험 데이터가 없다. 또한 어느 한 이론은 완전히 옳고 다른 한 쪽은 완전히 그르다는 식으로 말하는 것은 너무 소박한 논리이다.

2. 어휘 지도의 원리

어휘력은 말하기, 듣기, 쓰기 등 어느 영역보다도 읽기와 직접적인 관련이 있다. 다른 영역에서와는 달리 독서와 어휘력의 관련성은 앞에서 논의한 바와 같이 구체적으로 밝혀져 있다. 어휘는 이해 어휘와 사용 어휘로 나누어질 수 있는데 어휘 지도는 사용의 측면보다는 이해의 측면을 가르치는 것이므로 특히 독서 지도와 관련된다고 보아야 할 것이다. 그렇다면 즉 어휘지도가 독해를 돕기 위한 것이라면 어휘 지도는 독서의 원리에 적합한 것이어야 할 것이다. 그러므로 여기서는 어휘 지도를 최근의 독서 이론과 관련지어 어휘 지도의 원리를 밝혀보고자 한다.

(1) 의미 있는 어휘 학습

독서는 독자가 의미를 구성해내는 과정이다. 그러니까 독자는 글 속의 내용 즉 의미를 피동적으로, 아무런 의미 없이 기계적으로 받아들이는 것이 아니라 독자 자신의 머리속에서 의미화되도록 받아들이는 것이다. 의미화 즉 이해가 이루어지지 않았을 때 독서는 일어나지 않는 것이다.

글은 의미를 가진 여러 단어들의 집합체이므로 독서란 결국 단어의 의미를 이해하는 것이며, 다만 개개 단어의 의미를 개별적으로 파악하는 것이 아니라 단어들의 총체적 의미를 파악하는 것이다. 그러므로 단어의 의미를 이해하는 것은 독서에서 기초가 된다.

어떤 학습이든지 그 학습이 효과적이려면 그것은 의미 있는 학습이어야 한다. 학습되는 여러 내용들이 각기 무관하거나 여러 내용들이 탈맥락적으로 무조건 암기하는 학습이 되면 그 학습은 효율성이 떨어진다. 심한 경우 학습은 일어나지 않는다. 독서는 의미를 재구성하는 과정이므로 어휘 학습은 필연적으로 의미 있는 학습이어야 한다.

의미 있는 학습은 학습자가 그가 이미 알고 있는 것을 새로운 것과 관련시키고자 할 때 일어날 수 있다. 독자가 가지고 있는 사전 지식은 글의 이해에서 중요한 구실을 한다. 의미 있는 학습은 이 두 가지 즉 독자의 인지 구조와 학습될 자료의 내용이 적절히 관련되어 조직될 때 일어난다.

인지 구조는 독자가 가지고 있는 존재하는 지식(existing knowledge)이며, 추상적인 개념의 얼개 혹은 스키마이다. 독자는 의자, 남자, 학교 등의 대상이나 사랑, 증오, 희망 등의 개념, 그리고 춤, 잠, 꿈 등의 행위에 대한 스키마를 가지고 있다. 또한 선거, 연주회 등의 사건에 대한 스키마도 가지고 있다. 이들에 대하여 독자가 가지고 있는 지식은 이들 단어를 글 속에서 만날 때 이들 단어를 이해하는 바탕의 구실을 한다. 진달래의 개념과 정서를 알고 있는 독자는 '김소월의 진달래 꽃' 시를 보다 잘 이해할 것이다.

단어들은 독자의 머릿속에서 개별적으로 존재하는 것이 아니라 서로 얽혀 개념의 묶음을 형성하고 있다. 고양이, 닭, 사자, 종달새 등은 동물의 묶음 속에, 주례, 신부, 신랑, 폐백, 피로연 등은 결혼이라는 단어의 묶음 속에서 서로 얽혀 있다. 단어들은 개별적으로 산만하게 흩어져 있는 것이 아니라 체계적이고 위계적으로 엮어져 있다. 그러므로 단어가 학습될 때에는 독자의 머리속에 존재하는 이러한 묶음과 관련되어야 의미 있는 학습이 이루어진다.

Ausubel(1968)은 의미 있는 학습이 이루어지기 위해서는 3가지 조건을 갖추어야 한다고 말한다. 첫째, 학습될 자료가 관련될 수 있어야 하며 둘째, 학습자가 새로운 학습 자료와 관련된 지식을 가지고 있어야 하며 셋째, 학습자는 자신의 관련 지식을 새로운 자료와 관련을 시킬 수 있어야 한다.

(2) 추론적 이해를 통한 어휘 학습

독서 지도의 주요 목표는 독해력의 향상에 있다. 학생이 그가 읽는 것을 이해하지 못한다면, 그는 실제로 읽고 있는 것이 아니다. 이해는 글 속의 정보와 독자가 가지고 있는 지식의 상호 작용 과정이다.

자극 즉 글 속의 정보를 조직하고 의미 부여를 하고자 할 때 독자는 자주 추론을 하게 된다. 추론을 하는 능력은 이해를 위해 절대적으로 필요하다. 연기가 많이 나는 것을 보면 우리는 불이 났다고 추론한다. 이와 같이 추론할 수 있는 것은 과거의 간접 혹은 직접 경험 때문이다.

능숙한 독자는 글을 읽어 가면서 추론을 하고 또 추론을 수정한다. 그럼 추론의 과정은 가설을 하는 과정과 유사하다. 추론을 하는 일과 추론을 수정하는 일은 독해에서 중요하다. 독자인 학생들에게 추론하는 방법을 가르칠 필요가 있으며, 학생은 글을 읽는 과정에서 추론하는 것을 의식할 필요가 있다.

그러면 추론을 하기 위해서는 무엇을 해야 하는가? 독자는 글 속의 중요 단어를 바탕으로 생각해야 하며, 이 단어를 단서로 하여 사전 지식이나 경험과 관련시켜야 한다. 글 또는 질문 속에 포함된 기본 개념의 이해 없이는 추론을 할 수 없기 때문에 어휘 지식은 독해의 필수 불가결한 전제 조건이다(Trabasso, 1980).

어휘들을 이해하지 못한다면, 독자는 글을 이해하지 못할 것이다.

글을 읽는 동안에 어휘를 단서로 추론을 가르치려면 다음과 같은 세 단계의 과정을 거칠 필요가 있다.

• 추론을 가르치기 : 교사는 학생들에게 짧은 글을 주고 추론을 하도

록 한다. 교사는 글 속의 중요 단어가 어떻게 정확한 추론을 가능하도록 하는지를 설명한다.

- 연습하기 : 학생들에게 짧은 글을 제시하고 글을 분석한 후 중요 단어가 무엇인지를 찾도록 한다. 그리고 찾아낸 중요 단어가 정확한 추론을 가능하게 하는 과정을 설명하게 한다.
- 적용하기 : 짧은 글을 한 번에 한 문장씩 제시하고 추론을 하게 한다. 그리고 한 문장씩 제시되는 과정 속에서 처음의 추론을 확인하고 거부 또는 수정하게 한다. 또한 학생들은 추론을 하면서 중요 단어가 무엇인지를 확인하며, 중요 단어의 가치를 인식하도록 한다.

3. 어휘 지도 방법

단어의 의미를 가르치면 글을 이해하는 데 도움을 줄 것이라고 생각할 수 있다. 글 속의 어려운 단어는 그 글이 어렵다는 것을 나타내주는 지표가 된다. 읽기 성취도 검사에서 이해력과 어휘력의 점수는 높은 상관 관계가 있기 때문이다. 이것은 곧 단어의 이해 정도가 독해력에 큰 영향을 미치고 있음을 말해주는 증거이다. 그러나 학생들에게 어휘를 가르치면 독해력이 향상되느냐 하는 문제에 대하여는 연구 결과들이 일치된 결과를 내리지 못하고 있다. 즉 어떤 연구는 효과가 있다고 하고, 어떤 연구는 별 효과가 없다고 한다. 그러나 최근의 연구들은 대부분 어휘 지도가 독해력 향상에 도움을 준다는 결론을 내리고 있다(Stahl, 1986).

단어의 의미를 가르치는 모든 방법이 모두 당장 기대되는 효과를 가져오는 것은 아니다. 어휘 지도의 효과는 장기적으로 나타나기도 한다. 어휘 지도의 효과가 장기적으로 나타날 수 있다는 것은, 바람직한 결과를 기대한다면 어휘를 가르치는 방법이 효과적이어야 함을 말해 주는 것일 수도 있다. 어휘 지도가 독해력의 향상을 가져오도록 하려면 다음과 같은 7가지 원리를 바탕으로 이루어져야 할 것이다(Gunning, 1996).

(1) 어휘의 선택

이상적으로 생각하면, 거의 모든 어휘를 망라하여 다양한 문맥 속에서 학습할 수 있도록 많은 기회를 제공하는 것이 좋다. 그러나 이것은 현실적으로 불가능하다. 시간의 제약이 있기 때문이다. 그러므로 효과적인 어휘 지도를 하기 위해서 어떤 어휘를 가르칠 것인지를 결정하지 않으면 안 된다. 그러나 어떤 특정 학년, 예를 들면 중학교 2학년 학생에게 어떤 단어를 가르쳐야 할 것인지를 결정하는 일은 쉬운 일이 아니다. '중학교 2학년 학생이 꼭 알아야 할 필수 어휘는 이것이다'라고 정할 수 있는가? 만일 그것을 정해야 한다면 학생의 어휘 발달 연구가 선행되어야 한다. 그러한 어휘 선정의 문제는 방대한 논의를 요하는 것이므로 본고에서는 주어진 교과서 내에서의 어휘 지도에서 적용되는 어휘 선택의 문제를 다루기로 한다. 글의 독해 또는 학습을 돕는 어휘 지도를 하려면 다음과 같은 어휘 선택의 원칙을 정할 수 있을 것이다(Goldstein, 1986).

첫째, 그 단어가 학습자인 학생에게 얼마나 중요하냐 하는 것이다. 그 단어는 학습할 내용을 이해하는 데 얼마나 중요한가? 또, 그 단어는 자주 나오는 그래서 학생들이 자주 대해야 할 단어인가? 지도를 위해 선택되는 단어는 이 두 가지 조건 중 적어도 하나에는 해당되어야 할 것이다.

둘째, 글의 문맥을 통하여 충분히 이해될 수 있는 단어인지를 파악해야 한다. 어려운 단어는 흔히 필자가 글 속에서 정의한다. 이런 단어들은 중요한 단어이므로 글 속에서 충분히 이해되기 어렵거나 여러 번 사용되지 않았다면 지도할 어휘로 선정되어야 한다.

셋째, 얼마나 깊이 가르쳐야 되는 단어이냐에 따라 선택이 결정되어야 한다. 어떤 단어는 비교적 쉽게 이해되지만 어떤 단어는 좀 더 깊이 학습되어야 하는 단어가 있다. 민주주의, 사랑 등은 자주 대하는 익숙한 단어이지만 경우에 따라서는 깊이 학습해야 하는 단어들인 것이다.

(2) 경험적 배경 구축하기

학생들의 어휘력을 길러 줄 수 있는 가장 효과적인 방법은 학생들에게 어휘와 관련된 다양하고도 풍부한 경험을 직접 제공하는 것이다. 우리 주위의 슈퍼마켓, 식당, 동물원, 박물관 등은 다 어휘 학습의 중요한 배경이자 토대라고 할 수 있다. 하지만 학습에서 모든 경험을 직접적으로 제공할 수는 없는 노릇이다. 때로는 직접 경험보다 간접 경험이 더 효율적일 수도 있다. 영화, 비디오 테이프, 슬라이드, TV 프로그램, 혹은 읽기와 듣기 같은 경험이 이에 해당한다.

가. 경험에 관해 이야기하기

어휘 학습에 있어서 경험이 중요한 것은 사실이다. 하지만 그것만으로는 충분하지가 않다. 아이와 함께 동물원에 가본 적이 있는가? 동물원에 가기 전과 갔다온 후에 동물에 대해 알고 있는 어휘의 수나 양(혹은 질적인 측면에서)이 얼마나 많이 변했는가? 아마 대부분의 사람들은(특히 나이 어린아이들은) 동물에 대한 알고 있는 어휘의 수나 양에 크게 변함이 없을 것이다. 즉 경험하는 것 자체만으로는 어휘 획득에 실질적으로 도움을 주지 못한다. 중요한 것은 그러한 경험에 대해서 "이야기"하는 것이다. 단순히 보는 것으로 그치는 것이 아니라, 각각의 경험에 대해 "정의할 단어를 실제로 찾아보고 이야기(토론)"하는 것이 필요하다.

나. 명칭(label) 학습과 개념 학습

위에서 우리는 경험은 단순히 경험하는 것으로 그치는 것이 아니라 이야기되고 토론되어야 한다는 것을 지적했다. 마찬가지로 어휘 학습에서 명칭 학습과 개념 학습을 구분하여 생각해 보는 것도 중요하다.

예를 들어서 우리 학생들에게 북한의 어휘인 "밥길", "불탈성", "푸른차" 등은 친숙하지 않을 것이다. 하지만 교사가 북한에서는 "밥길"은 "식도"를, "불탈성"은 "가연성"을, "푸른차"는 "녹차"를 의미한다는 것을 설명해 준다면 학생들은 쉽게 이해할 수 있을 것이다. 즉, 학생들은 식도, 가연성, 녹차의 개념을 이미 알고 있기 때문에 새로운 명칭을 학습하는 일은 굉장히 단순한 것일 수 있다. 하지만 학생이 읽으려는 글에 "화석"이라는 단어가 나왔는데, 학생들이 화석이 무엇인지를 모른다면 어떻게 될까? 교사는 우선 학생들에게 "화석"이라는 단어에 대한 개념을 형성시켜 주어야 할 것이다. 즉 과학실에서 화석을 빌려와 보여 주면 설명해 주는 등의 학생의 경험과 연관짓기 위해 힘써야 한다. 이렇게 개념을 형성하기 위한 교수는 단순히 명칭을 가르치는 것보다 더 많은 노력과 시간이 필요하다.

시간이 지나면서, 즉 나이를 먹으면서 우리는 경험과 배경 지식이 늘어나면서 어휘에 대한 더 많은 의미를 갖게 된다. 예를 들어 10살짜리가 알고 있는 사랑과 진실과 20살짜리가 알고 있는 사랑과 진실은 그 폭과 깊이가 다를 것이다. 아마도 30대나 40대에 이르러서는 그러한 단어들에 대해 훨씬 많은 경험과 배경 지식, 즉 보다 많은 의미를 갖고 있을 수도 있다. 대부분의 아동들은 추상적인 용어에 대해서 명칭은 알고 있지만 개념은 잘 모른다. 효율적인 어휘 학습을 위해서는 학생들은 명칭

뒤에 숨어 있는 개념을 학습해야 한다. 그렇지 않으면 단어는 한낱 무의미한 기호에 지나지 않을 것이다.

(3) 어휘와 배경 지식 연관 짓기

새로운 단어를 학생들이 학습했을 때 학생의 경험이나 배경 지식과 연관 짓는 일은 반드시 필요하다. "칭찬"과 "아첨"이라는 단어를 가르치려면 교사는 실제로 "칭찬"과 "아첨"의 대상이 되는 것들을 학생들에게 말해 주고 행동하는 것이 효과적이다. 또한 학생들은 짝과 같이 "칭찬"과 "아첨"의 말을 주고받거나 간단한 작문을 할 수도 있을 것이다.

교사는 학생들이 어휘와 배경 지식을 연관짓도록 하기 위해서 다음과 같은 질문을 던질 수 있을 것이다. "너는 ○○을 어디에서 본 적이 있느냐?", "여러분이 ○○하고 싶은 대상에는 어떤 것이 있는가?" 혹은 "○○과 관련된 자신의 경험을 이야기 해보자" 등이다. 이러한 질문을 하는 요령은 "6하 원칙"과 "오감(五感)"에 해당되는 단어를 적절히 이용하는 것이다.

(4) 단어들 간의 관계 구축하기

새로 학습한 단어들이 서로 어떻게 관련되는지를 보여 주는 것도 어휘 학습에서 효과적이다. 예를 들어, 학생들이 자서전, 전기, 논픽션이라는 단어를 포함한 글을 읽으려고 한다면, 이들 단어를 따로 따로 보여 주는 것보다 서로 연관을 지어 제시하는 것이 효과적이다. 즉 자서전과 전기는 논픽션의 또 다른 두 유형이며 이야기 전개와 구조도 비슷한 점이 많다는 식이다. 이렇게 단어들 간의 관계를 구축하는 방법으로는 동

의어와 반의어 적기, 단어 분류하기, 도해 조직자(graphic organizer) 등이
있다.

(5) 의미의 깊이 계발하기

교사들이 새로운 단어를 가르치기 위해 가장 빈번하게 사용하는 방법
은 단어에 대해 정의(definition)를 내리는 것이다. 하지만 정의는 단어에
대한 가장 피상적인 수준의 지식만 제공해 줄뿐이다. 앞에서도 지적했듯
이 새로운 명칭들은 각각의 학습자들에게 그 개념과 용법이 충분히 학
습되어야 한다. 어떤 단어에 대해 단지 정의적 지식만을 갖고 있는 학생
들은 종종 다음과 같은 부적절한 작문을 하는 경우도 있다.

> • <u>어렴풋한</u> 유리창을 닦아야겠다.
> • 12시에 우리는 점심을 먹으러 교실로 <u>퇴각하였다.</u>

단어들은 사전적 정의로는 다 표현할 수 없는 수 없이 많은 미묘한
의미의 차이(뉘앙스)를 갖고 있다. 그러므로 대부분의 학생들이 어떤 단어
에 대해 정의적 지식만 갖고 작문을 할 때 어려움을 느끼는 것은 당연하
다고도 할 수 있을 것이다.

교사는 새로운 단어를 학생들이 구체적인 맥락 속에서 학습할 수 있
도록 해야 한다. 즉 구체적인 맥락과 상황 속에서 단어의 쓰임새를 설명
해주고 정의해 주어야 한다. 하지만 이 때에도 학생이 읽으려고 하는 글
속에서의 용법은 반드시 포함되어야 한다.

어려운 단어를 사전에 가르치는 것은 독자의 이해에 어떤 영향을 끼
칠까? Stahl과 Fairbanks(1986)는 어휘 교수에 대한 연구에서, 어려운 단
어들에 대해 단지 정의적 지식만 제공해 주는 것은 독자의 글 이해에 의

미 있는 효과가 없다고 밝히고 있다. 학생들은 글을 읽을 때 이해에 도움을 받을 수 있도록 새로운 단어에 대해 정확하고도 풍부한 지식을 획득하여야 한다. 즉 구체적인 상황과 맥락 속에서 학생들은 새롭게 학습한 단어를 연관짓고 경험할 수 있어야 한다.

(6) 노출 빈도

독자의 주의력과 기억력은 제한되어 있기 때문에 노출 빈도 혹은 어휘의 반복은 글의 이해에 많은 영향을 끼친다. 그러므로 어휘 학습에서는 학생들이 단어의 다양한 의미와 미묘한 차이를 경험할 수 있도록 각기 다른 상황에서 여러 번 나타나는 것이 좋다.

학생들이 어휘 학습 시간에 새로운 단어의 뜻을 이해하였다 할지라도, 막상 글 속에서 그 단어를 만나면 바로 이해하기는 힘들다. 즉 학생은 그 단어의 의미가 무엇인지 회상하려고 애쓸 것이고 많은 주의를 기울여야 할 것이다. 이와 같은 관점에서는 어휘를 사전에 가르치는 것은 학생들이 글을 읽을 때 실제적인 이해를 개선할 가능성은 거의 없어 보인다. 왜냐하면 학생들이 단어의 의미를 회상하기 위해 주의를 기울이는 동안 글의 대의를 놓칠 위험성이 있으며, 때로는 단어의 지식이 너무 막연하거나 단순하여 글을 이해하는 데 방해받을 수 있기 때문이다.

하지만 이러한 상황이 비관적인 것만은 아니다. 비록 제한된 노출이 학생들이 글을 읽는데 있어서 즉각적인 이해를 돕지는 못했지만, 장기적으로 보았을 때 학생들은 단지 몇몇 단어들에 대해서는 단지 한 번의 노출로부터라도 지식을 얻을 가능성도 있는 것이다. 즉, '나는 이런 단어를 한 번도 본 적이 없다'라는 단계에서 '나는 이 단어를 어디선가 한 번 들어본 적이(본 적이) 있다'의 상태로 변하는 것만으로도 교사나 학습자에게는 충분히 가치 있는 일인 것이다. 이런 상태에서 좀 더 발전하면 '나는 그 단어를 안다'의 단계로까지 나아갈 것이다.

(7) 단어에 대한 흥미 형성하기

단어에 대한 흥미 형성은 어휘 수업에 있어서 대단히 중요하다. 즉 학습자의 자발성을 불러일으키며 이는 기억하기와 이해하기에 지대한 영향을 끼치는 것이다. Beck & McKeown(1983)은 아동들에게 다른 그룹이나 학급의 학생들에게 자신이 가르쳐 준 단어가 일정한 수효에 다다른 학생들에게 "단어 마법사"라는 타이틀을 주었다. 그러자 아동들은 단어 마법사 실적 차트에 자신들이 보고들은 예로 넘쳐나게 적었으며, 얼마 지나지 않아 그 학급의 모든 학생이 단어 마법사 타이틀을 받았다고 한다. 또한 아동들은 어떤 모임에서 화자(speaker)가 자신이 가르친 단어들 중에서 하나를 이용하자 전체 학급의 학생들이 와글와글 거렸다고 한다.

(8) 전이(transfer) 증진시키기

어휘력 계발의 마지막 원칙은 전이를 증진시키는 것이다. 교사는 학생들에게 모든 단어를 다 가르칠 수는 없다. 또한 충분히 이해될 만큼 완전하게 어휘를 가르치는 데는 오랜 시간이 걸린다. 조사 연구에 의하면 만약 주의 깊게 가르친다면 일 년에 단지 400 단어 정도를 학생들에게 가르칠 수 있다고 한다(Beck, McKeown & Omanson, 1987). 그렇지만 학생들은 일 년에 수천 개 이상의 단어를 만나며 또한 학습해야 한다.

그러므로 어휘 수업을 통하여 교사들은 단순히 단어를 가르치는 것에 만족하여서는 안 된다. 유능한 낚시꾼이 자식에게 낚시하는 방법을 가르치듯이, 유능한 교사는 학생들에게 어휘를 학습하는 방법을 가르쳐야 한다. 즉 교사들은 학생들에게 새로운 단어를 자신의 경험이나 배경 지식과 연관짓는 방법, 사전이나 참고 도서를 이용하는 방법 등 어휘 학습의 도구를 이용하는 방법 또한 같이 가르쳐 주어야 한다. 학생들에게 교사가 없는 상황, 즉 수업 시간이 아닌 경우에 독서를 하다가 새로운 단어를 만나면 어떻게 해야 하는지, 그런 경우에 단어 학습 전략은 어떤 것인지를 직접 가르쳐 주어야 한다. 그러한 전략들을 직접 가르치는 것은 아동들이 점차 자립적인 단어 학습자가 되도록 할 것이다.

4. 어휘 지도 학습 활동의 실제

학생들은 국어 시간에 혹은 다른 교과의 학습 시간에 자발적인 동기로 많은 어휘를 학습하게 된다. 그러나 수업 시간의 여러 가지 제약 때문에 자발적으로 어휘를 학습하는 것에는 한계가 있으므로 어휘 학습은 직접 교수(Direct Instruction)를 통한 어휘 교육으로 이를 보완해 주어야 할 것이다(Smith & Barrett, 1979 ; Johnson & Pearson, 1984). 그러면 구체적으로 개별적인 단어를 가르치는 기법(technique)에 대해 알아보도록 하자(Gunning, 1996).

(1) 도해 조직자(graphic organizer)

도해 조직자는 학생들에게 단어들 간의 친족 관계를 보여 주기에 효과적인 도구인 의미 지도(semantic map), 그림 지도(pictorial map), 의미망(web)과 같은 것들을 통틀어 일컫는 말이다.

가. 의미 지도

학급의 학생들이 "뱀"에 관한 정보적 텍스트를 읽으려고 한다. 텍스트에는 뱀에 관한 수많은 새로운 개념과 단어가 나오고 있다. 또한 교사는 학생들에게 "파충류"에 관한 추가적인 읽기 자료를 준비하고 있다. 이런 경우에 학생들에게 뱀에 관해 사전에 알고 있는 것, 새롭게 알게 된 것을 효과적으로 조직할 수 있는 장치가 의미 지도이다. 즉 시각적인 작업을 통하여 학생들은 뱀에 대한 개념을 명확히 할 수 있을뿐더러 장차 교사가 추가적인 읽기 자료로 제시하려는 글과도 연관짓기가 더욱 효과적일 것이다.

의미 지도는 개념, 어휘, 화제 등의 정보를 범주(category)에 따라서 도해적으로 조직하는 장치이다. 또한 의미 지도는 이야기 텍스트에서 인물 간의 관계를 보여 주거나 사전쓰기 연습의 한 도구로도 이용될 수 있다. 의미 지도를 제시하는 방법은 다양하지만 일반적으로 다음과 같은 단계를 통한다(Heinlich & Pittelman, 1986 ; Johnson & Pearson, 1984).

① 학생들에게 개념이나 용어 등을 시각적으로 나타낼 수 있음을 가르쳐주어라. 칠판이나 OHP, 차트 용지 등에 핵심어(key word)를 써라.

② 브레인스토밍을 하라. 학생들에게 핵심어를 생각할 때 마음속에 떠오르는 단어들을 자유스럽게 무엇이든지 말하게 하라. 전체 학급을 대상으로 바로 구두로 행해질 수도 있고 그룹이나, 짝, 개인별로 목록을 만든 후에 다른 학생들과 공유하는 형식으로 행해질 수도 있다.

③ 범주에 따라 단어들을 나누어라. 나누면서 왜 이런 단어가 같이 모이게 됐는지 토론하라. 만약 교사가 생각하는 중요한 단어가 아직

제시되지 않았다면 이 시점에서 학생들에게 그 단어를 제시하고 이유를 말해줄 수도 있다.

④ 의미 지도를 만든다. 학급의 아이들이 참고하고 덧붙일 수 있도록 되도록 큰 종이를 이용하는 것이 좋다.

⑤ 완성된 지도에 대해 토론하라. 학생들에게 새로운 항목이나 범주를 덧붙일 수 있도록 한다.

의미 지도를 만드는 데 어느 정도 익숙해지면 교사는 이제 학생들 스스로가 의미 지도를 주도적으로 만들 수 있도록 해야 한다. 그 단계는 다음과 같다(Johnson & Pearson, 1984).

① 학생들은 교사의 지시 아래 서로 협동하여 의미 지도를 만들었다.

② 학생들은 의미 지도를 만드는 데 있어 약간의 책임을 떠맡기 시작한다. 예를 들면 항목들은 나눈 후에 범주 이름을 제안할 수 있을 것이다.

③ 학생들은 부분적으로 완성된 의미 지도를 완성하는 과제를 받는다. 그룹별로 혹은 개별적으로 할 수 있다.

④ 교사는 어휘 목록을 학생들에게 제시한다. 학생들은 목록을 이용하면서 그룹 별로 작업을 한다.

⑤ 그룹 혹은 개별적으로 작업하면서 학생들은 자신만의 의미 지도를 완성할 수 있다.

의미 지도를 만드는 데 있어서 학생들이 적극적으로 참여하는 것은 단어에 대한 이해와 기억하기에도 많은 도움을 준다. 어떤 프로젝트에서는 의미 지도를 사용하고도 학생들의 이해 개선에는 실패하는 사례도 있다. 이런 사례를 분석해 보면 의미 지도를 대부분 교사 혼자서 다 만들었다. 그러므로 의미 지도를 만들 때 교사의 간섭을 최소화하는 것이 중요하다(Santa, 1989).

나. 그림 지도(pictorial map)와 의미망(web)

그림 지도는 단어와 그림을 같이 이용하여 지도를 만드는 것이다. 어휘 학습에서 몇몇 단어는 그림을 보여 주는 것이 훨씬 효과적인 경우도 있다.

의미망은 의미 지도(semantic map)를 단순화시킨 것이다. 의미망은 의미 지도처럼 항목별로 위계성을 갖지 않는다. 특히나 어떤 단어에 대해 구체적인 개념을 보여주는 데 유용하다.

다. 의미 자질 분석

여러 포유동물, 운송 수단, 도구, 운동 경기 등의 특성을 한 번에 비교할 수는 없을까? 이와 같이 어떤 화제나 단어의 다양한 특질을 효과적으로 비교할 수 있는 도구가 의미 자질 분석표이다. 다음은 의미 자질 분석을 단계별로 설명한 것이다(Johnson & Pearson, 1984).

① 학생들에게 화제(topic)를 알려 준 다음에 구체적인 예를 알아보라고 한다. 만약 보트에 관한 이야기라면 학생들에게 여러 종류의 보트 이름에 대해서 알아보라고 할 수 있다.
② 표의 왼쪽 칸부터 보트의 목록을 적어 나간다.
③ 학생들에게 보트의 특색이나 특징에 관해 말하도록 한다. 표의 위에서부터 적는다.
④ 완성되었으면 표를 한 번 훑어 보라. 학생들에게 다른 종류의 보트

혹은 특질이 있으면 이야기해보도록 한다. 바로 이 시점에서 교사는 학생들에게 다른 종류의 보트 혹은 부가적인 특질에 대해서 제시할 수 있다.

⑤ 학급의 아이들과 함께 표를 완성한다. 각각의 보트가 특성 혹은 특질을 갖고 있다고 생각되면 '+', 아니면 '−', 확실하지 않으면 '?' 표시를 각 칸에다 하라.

⑥ 완성된 표에 대해서 토론하라. 이러한 토론은 학생들에게 각각의 보트의 특질을 비교/대조할 수 있을 뿐만 아니라 통찰력을 줄 수 있을 것이다.

⑦ 표를 확장하라. 학생들은 토론을 통하여 더 많은 정보를 얻음에 따라 보트의 또 다른 종류와 특색을 보충하고 싶어할 것이다.

의미 자질 분석 역시 학생들의 자발적이고 적극적인 활동이 중요하다. 따라서 학생들은 최종적으로 자신만의 의미 자질 분석표를 완성할 수 있어야 할 것이다. 학생들은 어떤 범주나 개념에 대해 많은 특질과 항목들을 비교해봄으로써 각각의 단어의 의미에 대해 보다 세밀하게 알 수 있으며, 단어들 간의 친족 관계를 알 수 있을 것이다.

라. 벤 다이어그램(venn diagram)

벤 다이어그램은 원래 집합 사이의 관계를 보여 주기 위해 수학에서 이용되어 왔다. 이것을 어휘 학습에 응용하여, 두 단어 혹은 항목 사이의 관계를 명확히 보여 주기 위해 겹치는 원을 이용하는 도해 조직자이다.

또한 벤 다이어그램은 의미 자질 분석표와 비슷한 목적을 갖고 있다. 벤 다이어그램은 두 개의 개념 혹은 주제를 비교/대조하기에 적당한 도구이다. 여러 가지 특색들 중에서 서로 공유하는 특질들은 겹치는 원 안에 위치하고 각각의 개별적인 특색들은 겹치지 않는 부분에 위치한다.

교사는 학생들에게 화제를 제시한 다음에 공유하는 특색과 각기 다른 특색을 말하게 한 다음 벤 다이어그램을 완성할 수 있다. 또한 이 활동 역시 최종적으로는 학생들이 각자 자신만의 고유한 벤 다이어그램을 완성할 수 있어야 할 것이다. 벤 다이어그램을 완성하기 위해서는 학생들의 적극적인 비교/대조 활동이 필요한데 이것은 학생들의 단어에 대한 이해와 기억하기에 도움을 줄 것이다.

(2) 극화하기(Dramatizing)

어휘를 가르치는 가장 효과적인 방법은 직접 경험이다. 하지만 학습해야 하는 모든 단어들에 대해서 직접 경험을 제공하는 것은 불가능하다. 이러한 경험을 대신 느끼는 도구로써 극화하기는 적당하다. 또한 간단한 희극의 상황 속에서 직접 그 단어를 경험하는 것은 학생들에게 흥미와 실제감을 더해준다. 또한 학생들에게 단어들과 연관된 경험을 할 수 있도록 해 줌으로써 단어의 의미를 명확히 이해할 수 있도록 한다.

극의 대본은 책에서 발췌할 수도 있고 교사와 학생이 공동으로 즉흥적으로 만들 수도 있다. 연극 대본이나 시나리오처럼 정교하게 만들 필요는 없으며 그 길이도 3~5분 정도가 적당하다. 또한 '느리게 걷다', '어슬렁어슬렁 걷다', '재빨리 달리다', '돌진하다' 등과 같이 동작을 지칭하는 단어들인 경우는 학생들에게 무언극을 해 보도록 하는 것도 효과적이다. 이러한 활동은 학생들에게 단어의 의미에 대한 구체적인 감각을 주며, 어휘 학습에 대해 흥미를 불러일으킨다.

단어를 극화하는 또 다른 방법은 힌트주기 전략을 이용하는 것이다. 새로운 단어들을 학습한 후에 교사는 학생들에게 새로운 단어가 쓰여진

카드를 나누어준다. 그러면 학생들은 서로 그룹 혹은 짝을 지어 카드를 가진 학생이 다른 학생에게 쓰여진 단어에 대한 힌트를 주는 문장을 만들어 이야기 해 주는 방식이다. 혹은 교사가 전체 학생들에게 힌트를 주고 대답하도록 하는 방식도 가능하다.

(3) 단어의 역사 공부하기(어원 찾기)

단어의 역사(어원 포함)를 아는 것은 학생들에게 보다 나은 이해를 가능하게 해 주며 흥미를 불러일으킨다. 예를 들어 '사랑하다', '얼굴'의 원래 뜻은 '생각하다', '모양'이라는 것을 학생들이 안다면 단어에 대한 이해가 훨씬 빠를 것이다.

(4) 즐겁게 단어와 놀기

학교에서 단어는 수업 시간에 단지 가르쳐야 할 대상으로만 생각해 왔다. 하지만 단어는 또한 즐거운 놀이의 대상이기도 하다. 언어의 중요한 기능 중의 하나는 사람들에게 즐거움을 주는 것이다. 동음이의어를 이용한 농담, 삼행시 짓기, 말 잇기 등은 학생들의 언어 학습에 대한 흥미와 호기심을 배가시킨다.

가. 십자말 퍼즐

십자말 퍼즐은 학생들의 어휘력을 강화하는 데 효과적이다. 퍼즐을 만들 때에는 이전에 학습한 단어를 이용하거나 하나의 주제(혹은 단원, 제목)로 구성한다면 더욱 효과적이다.

나. 수수께끼

아마 수수께끼는 학생들이 제일 즐기는 언어 게임일 것이다. 수수께끼는 학생들에게 어휘 수업에 대하여 유쾌한 상황과 경험을 줄 것이다. 또한 수수께끼는 학생들이 동음이의어, 복합적인 의미, 비유적 의미와 사전적 의미 등에 대한 지식을 얻을 수 있게 할 것이다.

(5) 이름 붙이기(labeling)

이름 붙이기 과제는 학생들에게 단어를 시각적으로 이해할 수 있도록 해 준다. 우리가 학습하려는 어떤 정보는 단어 혹은 이미지로 나타낼 수 있을 것이다. 또한 어떤 정보에 대해 단어 혹은 이미지로 동시에 학습한다면 효과는 배가 될 것이다. 게다가 비언어적인 기억은 언어적 기억보다 강력하다.

예를 들어 비행기 각 부의 명칭이라든가, 인체, 식물의 각 부의 이름에 대해서 실제 모형이나 그림에 이름을 붙이는 것이다. 모형이나 그림을 구하기가 어렵다고 생각할 수도 있으나 학생들에게 혹은 교사와 학생이 공동으로 간단하게 만들 수도 있을 것이다.

이름 붙이기 과제는 학생들에게 의미를 명확히 하고 기억하기에 도움을 줌으로써 어휘를 학습하는 데 효과적이다. 또한 실제로 이름을 붙여 봄으로써 학생들은 간접 경험을 할 수 있는 기회이기도 하며, 단어들 간의 관계와 의미에 대한 깊은 이해를 가져온다.

(6) 참고 도서 이용하기

어휘 학습에서 참고도서 하면 흔히 우리는 국어사전을 떠올린다. 하지만 사전은 어떤 단어에 대하여 정의, 예문, 삽화를 제공하지만 그것만으로는 충분하지 못한 경우가 많다. 오히려 앞에서 우리가 지적하였듯이 학생들에게 단어에 대한 막연한 정의적 지식만 제공하는 경우가 허다하다. 이는 학생들이 글을 이해하는 데 오히려 방해가 될 수도 있다. 그러므로 학생들이 어떤 단어에 대해 충분히 이해할 수 있도록 하기 위해서는 백과사전이나 전문 사전, 선생님이나 부모님께 질문하기, 인터넷 활용하기 등과 같이 다양한 방안을 이제는 생각해 보아야 할 것이다. 특히나 최근에는 시디 롬이나 소프트웨어 같은 좋은 어휘 학습의 도구가 시중에 많이 나와 있다.

(7) 폭 넓은 독서

지금까지 어휘력을 계발하기 위한 여러 방안에 대해 이야기 해 왔다. 하지만 어휘력을 계발하는 가장 효과적인 방법은 학생들의 폭 넓은 독서이다. 많은 연구에 의하면 학생들의 자발적인 폭 넓은 독서야말로 어휘력 계발과 언어 학습의 가장 효과적인 방법이다.

그러므로 교사는 학생들에게 끊임없이 책읽기를 강조해야 한다. 또한 각 학생이 자신의 어휘 수준에 맞는 책을 고를 수 있도록 조언을 아끼지 않아야 한다. 학생들은 자신에게 약간 어려운 어휘가 담겨 있는 책을 선정하여 읽는 것이 좋다. 그리고 책 속에서 학습할 단어에 대하여 끊임없이 상황 단서를 파악하고, 이용할 전략을 찾아보고, 참고 자료를 이용하여 글을 이해할 수 있도록 힘써야 한다.

제5장 ▌ 초기 독서의 오류 유형

1. 문제의 제기

음독의 오류에 대한 초기 연구들은 아동의 교육 받은 여러 단계 즉 학년 수준에 따라 또는 연령에 따라 오류의 빈도가 어떻게 나타나는지에 대한 일반적인 진단적 관찰에 주로 관심이 있었다. 이러한 분석에서 음독이 오류는 읽기 수준의 단순한 확인에 있었으며, 또한 그 오류는 독서 장애 그리고 무엇을 어떻게 잘못 읽는지를 나타내는 부적절한 기능의 한 징후로서 취급되었다(Daw, 1938 ; Dubby & Durrell 1935). 더욱이 오류의 분석은 아동의 독서 행태를 진단하는 수단이나 독서 지진아를 가르치는 데 필요한 유용한 정보를 얻는 가치로운 수단으로서 이용되었다.

그러나 1960년대 초부터 음독의 오류는 단순한 진단적 도구로서가 아니라 독서하는 동안에 일어나는 아동의 독서 전략가 관련지어 이해되기 시작하였다. 많은 학자들은 음독의 오류를 독자과 이용할 수 있는 언어학적 정보 자료로서 취급하는 이론적 가설들을 내놓기 시작하였다(Leu, 1982). 이러한 연구들에서 음독의 반응들은 아동에 의해 이용된 독서 전략을 나타내는 것으로 이해되었다. 또한 이들은 독서하는 동안에 아동들의 어형(語形) 그리고 문맥적 정보를 이용하는 방식을 평가하는 수단으로 취급하였다.

이러한 언어 심리학자들에 의해 수행된 연구들은, 능숙한 독자는 어형과 문맥의 정보를 이용하는 방식 즉 오류 유형에 있어 미숙한 독자와 다르다는 사실을 발견하였다. 그러나 이러한 연구 결과들은 몇몇 다른 연구들에 의해 도전을 받게 되었다. 즉 그들은, 오류의 경향은 아동의 읽기 능력에 따라 고정된 것이 아니라 독서 지도 방식(Barr, 1972 ; Cohen, 1974-75), 발달단계(Biemiller, 1970) 그리고 글의 난이도 수준(Kibby, 1979 ; Tamar, 1981 ; Hood, 1982)에 따라 다르다고 주장하였다. 특히 글의 난이도를 고려한 연구들은 글의 난이도를 통제한다면 능숙한 독자와 미숙한 독자는 어형과 문맥의 정보를 이용하는 데 있어서 별반 차이를 드러내지 않는다는 사실을 발견하였다.

이 연구의 관심은 아동의 독서 능력과 글의 난이도 수준과 관련지은 음독오류에 관한 연구 결과들이 한국어의 조건하에서도 같은 결과를 나타내느냐 하는 것이다. 한국어는 영어와 같이 음소 문자를 가진다. 그러나 한국어에서 글자와 소리값의 대응 관계는 영어에서보다 훨씬 규칙적이다. 글자와 소리값의 대응 관계가 규칙적일 때 이런 언어에서 읽기 학습은 많은 불규칙을 가진 언어의 읽기 학습보다 수월할 것이다. 한국어에서 글자와 소리값의 대응 관계가 매우 규칙적이기 때문에 한국의 아동과 영어를 사용하는 아동의 음독 오류의 유형은 다를 것이라고 가정할 수가 있다.

한국어에서 초기독서 능력을 가진 아동의 음독 오류의 경향에 관한 연구는 거의 없다. 더욱이 음독의 오류를 독서 능력이나 글의 난이도와 관련지어 수행된 연구는 전혀 없다. 한국의 교사와 연구자들은 음독하는 동안에 발생하는 오류를 다만 어형의 유사성 정도, 즉 문자로 표기된 것을 제대로 읽느냐에만 유의하였다. 더욱이 그 오류들은 아동의 독서 전략이나 발달 단계와 관련지어 보지 않고 오로지 제거되고 교정되어야할 틀린 행동으로만 인식하여 왔다.

2. 음독 연구의 이론적 동향

1880년 이전 음독(音讀 oral reading)은 미국의 초등학교에서 독서를 가르치는 보편화된 방법이었다. 그 당시에 발행된 읽기 교과서들은 이러한 음독의 지도 방식에 영향을 준 것으로 보인다. 1880년을 전후하여 음독이냐 묵독이냐에 대한 다소의 논쟁이 있긴 하였지만 1914년까지는 독서 교육의 문제는 주로 음독의 지도에 관한 것이 주류를 이루었다. 이 시기의 읽기 교과서는 정확하고 분명하게 발음하는 것이 첫째였고, 이 정확한 그리고 분명한 발음은 유창한 읽기와 말하기의 가장 중요한 전제 조건이었다(Hyatt 1943). 따라서 이 시기의 독서 교육은 발음, 강세, 억양 등에 중점을 두었다. 기본이 되는 발음에 대한 철저하고 반복적인 연습을 통하여 나쁜 발음 습관을 교정하려고 하였다. 글자의 정확한 발음 시범, 그리고 명료한 발음 및 강세에 대한 반복 연습은 모든 학습에서 권장되었다. 흔히 각각의 아동은 한 단락을 읽는다. 어떤 단락이 그 아동에게 읽기에 어렵과 많은 오류가 발생하면 그 아동은 오류가 교정될 때까지 그 단락을 몇 번이고 되풀이하여 읽는다. 음독은 한 아동이 낱말들은 완전히 잘 소리 내어 읽을 수 있는지를 확인하는 수단으로서 이용되었다 (Hyatt, 1943).

음독 오류의 분석은 이러한 교육적 배경 하에서 아동의 읽기 장애를 진단하는 수단으로서 시작하였다. 초기의 음독의 오류에 관한 연구들은 음독 수행시의 가장 공통적인 특징들을 기술하려는 목적에서 오류의 유형을 알아보려고 하였다(Allington, 1984). 이러한 연구자들은 아동의 읽기 능력을 평가하고, 단점을 진단하여, 교정 교육을 위한 자료를 제공하려는 데 주된 관심이 있었다(Weber, 1968). 이와 같은 연구를 수행한 사람들은 Payne(1930), Monroe(1932), Dubby와 Durrell(1935), Daw(1938), 그리고 Madden과 Pratt(1941)였다.

Payne(1930)은 음독 오류의 분류 체계를 제시하고자 하였는데 이는 독서의 과정을 진단하는 데 가치가 있을지도 모르는, 어떤 오류의 발생을 가져오는 원리를 발견하려는 데 그 목적이 있었다. 그는 오류발생의 원인을 문자로 표기된 단어와 음독 오류의 어형의 유사성과 관련지어 설명하려고 시도하였다. 그들은 또한 음독오류 분석을 통하여 읽기의 실패를 가져오는 장애의 본질을 파악하려는 데 흥미를 가졌다. 그들은 대부분의 읽기 장애는 아동의 읽기 학습의 진전을 방해하는 오류 혹은 나쁜 행동 습관에 있다고 생각하였다. 그들은 한 오류에 대한 기술을 크게 두 부분 즉 소리 내어 읽는 동안의 나쁜 행동 습관과 부적절한 낱말의 분석 능력으로 나누었다. Madden과 Pratt(1941)은 3학년부터 5학년까지의 1,100명 이상의 음독 행동을 연구하였는데, 그들은 이 연구에서 오류의 유형과 여러 문법 요소 즉 관사, 동사, 명사, 대명사 사이의 상관 관계를 검토하였다. 그들은 음독의 연구에서 아동은 교사가 그들의 장애를 일으키는 오류의 유형을 발견할 수 있도록 소리 내어 읽어야만 한다고 주장하였다. 또한 그들은 여러 가지 유형의 오류를 교정하는 구체적인 방법을 제시하였다.

다른 연구자들은 진단 검사를 개발하였는데, 거기에서 연구자들은 읽기부진의 원인을 찾아내기 위하여 오류와 다른 읽기행동을 분석하는 방법, 그리고 거기에 적절한 교정 방법을 제시하였다. Gates와 Mckillop (1927/1962) 그리고 Monroe(1932)는 오류의 진단적 분석을 위한 상세화된 테크닉을 제시하였다. 이러한 방법들은 Durrell(1953), Gillmore와 Gillmore (1951), Spache(1963/1972) 등에 의해 계승되었다. 채점 기준이 다양하였지만 이러한 검사들은 낱말 수준에서 오류를 분석하는 데 중점을 두었으므로 기본적으로는 언어학적 배경은 무시되었다(Weber, 1970). 이 검사들의 대부분은 심리 측정 방법, 이론면에서 부적절한 것이 많았다. 더욱이 그들은 오류의 유형을 분류하고 채점하는 기준에서 이론을 확립하지 못하였다(Allington, 1984).

이 시기까지는, 어느 누구도 음독의 오류를 독서 능력 획득 과정에서 오는 자연스런 양상으로서 인식하지 못하였다. 차라리 오류는 제거되고 교정되어야만 할 행동으로서 묘사되었다. 이렇게 음독의 오류를 제거되어야 할 행동으로서의 기술(記述)은 음독을 주로 '나쁜' 행동의 숫자로서만 평가하는 경향을 낳게 하였다(Weber, 1968 ; Leu, 1982 ; Allington, 1984). 더욱이 오류의 조사는 독서 지진아 교육을 계획하는 데 도움을 주거나, 교육적 요구(need)를 확인하기 위한 진단적 도구로서 적용되었다(Cohen, 1974-75).

그러나, 몇몇 연구자들은 음독 오류를 읽기 능력의 발달 단계를 나타내 주는 징후로서 인식하였다. Ilg와 Ames(1950)는, 많은 오류들은 어떤 연령 단계를 나타내 주는 반응들일지도 모르며, 그래서 결국 음독 오류들은 발달적 양상의 징후에 지나지 않을지도 모른다고 가정하였다. 그들은 오류가 아동의 독서 발달을 평가해 주는 의미있는 단서를 제공할지도 모른다고 생각하였다. Ilg와 Ames는 5.5세부터 9.0세까지의 오류 유형을 연구하였는데, 여기에서 그들은 오류 유형은 시각적 유사성(Visual-similarity)을 가진 오류 반응들이 처음에는 우세하고, 다음에는 시각적 유사성을 가진 오류와 문맥적으로 어긋남이 없는 오류 유형이 비슷하게 분포하며 나중에는 문맥적으로 허용할 수 있는 오류가 지배하게 되는 단계를 거친다는 것을 지적하였다.

Biemiller(1970)는 초등학교 1학년 아동들의 음독의 발달 단계를 연구하였다. 이 연구에서 그는 음독 발달의 세가지 주요한 양상을 확인하였다. 첫째 단계로 문맥적 반응을 나타내는 오류가 지배적이었으며, 두 번째 단계는 무반응(non-response)오류가 주목할 만큼 나타나고 아울러 어형적(graphic) 유사성을 가진 오류가 의미있게 증가함을 보여 준다. 세 번째 단계에서는 무반응 오류의 빈도가 줄어들고 대신 문맥적 어형적 정보에 영향을 받는 오류가 증가한다. Cohen(1974-75) 또한 초기 독서 아동의 오류 행동의 변화 유형을 자모발음법지도의 교육적 조건과 관련지어 조사하였다. 그녀의 연구에 의하면 이런 교육을 받은 아동의 무반응 오류들은 처음에는 높았으나 학년초 두 번째 다에 급격히 감소하였고 그 이후는 점차로 완만하게 감소하였다. 이와 반면에 무의미단어(nonsense word)오류들은 처음에는 낮았으나 곧 증가하였다. 대치단어(substitution word)는 두 번째 달에서 급격히 증가하였으며 그 이후 점차적으로 증가하였다. 대치단어 오류는 읽기 능력의 향상과 연관되어 나타나는 것으로 보인다.

1960년대 말 이후 많은 학자들은 오류를 독서하는 동안의 독자의 전략과 관련지어 인식하기 시작하였다. 이런 견해에서는 오류를 읽기 장애 혹은 읽기 미숙의 단순한 징후로서만 취급하여 하지 않았다. 차라리 오류는 독서과정 그 자체를 반영하는 유용한 정보로서 생각되었다(Goodman, 1969 ; Biemiller, 1970 ; Weber, 1970). Goodman(1969)에 의하면 독서 교육의 목표는 오류를 제거하는 데 있는 것이 아니라 유창한 독서의 징후를 나타내 주는 그런 오류가 발생하도록 도와주는 것이다. 그의 음독 오류 분석은 독서는 언어의 과정이라는 가정 하에서 출발한다. Goodman(1977)은 또한, 음독에서 입이 보고하는 것을 눈으로 보는 것을 나타내 주는 것이 아니라 두뇌 속에서 생성되는 것이라고 주장한다. 그러니까 음독의 오류는 독서 과정을 들여다 볼 수 있는 창문으로 취급된다. 그의 주장에 의하면, 오류들은 독자가 의미를 이해하고 의미를 추구한 정도를 반영하는 것이며 그러므로 우리는 음독 오류 분석을 통하여 독자의 의미 발달, 독서의 과정을 대체적으로 파악할 수 있다. 몇몇 독서에 대한 언어 심리학적 연구들은 열등한 독자는 유능한 독자가 문맥적 정보를 이용하는 만큼 그것을 이용하지 못한다는 것을 시사하고 있다(Au, 1977 ; Goodman, 1973). 이러한 연구들은 또한, 열등한 독자는 읽는 동안에 유능한 독자보다 더 많은 어형적(語形的) 정보를 이용하며 거기에 급급해 있으므로 열등한 독자는 문맥 이용전략에 대한 지도를 더 많이 받아야 한다고 주장하였다.

그러나 이와 같은 언어 심리학적 견해는 다른 연구들에 의해 도전을 받게 되었다. 어떤 연구자는 유능한 독자와 열등한 독자는 문맥 이용에 있어서 다르지 않다고 주장하였다(Kolers, 1975 ; Allington & Strange 1977). 또다른 연구들은, 음독의 오류는 텍스트 자료의 난이도에 따라 다양하게 나타난다고 밝히고 있다(Christie & Alonso, 1980 ; Hood, 1981 ; Tamor, 1981).

3. 음독 오류의 유형

(1) 일반적 오류

가. 무반응(No Response)

아동이 발음하여 읽지 못하는 경우를 말하는데, 아동이 10초가 경과해도 머뭇거리며 낱말을 읽지 못할 때 검사자는 그 낱말을 무반응으로 기록하고 다음 낱말을 읽도록 요구한다.

나. 삽입(Insertions)

문장을 읽는 동안 아동이 원래 문장에 없는 낱말을 임의로 추가하여 읽는 경우를 말한다.

내가 어른이다. → 내가 더 어른이다.

다. 생략(Omissions)

아동이 문장에 있는 낱말을 생략하고 읽는 경우를 말한다.

파란 종이배도 떠 내려갑니다 → 파란 종이배도 내려갑니다

라. 대치(Substitutions)

아동이 교과서 문장에 있는 것 이외의 것으로 대치하여 읽는 경우를 말한다. 이 경우에는 무의미 단어(Nonsense Word)와 의미 단어(Real Word)가 있다.

토끼가 말하였습니다. → 도끼가 말하였습니다.(의미 단어 대치)
개미는 손님입니다. → 개미는 소딥입니다.(무의미 단어 대치)

(2) 어형(語形)의 유사(Graphie Appreximation)

위에서 설명한 음독의 오류를 일만 범주(general categories)로 분류한 후, 각각의 대치 단어를 다시 다음과 같은 기준에 따라 텍스트의 단어와의 어형의 유사성을 상·중·하로 평가하였다. 유사성의 정도는 Cohen (1974~

75)과 Allen & Watson(1976)의 기준을 따랐다.

① 하(Low Degree) : 텍스트 단어와 대치 단어 사이에 어형의 유사성이
매우 적은 정도를 말한다.

노루 → 수니(nonsinse word)
숭어 → 속에(inside)

② 중(Moderate Degree) : 텍스트 단어와 대치 단어 사이에 어느 정도 유
사성이 있는 경우를 말한다. 그 유사성은 항상 단어의 처음, 중간,
끝의 요소들끼리 공통적인 것을 포함한다.

돌섬(stone island) → 도시(city)
따라(follow) → 때가(time)

③ 상(High Degree) : 텍스트 단어와 대치 단어 사이에 많은 유사성이
있는 경우를 말한다. 대부분의 경우 두 단어 사이에는 한자음 또
는 모음 만의 차이를 가진다.

강(river) → 공(ball)
바다(sea) → 바라(nonsense word)

(3) 구문적, 의미적 허용성(Syntactic and Semantic Acceptability)

대치 단어 중 의미 단어(real word)는 Goodman의 "음독 오류분류 목록
(Taxonomy of Oral Reading Miscue)"(Allen & Watson, 1976)의 기준에 따라 구문
과 의미의 허용 정도를 평가하였다. 의미 대치 단어를 먼저 구문적 허용

정도를 평가한 후, 의미상의 허용 정도를 평가하였다.

① 불가(Unacceptable) : 대치 단어가 구문상 혹은 의미상 전혀 받아들일 수 없는 경우를 말한다.

어제 숭어는 용왕님의 아들입니다 → 언제 숭어는 용왕님의 아들입니다.

② 부분허용(Partly Acceptalbe) : 대치 단어가 구문상 혹은 의미상 문자의 앞과 뒤 부분적으로만 허용될 수 있는 경우를 말한다.

이 짐승들은 가끔 나이 다툼을 하였습니다→
이 짐승들은 가슴 나이 다툼을 하였습니다.

③ 완전 허용(Totally Acceptable) : 대치 단어가 문장 혹은 전체 글 속에서 구문상으로나 의미상으로 허용되는 경우를 말한다.

심술쟁이 할멈이 살고 있었습니다. → 심술쟁이 할멈이 울고 있었습니다.

4. 한국어 읽기 음독 오류의 경향

(1) 음독 오류의 일반적 경향

<표 1>에 나타난 아동들의 음독 오류 분포를 보면 각 능력 집단별로 공히 세 가지 주요 유형의 오류가 있음을 알 수 있다. 세 주요 오류 유형은 무의미 단어, 의미단어, 자기 수정 등이었다. 무반응은 모든 능력 집단에서 거의 없었다. 1학년 말에서 무반응이 거의 없다는 것은 매우

주목할만한 현상이라고 할 수 있다. 앞의 세 주요 오류 유형 중 의미 단어의 비율이 가장 많았다. 각 능력 집단 사이에 의미있는 차이는 없었다. 무의미 단어와 자기 수정(Self Corrected Errors)에서는 세 능력 집단 사이에 의미있는 차이가 있었다. 즉 무의미 단어는 하위 능력 집단일수록 퍼센티지가 더 높았고, 자기 수정이 경우에는 하위 집단으로 갈수록 퍼센티지가 더 적어졌다.

〈표 1〉 능력집단별 총오류의 분포

오류 유형	독서 능력			평균
	상	중	하	
	%	%	%	%
무반응	.7	.6	.4	.6
삽입	2.8	3.5	3.2	3.2
생략	6.8	6.1	6.1	6.3
무의미 단어	13.7	21.3	29.9	21.4
대치	38.7	42.4	41.3	40.8
자기 수정	36.3	26.1	18.7	27.3

무의미 대치 단어와 의미 대치 단어는 텍스트 단어와의 어형의 유사성(graphic similarity) 및 구문문법과 문맥의미의 허용 가능성 등을 알아보기 위하여 분석되었는데 결과는 <표 2>와 <표 3>에 나타나 있다. <표 2>와 <표 3>의 결과는 각 능력 집단별로 어형의 유사성 정도나 문법 및 문맥 의미의 허용 가능성에 있어서 의미있는 차이를 보이지 않는다.

〈표 2〉 능력 집단별 어형의 유사성

유사성	독서 능력		
	상	중	하
상	73.2%	79.6%	78.6%
중	3.5	5.6	8.4
하	17.9	14.6	12.7

〈표 3〉 문법 및 의미상 허용 정도
문법적 허용 가능성

허용성	독서 능력		
	상	중	하
Totally Acceptable	79.6%	73.5%	68.6%
Partially Acceptable	17.3	16.5	19.2
Unacceptable	1.6	8.0	6.0
Not Included	1.2	1.6	5.8

의미적 허용 가능성

허용성	독서 능력		
	상	중	하
	%	%	%
Totally Acceptable	70.3	61.1	61.6
Partially Acceptable	23.8	25.0	22.7
Unacceptable	4.3	12.1	10.0
Not Included	1.2	1.6	5.8

(2) 주요 오류의 분포

가. 무의미 단어(Nonsense Word Errors)

상위 집단 아동들은 무의미 단어 산출에 있어서 글의 난이도에 따라
통계적으로 의미있는 차이를 보였다. <표 4>에서 보는 바와 같이 상위

집단 아동들은 3.9학년 수준의 글에서 훨씬 많은 무의미 단어를 산출하였다. 그러나 중위 집단과 하위 집단 아동들은 글의 난이도에 따라 차이를 보이지 않았다.

<표 4> 무의미 단어자 분포

독서 능력	글의 난이도				
	1.1	1.5	1.9	2.9	3.9
	%	%	%	%	%
상			6.5	9.6	25.2
중		21.1	20.0	22.8	
하	24.2	33.6	31.9		

각 능력집단 아동들은 1.5, 1.9, 2.9학년의 글에서 공통되는 글 즉 1.5학년의 글은 중위 집단과 하위 집단이, 1.9학년의 글은 세 집단 모두, 2.9학년의 글은 상위 및 중위 집단의 아동들이 같은 글을 읽었는데, <표 4>에서 보는 바와 같이 읽기 능력이 떨어질수록 무의미 단어를 많이 산출하였음을 알 수 있다.

이 결과를 종합하면 읽기 능력이 떨어질수록 무의미 단어를 많이 산출하며, 글의 난이도에 따라 무의미 단어의 산출이 달라짐을 알 수 있다.

나. 의미 대치 단어(Word Substitution Errors)

의미 대치 단어(이하 의미 단어라 한다)의 산출에 있어서, 각 집단의 아동들은 글이 어려워질수록 더 적은 의미 단어 오류를 범하였음을 알 수 있다. 상위 집단 아동들은, <표 5>에서 보는 바와 같이 3.9학년의 글에서 주목할 만하게 더 적은 의미단어 산출현상을 보였으며, 중위 및 하위집단은 각각 1.5, 1.1학년 수준의 글에서 즉 쉬운 글에서 더 많은 의미 단어를 산출하였다.

앞에서 밝힌 바와 같이 각 집단의 아동들은 1.5, 1.9, 2.9학년의 글을 공통적으로 읽었는데, 이들에서 의미 단어 산출 현상을 살펴보면, 상의 집단의 아동일수록 의미있는 단어의 비율이 더 큼을 알 수 있다.

〈표 5〉 의미 단어의 분포

독서 능력	글의 난이도				
	1.1	1.5	1.9	2.9	3.9
	%	%	%	%	%
상			38.0	47.3	30.8
중		47.3	41.0	38.8	
하	47.2	39.0	34.7		

여기서 우리는, 아동의 읽기 능력이 높을수록, 글의 수준이 낮을수록 대치 단어 산출비율이 높아짐을 발견할 수 있다.

다. 자기 수정(Self Corrected Errors)

<표 6>에서 보는 바와 같이, 중위 집단과 하위 집단의 아동들은 글의 난이도에 관계 없이 혹은 더 쉬운 글에서 더 적은 자기 수정 오류를 낳았다. 상위 집단은 가장 쉬운 1.9학년의 글에서 다른 두 학년의 글에서보다 훨씬 큰 비율의 자기 수정 오류를 산출하였다. 이는 아동들이 자기 수정 오류 산출에 있어서, 어떤 일정한 경향을 보이고 있지 않음을 보여 주는 것이다.

읽기 능력에 따라 어떻게 자기 수정 오류가 발생하는가를 살펴보면, 1.5와 2.9학년의 글에서는 큰 차이를 보이지 않으나 1.9학년의 글에서는 상위 집단으로 갈수록 자기 수정 오류 산출의 비율이 높아간다. 비록 불

안정적이긴 하지만 상위 집단의 아동이 더 많은 자기 수정 오류를 산출함을 알 수 있다.

〈표 6〉 자기 수정 오류의 분포

독서 능력	글의 난이도				
	1.1	1.5	1.9	2.9	3.9
	%	%	%	%	%
상			43.7	31.6	33.6
중		19.4	30.1	28.7	
하	16.3	17.9	21.8		

(3) 독서 능력과 오류의 경향

독서 능력과 음독 오류의 산출 경향을 알아보려면 텍스트의 난이도 변인을 통제하지 않으면 안 된다. 같은 글, 예를 들어 1.9학년의 글을 세 능력 집단에게 읽게 하였을 때, 하위 집단의 아동들은 그 글이 읽기에 어려울 것이고 상위 집단의 아동들은 그 글이 읽기에 쉬울 것이다. 쉬운 글을 읽었을 때와 어려운 글을 읽었을 때의 오류의 비율과 오류의 경향은 달라지게 마련이다. 그러므로, 읽기 능력과 오류의 경향만의 상관관계를 알아보기 위해서는 세 능력 집단에게 똑같은 정도의 어려운 글을 읽혀야 한다. 그러면 어떻게 해야 각 집단에 똑같은 정도의 글을 읽게 할 수 있을까? 이는 읽혀진 글에서 각 집단의 아동이 범한 오류의 비율로 판단할 수밖에 없다.

본 연구에서 상위, 중위, 하위 집단의 아동들은 각각 3.9학년(9.2%), 2.9학년(11.6%), 1.1학년(11.6%) 수준의 글에서 비슷한 비율의 오류를 산출하였다. 그리하여 본 연구자는 아동의 독서 능력과 오류의 경향을 알아보기 위하여 각 집단의 아동들이 이들 글에서 산출한 오류를 분석하였다.

<표 7>에 나타난 바를 보면, 무의미 단어 산출은 각 집단 아동들 사이에 별다른 차이가 없다. 그러나 의미 단어와 자기 수정 오류의 산출에 있어서는 각 집단 간에 뚜렷한 차이가 있다. 대체적으로, 의미 단어는 하위집단으로 갈수록 그 비율이 높고, 자기 수정 오류는 상위 집단으로 올라갈수록 그 비율이 더 높다.

이러한 현상은 Goodman, Smith 등 일련의 언어 심리학자들이 주장한 이른바 독서 능력이 낮은 아동(poor reader)들은 글을 읽을 때에 의미 파악에 관심을 두지 않고 문자 읽기의 정확성에만 관심을 두기 때문에 무의미 단어의 산출이 많다는 주장과는 배치되는 현상이다. 또한 의미 단어의 산출이 하위 집단으로 갈수록 그 산출 비율이 높은 현상 또한 이들의 주장과 배치되는 주목할 만한 현상이다.

〈표 7〉 독서 능력과 오류의 분표 경향

오류 유형	독서 능력		
	상	중	하
	%	%	%
무의미 단어	25.2	22.8	24.2
대치	30.8	38.8	47.2
자기 수정	33.6	28.7	16.3

텍스트의 낱말과 오류 단어 사이의 어형의 유사성(graphic similarity) 정도는 <표 8>에 나타난 바와 같이 각 능력 집단 사이에 의미 있는 차이를 보이지 않고 있다. 오히려 상위 집단 아동들이 다소 높은 정도를 보이고 있다. 이는, 독서 능력이 낮은 아동들이 글자의 정확한 읽기에 치중하기 때문에 오류 단어와 텍스트 단어 사이의 어형의 유사성이 하위

능력 집단에서 높다고 한 Goodman 등의 주장과는 다른 주목되는 현상이라고 할 수 있다.

〈표 8〉 독서 능력과 오류의 어형 유사성

유사성	독서 능력		
	상	중	하
	%	%	%
	3.9	2.9	1.1
상	87.4	81.8	81.6
중	3.7	6.1	11.2
하	8.7	11.8	6.7

문장에서의 문법 및 의미의 허용 정도는 〈표 9〉에서 보는 바와 같이 각 능력 집단 간에 별다른 차이를 보이지 않는다. 상위 집단 아동들이 다소 비율이 높지만 통계적으로 의미 있는 차이를 갖는 수치는 아니었다. 이는, 상위 능력집단 아동들이 하위집단 아동들보다 글의 전체적인 의미 파악에 더 집중하기 때문에 문법 및 의미의 허용성 비율이 높다는 일부 학자들의 주장과는 다른 현상으로 주목할 만하다.

〈표 9〉 독서 능력과 문법 오류 허용성 정도
Grammatical Acceptability

허용성	독서 능력		
	상	중	하
	%	%	%
Totally Acceptable	77.5	73.5	74.8
Partially Acceptable	19.7	21.0	18.1
Unacceptable	1.9	5.2	5.0
Not Included	.0	.0	1.7

의미 오류의 허용도

허용성	독서 능력		
	상	중	하
	%	%	%
Totally Acceptable	68.2	60.2	65.2
Partially Acceptable	25.4	30.2	26.1
Unacceptable	5.5	9.6	5.4
Not Included	.0	.0	1.7

5. 결론

한국어에서 음독의 오류 유형은 아동들의 독서 능력이나 글의 난이도 수준에 따라 차이를 보인다고 할 수 있다.

오류 유형은 아동의 독서 능력에 따라 달라진다. 의미 단어는 글의 난이도가 통제되었을 때 하위 능력집단 아동들은 중위와 상위 집단 아동들보다 그 비율이 더 높았으며, 중위 집단 아동들은 상위 집단 아동들보다 더 많은 의미 단어를 산출하였다. 다시 말하면 독서 능력이 낮을수록 의미 단어의 비율은 더 높았다. 이제 비해 자기 수정은 독서 능력이 높을수록 그 비율이 더 높았다. 그러나 무의미 단어에서는 각 집단 아동들 사이에 별다른 차이를 보이지는 않았다.

상위 및 하위 집단에서의 의미 단어의 증가와 감소는 자기 수정의 출현 비율과 관계가 있는 것으로 보인다. 의미 단어의 발생이 증가함에 따라 자기 수정의 비율은 감소한다(<표 4>, <표 5>, <표 6> 참조). 하위 집단에서 의미 단어와 무의미 단어의 발생 비율도 상관 관계가 있는 것으로 보인다. 다시 말하면 의미 단어의 출현 빈도가 높을수록 무의미 단어의 비율은 낮아진다.

하위 집단의 아동들은 상위 및 중위 집단 아동들보다 훨씬 적은 비율의 자기 수정을 보였다. 자기 수정은 실제로는 오류를 범한 후 정확한 반응으로 즉시 수정된 대치 단어이다. 이러한 자기 수정 오류는, 아동들이 글자와 소리값의 관계규칙을 습득(acquisition)한 후에야 발생할 수 있다. 대치 단어는 텍스트의 단어를 아동들이 글자와 소리값의 관계에 대하여 부적절하게 추측하였을 때 발생하게 되며 자기 수정은 그의 첫 반응 즉 대치 단어를 다른 정보에 비추어 그것이 아니다는 것을 금방 알아차리고 수정할 때 일어날 수 있는 것이다(Smith, 1971). 그러니까 자기 수정의 증가는 글자들의 정렬(letter arrangement) 즉 단어의 글자 조형 형태를 선택적으로 샘플할 수 있는 능력 즉 단어를 추측하여 읽을 수 있는 능력의 향상과 관련이 있는 것으로 보인다. 그러므로 읽기 능력이 높은 아동들이 더 많은 자기 수정 오류를 산출할 수 있는 것이다. 즉 하위 집단 아동들은 아직도 무의미 대치단어나 의미대치 단어를 산출하는 단계에 머물러 있다고 볼 수 있다. 하위 집단의 아동들은 좀 더 시간이 흐른 후 읽기 능력이 향상된 다음에야 더 많은 자기 수정 오류를 산출할 수 있을 것으로 보인다.

무반응이 세 집단 레벨에서 모두 거의 존재하지 않았다는 것은 한국어의 글자구조와 관련지어 볼 때 주목할 만한 사실이다. Biemiller(1970)에 의하면 초기 독서 단계에 있는 아동들의 의미 대치단어, 무반응, 무의미 단어와 의미 대치 단어의 단계를 거쳐 독서 능력을 습득한다고 한다. 초기 단계에서 아동들은 글자와 소리값의 관계를 이해하지 못하기 때문에 주로 문맥적 정보에 의존하게 된다. 그러므로 무반응의 산출은 의미 단어와 무의미 단어 산출의 중간 단계에 속한다고 말할 수 있다(Cohen 1974~75). 그러니까 무반응은 낱말을 읽을 때에 글자들의 소리값을 회상해 내는 데 아동들이 불확실한 정도의 능력밖에 없음을 말해 주는 것이다. 한국 아동들이, 하위 능력집단 아동들까지도 무반응을 매우 적게 산출하는 것은 한국 아동들이 그만큼 상당한 정도로 글자와 소리값의 관계를 이해하고 있는 것으로 보인다. 이러한 현상은 한국어에서 글자와 소리값의 단순하고 규칙적인 관계로 설명할 수 있을 것이다.

총 오류에서 무의미 단어와 의미 단어 오류의 어형의 유사성을 살펴보면 각 능력 집단별로 의미 있는 차이는 발견되지 않았다(<표 2>). 글의 난이도 수준을 통제하였을 때에도 각 집단별 아동들의 어형의 유사성 정보의 이용은 별다른 차이를 보이지 않았다. 즉 하위 집단의 아동들일지라도 중·상위 집단 아동들보다 더 많은 어형 정보(graphic information)를 이용하지 않았다. 초기 독서 한국 아동의 어형 정보 이용 경향은 독서 능력이 아닌 글의 난이도 수준에 따라 달리 나타나는 것으로 보인다. 하위 집단 아동들은 그렇지 않았지만 상위와 중위 집단 아동들은 읽기 어려운 글에서 더 많은 어형 정보를 이용한다.

쉬운 글에서 중·상위 집단의 아동들은 그 의미를 손상시키지 않는 한 낱말을 읽는 정확성에는 덜 관심을 가질지도 모른다. 차라리 그들은 쉬운 글에서는 글자 읽기의 정확성보다 의미 흐름의 파악에 더욱 주의를 기울이는 것으로 보인다. 이러한 중·상위 아동들의 어형 정보의 이용은 무의미 단어의 증가와 관련된다. 사실 더 읽기 능력이 있는 아동들도 읽기 어려운 수준의 글에서는 하위 집단 아동들만큼 아니 그 이상의 어형 정보를 이용한다고 볼 수 있는 것이다(Biemiller 1979).

의미 단어에 있어서 문법적 그리고 의미상의 허용 정도는 독서 능력 정도에 따라 다르지는 않았다. 그리고 중위 집단 아동들만이 어려운 글에서보다 쉬운 글에서 더 큰 문법적 및 의미상의 허용 정도가 높았고 상위 및 하위 집단에서는 글의 난이도에 따라 다른 현상을 보이지는 않았다. 우리는 한국어에서 의미 단어의 문법적 및 의미상의 허용 정도가 아동의 독서 능력이나 글의 난이도에 따라 다르지 않다고 말할 수 있다. 왜냐하면 그들 사이의 차이가 통계적으로 의의 있는 차이를 드러내지 않기 때문이다. Beebe(1980)는 의미 단어의 문법적·의미상의 허용 정도가 높으면 높을수록 이는 읽은 글에 대한 아동의 이해 정도가 깊은 것을 반영한다고 말하였지만 이는 한국어에는 적용되지 않는 이론일지도 모른다. 하위 집단 아동들이 상당한 정도의 의미 단어를 산출하였고 또 그 의미 단어의 문장 속에서의 문법적·의미상의 허용 정도가 높은 것은 차라리 하위 집단의 아동들이 한글의 글자와 소리값의 관계가 단순하며 규칙적으로 그래서 그들이 한글의 글자와 소리값의 관계를 이미 획득한 때문으로 보이는 것이다.

지금까지의 연구 결과 분석을 살펴볼 때, 한국어에서 아동들의 독서 전략과 음독 오류의 관계에 대해서 어떤 명확한 결론을 내리기는 어렵다. 그러나 음독 오류의 유형이 활자화된 글을 유창하게 읽을 수 있는 독서 능력의 향상과 관련이 있음을 알 수 있다. 그러므로 중위 및 하위 집단 아동들의 음독 오류에 대하여 2, 3학년에서 더욱 연구될 필요가 있다.

본 연구 결과들은 적어도 초기 독서 단계의 아동들에게는 단어의 유창한 재인(fluent word recognition)이 의미 파악만큼 동등하게 혹은 더 이상 중요하다는 것을 시사하는 것인지도 모른다. 문맥 정보의 이용이 단어 재인을 돕고, 또 독서의 궁극적인 목표가 의미 파악에 있는 것이기는 하지만, 아동들이 우선 유창하게 단어를 재인하지 못한다면 그들은 사실상 단어 의미에는 주의를 기울일 여유가 없게 되는 것이다.

제6장 ▎독서 능력 평가 도구 개발*

1. 독서 능력 표준화 검사 도구 개발의 필요성

학생의 독서 능력 평가는 중요하다. 평가의 결과를 바탕으로 책을 읽기 전 학생의 상태를 정확하게 파악함으로써 독서 지도 및 교정과 관련된 다양한 활동을 할 수 있게 된다. 또한 도서 선정, 독서 환경 조성 등에도 영향을 미칠 수 있어 독서 능력 평가의 결과가 갖는 영향력은 매우 크다고 할 수 있다. 즉, 평가 결과에 따라 학생에게 적절한 독서 자료를 제공하고, 수준에 맞는 독서 지도를 할 수 있게 해주며, 독서에 장애를 겪는 학생들을 올바른 독서 습관을 가진 학습자로 만들어 줄 수 있는 것이다. 이러한 점에 비추어 볼 때 독서 능력을 평가할 수 있는 평가 도구의 개발은 중요한 문제이다.

표준화된 독서 능력 평가 검사의 도구 개발을 위한 시도는 계속되어져 왔다. 독서 능력에 대한 개념을 규정한 논의부터 시작하여, 개념을

---

* 한철우 · 이경화 · 최경화(2007), 독서연구 제18호, pp.321~328.

바탕으로 독서 능력을 평가하고자 한 논의, 평가 문항을 개발, 적용함으로써 독서 단계와 진단 기준을 명확히 하고자한 논의, 진단적 독서 지도의 모형을 제안한 논의, 독서 교육 평가에 관한 논의, 독서 능력 평가 검사 도구 개발 방향에 대한 논의, 독서 능력 검사의 구성 요소에 대한 논의 등이 지속적으로 이루어져 왔다.[1] 그러나 이런 논의들은 대부분 독서에 대한 일반적인 논의이거나 총론적 수준의 접근을 벗어나지 못하고 있는 듯하다. 그리고 독서 능력 표준화와 관련된 몇몇의 연구들이 표준화 검사를 지향하고 있지만 검사 범위가 지역에 한정되어 있거나 표집 대상의 학년을 제한하여 검사를 실시하고 있다.

구체적이고 직접적인 독서 능력을 평가할 수 있는 표준화된 평가 도구의 개발이 필요하다. 외국에 비해 우리나라에는 아직 이렇다 할 독서 능력 평가지가 없다.[2] 표준화 검사의 단계를 밟지 않는 연구들이 이나 학생들의 독서 능력을 정확하게 평가하기 위해서는 지도 교사나 학부모의 임상적 관찰에 의해 개별화된 검사를 실시할 수도 있지만, 표준화된 검사 도구를 사용하여 집단적으로 실시할 수도 있다. 물론 양자는 상호 보완적으로 이루어져야 한다. 이 글에서는 이들 중 학생의 독서 능력을 측정할 수 있는 표준화된 검사 도구를 개발하려는 데 연구의 목적이 있다.[3] 교사나 학부모의 임상적 관찰에 의한 평가는 비형식적인 평가 방식

---

1) 이와 관련된 연구는 민인식(1999), 박동련(1981), 정옥년(2003), 천경록(1999, 2004), 이재승(1997), Irwin(1991), 서혁·서수현(2007) 등을 참조
2) 외국의 경우는 이미 독서 진단 검사지가 상용화되어 있고, 다양한 독서 진단 검사지를 개발하여 읽기 지도의 기초 자료로 사용되고 있다. Rubin(1997 : 206-213)에서는 Gates/ McKillop/ Horowitz Reading Diagnostic Tests, Stanford Diagnostic Reading Test, California Diagnostic Reading Test 등과 같은 다양한 검사 도구를 소개하고 있다.(천경록, 2004. 재인용)
3) 최근에 들어 천경록(2006)이나 최지현·이충우·이정숙(2006), 서혁·서수현(2007) 등에서 읽기 능력 및 언어 영재성 평가 도구를 개발하려는 움직임이 보이는데 이는 아주 바람직한 현상으로 생각된다.

으로 이에 대한 연구는 별도로 이루어져야 할 것이다.[4]

독서 능력 표준화 검사 도구 개발이 필요한 이유는 표준화된 검사 도구가 학생들의 독서 능력 향상에 직접적으로 기여할 것이고, 독서 교육과 관련된 연구의 현장성을 확보해 줄 것이며, 기초 자료의 확보로 인해 독서 교육 연구가 발전하게 될 것이다. 이러한 필요성에 비추어 볼 때 본 연구는 유치원생과 초등학생에게 적합한 독서 능력 검사 도구를 직접 구안하고, 적용, 분석을 해 봄으로써 표준화된 검사 도구를 개발하는 데 그 목적이 있다.

2. 독서 능력 표준화 검사 도구 개발 과정

(1) 독서 능력 표준화 검사 도구의 성격

이 연구는 개인의 독서 능력을 종합적으로 진단할 수 있는 표준화된 검사 도구를 만들려는 데 그 목적이 있다. 표준화 검사라 함은 내용 전문가와 평가 전문가에 의해 만들어진 검사로서 모집단에서 무선적으로 추출된 피험자에게 검사를 시행하여 객관적인 채점 방법에 의해 규준이 만들어진 검사를 일컫는 말로서 표준화 검사는 동일한 절차와 지시에 의해 실시되며 검사 사용 설명서는 물론 검사의 특성인 타당도와 신뢰도의 정보를 제공하여, 수업 배경이 다양한 여러 집단 피험자들의 상대적인 서열도 알려준다(교육평가학회, 1995).

본 연구에서 개발하고자 하는 표준화 검사 도구는 학생들의 독서 능력을 평가하려는 데 목적이 있다. 학생들이 비판적이고 창의적 독서를

---

4) 천경록(2005)에서는 이러한 비형식적 읽기의 평가 방법에 대해서 논의하고 있다.

할 수 있도록 독서 능력의 요소를 정확히 파악하고, 표준화된 검사 도구를 통해 각 요소별 능력을 평가하도록 한다. 검사의 대상이 유치원생에서 초등학생까지이므로 발달 단계를 고려하여 문식성의 기초, 한글해득, 어휘력, 독해력을 학년성에 맞게 평가하고자 한다. 즉, 유치원부터 초등학교 6학년까지 학년별로 개발한 검사 도구는 독서 능력의 구성 요소별 문항을 개발하여 학생의 독서 능력을 총체적으로 평가한다. 또한 검사 도구의 문항이 유형별, 장르별, 주제별로 각각 다른 특징을 갖고 있어 독서 능력의 진단과 개별적 독서 지도를 하는데도 상당히 효과적일 것이다.

이런 의도를 바탕으로 본 연구에서는 유치원용과 초등학생용 독서 능력 검사 도구를 개발하였다. 유치원용은 유치원이 학년 단위로 구분되어 있지 않아 나이를 기준으로 유치원 만 3~4세(K1), 유치원 만 5세~취학 전(K2) 검사지로 구분을 하였고, 초등학생용은 각 학년 당 1개의 검사지로, 1학년(E1), 2학년(E2), 3학년(E3), 4학년(E4), 5학년(E5), 6학년(E6) 검사지를 개발하였다(이하 K1, K2, E1, E2, E3, E4, E5. E6으로 칭한다). 검사지는 선다형 문제로 구성하였는데, 유치원과 초등학교 1학년의 경우 검사에 익숙하지 않은 점을 들어 4지 선다형으로, 2학년 이상의 경우 5지 선다형으로 구성하였다. 또한 유치원의 경우는 문자 해득이 완성되지 않은 상태임을 고려해 여러 가지 형태의 단답형 문제를 구성하였다. 검사 문항의 수는 각 검사지 당 20문항으로 동일하게 구성하였으며, 검사 시간은 20분으로 정하였다.

〈표 1〉 문항 개발 수준

	독서 능력 표준화 검사 도구	대상 학년
유치원용	2종	만 3~4세, 만 5세~취학 전
초등학생용	6종	초등학교 1, 2, 3, 4, 5, 6학년

검사 문항은 각 학년별 학습 목표를 중심으로 개발하였다. 본 검사 도구의 개발을 위해 대학에서 독서 교육을 전공하고 있는 3명의 교수진과 유치원과 초등학교 현장에서 독서 지도를 하고 있는 11명의 교사진으로 구성된 독서 능력 표준화 검사 도구 개발 위원회를 구성하였다. 개발 위원회에 참여한 교사들의 교육 경력은 3년차에서 14년차까지 다양하였다. 협의회와 집중 작업을 통해 학습자가 도달해야할 목표를 현재 교육과정 바탕으로 설정하고, 이를 구체적이고 세세하게 분석하였다. 이렇게 분석된 목표를 바탕으로 독서 능력의 구체적인 요소를 분석하였다. 목표에 가장 적합한 문항을 요소별로 2배수 이상 개발하여 검토회와 협의회 등을 통해 문항을 선제하였다.

문항의 난이도와 타당도, 변별도 등 양호도를 높이기 위해 3회의 검사를 실시하였다.5) 개발위원회에서 선제된 문항을 문항의 신뢰도와 변별도, 타당도를 높이기 위해 학년별로 3회의 검사를 실시하였다. 검사는 1차 개발된 문항을 바탕으로 pilot test를 한 후, 수정 보완하여 2차 문항을 개발하였고, pre-test, test를 계속해서 실시하여 문항을 정선하였다.6)

---

5) 본 연구에서는 3차에 걸친 검사의 명칭을 pilot-test, pre-test, test로 사용하였고, 예비 검사(pilot-test, pre-test)와 표준화 검사(test)를 구분하여 제시하였다.

6) <그림 1> 독서 능력 표준화 검사 도구 개발 과정

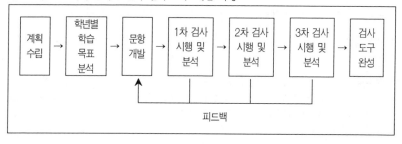

(2) 독서 능력의 구성 요소

표준화 검사 도구의 구성 요소를 결정하는 것은 '독서 능력을 어떻게 볼 것이냐?'와 연관이 되어 있다. 본 연구에서는 박영목 외(1991), Irwin (1991), 대학수학능력시험(읽기 영역), 이재승(1997), 제7차 국어과 교육과정 (1997), 천경록(2004) 등을 참조하여 '문식성의 기초', '한글 해득', '어휘 력', '내용 확인', '추론', '평가 및 감상'으로 표준화 검사 도구의 구성 요소를 결정하였다. 각 학년별로는 학년의 과업 비중도에 따라 4대 영역 을 설정하여 독서 능력을 구성하였다. 각 영역이 의미하는 내용은 다음 과 같다.

문식성의 기초는 문식성7)을 갖추기 위해 가져야할 기본적인 능력을 말한다. 구체적인 내용으로는 글(책)에 대한 경험과 반응하기, 읽기와 쓰 기의 즐거움 공유하기, 글자의 필요성 느끼기, 소리·형태 변별, 자모 인 식 및 변별 등 시청각 변별하기, 자모음 구별하기, 한글 낱자의 음가 알 기, 글자의 짜임 알기, 문장 부호 인식하기, 장르 인식하기 등이 이 능력 에 포함된다.

한글 해득은 글자를 읽는 능력을 말한다. 즉, 책(글)에 제시된 글자를 보고 정확하게 소리 내어 읽는 능력을 말하는 것이다. 이는 단순히 글자 를 보고 또박또박 읽는 능력에서부터 시작해 음운 변동이 있는 글자까 지 정확하게 소리 내어 읽음으로써 의미 변별까지 할 수 있는 능력을 포 함한다. 또한 낱자 단위에서 문장 단위까지 정확하게 소리 내어 읽을 수 있어야한다. 그러므로 여기서의 한글 해득이라 함은 소리와 기호의 대응

---

7) 문식성은 문자 언어를 알고 활용할 수 있는 능력을 일컫는다. 즉, 문자를 쓰고 읽는 능력 은 음성 기호를 문자기호로, 문자 기호를 음성 기호로 단순히 바꾸는 능력에 국한하지 않 고 쓰기, 읽기를 활용함으로써 필자와 독자 간에 상호 교환되는 의사소통의 범위까지를 포함한다.

을 인식하고, 문자의 형상을 기억하며, 글자의 짜임을 알고 의미를 이해하여, 한글을 읽고 쓸 수 있는 능력을 말한다.

어휘력은 학습자가 학습을 통해 보유하게 된 단어의 양과 학습된 어휘를 이해하고 구사하는 데 관련한 일체의 능력을 포함하는 개념이다. 즉, 낱말의 형태와 의미, 용법에 관해 알고 있으며, 상황에 맞게 적절하게 사용할 수 있는 능력을 말한다. 어휘력의 하위 요소로는 단어의 발음과 철자에 대한 지식, 단어의 구조에 대한 지식을 포함하는 어휘의 형태에 대한 지식, 단어의 사전적 의미와 문맥적 의미 등 여러 가지 종류의 의미에 관한 지식 및 동의, 유의, 반의, 상하 관계에 대한 지식을 포함하는 어휘의 어미에 대한 지식, 단어의 기능 및 호응 등과 관련된 지식을 포함하는 어휘의 통사에 대한 지식, 상황에 따른 사용 제약 및 단어의 사용 효과 등을 포함하는 어휘의 화용에 대한 지식 등이 있다.

내용 확인 능력은 독해에서 사실적 이해에 해당하는 것으로 글을 읽고 글 속에 담긴 내용을 파악하고, 줄거리 및 중심 생각을 파악하여 내용을 정확히 확인하는 능력이다. 즉, 글 속에 명시적으로 드러나 있는 내용상의 정보와 구조상의 정보를 있는 그대로 정확하게 이해하는 능력을 말한다. 글을 읽고 그 내용을 정확하게 이해하기 위해서는 먼저 글 속에 제시되어 있는 정보를 사실 그대로 이해할 수 있어야 한다. 정보에 대한 사실적 이해는 추론적 이해나 비판적 이해의 기초가 되는 기본적인 독해 능력이다.

추론은 글에 제시된 내용을 바탕으로 글에 드러나 있지 않은 내용을 찾아내어 글 내용을 이해하는 능력이다. 즉, 글을 읽고 의미를 재구성하는 과정에서 글 표면에 제시된 명시적인 정보를 활용하여, 글의 내적 표상에 의해 파악될 수 있는 정보를 찾는 것이 추론이다. 추론은 명시적인 진술뿐만 아니라 암시적인 진술을 완전하게 이해하는 데도 필요하다. 글을 읽는 사람이 글을 읽을 때 생략된 정보를 보완해가면서 이해하는데 이러한 이해과정에서 중요한 것이 추론 능력이다.

평가 및 감상 영역은 글을 읽고, 글의 내용을 비판적으로 이해하고 감상적으로 이해하는 능력을 말한다. 비판적 이해 능력이란 언어 표현과 이해의 과정에서 여러 가지 기준에 의해 분석한 것을 바탕으로 글의 정당성이나 적절성 또는 가치에 대해 평가하는 능력을 말한다. 감상적 이해 능력이란 독자의 정의적 반응과 관련이 있는 것으로 글쓴이가 사용한 문예적 기법이나 형식, 문체, 구조 등에 대한 독자의 반응을 말한다. 그러므로 평가 및 감상은 글을 읽고, 글의 내용을 자신의 준거에 의해 판단하는 능력과 정의적인 반응을 나타낼 수 있고, 감응할 수 있는 능력을 말한다.

(3) 독서 능력 표준화 검사 도구의 개발 지침과 방향

독서 능력 표준화 검사 도구 개발을 위해 다음과 같은 문항 개발 지침을 만들었다. 검사 도구 개발 지침은 8종의 검사 도구 개발과정에서 발생할 수 있는 다양한 문제들을 해결하기 위해 통일성을 기할 필요가 있고, 학년별 연계성과 위계성을 고려하기 위해 마련되었다. 지침을 구체적으로 살펴보면 다음과 같다. 첫째, 기존 독서 표준화 진단 검사에 대하여 비교, 검토한 후 이를 바탕으로 학년별 하위 영역의 요소를 선정하여 구성한다. 둘째, 결정된 검사 척도를 가장 효과적으로 측정할 수 있는 하위 영역에 대한 구체적인 내용을 정한다. 셋째, 검사별 각 측정 영역을 가장 효과적으로 측정해 줄 것이라 생각되는 문항을 최종 문항 수의 1.5~2배수를 제작한다. 넷째, 작성된 문항이 논리적으로 타당한가를 분석하고 문항을 수정, 보완하여 예비검사문항을 구성한다. 다섯째,

예비검사를 실시하여 각 문항들을 경험적으로 분석한다. 예비 검사 결과를 토대로 하여 문항이해, 문항신뢰도 및 문항 간 상관관계를 분석하여 최종형태의 검사문항을 확정하고, 각 하위영역의 검사 소요시간을 추정한다.

검사 개발 지침을 통해 결정된 구체적 내용을 살펴보면 독서 능력 표준화 검사 도구는 K1(유치원 만 3~4세), K2(유치원 만 5세~취학 전), 초등학교 1~6학년 학생용(E1~E6)의 8종으로 구성된다. 문항의 형태는 K1, K2는 4지 선다형 및 단답형, E1은 4지 선다형, E2~E6은 5지 선다형으로 구성되었다. 검사 도구는 성취기준표와 이원목적 분류표를 작성한 후 개발하고, 학년 수준에 적합한 4개의 검사 영역을 선정하여 각 영역별로 성취 기준 및 평가 요소를 고려하여 검사지를 구성한다.

〈표 2〉 독서 능력 하위 요인과 문항 수

문항 수 \ 하위요인	K1	K2	E1	E2	E3	E4	E5	E6
문식성의 기초	6	5						
한글 해득			5					
어휘력	6	5	5	4	4	4	4	4
내용 확인	6	5	5	6	6	5	6	5
추론	2	5	5	6	6	6	5	6
평가 및 감상				4	4	5	5	5
총 문항 수	20	20	20	20	20	20	20	20

각 영역별로 서사(유치원의 경우 현실동화와 환상동화를 구분), 서정, 정보, 생활, 설득, 도식 등 다양한 장르를 선정하여 지문을 구안하였다. 이 때 검사의 공정성을 기하기 위해 현 교과서에 사용되지 않는 지문을 선정하였다.

〈표 3〉 지문 장르와 문항 수

문항 수 하위영역		K1	K2	E1	E2	E3	E4	E5	E6
정보		2	2	2	2	2	5	4	5
설득						5	3	5	3
서정			2	2	3	2	2	3	3
서사	사실동화	2		7	6	5	5	6	4
	환상동화	2	4						
생활				3	4	2	4	0	3
기타 및 도식		14	12	6	5	4	1	2	2
총 문항 수		20	20	20	20	20	20	20	20

또한 평가는 검사자와 피검사자의 1 : 1 검사로 이루어지며, K1(유치원 만 3~4세), K2(유치원 만 5세~취학 전) 검사의 경우 학습 단계를 고려하여 검사자가 문제를 읽어주는 방식으로 진행한다.

3. 검사 시행과 표준화 과정

(1) 검사 유형별 실시 및 분석 방법

검사 도구가 표준화 되려면 여러 가지 점을 충족해야 한다. 고전 검사 이론에 의하면, 검사 시행에서 표집의 적절성, 검사의 타당도, 신뢰도, 변별도, 난이도, 오답의 매력도 등을 검토해야 한다(성태제, 2004). 이 검사 에서는 표준화 검사 도구의 요건을 충족하기 위해 3차에 걸친 검사의 시행과정과 그 결과를 분석하고자 한다. 주로 2차 검사와 3차 검사를 중 심으로 살펴보고자 한다.

가. 검사 실시 방법

독서 능력 표준화 검사는 기본적으로 검사자와 피검사자의 1 : 1 검사로 이루어진다. 이는 검사에 영향을 줄 외부 요인들을 차단하고, 최소한 상태로 자율적인 분위기를 마련해주기 위함이다. 독서 능력을 측정하는 것이기 때문에 학생들이 검사지를 직접 읽고, 문제를 해결한다. 그러나 K1(유치원 만 3~4세), K2(유치원 만 5세~취학 전) 검사의 경우 아직 문자해득이 익숙하지 않은 단계이기 때문에 발달 단계를 고려하여 검사자가 문제를 읽어주는 방식으로 진행한다. 또한 E1(초1학년) 검사지의 1~2번 문항의 경우 듣기를 통해서 해결해야하는 문제이므로 검사자가 읽어주는 방식을 취한다. 그 외의 모든 문항은 검사대상자 혼자서 해결한다.

검사를 할 경우 주의 사항은 검사대상자에게 충분히 검사의 목적을 인지시킨 다음 모르는 문제가 나올 경우 넘어갈 수 있게 해주고, K1, K2, E1의 1~2번 문항은 피검사자가 잘 이해하지 못하더라도 여러 번 읽어 주지 않는다. 또한 검사자는 피검사자의 질문에 상식적인 범위(예 : 정답이 두 개 인가요? 그림을 잘 알아볼 수 없어요.)의 질문에만 응답을 해야 한다. 그리고 유치원의 경우 문항 유형이 다르므로[8] 문항 유형에 따라 적절하게 검사를 실시해야 한다.

나. 검사 결과 분석 방법

표준화 검사 도구는 여러 문항으로 구성되기 때문에 검사 도구의 질은 검사 도구를 구성하는 문항의 질에 따라 결정된다고 할 수 있다. 그

---

[8] K1(유치원 만 3~4세) 검사지의 문항은 A 유형(보고 푸는 문제)과 B 유형(듣고 푸는 문제)으로 이루어져 있고, K2(유치원 만 5세~취학 전) 검사지의 문항은 A 유형(보고 푸는 문제), B 유형(읽고 푸는 문제), C 유형(듣고 푸는 문제)의 세 가지 유형으로 이루어져 있다. 그리고 각 유형에 🔊가 있는 문항은 검사실시자가 보기를 읽어주고, 🔊가 있는 문항은 검사실시자가 보기를 읽어주지 않고 검사대상자가 직접 읽도록 한다.

러므로 검사 도구의 질을 평가하기 위해서는 각 문항의 질을 평가하는 문항 분석이 필수적이다. 검사 도구의 문항의 질을 평가하기 위해서는 문항을 분석하는 고전검사이론과 문항 반응이론을 살펴볼 필요가 있다.

고전검사이론은 검사도구의 총점에 의하여 분석되는 이론으로, 검사에 의한 관찰점수는 오차점수에 의하여 합성됨을 가정한다. 문항 난이도는 문항의 쉽고 어려운 정도를 나타내는 지수를 말한다. 총피험자 중 답을 맞힌 피험자의 비율, 즉 확률을 구한 것으로 지수가 높을수록 문항이 쉽다는 것을 의미한다. 다른 용어로 문항 곤란도라고 한다. 절대적인 기준은 없으나 0.30 미만이면 매우 어려운 문항, 0.30~0.80 미만이면 적절한 문항, 그리고 0.80 이상이면 매우 쉬운 문장이라 평가하는 것이 일반적이다. 문항 변별도는 문항이 능력에 따라 피험자를 변별하는 정도를 나타내는 지수를 말한다. 능력이 높은 피험자가 문항의 답을 맞히고 능력이 낮은 피험자가 문항의 답을 맞히지 못한다면 이 문항은 기능을 제대로 하는 문항으로 분석된다. 문항 변별도 지수에 의하여 문항을 평가하는 절대적 기준은 없으나, 검사도구의 신뢰도와 관련하여 일반적으로 0.80 이상 매우 양호, 0.60~0.79 양호, 0.40~0.59 보통, 0.39 이하 수정 필요로 구분을 하였다.

문항반응이론은 검사 총점에 의한 문항을 분석하는 것이 아니라 문항은 문항 하나하나가 불변하는 고유한 속성을 지니고 있으므로, 그 속성을 나타내는 문항 특성 곡선에 의하여 문항을 분석하는 검사 이론이다. 이들을 바탕으로 본 연구에서 사용하고자 하는 문항의 양호도 요인과 의미는 <표 4>9)와 같다. 이와 더불어 오답의 매력도(답지 분산도 분석)도 분석한다. 오답의 매력도를 분산하는 방법은 P0=1-p/Q-1(P0 : 답지 선택확

---

9) <표 4> 본 연구에서 사용하는 문항의 양호도 요인과 의미

률, P : 문항 난이도, Q : 보기의 수이다.

표준화 검사에서 문항의 질을 결정하는 또 하나의 중요한 요소는 타당도이다. 타당도란 검사 또는 평가 도구가 측정하려고 한 평가 도구를 '얼마나 충실하게 측정하였는가?'의 정도를 말한다. 본 검사에서는 독서능력 표준화 검사 도구로서 측정하고자 하는 독서 능력을 6가지로 구분하고 독서 능력의 요인을 분석하기 위해 독서 능력에 관한 각종 관련 자료를 탐독하고, 국어과 교육과정에서 제시하고 있는 내용 구분 요소를 반영함으로써 구인타당도를 높였다고 볼 수 있다. 즉, 구인타당도를 높이기 위해 먼저 유치원 교육과정, 초등학교 국어과 교육과정, 초등학교 교과서를 분석하고 유치원 및 초등학교 국어과 교육에서 학생의 독서능력을 길러 주기 위해 어느 정도 수준의 목표를 중심으로 성취 기준을 설정하였다. 이러한 성취 기준에 도달하기 위한 각 학년에서 요구하는 독서 능력 평가 요소를 추출하였다. 그 다음으로 선행한 기초 연구를 바탕으로 교육과정에 의한 학년별·영역별 성취 기준을 선정하였다. 성취기준이 선정된 후 문항 개발을 위한 이원목적분류표를 작성하고, 영역별·장르별 문항 개발하였다.

그리고 내용 타당도를 높이기 위해 대학에서 독서 교육을 전공하고 있는 교수 3명과 초등학교와 유치원에서 읽기 지도를 하고 있는 교사 11명으로 구성된 개발 위원회를 구성하여 성취 기준을 설정하고, 평가 요소를 분석하였으며, 이원목적분류표에 의해 평가 문항을 출제, 선정하

난이도		변별도		신뢰도	
0.75% 이상	쉽다(하 수준)	0.40 이상	매우 높다	0.80 이상	매우 양호
0.25~0.74%	중간(중 수준)	0.30~0.39	높다	0.60~0.79	양호
0.24% 이하	어렵다(상 수준)	0.20~0.29	있다	0.40~0.59	보통
		0.10~0.19	낮다	0.39 이하	수정 필요
		0.09 미만	없다		

였으며, 검사 실시 후 문항의 분석, 수정을 통해 내용 타당도를 높였다.

(2) 예비 검사의 실시 및 분석

가. pilot-test

문항 개발 후 최초 검사인 pilot-test를 실시하였다. pilot-test는 대도시와 중소 도시에 있는 초등학교와 유치원을 대상으로 실시하였다. 대도시의 경우 인천광역시와 광주광역시의 초등학교를 대상으로, 중소도시의 경우 청주시와 청원군의 초등학교와 유치원을 대상으로, 3개 초등학교와 1개 유치원에서 검사를 실시하였다. 검사 일시는 2006년 11월 8일이였고, 검사 대상 학생 수는 전체 618명이었다.

pilot-test는 문항의 양호도 요인과 의미를 대략적으로나마 판별해 보려는 의도에서 실시하였다. 각 문항별 결과 분석을 통해 문항의 양호도 향상의 자료를 마련하였고, 실제 학생들의 반응을 토대로 문항의 세부적인 면까지 수정하였다. 초등학교 1학년의 pilot-test 결과를 예시로 들면 <표 5>와 같다. 그리고 영역별 곤란도와 장르별 곤란도를 살펴보아 영역별, 장르별 문항 수정을 하였으며, 각 문항별 곤란도, 변별도, 분산도, 신뢰도를 검토하여 pre-test에 대비하였다.

〈표 5〉 초등학교 1학년 검사 결과(pilot-test)

	구분	상	중	하	4번(88%), 9번(87%)은 85%를 위쪽으로 벗어났음. 좀 더 어렵게 조정
곤란도	이상적	6	8	6	
	현재	2	11	7	
변별도	구분	.19 이하	음수		
	현재	0	0		

분산도	구분	.00	더 매력적 임	평균 이하	'더 매력적임'은 정답시비와 관련하여 검토 요망, 분산도 0:
	현재	3	2		2번②, 3번①, 9번②, ③
부정발문	구분	부정 발문			20%에 해당하는 4개로 제한
	현재				
신뢰도	구분	문항 제거 시 신뢰도 상위 3문항			변별도와 상관
	현재	10, 18, 5			

나. pre-test

pilot-test를 실시한 후 개별 문항의 양호도를 점검하고, 문항의 수정·보완하여 예비 검사를 실시하였다. 예비 검사는 대도시와 중소 도시에 있는 초등학교와 유치원을 대상으로 실시하였다. 대도시의 경우 서울특별시, 부산광역시, 대구광역시 지역의 초등학교를 대상으로 중소도시의 경우 천안시, 구미시, 익산시, 거제시, 오산시의 초등학교와 유치원을 대상으로 실시하였다. 표집 결정에서는 도심과 외곽, 학군 등 지역적 특성을 고려하였다. 예비검사의 실시 일자는 2006년 11월 29일이고, 표집 대상 인원은 대도시와 중소도시의 유치원, 초등학교 학생 859명이다.

〈표 6〉 예비검사 사례 수

지역	K1	K2	E1	E2	E3	E4	E5	E6	합계
대도시	16	11	61	61	55	71	74	96	445
중소도시	17	12	69	67	70	60	63	56	414
합계	33	23	130	128	125	131	137	152	859

pre-test의 검사 신뢰도를 살펴보기 위하여 내적일치도 계수를 〈표 7〉에 계산하였다. 유치원의 경우 표집 수가 적어 신뢰 있는 결과를 얻

기 힘들었다. pre-test 검사지의 경우, 전체적으로 문항 난이도는 중간 정도에 속하며, 1, 2, 3학년은 0.75에 가까우므로 쉬운 문항으로 해석될 수 있다. 문항 변별도는 전 학년 모두 높은 편으로 해석할 수 있으며 학년별 검사 신뢰도 또한 전학년이 신뢰로운 편으로 해석된다. 다만 3학년의 경우 신뢰도를 좀 더 확보해야 할 것이다.

〈표 7〉 학년 급간별 문항 신뢰도(전체)

구 분	초등학교					
	1학년	2학년	3학년	4학년	5학년	6학년
난이도	.733	.701	.703	.633	.627	.630
변별도	.412	.420	.351	.365	.393	.437
신뢰도	.731	.747	.622	.746	.767	.817

전체 분석 결과뿐 아니라 학년별로 구체적인 분석이 이루어졌는데 지면 관계상 초등학교 1학년의 검사 결과를 제시하면 <표 8>과 같다.

〈표 8〉 1학년 예비 검사 분석 결과

	구분	상	중	하	
난이도	이원 분류	4	8	8	
	현재 결과	0	10	10	
변별도	구분	.19 이하	음수		
	현재	0	0		
분산도	구분	0.00	더 매력적임	평균 이하	더 매력적임은 정답 시비와 관련하여 검토 요망/ 분산도 0
	현재	10	0		문항 검토 요망/ 분산도 평균 이하
부정발문	구분				
	현재				
신뢰도	구분	문항 제거시 신뢰도 상위 3문항			변별도와 상관성이 있음
	현재				

문항 분석 결과에 의하면 1학년 130명 피험자 점수의 평균은 14.67, 표준편차는 3.30, 분산은 10.9이며, 최저 점수는 4, 최고점수는 20점, 점수의 범위는 16점이다. 20문항의 문항 난이도 평균은 .733으로서 하 수준의 난이도 검사로 해석할 수 있다. 문항변별도의 평균은 .412로 검사 변별력이 높은 검사지임을 알 수 있다. 검사의 신뢰도인 Cronbach α = .731이며 측정오차는 1.710으로 신뢰로운 편이라고 해석할 수 있다. 학년별 분석과 함께 각 문항별 분석 또한 이루어졌는데 검사 문항은 영역별, 장르별로 분석이 이루어졌으며(<표 9>), 개별 문항 분석(<표 10>)도 이루어졌다. 이를 간단히 제시하면 다음과 같다.

〈표 9〉 1학년 예비 검사 영역별, 장르별 분석 결과

내용 영역별	문항 수	평균	장르별	문항 수	평균
한글 해득	5	83.0	정보	2	68.5
어휘력	5	77.0	설득	0	0
내용 확인	7	67.0	서정	2	67.5
추론	2	75.0	서사	7	77.0

〈표 10〉 1학년 예비 검사 문항별 분석

문항 번호	문항 난이도	문항 변별도		답지 번호	응답비율			상관 계수	정답	비고
		상관 계수	정답 비율차		전체	상위	하위			
1	.92	.26	.15	1	.02	.00	.03	-.10		
				2	.05	.00	.10	-.23		
				3	.02	.00	.03	-.06		
				4	.92	1.00	.85	.26	*	
				기타	.00	.00	.00			
2	.82	.35	.33	1	.82	.97	.64	.35	*	
				2	.12	.03	.18	-.15		
				3	.05	.00	.13	-.30		
				4	.02	.00	.05	-.16		
				기타	.00	.00	.00			
〈이하 생략〉										

이러한 방법으로 예비 검사를 통해 문항의 양호도를 다시 파악한 다음 본 검사를 위한 문항 선정을 위해 5가지 통계적 기준을 적용하였다. 첫째, 각 척도의 문항 신뢰도를 알아보기 위하여 Cronbach α 계수를 산출하였다. 이를 토대로 문항 내적 합치도를 저해하는 문항을 삭제하였다. 둘째, 문항반응분포를 살펴본 결과 각 척도 내에서 정답률 비중이 상대적으로 높거나, 정답에 비해 특정 답의 오답비율이 높거나, 4지선다 분포가 고른 문항은 제외하였다. 셋째, 신뢰도 계수가 상대적으로 낮은 문항은 문항과 총점간의 상관계수를 산출하여 .20 이하인 문항은 삭제되며, 요인분석을 실시한 다음, 요인 부하량이 .20 이하로 낮게 부하된 문항도 삭제하였다. 넷째, 최종 형태의 검사문항을 확정한 후, 전국 단위로 무작위 유층표집을 실시하여 표준화 과정을 진행하였다. 다섯째, 표준화 과정을 거쳐 얻어진 자료를 규준을 작성하였고, 검사도구의 신뢰도 및 타당도등 통계적인 분석을 실시하였다.

(3) 표준화 검사의 실시 및 분석

표준화 검사는 1, 2차 검사를 통해 수정 보완된 문항으로 표준화를 시키기 위해 확대 적용을 실시하였다. 표준화를 위한 표집 방법으로는 <표 11>과 같이 도시화 정도와 성별을 고려한 3단계 비율층화 표집 방법이 사용되었다. 우선 전국의 도시화 정도별, 성별 학생 수 비율을 고려하여 대도시와 중소도시의 유치원과 초등학교에서 학급을 표집 하는 방식을 활용하였다. 먼저 도시화 정도에 따른 표집을 하기 위하여 도시화 정도를 대도시(광역시), 중소도시의 2범주로 구분하였다. 또한 각 도시화정도별 학교의 규모를 토대로 학생 수의 비율을 고려하여 선정하였다. 그리하여 서울특별시, 대구광역시, 광주광역시, 대전광역시, 울산광역시,

수원시, 원주시, 안양시, 순천군, 청원군, 평택시의 초등학생 및 유치원 학생을 대상으로 검사를 실시하였다. 표준화 검사의 실시 일자는 2006년 12월 15일이고, 대상 학생 수는 1315명이었다.

〈표 11〉 도시화 정도별 본검사 사례 수

지역	K1		K2		E1		E2		E3		E4		E5		E6		합계
	남	여	남	여	남	여	남	여	남	여	남	여	남	여	남	여	
대도시	16	17	13	5	49	54	55	47	55	56	51	39	57	50	55	41	660
중소도시	6	13	11	12	58	50	55	50	55	57	51	42	52	52	47	44	655
합계	52		41		211		207		223		183		211		187		1,315

유치원용과 초등학생용의 독서 능력 표준화 검사 도구의 신뢰도를 살펴보기 위하여 내적일치도 계수를 〈표 12〉에 계산하였다.

〈표 12〉 학년 급간별 문항 신뢰도

구 분	유치원		초등학교					
	K1	K2	E1	E2	E3	E4	E5	E6
Alpha	.760	.710	.706	.745	.626	.687	.722	.691

표에 의하면 유치원용 K1형 0.760, K2형은 0.710, 초등학교 1학년형은 0.706, 2학년형은 0.745, 3학년형은 0.626, 4학년형은 0.687, 5학년형은 0.722, 6학년형은 0.691로 비교적 신뢰로운 검사지로 나타났다. 그리고 세부적으로 학년별 문항 제거 후 알파 값의 범위는 〈표 13〉과 같다.

〈표 13〉 표준화검사의 신뢰도

〈표 13〉 표준화검사의 신뢰도

문항번호	문항 제거 후 신뢰도							
	K1	K2	E1	E2	E3	E4	E5	E6
범위	.734 ~ .770	.681 ~ .725	.678 ~ .708	.719 ~ .748	.588 ~ .643	.663 ~ .694	.696 ~ .727	.654 ~ .697

본 검사에서는 독서 능력 표준화 검사의 타당도 향상을 위해 영역별 문항들은 내용전문가들이 충분히 검토하여 내용 타당성을 확보하였다. 또한 각 하위영역간의 상관관계 분석을 실시하였다. 지면 관계 상 K1 검사 결과와 초등학교 1학년 검사 결과의 내용을 제시하면 〈표 14〉, 〈표 15〉와 같다.

〈표 14〉 K1 하위 요소 간 상관계수

구 분	문식성의 기초	어휘력	내용확인	추론
문식성의 기초	1			
어휘력	.381**	1		
내용확인	.223	.392**	1	
추론	.107	.096	.459**	1

(**p<.001)

〈표 15〉 1학년 하위 요소 간 상관계수

구 분	한글해득	어휘력	내용확인	추론 및 감상
한글해득	1			
어휘력	.337***	1		
내용확인	.385***	.419***	1	
추론 및 감상	.334***	.388***	.498***	1

(*** p<.001)

K1 검사의 경우 〈표 14〉에서 보듯이 검사 도구의 하위요인의 상호

간 상관계수가 비교적 높은 편이다. 그 이유는 본 검사의 하위요인들이 독서 능력을 평가하는 중요 요인에 해당한다는 데서 찾을 수 있다. 그러나 유치원 학생의 표집수가 적어 상관이 유의하게 드러나지 않는 경우도 있었다. 또한 책에 대한 개념 인식과 같은 내용을 포함하는 문식성의 기초 요소는 드러나지 않는 내용을 찾아내는 추론 능력과 직접적인 관계가 없기 때문에 요소 간의 상관이 유의하지 않은 것으로 해석된다. 그리고 E1 검사의 경우도 <표 15>에서 보듯이 하위요인의 상호간 상관계수는 높은 편이다. 그 이유는 본 검사의 하위요인들인 한글해득, 어휘력, 내용 확인, 추론 및 감상 요인이 독서 능력을 평가하는 중요 요인에 해당한다는 데서 찾을 수 있다.

4. 문항 수정 방법

독서 능력 표준화 검사 도구의 문항을 제작하는 과정에서부터 3차례의 검사를 실시하여 표준화 검사 도구를 만드는 과정까지 수차례에 걸쳐 문항의 양호도를 검토하여 수정하였다. 그 결과 각 문항은 정교화 되었고, 문항의 양호도가 많이 향상되었다. 여기서는 예비 검사에서 본 검사로 진행되는 과정 속에서의 문항의 수정 과정을 유형별로 나누어 그 사례를 살펴보고자 한다.

(1) 신뢰도 향상

가. 초등학교 1학년용 검사지 문항

초등학교 1학년용 검사지 문항 5번의 경우 문항의 pilot-test(문항 2번)

결과 난이도는 .83이고 문항 변별도는 .51로 나타났다. 그러나 문항의 신뢰도가 .592로 나타나 신뢰도를 향상시키기 위한 방안을 구안하였다. 우선 초등학교 1학년 학생의 경우 지필 검사에 익숙하지 않다는 것을 고려하여 지문의 수를 4지 선다형으로 줄이고, 혼란을 줄 수 있는 지문을 삭제하였다. 그 결과 답지의 분포도가 고르게 바뀌었으며, 신뢰도가 상당히 많이 향상되었다.

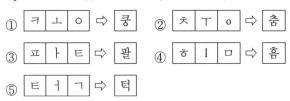

<pilot-test> 2. 다음 중 알맞은 것을 찾아보세요

① ㅋ ㅗ ㅇ ⇨ 쿵   ② ㅊ ㅜ ㅇ ⇨ 춤

③ ㅍ ㅏ ㅌ ⇨ 팔   ④ ㅎ ㅣ ㅁ ⇨ 흠

⑤ ㅌ ㅓ ㄱ ⇨ 턱

<pre-test> 5. 다음 중 알맞은 것을 찾아보세요

① ㅋ ㅗ ㅇ ⇨ 쿵   ② ㅌ ㅓ ㄱ ⇨ 턱

③ ㅍ ㅏ ㅌ ⇨ 팔   ④ ㅎ ㅣ ㅁ ⇨ 흠

| 평가 | 문항 번호 | 문항 난이도 | 문항 변별도 | | 답지 번호 | 응답비율 | | | 상관 계수 | 정답 | 비고 (신뢰도) |
			상관 계수	정답 비율차		전체	상위	하위			
pilot-test	2	.83	.51	.52	1	.02	.00	.04	-.08		(.592)
					2	.00	.00	.00	.00		
					3	.05	.00	.13	-.21		
					4	.07	.00	.22	-.38		
					5	.83	1.00	.48	.51	*	
					기타	.03	.00	.00			
pre-test	5	.91	.39	.20	1	.03	.03	.08	-.17		(.721)
					2	.91	.97	.77	.39	*	
					3	.02	.00	.05	-.16		
					4	.02	.00	.05	-.20		
					기타	.02	.00	.00			

나. 초등학교 3학년용 검사지 문항

초등학교 3학년용 검사지 문항 12번의 pre-test(문항 12번) 결과 문항의 난이도는 .37로 상 수준의 문제이다. 그러나 답지 ③번의 경우 지나치게 오답의 매력도가 높은 것이 문제이고, 답지 ④번의 경우는 아무도 반응을 하지 않아 오답의 매력도가 떨어진다. 그리고 문제의 신뢰도는 .588로서 보통 수준이다. 그래서 답지의 분포를 조정할 필요가 있고 신뢰도를 좀 더 향상시킬 필요가 있다. 이 문항의 경우 답지 순서 조정을 하기로 하였다. 그 결과 문항의 신뢰도가 .614로 올라갔고 전체적으로 문항의 양호도가 향상되었다.

<pre-test> 12. 위의 시에서 소리를 흉내 낸 말은 어느 것입니까?
① 빗방울　② 굴러가지　③ 대롱대롱　④ 매달려　⑤ 톡

<test> 12. 위의 시에서 소리를 흉내 낸 말은 어느 것입니까?
① 톡　② 빗방울　③ 매달려　④ 대롱대롱　⑤ 굴러가지

평가	문항 번호	문항 난이도	문항 변별도		답지 번호	응답비율			상관 계수	정답	비고 (신뢰도)
			상관 계수	정답 비율차		전체	상위	하위			
pre-test	12	.37	.50	.69	1	.03	.00	.03	-.05		더 매력적 (.588)
					2	.01	.04	.00	.09		
					3	.59	.14	.85	-.49		
					4	.00	.00	.00	.00		
					5	.37	.82	.13	.50	*	
					기타	.00	.00	.00			
test	12	.46	.38	.45	1	.46	.71	.25	.38	*	(.614)
					2	.07	.02	.15	-.18		
					3	.00	.00	.00	.00		
					4	.01	.00	.02	-.05		
					5	.46	.27	.56	-.26		
					기타	.00	.00	.00			

(1) 변별도 향상

가. K1(유치원 3~4세 용) 검사지 문항

K1 검사지 문항 4번의 pre-test(문항 5번) 결과 문항의 난이도는 .97로 하 수준이다. 너무 많은 학생들이 쉽게 맞추다 보니 상위 27% 학생들의 정답 비율이 100%, 하위 27% 학생들의 정답 비율 88%로 문항 자체가 변별력이 떨어짐을 볼 수 있었다. 그 결과 답지 분포도는 낮아지게 되었다. 이는 3~4세 아동의 문자 변별력에 대한 생각이 부족했기 때문에 문항을 변별력 있게 바꿀 필요가 있다. 그리고 문항 제시 방식을 지문 속에 넣는 것보다 보기를 활용함으로 학생들이 좀 더 편하게 문제를 접할 수 있게 하였다. 그 결과 문항의 변별도가 .32이 상당히 양호해졌다.

<pre-test> 5. '너'와 똑같은 글자는 어느 것인가요?
① 나   ② 냐   ③ 너   ④ 녀

<test> 4. □ 안의 글자와 똑같은 글자를 찾아보세요.
학교   ① 학생   ② 한국   ③ 환경   ④ 학교

평가	문항 번호	문항 난이도	문항 변별도		답지 번호	응답비율			상관 계수	정답	비고
			상관 계수	정답 비율차		전체	상위	하위			
pre-test	5	.97	.14	.13	1	.03	.00	.13	-.14		
					2	.00	.00	.00	.00		
					3	.97	1.00	.88	.14	*	
					4	.00	.00	.00	.00		
					기타	.00	.00	.00			
test	4	.68	.32	.40	1	.28	.07	.35	-.25		
					2	.00	.00	.00	.00		
					3	.04	.00	.12	-.22		
					4	.68	.93	.53	.32	*	
					기타	.00	.00	.00			

나. 초등학교 3학년용 검사지 문항

초등학교 3학년용 검사지 문항 5번의 pre-test(문항 5번) 결과, 문항의 난이도는 .93으로 하 수준의 문제이다. 그러나 정답을 제외한 ①, ③, ④번의 경우 아무도 반응을 하지 않아 오답의 매력도가 떨어진다. 그 결과 문항의 난이도 조정이 어려워졌다. 그리고 문제의 신뢰도는 .623으로서 양호한 수준이다. 그러나 이 문항의 경우 변별도가 .16으로 아주 낮음을 볼 수 있다. 그래서 지문을 좀 더 어렵게 해서 답지의 분포가 좀 더 고르게 나올 수 있도록 조정함으로 문항의 변별도를 높였다. 그 결과 변별도가 .35로 향상되었다.

<pre-test> 5. ㉠의 ( ) 안에 알맞은 말은 무엇입니까?( )
할아버지 : (㉠) 어이 시원해. 옳지, 옳지. 인제 그만 하렴.
① 조심스럽게   ② 싱글벙글 웃으시며   ③ 엄한 표정을 지으시며
④ 궁금해 하는 얼굴로   ⑤ 느릿느릿한 말소리로

<test> 5. ㉠의 ( )안에 들어갈 말로 알맞은 것은 무엇입니까?
할아버지 : (㉠) 그럼. 옳지, 옳지. 인제 그만 하렴.
① 조심스럽게   ② 궁금해 하는 얼굴로   ③ 싱글벙글 웃으시며
④ 느릿느릿한 말소리로   ⑤ 엄한 표정을 지으시며

| 평가 | 문항 번호 | 문항 난이도 | 문항 변별도 | | 답지 번호 | 응답비율 | | | 상관 계수 | 정답 | 비고 |
			상관 계수	정답 비율차		전체	상위	하위			
pre-test	5	.93	.16	.07	1	.00	.00	.00	.00		
					2	.93	.96	.90	.16	*	
					3	.00	.00	.00	.00		
					4	.07	.04	.10	-.16		
					5	.00	.00	.00	.00		
					기타	.00	.00	.00			

평가	문항 번호	문항 난이도	문항 변별도		답지 번호	응답비율			상관 계수	정답	비고
			상관 계수	정답 비율차		전체	상위	하위			
test	5	.89	.35	.25	1	.02	.00	.05	-.13		
					2	.00	.00	.00	-.03		
					3	.89	1.00	.75	.35	*	
					4	.06	.00	.13	-.25		
					5	.02	.00	.05	-.15		
					기타	.00	.00	.00			

(3) 난이도(곤란도) 조정

가. 초등학교 4학년용 검사지 문항

초등학교 4학년용 검사지 문항 9번은 난이도 중 수준으로 구안된 문제이다. 그러나 pre-test(문항 9번) 결과, 문항의 난이도는 .85로 하 수준의 문제가 되었다. 그리고 답지 ③번의 경우 아무도 반응을 하지 않아 답지 분산도는 0으로 오답의 매력도가 떨어진다. 그 결과 문항의 난이도 조정이 어려워졌다. 그래서 지문의 구조를 좀 더 어렵게 하고, 글의 제목이 잘 드러나지 않게 하여 검사 문항의 난이도를 조정하였다. 그 결과 검사 문항의 난이도는 .66으로 중 수준을 평가할 수 있게 되었으며, 문제가 되었던 답지의 경우도 적절한 분산이 이루어지게 되었다.

<pre-test> 9. 위 글의 제목으로 가장 알맞은 것은?
<test> 9. 위 글의 제목으로 가장 알맞은 것은? (지문 수정)
① 절개와 지조   ② 선비들의 그림   ③ 사군자의 상징성
④ 고난에 맞서는 군자   ⑤ 네 식물의 아름다움

평가	문항 번호	문항 난이도	문항 변별도		답지 번호	응답비율			상관 계수	정답	비고
			상관 계수	정답 비율차		전체	상위	하위			
pre-test	5	.85	.31	.22	1	.08	.07	.14	-.15		
					2	.03	.00	.09	-.26		
					3	.00	.00	.00	.00		
					4	.85	.93	.71	.31	*	
					5	.02	.00	.03	-.02		
					기타	.01	.00	.00			
test	9	·.66	.48	.55	1	.01	.02	.00	.08		
					2	.08	.00	.18	-.27		
					3	.66	.93	.38	.48	*	
					4	.09	.02	.22	-.32		
					5	.16	.04	.22	-.19		
					기타	.01	.00	.00			

나. 초등학교 6학년용 검사지

초등학교 6학년용 검사지 문항 9번은 난이도 하 수준으로 구안된 내용 파악 문제이다. 그러나 pre-test(문항 5번) 결과, 문항의 난이도는 .42로 중 수준의 문제가 되었다. 그래서 지문의 구조를 좀 더 쉽게 하고, 글의 내용이 잘 파악될 수 있도록 문단의 처음에 답지의 내용이 올 수 있도록 글을 써서 검사 문항의 난이도를 조정하였다. 그 결과 검사 문항의 난이도는 .76으로 하 수준을 평가할 수 있게 되었다.

<pre-test> 5. 위 글의 내용과 일치하는 것은?
<test> 9. 위 글의 내용과 일치하는 것은? (지문 수정)
① 인물화는 소녀나 영웅 등 사람을 그린 그림이다.
② 초상화는 인물의 실제보다 아름답게 그려야 한다.
③ 초상화는 화가가 자기 자신을 그린 그림을 말한다.
④ 렘브란트는 모델을 구할 돈이 없어 자신을 그렸다.
⑤ 자화상은 예전부터 많이 그렸던 인물화의 형식이다.

평가	문항 번호	문항 난이도	문항 변별도		답지 번호	응답비율			상관 계수	정답	비고
			상관 계수	정답 비율차		전체	상위	하위			
pre-test	13	.42	.40	.55	1	.14	.06	.11	-.01		
					2	.26	.06	.48	-.33		
					3	.10	.03	.17	-.20		
					4	.42	.73	.17	.40	*	
					5	.07	.09	.04	.08		
					기타	.01	.00	.00			
test	5	.76	.31	.32	1	.76	.89	.58	.31	*	
					2	.02	.02	.05	-.13		
					3	.02	.02	.03	-.04		
					4	.17	.04	.28	-.24		
					5	.02	.02	.08	-.13		
					기타	.01	.00	.00			

(4) 답지 분산도 향상

가. K2(유치원 5세~취학 전) 검사지 문항

K2 검사지 문항 3번의 pre-test(문항 3번) 결과 문항의 변별도는 .24로 변별력이 있기는 하나 답지 ①과 ③은 오답의 매력도가 너무 떨어져 분산도가 0이다. 또한 상위 27%의 학생과 하위 27%의 학생 간이 차이가 크게 나지 않아 변별도가 그렇게 높지 않다. 하위 27% 학생의 80%가 정답을 맞추다 보니 문항의 수준을 다시 조정할 필요가 있고, 오답의 매력도가 높은 문항으로 답지를 조정하였다. 그 결과 문항의 답지의 분산도가 상당히 향상되었음을 볼 수 있고, 그와 더불어 변별도 및 신뢰도가 양호해졌다.

<pre-test> 3. □ 안의 글자와 똑같은 것은 어느 것인가요?

　면　　　① 명　　② 면　　③ 연　　④ 면

<test> 3. □ 안의 글자와 똑같은 글자를 찾아보세요

다람쥐   ① 다랑지   ② 가람쥐   ③ 다감쥐   ④ 다람쥐

평가	문항 번호	문항 난이도	문항 변별도		답지 번호	응답비율			상관 계수	정답	비고
			상관 계수	정답 비율차		전체	상위	하위			
pre-test	3	.91	.24	.20	1	.00	.00	.00	-.47		(.691)
					2	.09	.00	.20	.47	*	
					3	.00	.00	.00	.00		
					4	.91	1.00	.80	.00		
					기타	.00	.00	.00			
test	3	.87	.63	.35	1	.02	.00	.06	-.46		(.757)
					2	.07	.00	.18	-.26		
					3	.05	.00	.12	-.41		
					4	.87	1.00	.65	.63	*	
					기타	.00	.00	.00			

나. 초등학교 6학년용 검사지 문항

초등학교 6학년용 검사지 문항 12번의 pre-test(문항 5번) 결과 문항의 변별도는 .52로 상당히 뛰어나나 답지 ③은 오답의 매력도가 너무 떨어져 분산도가 0이다. 답지 ②의 경우도 .01로 오답의 역할을 하지 못하고 있다. 그리고 상위 27%의 학생들은 답지 ⑤에 100% 응답을 함으로 이 문항에서 오답이 그 역할을 하지 못하고 있다. 그러나 문항 자체가 지문에 있는 내용을 파악하여 답을 하는 것이므로 지문을 수정하였다. 그 결과 문항 난이도 조정과 더불어 답지의 분산도가 향상되었다.

<pre-test> 5. 다음 중 게의 생김새에 대한 표현이 아닌 것은?
<test> 12. 다음 중 게의 생김새에 대한 표현이 아닌 것은? (지문 수정)
① 잠망경   ② 갑옷   ③ 가위   ④ 안테나   ⑤ 청소부

평가	문항번호	문항난이도	문항 변별도		답지번호	응답비율			상관계수	정답	비고
			상관계수	정답비율차		전체	상위	하위			
pre-test	5	.89	.52	.28	1	.04	.00	.11	-.32		
					2	.01	.00	.02	-.17		
					3	.00	.00	.00	.00		
					4	.06	.00	.15	-.35		
					5	.89	1.00	.72	.52	*	
					기타	.00	.00	.00			
test	12	.60	.37	.54	1	.14	.04	.28	-.20		
					2	.04	.00	.13	-.21		
					3	.09	.02	.13	-.16		
					4	.12	.02	.10	-.07		
					5	.60	.89	.35	.37	*	
					기타	.01	.00	.00			

5. 결론

본 연구는 유치원과 초등학생용 독서 능력 표준화 검사 도구를 개발하고, 개발 과정과 검사 시행 및 결과 분석을 논의하였다. 독서 능력을 측정할 수 있는 표준화 검사 도구가 왜 필요한지, 연구 결과로 만들어진 독서 능력 표준화 검사 도구가 학생의 독서 능력 향상에 어떻게 도움을 주는지와 현장 교사의 독서 지도에 어떤 도움을 주는지도 검토해 보았다. 그리고 본 검사지가 개발되는 과정을 자세히 보여줌으로써 다른 검사지를 개발할 때에 유의해야할 사항들을 간접적으로 보여주었다. 또한 검사 도구의 신뢰도, 변별도, 타당도, 난이도를 높이기 위해 해야 할 다양한 활동들을 3차에 걸친 검사를 통해 자세하게 기술하였다.

본 연구를 통해 개발한 독서 능력 표준화 검사는 여러 가지 장점을 가지고 있다. 독서 능력 표준화 검사 도구는 독서 능력에 대한 기존에 대한 연구의 검토를 통해 독서 능력의 구성 요소를 탐색하고, 이를 바탕으로 대학에서 독서 교육을 전공하고 계신 교수님과 학교 현장에서 읽기를 가르치고 계시는 선생님들로 구성된 협의체를 통해 이론과 실제를 결합한 독서 능력 표준화 검사 문항을 구안하였다. 또한 검사지의 종류가 유치원과 초등학교를 연계한 8종의 검사지를 개발함으로써 학년별 위계성과 목표별 계열성을 유기적으로 결합하여 제시하였다.

본 연구에서 개발한 검사지는 표준화 검사의 요건을 충족시키고 있다. 3.에서 제시한 대로 타당도 확보를 위해 구인 타당도와 내용 타당도를 향상시켰고, 각 문항별, 학년별, 영역별 신뢰도를 확보하였다. 그리고 각 문항의 변별도 요건을 충족시켰으며 검사 종별로 난이도를 조정하여 표준화 검사로 활용할 수 있는 조건을 갖추어 주었다. 이렇게 볼 때 본 연구에서 수행한 과정들이 효과적이었고, 타당한 연구였다고 볼 수 있다.

본 연구를 수행하면서 개발된 산출물들은 여러 가지 목적으로 활용될 수 있다. 연구 과정에서 산출된 결과물은 학년별 성취기준표, 이원목적 분류표, 표준화 검사 문항 등이 있다. 이러한 자료는 독서 교육을 전공하고 있는 대학원생이나 현장 교사들에게 독서 교육의 효과를 측정하거나 학생의 발달 단계에 맞는 기초 자료 수집을 위한 도구로 사용될 수 있다. 본 연구에 이어서 다양한 검사 도구가 개발되어야 할 것이다. 또한 앞서 제시한 것처럼 학생의 독서 능력을 정확히 측정하기 위해서는 비형식적 평가 방법 역시 연구가 지속적으로 이루어져야 할 것이다.

제7장 ▮ 삶의 질과 독서

1. 삶의 질이란 무엇인가?

서구의 산업화된 국가들에서 최근 삶의 질에 대한 연구가 전개되고 있다. 삶의 질이란 본인이 직접 체험하고 느끼는 만족감으로서, 종래와 같은 물질적 풍요가 삶의 질을 나타내는 절대적 기준이 될 수 없다는 것이다. 구미 선진국에서 사람들이 안전하게 살고 있으며, 식생활에 곤란을 겪지 않는다는 사실은 사람들의 가치관 변화에 많은 의미를 포함하고 있다.

고도의 경제 성장과 사회 변동은 사람들의 가치관과 삶의 목표를 급격히 변화시키고 있다. 생존 내지 안전의 욕구가 존재하고 있는 경우에는 사람들은 그들의 관심을 다른 곳으로 돌릴 수 없다. 그러나 경제상 및 신체의 안전이 보장받는 경우에는 사랑, 존경, 소속에로의 욕구가 점차로 증가하게 된다. 좀 더 조건이 좋아지면 지적 및 심미적 만족과 연결된 일련의 목표가 크게 부각된다. 미국 미시간 대학 잉글하트(Inglehart, R.)는 이러한 삶의 가치관 변화를 '조용한 혁명(silent revolution)'이라고 부른다. 고도 경제 성장과 사회 변동은 경제적, 물질적 조건을 나타내는 객관적 지표보다 그것을 전제로 한 자신의 만족감, 즐거움 등의 주관적 지표에 더 의미를 두고 있다는 것이다.

서구 사회에서 삶의 질에 대한 정치적 및 정책적 관심이 높아지게 된 것은 경제적 여건의 향상이 국민의 복지와 행복을 당연히 증진시킬 것이라는 종래의 가정에 의문이 제기되었기 때문이다. 이러한 문제의식에서 1960년대에는 보다 객관적 차원의 사회지표 조사운동이 시작되었고, 1970년대에는 보다 주관적 차원의 삶의 질에 대한 학술적 조사와 연구가 본격화되었다. 우리나라에서도 성장제일주의 국가정책으로 인해 삶의 질에 대한 정책적 관심이 전무하였으나 1980년부터 주기적으로 사회지표 조사를 실시하여 국민의 생활환경의 변화를 발표하여 왔다. 그러나 사용된 지표 대부분이 객관적인 것이어서 아직도 주관적 차원의 삶의 질에 대한 정치적 및 정책적 관심은 그다지 높지 않은 편이다.

삶의 질을 나타내는 지수(indicator)는 '즐거움 지수+복지 지수'이다. 복지 지수는 객관적 지표로서 경제적, 물질적 조건과 관련된 주택, 이웃, 건강, 재정 형편, 자녀 양육, 친구, 여가, 정부, 교육 등과 관련된 것이다. 즐거움 지수는 주관적 지표로서 만족감, 행복감 등을 나타내는 것인데, 지적, 심미적 만족과 사랑과 존경에의 욕구의 실현에 관한 것이다(Diener 1984).

한 조사에 의하면 한국인의 삶의 질 지수는 대체로 낮은 편이며, 삶의 질 지수가 가장 높은 집단은 대도시 40대 여성이고, 반대로 가장 낮은 집단은 대도시에 사는 40대 남성이라는 연구 결과가 있다(http://home.cein.or.kr/~kupkika/1-2-1.htm).

삶의 질이란 본인이 직접 경험하고 느끼는 것이므로 외부적으로 관찰되는 객관적 지표만으로는 적절히 평가될 수 없고, 객관적인 생활조건의 향상만으로는 삶의 질을 당연히 향상시킬 수 없기 때문에 객관적 차원의 사회지표조사를 통해 삶의 질을 파악하는 것은 분명 한계가 있다. 주관적인 삶의 지표는 삶의 환경을 설명해 줄 수 있는 객관적인 삶의 지표와 달리 주어진 환경 속에서 국민이 어떠한 경험을 하고 있는지를 보여주어야 한다.

삶의 질을 주관적인 복지(subjective well-being)로 이해하는 시각은 삶의 만족(life-satisfaction)을 강조하는 입장과 긍정적-부정적 감정(positive-negative affect)을 강조하는 입장으로 나눌 수 있다. 전자는 삶에 대한 평가와 그 기준을 강조하며 후자는 즐거운 감정적 경험을 강조한다. 강조점이 무엇이든 삶의 질을 주관적인 복지로 이해하는 시각은 다음과 같은 특징을 공유한다. 첫째, 삶의 질은 주관적인 것이며 개인의 경험 속에 있다는 것이다. 객관적인 조건이 비록 주관적 복지에 영향을 주는 잠재 요인이지만 그 자체의 고유하고 필수적인 요소가 아니기 때문에 삶의 질의 규정과 관련해 이를 배제시킨다. 둘째, 주관적 복지는 단순히 부정적 요소가 없다는 것을 보여주는 것 이상으로 긍정적 측정을 포함한다는 것이다. 셋째, 주관적 복지의 측정은 한 개인이 경험하는 삶의 모든 측면에 대한 전반적인 평가를 포함한다는 것이다.

이러한 지적 논의는 한국인의 삶의 질 연구에 필요한 개념적 틀을 구성하는 데 필수적인 가정을 제시한다. 첫째, 삶의 질은 개인들이 추구하는 가치와 목표의 성취에서 생기는 심리적인 상태라는 것이다. 둘째, 개인들이 추구하는 삶의 목표와 가치 중에서 만족과 즐거움이 중요한 자리를 차지하고 있다는 것이다(김경동·이홍구·신도철, 1983). 삶의 질은 만족과 즐거움이라는 두 차원으로 나눌 수 있다. 즐거움이란 삶의 질 차원을 측정함에 있어 유쾌한 삶의 경험은 오래 지속되지 못하는 감정적인 마음의 상태이다. 즉 즐거움이란 어떠한 기준에 의해서 평가하는 것이라기보다는 그때그때 생겨나고 변화하는 기분과 관계되는 것이다. 한편, 만족이란 삶의 질 차원을 측정함에 있어 만족이란 단순한 감정적 상태가 아니라 인지적인 생활경험으로 평가나 판단을 통해 나타난다. 즉 만족은 생활에 필요한 것을 충족시킴으로써 발생하는 것으로 순간마다 쉽게 변하는 것이 아니라 어느 정도 지속되는 것이다.

오늘날 '삶의 질'(Quality of Life)이란 개념은 거의 일상화되어 상식적 수준에서 광범위하게 사용되고 있지만 학문적으로는 일치된 정의를 지니지 못하고 있다(임희섭, 1996 : 8). 하지만 삶의 질이 객관적 생활상태뿐만 아니라 주관적 심리상태까지를 포괄하는 개념이라는 데에는 큰 이견이 없는 것 같다. 그럼에도 불구하고 이를 측정·평가하는 일은 여전히 어렵고 복잡하다. 교육, 의료, 경제, 환경 등과 같이 삶의 질에 내포되는 차원, 내용 또는 범위가 광범위하기 때문이다.

2. 독서와 삶의 질적 향상

인간은 독서를 통하여 필요한 정보를 얻을 수 있고, 고도의 지적 능력과 삶의 지혜를 얻을 수 있다. 또한, 독서를 함으로써 사람들은 바람직한 정서와 올바른 가치관을 함양할 수 있으며, 공동체의 일원으로서 사회 생활을 효과적으로 영위할 수 있다. 이처럼 독서는 현대 사회를 살아가는 우리들로 하여금 보다 인간적이고 가치 있는 삶을 살아갈 수 있도록 해 주는, 대단히 중요한 기능을 갖는다.

(1) 정보 제공의 기능

독서는 정보를 얻기 위한 가장 기본적인 수단이다. 일상 생활을 하거나 사회 생활을 하거나 학문을 하는 데 있어서 필요한 정보를 얻기 위한 가장 확실한 방법은 바로 독서인 것이다. 비록 텔레비전이나 라디오 또는 영상 매체를 통한 정보의 획득이 옛날에 비해 훨씬 용이해지기는 하였지만, 고도의 산업 사회 및 정보화 사회를 살아가야 하는 현대인에게는 필요한 정보의 양이 급속도로 많아졌기 때문에 독서의 역할은 더욱 증대하고 있다. 따라서, 현대 사회에 있어서 필요한 정보를 얻기 위해 적극적으로 독서를 하는 사람들은 그렇게 하지 않는 사람에 비해 자신의 분야에서 성공적인 삶을 누릴 수 있으며 능력 있는 사람으로서의 평가를 받을 가능성이 많다.

독서를 통하여 얻을 수 있는 정보의 유형은 매우 다양하다. 교과서나 전문 서적에 실린 학문적인 글을 읽는 사람들은 학문을 하는 데 필요한 지식이나 정보를 얻을 수 있으며, 신문의 정치면이나 사회면에 실린 기사를 읽는 사람들은 그로부터 정치, 사회 현상에 대한 올바른 식견과 안목을 갖추는 데 필요한 정보를 얻을 수 있다. 뿐만 아니라, 사람들은 새로 산 전자 제품의 사용 설명서를 읽음으로써 그 전자 제품을 올바르게 작동하는 데 필요한 정보를 얻을 수 있다. 또한, 사람들은 문학 작품을 읽음으로써 삶의 다양한 모습을 이해하고 새로운 세계를 모색하는 등의 경험의 폭을 확장하는 데 필요한 정보를 얻을 수 있다. 이처럼 사람들은 독서를 통하여 일상 생활을 하거나 사회 생활을 하는 데 필요한 정보, 학문적인 활동을 하는 데 필요한 정보를 얻을 수 있다. 사람들은 또한 독서를 통하여 개인의 여가 선용이나 취미 생활을 하는 데 필요한 정보, 사회 공동체의 일원으로서 올바른 신념과 태도 및 가치관을 형성하는 데 필요한 정보, 인간의 정서와 미적 가치에 관한 경험의 폭을 확정하는 데 필요한 정보 등 매우 다양한 유형의 정보를 얻을 수 있다.

(2) 지적 능력의 개발 기능

독서를 함으로써 사람들은 삶을 살아가는 데 필요한 고도의 지적 능력을 갖출 수 있다. 고도의 지적 능력이란, 지식의 생산 능력과 활용 능력의 뿌리인 논리적 사고력, 창의적 사고력, 의사 결정 능력 등과 같은 고등 정신 능력을 말한다. 현대 사회를 살아가는 사람은 누구나 집단적인 활동에 참여하여 그 집단의 목적 실현에 기여할 수 있는 능력과 지혜를 갖추어야 한다. 만약, 한 개인이 가정 생활이나 학교 생활 또는 사회 생활에서 부닥치는 여러 가지 어려운 문제 상황을 합리적으로 해결할 수 있는 방법을 찾아 낼 수 있다면, 그 사람은 고도의 지적 능력을 갖춘 사람이라고 할 수 있다. 따라서 한 개인이 자신의 지적 능력과 지혜를 지속적으로 개발해 나가기 위해서는 체계적인 독서를 할 필요가 있다.

사람들은 또한 독서를 함으로써 논리적 사고력과 창의적 사고력을 신장시킬 수 있다. 그럼으로써 사람들은 사물들 사이의 관계를 바르게 인식하게 되고, 인간과 사물에 대한 이해의 폭을 넓힐 수 있으며, 자신의 경험에 의미와 질서를 부여할 수 있게 된다. 이러한 과정에서 사람들은 인간, 사물, 주요 현상이나 문제들에 관하여 다른 사람들이 어떻게 생각하고 있는지를 이해할 수 있을 뿐만 아니라, 자신이 어떻게 생각해야 하는지에 관한 통찰력도 얻을 수 있다. 문화 심리학자들의 연구에 의하면, 문명 사회에 사는 사람들은 그렇지 않은 사회에 사는 사람들보다 논리적 사고력과 창의적 사고력의 측면에서 훨씬 앞서고 있다는 사실이 확인되고 있다. 다시 말하면, 문명 사회에 사는 사람들은 독서 능력을 획득함으로써 보다 논리적으로 생각을 전개하고, 창의적으로 문제를 해결하며, 비판적으로 현상을 이해할 수 있게 된다는 것이다. 따라서 독서 능력을 갖추고 독서를 지속적으로 해 나가는 일은, 현대의 정보화 사회에서 각 개인이 직면하게 될 여러 가지 문제 상황에 능동적으로 대처하여 창의적으로 문제를 해결할 수 있는 고도의 지적 능력을 획득하는 일과 직결된다.

사람들은 또한 독서를 함으로써 올바른 의사 결정 능력을 신장할 수 있다. 사람들은 삶을 영위해 가는 과정에서 수없이 많은 의사 결정을 해야 하는데, 이러한 의사 결정의 과정에서 올바른 선택을 하기 위해서는 고도의 지적 능력, 즉 지혜가 필요하다. 그런데 이러한 지혜는 저절로 얻어지는 것이 아니고, 개인의 직접 경험이나 독서를 통한 간접 경험을 통하여 얻어진다. 독서를 통한 간접 경험이 개인의 의사 결정에 막대한 영향을 미친다는 사실은 여러 독서 이론가들의 연구에 의해서 밝혀진 바 있다. 예를 들어 과학 기술의 문제에 관한 글을 많이 읽은 사람은 그렇지 않은 사람에 비해 보다 합리적이고 올바른 과학 기술 정책을 수립할 수 있으며, 윤리적인 문제에 관한 글을 많이 읽은 사람은 그렇지 않은 사람에 비해 우리 사회가 당면한 윤리적인 문제를 해결하기 위한 보다 적절한 방안을 제시할 수 있다.

(3) 바람직한 정서와 가치관의 함양 기능

독서는 사람들로 하여금 바람직한 정서와 올바른 가치관을 가지게 하는 데 크게 기여한다. 바람직한 정서란 기쁨과 슬픔, 즐거움과 괴로움을 다른 사람들과 함께 나눌 수 있는 인간적 감수성은 물론, 예술적 감각과 도덕적 심성을 뜻한다. 그리고 올바른 가치관이란 해야 할 일, 또는 바람직한 일이 무엇인지를 분명히 인식함과 아울러 웬만한 어려움이나 유혹에 흔들리지 않고 올바른 방향으로 행동하겠다는 의지를 말한다. 인간의 모든 경험은 어떤 방식으로든 정서와 함께 이루어진다. 어떤 현상의 의미는 그 현상을 표현하는 데 사용되는 언어에 의하여 결정된다. 인간이 사용하는 언어는 인간의 태도, 느낌, 감정 등의 정서와 관련되는 정보를 계속해서 투사해 낸다. 따라서 언어 이해 행위로서의 독서는 정서와 불가분의 관계를 맺게 된다.

독서와 정서 발달의 관계를 연구한 독서 연구가들은, 소극적이고 부정적인 정서를 가졌던 학생들이 적절한 책을 선택하여 체계적이고 지속적인 독서를 함으로써 적극적이고 긍정적인 정서를 가진 학생으로 변화할 수 있다는 사실을 입증하고 있다(Brand, 1989). 즉, 매사에 싫증을 잘 내고, 사고의 혼돈을 자주 경험하고, 쉽게 의기소침해지는 등의 소극적이고 부정적인 정서를 가졌던 학생들이 체계적인 독서 활동을 한 후에는 매사에 흥미와 관심을 가지고, 자신이 하는 일에 자신감과 만족감을 나타낸다. 뿐만 아니라, 다른 사람의 슬픔과 고통을 이해할 줄 알고, 어려운 일에 도전할 줄 알며, 아름다운 것을 즐겨 찾을 줄 아는 등의 적극적이고 긍정적인 정서를 가진 학생으로 변화한다는 사실이다.

한편, 사람들이 읽는 글 속에는 인간이 살아가면서 취사선택(取捨選擇)해야 할 여러 가지 윤리적인 문제와 가치관의 문제가 드러나 있다. 독자는 글을 읽는 과정에서 필자가 제시하고 있는 신념이나 가치관을 단순히 수용하는 데 그치지 않고, 무엇이 옳은 일이며 또한 바람직한 일인지에 관한 독자 나름대로의 신념과 가치관을 형성해 나간다.

(4) 사회적 유대감과 결속력의 강화 기능

독서 활동은 사람들로 하여금 사회 구성원으로서의 유대감과 결속력을 강화해 준다. 사람은 누구나 한 가정의 구성원으로서 뿐만 아니라 학교 공동체, 지역 공동체 또는 사회 공동체의 일원으로서 생활해 나간다. 또한, 사람들은 각 개인이 가지고 있는 정치 의식, 사회 의식, 또는 취미와 기호 등에 따라 어떤 정치 집단, 사회 집단, 또는 문화 집단에 속할수도 있다. 이들 각 공동체나 집단의 구성원들은 사상이나 신념, 가치관이나 태도 등을 공유함으로써 그 공동체 혹은 집단의 결속력을 강화해나간다. 그런데 공동체나 집단의 구성원으로서 각 개인이 지니고 있는 사상, 신념, 가치관, 태도 등은 독서 활동을 통하여 형성되는 경우가 많다(Nystrand, 1987). 학교 공동체에 속하는 학생들은 학교 신문이나 교지에실린 글을 읽음으로써, 자신이 속한 학교 공동체의 독특한 문화에 익숙해질 뿐만 아니라, 자신이 그 공동체의 일원이라는 의식을 강화해 나갈수 있다. 또한, 사람들은 자신의 취미 활동이나 여가 활동과 관련하여특정 분야의 잡지나 신문을 읽음으로써, 결과적으로 같은 취미 활동이나여가 활동을 하는 사람들로 구성된 집단의 한 구성원으로 참여하게 되어, 그 집단에 속한 사람들과 경험을 공유하게 된다.

3. 청소년 삶의 질과 독서

학습이나 읽기에 있어서 학생들이 지각하고 있는 심리적 환경은 매우중요한 역할을 한다. 학습이 이루어지고 있는 곳은 가정과 학교, 그리고사회인데 그 중에서 아직 미성숙자인 학생들에게는 가정과 학교의 환경이 학습에 매우 중요하다. 가정은 개인이 최초로 접하게 되는 사회 환경으로 그 속에서 언어를 습득하고, 지식을 받아들이는 인지틀이 형성되며, 심리적 판단들이 이루어진다. 학교 환경은 학교문화, 풍토 등을 말하는데 특히 교사의 기대나 태도, 학급 구성원의 응집력, 학교나 학급의 분위기 등이 매우 중요한 심리적 환경 요소로 작용한다.

이런 환경요인은 읽기에도 매우 중요하게 작용한다. 독서에서 중요하게 작용하고 독서를 조장하는 환경을 문식성 환경(literacy environment)이라고 하는데, 특히 학생들에게는 가정과 학교가 주요한 문식성 환경 구성체가 된다고 할 수 있다. 문식성 환경은 학생이 읽으려는 결정을 하게 하는 것만이 아니라 읽는 과정과 그 결과에도 영향을 준다. 독서 태도 및 동기를 향상시키는 교실환경은 교실의 풍부한 문식성 환경, 책에 관한 사회적 상호작용과 교사의 성향에 의해서 조성된다.

(1) 청소년 인성 지도와 독서

독서가 인성 형성에 미치는 영향은, 자기 실현을 도와주고 자율성을 조장하며, 자기 이해를 지원하는 데 있다(이경식, 1979 : 112-3). 독서는 독자로 하여금 기대하는 목표를 끊임없이 지향하게 할뿐만 아니라 그 목표를 명확하게 하는 일도 한다. 인간과 관련된 본질적인 질문과 관련하여, 어떤 사람의 생애를 묘사한 전기라든지 사람의 있는 그대로의 모습을 다룬 문학 작품 그리고 미담 등의 이야기를 통해서 독자로 하여금 인생관이나 세계관 또는 자기 생활의 진로를 발견하게 해 준다.

독서가 인간의 내적 심성을 창조적으로 계발하는 능동적이고 전략적인 과정이라고 할 때 독서가 인성에 미치는 영향은 매우 큰 것으로 파악된다. 이와 관련하여 Arbuthon은 인간의 기본 욕구의 충족이라는 관점에서 독서가 인성의 계발과 밀접한 관련이 있음을 지적하였다(김효정, 1987 : 38-46). 첫째, 사람은 물질적 안전에 대한 욕구를 가지고 있는데, 이는 독서를 통해 충족될 수 있다. 안전을 갈망하는 주제의 책, 영웅의 전기, 옛이야기 등은 이러한 물질적 안전의 욕구를 충족시켜 주는 것으로 파악된다. 둘째, 사람은 사랑을 주고받고자 하는 욕구를 지니고 있는데, 이는 독서를 통해 충족될 수 있다. 동서고금의 많은 책이 가족 간의 사랑을 다루거나 남녀 간의 사랑을 다룬 것이다. 셋째, 사람은 소속에 대한 욕구를 지니고 있는데, 이는 독서를 통해 충족될 수 있다. 독자는 책 속에 그려진 민족이나 사회, 혹은 집단을 통해서 소속에 대한 욕구를 충족시킬 수 있다. 넷째, 인간은 성취에 대한 욕구를 지니고 있는데, 이는 독서를 통해서 충족될 수 있다. 책 속에는 어떤 인물의 모험이나 경험담이 있기도 하고, 어려움을 이기고 목적을 성취하는 내용이 있기도 하다. 이러한 책은 대상을 동일시하여 동기를 유발하고 성취감을 느끼게 한다.

독서가 인성 형성에 큰 영향을 끼친다는 것은 누구도 부정하지 않는다. 사람은 독서를 통해서 자기를 구축하며 진실한 자기를 찾고 완성한다. 인간의 요체는 육체에 있지 않고 정신에 있기 때문이다. 독서는 정신 도야를 통한 인성의 완성에 중요한 기능을 한다. 독서는 자기 교육의 중요한 수단이고 자기 변혁의 수단이다. 인성이란 유전적·생득적인 것이 아니라 사회적인 조건 속에서 형성되는 사회적 태도인데, 인간의 사회적 태도는 바로 독서를 통해서 길러진다. 독서를 통하여 자기를 이해하는 것은, 독자의 정신적 건강을 유지하게 할뿐만 아니라 지성적인 인간으로 성장 및 활동할 수 있는 기초를 제공해 준다.

이것은 문학 읽기에 대한 독서 클럽 활동의 입장과 긴밀히 관계된다. Rosenblatt(1991)은 독서 목적과 상황에 따라 어떤 독서 자세를 취하는가가 달려 있다고 하면서 이를 원심적 읽기와 심미적 읽기로 나누어 설명하고 있다. 원심적 읽기는 텍스트에서 정보를 얻는 자세를 말하며, 텍스트의 감상에 초점을 두는 자세를 심미적 읽기라고 한다. 독자는 두 가지 자세를 모두 갖추고 독서 목적과 상황에 따라 탄력적으로 임할 필요가 있다.

또, 교사가 문학을 지도하는 방법에 따라 학생들이 작품에 반응하는 자세가 달라지기도 한다. 가령, 작품을 읽은 후 질문을 하면, 학생들은 원심적인 자세를 취하게 된다. 이 때 학생들은 나중에 질문에 나올만한 정보를 기억하는 데 중점을 두면서 읽게 된다. 이와 달리 교사가 독서의 즐거움을 느끼게 하고 작품에 반응하도록 격려하면서, 그리기, 춤추기, 말하기, 쓰기, 역할놀이 등 다양한 활동을 통해 살아있는 수업을 한다면, 학생들은 심미적인 자세를 취하게 된다. Rosenblatt(1991)과 다른 학자들 (Ruddle, 1992 ; Zarrillo, 1991)의 연구에 의하면, 학생들이 주어진 시간에 가장 알맞은 자세를 취할 수 있도록 지도하는 것이 바람직하다고 한다.

그러나 우리는 지금까지 주로 원심적 자세만을 가르쳐 왔다. 독서 지도에서 정작 중요한 독서의 즐거움을 가르치지 못했다는 사실이다. 이 점에 비추어, 독서 클럽을 통한 문학의 향유나 독서의 즐거움을 경험하게 하는 것은 바람직한 독서 태도의 형성은 물론이고, 평생 독자, 자발적 독자를 교육하는 데 매우 큰 의미를 지닌다.

(2) 독서 치료와 문학독서

아동과 청소년의 문화는 나날이 향락적이고 폐쇄적이며 과격화되고 있다. 그리고 학교와 사회의 이질성이 이를 더욱 부채질하고 있다. 학교는 단정한 복장과 두발, 순화된 언어 사용과 모범적인 행동을 가르치고 요구하고 있다. 하지만 사회는 개성적인 복장과 혁신적인 두발, 비어, 속어 등과 같은 정서법과 거리가 먼 언어 사용과 도발적인 행동을 부추기거나 적어도 묵인하고 있다.

이러한 사회적인 환경 속에서 아동과 청소년은 과격성과 잔인성을 보이고 있다. 과격성과 잔인성은 인간에 내재되어 있는 공격성과 일정한 관계가 있다. 인간에 내재되어 있는 공격성이 순화 단계를 거치지 못하고 외부로 표출되었을 때 인간은 조화와 화해를 모르고 과격해지고 잔인성을 띠게 된다.

정서와 마음의 평안을 찾지 못하고 살아남기 위한 공격성만 극대화되고 있는 현상은 아동과 청소년에게서 가장 극명하게 나타난다. 왜냐하면 성장기간에는 공격 행위가 거의 본능적으로 빈번하게 일어나게 된다. 그러나 사회화 과정을 통해서 인간의 본능인 공격성이 점차 순화되기 마련이다. 한 연구 결과에 의하면 성장기간의 인격 형성은 평생 동안 지니게 되는 것이며, 이 같은 인격 형성 과정에서 공격성을 순화시켜 주지 않으면 성인이 된 후에도 관습화된다는 것이다. 따라서 성장 기간의 인격 형성을 부정적으로 잇는 공격성은 당연히 교육적으로 치료되어야 한다는 것이다.

글 읽기를 통한 치료 요법은 우리나라에서는 아직 관심이 적고 이론의 정립도 미미한 상태이나, 동·서양에서 오래 전부터 관심의 대상이 되어 왔다. 이를테면, 어떤 목적을 향해서 노력하지 못하고 학습 욕망이 없는 정신지체자들에게 성공의 기회를 제공하고 성취 욕구를 자극하는 일환으로 독서 프로그램을 투입하기도 한다. 또 범죄를 예방하려는 노력으로 독서 요법을 이용하기도 했는데, 정서적 불안과 함께 독서 불능을 보이는 비행 청소년을 대상으로 상담 요법과 치료적 독서 방법을 통합한 집단 요법을 실시한 결과 독서 요법이 매우 효과적임을 확인하기도 했다. 또 알코올 중독 치료에 독서를 이용하기도 하는데, 대부분의 알코올 중독 프로그램들이 지나치게 수동적인데 반해서 독서 프로그램은 환자들로 하여금 스스로 참여하지 않을 수 없게 해서 요법으로서 인정을 받고 있다. 환자들에게 독서를 통해서 개방된 생각의 세계를 열어 줌으로써 음주에서 파생되는 두려움, 우울, 부정적인 마음을 없애주는 것이다. 그리고 독서 토론에서 대안을 발견하고 적극적인 태도를 강화시키고 적극적인 태도를 강화시키는 의사소통 수단을 개발해 준다(Moody & Limper, 1971).

독서가 요법의 강력한 수단이 될 수 있는 이유로서 문학이 가지고 있는 특징을 들 수 있다(정옥년, 1998 ; 202). 문학은 그 표현 방법으로 은유를 많이 사용하는데, 은유는 어떤 사물에 다른 어떤 것과 관련된 이름을 붙이는 언어적 장치이며, 우리가 자신과 다른 사람들을 생각하게 되는 방식을 조건짓는 강력한 힘이다. 이것들은 미묘하지만 강력한 방식으로 우리들의 생각에 영향을 준다. 바로 우리의 개념 체계가 주로 은유적이라고 할 수 있는데, 은유는 완전히 이해할 수 없는 것을 부분적으로 이해하기 위한 가장 중요한 수단(Lakoff & Johnson, 1980)이기 때문이다. 그리하여 독자는 책을 통해서 외부 세계, 다른 생활 방식을 탐색하거나, 사람들이 창조하거나 생각해 낸 다양한 사회적, 성격적 모습에 접근할 수 있게 된다. 독자는 책을 통해서 자기 자신의 본성을 탐색할 수 있고 자기 내부의 생각과 감정의 잠재 가능성을 알게 되고 더욱 분명한 관점을 얻으며 목적과 방향 감각을 가지게 된다는 말이다.

최근 독서 요법이 효과적인 요법으로 각광을 받고 있다. 이는 약물에 의한 치료가 부작용 등 심각한 후유증을 가져오는데다가 완치의 자신감이 없고 시일이 많이 소요되는 데 비해, 글 읽기를 통한 요법은 다른 사람이나 약물에 의존하지 않고 글을 읽음으로써 스스로의 자기 인지에 의해 바람직한 마음 자세나 태도 변화를 이룰 수 있다는 점 때문이다.

(3) 문학독서 프로그램

가. 문학 기행

우리는 흔히 책을 통해 간접 체험을 하곤 한다. 그러나 그 체험은 독자의 사고 수준 내에서의 이해만을 보장한다. 그렇기 때문에 저자가 실제로 전달하고자 했던 내용을 제대로 이해하지 못하는 경우도 많다. 또 생동감도 그만큼 떨어질 수밖에 없다. 이해력과 생동감이 떨어지면 책에 대한 관심은 그만큼 줄어들고 이것은 곧바로 독서의 포기로 이어진다.

이 때, 문학 기행은 저자와 독자의 거리를 좁혀주고, 생생한 현장 지식과 책에 대한 이해를 메타적으로 조명해 주는 역할을 한다. 즉, 작가가 서술한 대상에 대해 실제 보고 느끼는 기회를 통해 저자의 의도를 더 생생하게 이해할 수 있게 되고, 나아가 서술 대상에 대한 작가의 서술 방식과 표현 방식 등을 점검해 볼 수도 있게 해 주는 것이다. 문학 기행의 의의는 여기에서 찾아야 할 것이다.

문학 기행은 연중행사의 일환으로 준비하는 것이 일반적이다. 학교 현장에서는 주로 방학을 이용해서 문학 기행을 실시하고 기타의 독서 모임에서는 시간이 허락하는 한 언제든지 가능할 것이다.

독서 행사는 단순히 바로 출발하는 것보다는 독서 행사나 독서 모임과 관련지어 시행할 때 더욱 효과적이다. 가령 '섬진강 문학 기행'을 계획했다면 독서 모임에서 섬진강의 문학인에 대한 사전 조사와 작품 감상, 토의 등을 거친 후에 시행할 때 기행은 더욱 효과적이다.

문학 기행은 실제적인 준비를 위해서는 먼저 준비 모임을 만드는 게 좋다. 참가자들은 준비 모임을 통해 기행 장소에 대한 사전 지식과 이해가 쌓여가기 때문이다. 준비 모임이 구성되면 작가와 문학 기행 장소를 결정해야 한다. 특히 문학 기행의 흥취는 작가와 만남이 있을 때 더욱 생생해 질 수 있으므로 작가와 연결이 될 수 있다면 작가의 조언을 들어서 답사 장소 등을 결정하면 더욱 유익한 기행이 될 수 있다. 장소와 작가가 결정이 되면 사전 답사를 다녀오는 것이 좋다. 참가자를 모집하기 위한 홍보를 실시하여 희망자를 선발한 후, 사전에 자료집을 제작하여 함께 공부하는 기회를 갖는다. 다음으로 문학 기행을 실시하고 기행이 끝나면 함께 토론을 통해 내용을 정리하여 종합 보고서를 작성하면 된다.

나. 문학 신문

문학 신문은 문학을 중심으로 독자가 느낌이나 생각, 출판 현황, 서평, 작가 소개, 사실 조사, 독자의 표현 활동 등 일체의 문학 관련 활동을 적은 신문이다. 특히 문학 신문에 연극과 영화의 내용 일부를 삽입시켜 학생들의 흥미를 잘 이끌어내기도 한다.

문학 신문은 그것이 신문의 범주를 벗어날 수 없는 만큼, 신문 명칭, 발행일, 발행인, 발행 기관 등을 명시해야 한다. 여기에 들어갈 수 있는 내용에는 출판가의 상황, 도서관 관련 이야기, 독서 실태 조사, 퍼즐, 문학 관련 만화, 각종 문학 표현 활동, 감상의 글들, 서평, 신간 안내 등 문학 관련 내용이면 무엇이든지 들어갈 수 있다.

따라서 문학 신문은 신문 본래의 기능인 새로운 내용 제시, 정보 제공, 표현의 장이라는 요소에 문학성을 가미한 형태로 구성되어야 한다. 요즈음은 이미 지면 배치가 정해져 있어서 내용만 삽입하면 바로 문학 신문이 만들어지도록 구성된 신문들이 등장하고 있다. 한편, 전문적인 문학 신문으로 특성화하여 등장하고 있기도 한다. 여기에는 문학뉴스, 시론, 칼럼, 화제작, 리포트, 연재, 평론, 강좌, 독자우수작, 명작, 저널,

당선작 등의 코너를 운영하기도 한다.

▼ 소설 신문 만들기 - 예시

소설 속에 담긴 여러 구성 요소들을 분석 비평해보고 주제를 파악하여 자신의 삶과 비교하며 더 나은 삶에 대해 고민해볼 수 있도록 같이 읽은 친구들과 이것저것 토론을 해 보는 시간을 가질 수 있는 방법으로 수업을 구성한다.

학생들이 서툴더라도 스스로 활동하고, 활동 결과물을 눈으로 확인할 수 있을 때 참여도와 성취도가 높아진다. 그래서 학생들이 생각하고 토론하여 얻은 내용을 다양하게 편집하여 서로 돌려볼 수 있게 한다.

다. 문학 캠프

문학 캠프는 책에 대한 깊이 있는 이해를 위해 문학 활동을 집중적으로 실시하는 활동이다. 문학 캠프의 주요 활동에는 책읽기, 상호 의견 교환, 표현 활동 등이 있다. 이 중 책읽기 활동보다는 다른 나머지 두 활동에 더 비중 있게 진행된다. 일반적으로 문학 캠프의 기간이 길지 않아 책을 사전에 읽고 오도록 하기 때문이다.

문학 캠프는 토론과 표현 활동이 강조된다는 측면에서 문학 기행과는 그 효과가 다르다. 문학 기행은 작가와의 만남 그리고 생생한 현장성 획득이라는 강점이 있는 반면, 문학 캠프는 타인의 이해를 상호 교환함으로써 책에 대한 이해 영역을 확산시킬 수 있다는 장점이 있다.

문학 캠프 역시 연중행사의 일환으로 사전에 계획하는 것이 좋다. 장소는 가능한 조용하고 아늑한 곳으로 숲 속의 산장이나 해변 등으로 선정하는 것이 좋다. 캠프 기간에는 구체적인 프로그램을 만들어 운영하여야 하며, 프로그램에는 시간적 여유를 두어 운영하는 것이 사고의 유도나 준비 등에 도움을 줄 수 있어 좋다.

여기에 들어갈 수 있는 것에는 내가 읽은 책 소개, 독서 표현 활동 소개, 상호 독서 토론, 주제 중심 토론, 책 교환하기 행사, 문학 특강, 부모와 함께하는 책읽기 등이 있다.

제8장 ∥ 독서 이론과 독서 지도의 고찰

1. 독해과정 연구와 독서 교육

독서는 매우 복잡한 과정이다. 한 문장 속의 많은 요소들이 각기 그 무게를 달리하며 관련되고, 그 요소들은 또한 서로 적절한 관계를 가지며 그 문장 속에서만 갖게 되는 여러 가지 선택된 함축적 의미를 지니게 된다. 이러한 여러 요소와 관계들이 독해 과정 속에서 상호 작용하게 된다(Thorndike, 1917).

독해 과정을 논하기에 앞서 우리는 먼저 과정과 결과를 구분할 필요가 있다. 독해의 과정은 독자가 글을 읽고 있는 동안에 두뇌 속에서 일어나는 정신적 작용이다.

이러한 정신 작용은 일반적으로 관찰할 수가 없으며, 쉽게 조사되지 않는다. 한편, 독해의 결과는 독해가 일어난 후의 산출된 행동을, 예를 들면 질문에 대한 답과 같은 것을 말한다.

독해의 과정은 직접 관찰이 거의 불가능하기 때문에 그 과정을 알기 위해서는 과정들이 추론될 수 있는 특성을 가진 행동을 살펴보아야 한다.

기초적 심리 과정에 대한 탐구는 교육의 개선을 유도할 수 있다. 과정에 대한 탐구를 통하여 얻어지는 교육 기술의 효율성은 학습자가 학습에서 이용하고 실제의 심리적 과정을 교육적으로도 어떻게 이용하느냐에 달려 있다. 모든 것이 다 그렇지만 교육 기술이 실제의 학습 과정을 잘 이용하면 이용할수록 그 학습자는 효율적으로 학습하게 된다. 읽기의 기초적 과정에 대한 정보를 안다면 연구자는 읽기 부진아의 결핍된 과정적 양상들을 파악할 수 있게 되고, 읽기를 지도하는 교사들은 이러한 정보를 교정 교육(remedial education)을 위하여 이용할 수 있는 것이다.

이 글은 1970년대 이전과 이후로 나누어, 미국에서 독해 과정에 관한 연구들이 어떻게 이루어져 왔으며, 또 그 연구들이 독해 과정의 이해에 어떤 기여를 했는가를 검토하고자 한다.

(1) 1970년대 이전

가. 독해 과정의 연구

① 읽기 기능들에 관한 연구

많은 연구자들은 읽기 기능의 목록들을 나열함으로써 독해 과정이 기술되고 이해될 수 있다고 믿었다. 상당히 많은 연구들은 직접적으로 혹은 간접적으로 이런 사고에 영향을 받았으며 읽기의 기능들을 측정하고 확인하려고 하였다.

그러한 기능들을 예로 들어 보면,

- 사실과 의견을 구별하기
- 저자의 의도를 평가하기
- 지시에 따라 읽기

- 핵심 어휘 찾기
- 문단에 대한 제목 붙이기
- 주제 문장 찾기
- 새로운 아이디어와 있었던 아이디어를 짜맞추기
- 자신의 말로 요약하기
- 일반화하기
- 관련된 세부 항목들을 찾기

몇몇 연구자들은 이러한 기능들을 목표 분류학을 이용하여 체계적으로 조직하였다(Barrett 1968, Spache 1962). 이런 목표 분류는 단순한 기능들의 나열보다는 체계성 때문에 훨씬 나아 보였다.

그러나 이런 기능적 접근에 관한 연구들은 읽기의 행동, 인지 활동(cognitive activity)의 어떤 영역들이 독해의 과정을 기술하는지에 대한 구분이 없었다. 이런 혼동은 읽기 기능들을 너무 넓게 설정하거나, 독해 과정에 관한 기능들과 일반 지적 능력에 관한 기능들을 구분하지 못하기 때문이다. 예를 들면, "일반화하기"는 대부분의 인지 과정에 대하여 공통적인 기능이며 오히려 읽기에는 아무런 구체성을 주지 못한다고 할 수 있다. 연구자들은 '읽기 과정'을 사고 과정의 일부분으로서 설명하려 하고 있는 것이다.

또 다른 문제는 읽기의 기능들이 어떤 것이 어떻게 이해되는지(과정)와 무엇이 이해되었는지(결과)를 명확히 구분하지 못하고 있다는 것이다. 예를 들어, "새로운 아이디어와 있었던 아이디어를 짜 맞추기"에서 아이디어는 '이해된 것'이고, 아이디어를 짜 맞추는 것은 실제로는 '과정'인 것이다. 이러한 기능이 의미 있는 기술이 되기 위해서는 아이디어란 무엇이며, 짜 맞추기의 과정은 무엇인지에 대하여 적절한 이론적 기술이 필요한 것이다.

어떤 범주의 기능들은 실제로는 가르치는 과정에 대한 기술이다. '문단에서 핵심 어휘 찾기', '문단에 제목 붙이기'는 교수 과정과 관련된 기능들인 것이다.

이러한 기능적 접근들은 이 기능들의 인지영역과 행동의 구분이 명확하지 않고, 기능의 명칭들이 애매하고 포괄적이며 기능들 사이가 분명하게 구분되지 못하는 결함이 있다.

② 관련 변인의 분석

독해 과정을 이해하기 위하여 널리 이용되었던 또 하나의 접근은 독해 과정과의 상관요인을 분석하는 것이었다.

이 연구들은 어떤 변인들이 독해 과정과 관련되는지를 알고자 하였다 (Duker 1965, Loban 1966, Chandler 1966). 그런 관련 변인들은 다음과 같다.

- 사회 계층
- 종족
- 성(姓)
- 성격
- 태도
- 신체적 성장
- 읽기의 속도
- 듣기

이 연구들은 대부분 독해 능력을 측정하기 위하여 '표준화 읽기 검사'를 사용하였다. 그러니까 독해의 이러한 테스트가 평가하는 기능들로 가정하였던 것이다. 그러나 이미 지적한 바와 같이 기능들과 이들이 평가하는 것은 타당도가 의심스러운 것이다. 그리고 위의 변인들과 읽기 검사가 측정한 것 사이에 상관관계가 있는 것으로 해석하기가 어렵다. '읽기 검사'가 측정하는 것이 무엇이냐 하는 것이 명확하지 않기 때문에 어떤 요인들이 관련되는지 결정할 수가 없다. IQ, 종족, 성(姓) 등의 요인들은 독해력과 관련되지 않고 차라리 질문에 답하는 능력, 시험치는 능력, 동기 등과 관련되는지도 모른다.

더욱 중요한 것은, 설사 이 연구들이 발견한 상관 요인들이 정확한 것이라 할지라도 이것이 독해 과정의 이해에 얼마나 도움을 주느냐 하는 것이다. 지적 능력, 언어 능력 등이 독해 과정과 관련되는지를 알 필요는 있을 것이다. 그러나 문제는 이러한 변인들이 어떻게 어떤 방식으로 관계되고 있느냐는 아직도 의문으로 남아 있는 것이다. 이런 변인들의 상호 관련이 독해 과정에 대하여 무엇을 설명하고 있는가?

③ 글의 난이도(readability) 측정

글의 난이도 연구는 독해 과정의 상관 요인들을 찾아내는 일과 밀접하게 관련된 또 하나의 영역이다. 글의 난이도 연구는 독해 자료의 특성에 관한 연구이다.

그러나 글의 난이도 연구가 독해과정을 밝히는 데 기여한 것은 별로 없다. 난이도 연구는 이론 타당도가 부족한 '읽기 검사'를 이용하여 왔기 때문에, 이 연구들에서 발견된, 독해를 어렵게 할 것이라고 가정되는 읽기 자료의 여러 가지 특성들은 그 타당성이 의문시된다. 이 연구들의 종속 변인들이 비록 정확하게 테스트에 의해 측정되었다 할지라도, 인쇄 자료의 어떤 자질들이 독해를 어렵게 하느냐 하는 문제는 여전히 의문으로 남는다. Chall(1958)은 독해를 어렵게 하는 4가지 주요 요인을 제시하였다.

(1) 어휘의 난해도

(2) 문장 구조

(3) 내용의 밀집도

(4) 독자의 흥미

내용의 밀집도와 독자의 흥미는 성공적으로 측정되기 어려운 아주 애매한 개념들이다. 어휘의 난해도는 주어진 어떤 어휘 목록표에 들어 있지 않는 낱말 수에 의해 대체적으로 정확하게 평가될 수 있다.

그리고 문장의 구조는 문장 길이의 지표에 의해 대체적으로 정확하게 측정될 수 있다. 이러한 요인들은 독해 과정에 내재해 있는 필수적인 변인들의 대략적인 측정인 것으로 보여진다. 이러한 요인들이 독해 과정을 이해하는 데 도움을 주려면 그들 요인 밑에 숨겨진 과정들이 설명되어야 한다. 즉 독해의 난이도에 영향을 미치는 요인들이 문장 구조, 어휘 부하량은 독해과정에 어떻게 관련되는가, 내용의 밀집도, 독자의 흥미는 무엇이며 그들은 어떻게 더 정확하게 설명될 수 없는가 등이 분명히 밝혀져야 한다.

나. 독해 지도의 가능성

1970년대 이전에는 독해 지도가 어떻게 가능할 수 있는가에 대한 진지한 연구는 별로 없었다. 다만 독해 기능 지도에 대한 다음과 같은 태도 혹은 실천들이 있었을 뿐이다.

• 많은 연구자들은 대체로 독해의 기능들이 가르쳐질 수 있는가에 회의적이었다. 그들은 초기 독서(저학년용)의 책에서는 독해에 관한 질문을 하지 못하게 하였다. 왜냐하면 이러한 사람들은 프린트 자료의 글자를 일단 읽을 수만 있으면 독해는 저절로 일어난다고 생각했기 때문이다. 그러므로 질문은 불필요한, 낭비적인 일로 생각되었다. 독해가 가르쳐질

수 없다는 견해는 질문을 강조하는 교육, 문제집 중심의 교육에서도 발견된다(Durkin 1978-79). 왜냐하면 결국 독해가 가르쳐질 수 없다면, 학생들로 하여금 질의 응답하는 연습을 많이 함으로써만 독해 능력이 개선될 수 있기 때문이다.

• 어떤 사람들은 독해는 문자 읽기가 먼저 이루어진 다음 즉 초등학교 중학년 이상에서 고려될 문제라고 생각하였다. 저학년 아동들은 상당한 정도의 음성 언어 능력을 갖추고 있기 때문에 일단 인쇄 자료를 음성 언어로 해독(decode)하기만 하면 독해는 자동적으로 이뤄질 수 있다고 보는 것이다(Chall 1967).

• 많은 연구자들은 독해 기능들은 세분된 여러 기능들을 학습하고 연습함으로써 익혀질 수 있다고 생각하였다. 그래서 많은 기능들을 즉 모든 학년에서 필요한 기능들을 연습하도록 하였다(Pearson & Johnson 1978).

• 독해 기능의 위계를 결정하는 가장 공통적 기준은 사실적, 추론적, 창의적 등이었다. 이러한 견해를 가진 연구자들은 하위의 기능들이 익혀지지 않으면 그보다 상위의 기능은 수행될 수 없다고 생각하였다.

• 질문에 답하는 능력은 어린이들이 잘 이해하였냐를 알 수 있는 가장 명확한 증거이며, 질의응답 방식은 독해 능력을 길러주는 최선의 방법으로 생각되었다. 독해력은 질문에 답하는 연습을 많이 함으로써만 길러질 수 있는 것으로 생각되었다.

(2) 1970년대 이후

변형 문법(Chomsky, 1965)은 독해에 대한 새로운 시각을 갖게 하는 촉매가 되었다. 변형 문법은 자연 언어의 본질적 구조에 관한 이론이다. 그것은 문장들의 구조적 관계, 한 문장 속의 낱말이 서로 관계되는 방식에 대한 기술이다. 그것은 문장들이 낱말들의 그룹으로 나누어지는 방식 즉 표층 구조에 관한 기술을 포함하며, 문장의 논리적 주체와 객체를 기술하고 문장의 심층 구조에 관한 기술을 포함한다.

독해는 글의 문장들을 이해하는 것과 관련되며, 문장을 이해하는 것은 변형 문법에서 기술된 바와 같이 문장의 구조적 관계에 관한 정보를 이용하는 것과 관련된다. 구조적 관계에 대한 지식은 문장 이해를 위하여 필요한데, 왜냐하면 문장이란 낱말들의 단순한 연결이 아니라 그 낱말들의 끈은 어떤 구체적 방식으로 서로 관계된 것이기 때문이다.

독해에서, 언어 심리학의 이러한 영향은 Goodman(1965), Smith(1971)의 작업들에서 분명히 드러난다. 그들은 언어 심리학적 견지에서 독서(reading)를 자연적 상태 즉 한 인간의 인지적, 언어적 능력의 적용으로 본다. 그들은 독서와 독해를 따로 구분하지 않는다. 그들의 입장에서 독해가 없다면 독서는 일어나지 않은 것으로 간주한다.

변형 문법에 터한 좁은 의미의 언어 심리학적 견해로부터 탈출하도록 한 것은 또 한 사람의 언어학자 Fillmore(1968)였다. 그는 격(case) 문법 방법을 부활시켰다. 격 문법은 문장에서의 동사와 명사들이 동사와 갖는 격 방법을 부활시켰다. 격 문법은 문장에서의 동사와 명사들이 동사와 갖는 격(주격, 대격)과의 여러 가지 관계에 관심을 집중한다.

Fillmore의 격 문법은 변형 문법에 터한 독해 모델에서의 난관을 경험하고 있던 심리학자들이나 교육자들에게 신선한 충격을 주었다. 하나의 심층 구조로부터 여러 가지 표층 구조를 분석해 내는 변형을 강조하는 변형적 모델은 독해의 분석적 방법을 강조해야만 했다. 그러나 몇 연구자들(예를 들면 Bransford & Franks, 1971)은 독해는 아이디어를 해체하는 "분석"이라기보다는 아이디어를 통합하는 "종합"이라는 데이터를 내놓기 시작하였다. 다른 연구자들은(Sachs, 1967) 독해와 재인 기억은 구문적 모델이라기보다는 의미적 모델에 더 민감하다는 것을 발견하였다.

Chomsky의 변형 문법에 터한 언어 심리학적 전통은 분석의 기본 단위로서 문장을 집중 분석하였다. 그러나 1970년대 중반부터 문장은 명제로서 대치되었다. Kintsch(1974), Rumelhart(1975), Frederiksen(1975), 그리고 Thorndyke(1977)는 텍스트를 분석하기 위하여 명제들을 이용하였다. 이러한 방법은 격 문법의 강조로부터 온다. 동사가 명제의 중심이기 때문에 동사는 문장의 격 문법 분석에서 중심적 끈이었다. 모든 다른 형태의 요소들은 동사 주위를 둘러싼다. 또한 많은 격 관계들은 격 문법에서는 실제로는 명제들 사이의 관계(원인, 조건, 시간, 양식)를 말한다.

1970년대의 텍스트 연구자들은 아직도 문장 내(內) 혹은 문장들 사이의 관계 즉 미시적 구조(microstructure)에 사로잡혀 있었다. 1970년대 말에 이르러 연구자들은 이야기 속에서의 전체 에피소드들 사이의 관계에 더 많은 관심을 갖게 되었다. 이것은 즉 거시적 구조(macrostructure)에 대한 강조를 말하는 것이었다. 이러한 텍스트 연구에서의 변화와 더불어 인간의 기억이 어떻게 구조화되는가를 연구하는 학문에서도 변화를 가져왔다. 인간들이 어떻게 정보를 저장하고 회상해 내느냐 하는 스키마 이론이 곧 그것이다. 그러니까 이 시기의 연구들은 크게 두 가지 범주로 나누어 볼 수 있는데, 하나는 텍스트 속의 아이디어들 사이의 관계를 기술하는 것이고, 또 하나는 인간의 기억 속에 저장된 아이디어들 사이의 관계를 기술하는 것이다.

가. 독서 과정에 대한 연구

① Text의 구조 연구

글의 내용을 그대로 두고 표층구조만을 바꿈으로써 그 글에 대한 학생의 이해도를 25%정도 증진시킬 수 있다면, 여기에서 아이디어를 효과적으로 조직하는 어떤 방법을 찾을 수 있을 것이다. 텍스트 구조에서의 변형이 어린 학생에게는 큰 차이를 만들지만 성인에게는 별 영향이 없다는 연구 결과가 나왔다면 이 또한 많은 교육적 시사를 줄 것이다. 이런 의미에서 텍스트의 연구는 독해 연구에 중요한 의미를 지닌다. 텍스트의 구조연구는 미시적 구조와 거시적 구조의 두 가지 연구로 구분된다.

▼ 미시적 구조(microstructure)

Miller와 그의 동료들은 문장의 심층적 의미와 표층 구조와의 변형적 거리는 독자가 문장을 이해하는 중요한 예언 변인임을 발견하였다(Gough 1965). 그러니까 단순한 능동적 문장들은 피동, 의문, 부정의 문장들보다 더 빨리 이해된다는 것이다. 후자의 문장들은 표층 구조로부터 심층 구조로 가는 데 더 많은 변형을 가지고 있기 때문에 문장을 이해하는 데 더 많은 인지적 노력을 필요로 한다는 것이다.

몇몇 연구자들은 접속어에 관한 연구를 수행하였다. 접속어(왜냐하면, 그러므로, 비록 …… 이지만 등)는 문장의 복잡성을 증가시키는 역할을 한다. 어떤 연구들은 어린이들이 나이가 들어감에 따라 접속어에 대한 이해가 증진됨을 발견하였다(Paris, 1973). Robertson(1968)은 중학년의 읽기 교과서에서 세 문장에 하나 꼴로 접속어를 발견하였으며, 접속어에 대한 이해는 듣기, 읽기 능력과 상관 관계가 있음을 발견하였다. Katz & Brent (1968)는 1학년, 6학년 아동들이 분명한 접속어를 사용한 인과 관계의 문장 진술을 선호함을 발견하였다. 이것은 접속어들이 인과 관계를 더 명백하게 진술해 주며, 기억 속에서 아이디어의 결합을 용이하게 함을 암시하는 것이다.

🔽 거시적 구조(mrostructure)

Rumelhart(1975), Thorndyke(1977) 등은 이야기 속에서의 명제들의 관계를 분석하는 방식을 개발하였다. 명제들은 두 가지 방식 즉 이야기의 위계 내에서의 상대적 관계, 수사적 기능에 의한 관계로 관련된다.

변형 문법에서 구문구조 문법이 문장의 다시쓰기 규칙인 것처럼, 스토리 스키마 또는 이야기 문법은 이야기 속의 명제 관계를 분석한 다시 쓰기 규칙을 구체화한 것이다. 이야기 문법의 나무 도식은 위계를 갖는다. 위계의 꼭대기에는 배경, 주제, 주요 에피소드가 속한다. 이야기 문법 연구자들은 이야기 문법에서 두 가지 결론을 얻어 냈는데 첫째, 상위구조 속의 정보는 하위 수준에 있는 정보보다 더 잘 회상되며, 둘째, 전형적 이야기 구조에 어긋나는 이야기 즉 이야기 규칙에 어긋나는 스토리는 이해와 회상을 방해한다는 것이다. Thorndike(1977)는 주제 또는 목표를 이야기 끝에 옮김으로써, 테마를 제거시킴으로써, 임의적으로 이야기 속의 문장 순서를 바꾸어 놓음으로써 이야기 회상이 방해받음을 발견했다.

설명적 텍스트의 거시적 구조에 관한 연구는 Kintsch(1975), Frederiksen(1975), 그리고 Meyer(1975) 등에 의하여 이루어졌는데 이야기 문법 연구에서와 비슷한 연구 결과를 얻었다.

② 스키마 연구

스키마는 추상적인 지식의 구조를 말한다. 스키마 이론은 기본적으로는 지식에 관한 이론이다. 그것은 지식이 어떻게 표상되며 그 표상이 어떻게 지식의 이용을 용이하게 하느냐 하는 데에 관한 이론이다. 스키마 이론에 의하면 모든 지식은 단위들로 구성되며 이 단위들이 스키마이다. 스키마는 이 세계에 대한 개인의 지식을 말하는 맥락 스키마와 담화에 대한 지식과 관련된 텍스트 스키마가 있다(Mavrogenes 1983).

스키마의 중심적 기능은 사건, 사물, 상황을 해석하는 데 있다. 독자의 스키마는 정보나 텍스트 속의 내용의 기억과 학습에 영향을 미친다.

스키마는 선택적으로 주의(attention)를 기울이게 한다. 즉 스키마는 텍스트에서 어떤 것이 중요하냐 하는 것을 결정하는 기초를 제공한다. Anderson 등(1978)은 학생들이 그들의 배경적 지식에 비추어 혹은 제시된 교육 목표에 비추어 중요하다고 생각되는 부분을 읽을 때 더 많은 시간을 할당함을 발견하였다. 또 다른 사람들은 텍스트에 삽입된 목표나 질문 등이 학생들의 읽기 방식에 영향을 미침을 발견하였다(Rothkopf, 1979 ; Anderson, 1979).

스키마는 텍스트의 정보를 동화시키는 골격을 제공한다. 독자의 스키마 slots에 맞는 정보는 큰 노력을 들이지 않고도 쉽게 학습된다. 예를 들면, 애매한 단락은 단락에 대한 제목이 주어질 때 더 잘 회상된다 (Bransford, 1972).

스키마는 또한 저장된 정보를 기억해 내는 데 중요한 역할을 한다. 검색 계획 가설에 의하면 스키마는 기억 속의 하향 구조에서의 탐색을 위한 얼개를 제공한다. 정보는 쉽게 기억해 낼 수 있도록 하지만 스키마에 비추어 중요하지 않은 정보는 기억해 내기 어렵게 된다.

스키마는 또한 산출물 편집을 위한 기초와 모티브를 제공한다. 스키마는 그 자체가 중요성의 판단 기준을 포함하고 있기 때문에 스키마는 독자로 하여금 요약을 가능하게 한다. 요약은 중요한 진술을 포함시키고 그렇지 않은 것을 제외시켜야 하는 것이다(Anderson & Pichert 1978).

스키마는 추론함으로써 정보의 재구성(reconstruction)을 가능하게 한다. 이 스키마는 빠진 정보의 추리를 돕는다(Sporo 1972).

③ 초인지(metacognition)

초인지(metacognition)는 인지에 관한 지식과 인지의 통제를 포함한다. 초인지는 인지 자료에 대한 개인의 지식, 학습자와 앎(이해)을 포함한다. 초인지는 또한 문제를 해결하려는 의도를 검토하는 것, 다음 단계로의 이행, 시도된 행동의 효과를 점검하고 수정하고 자신의 학습전략을 평가하는 행위를 포함한다.

독해에서의 독해 점검 행위는 독해의 최근 모델 즉 스키마, 텍스트 구조 이론과 관련된다. 이러한 이론들은 독해를 가설 검증 또는 스키마 건설의 능동적인 과정으로 본다. 독자들은 텍스트를 읽을 때 텍스트의 해석에 있어 몇 가지 그럴듯한 가설을 갖는다. 그리고 그 가설을 검증하게 된다. 정보가 얻어짐에 따라(글을 읽으면서) 그 가설은 승인되거나 거부된다. 독서 과정 속에서 이런 행위를 할 수 있으면 독자는 자신이 정말 텍스트를 잘 이해하고 있는지를 알 수 있는 것이다. Ruddell(1976)에 의하면 독자들은 그들이 읽고 있는 것이 이해되고 있는지를 스스로에게 자주 물음으로써 의미 혹은 문법에 대한 자신의 가설을 검증해야 한다.

일반적으로 어린 독자나 읽기 능력이 부족한 독자는 자신들이 텍스트를 이해하고 있는지, 읽는 목적이 무엇인지, 지금 하고 있는 과제가 무엇인지에 대한 인식(awareness)을 갖지 않는다. 그들은 독서를 의미를 얻는 과정으로서가 아니라 단순한 문자 해독(decoding) 과정으로서만 생각하는 경향이 있다(Canney, 1979). 그러니까 어린 독자나 읽기 능력이 부족한 독자들은 문자 해독 과정 이상으로 낱말의 의미를 해석하는 인지적 노력을 기울여야 한다는 인식을 하지 못하는 것처럼 보인다.

Clay(1973)는 초기단계의 능력 있는 어린 독자들이 그들이 범한 오류의 33%를 자발적으로 수정한다는 사실을 발견하였다. 그러나 한편 능력이 부족한 독자는 그들이 만든 오류의 5%만을 수정할 수 있었다. 이 연구의 결과는 훌륭한 독자들은 그들이 읽을 때에 그들의 독해과정을 점검하고 있음을 암시하는 것이다. 글의 앞부분과 의미상 일치하지 않는 오류를 범한다면 그들은 읽기를 정지하고 그 오류를 수정하는 것이다. 그러나 오류가 모범적으로 또는 의미적으로 받아들일 만한 것이라면, 훌륭한 독자는 오류를 수정하지 않고 읽기를 계속하게 된다.

좋은 독자들은 어려운 읽기 자료가 주어질 때 눈 움직임의 속도를 수정하며, 읽기의 여러 가지 교육자료가 주어졌을 때 적절한 속도를 채택한다는 사실을 연구 결과는 보여 왔다.

나. 독서 교육의 새로운 동향

Person(1985)은 독서 교육에서의 새로운 움직임을 다음과 같이 설명하고 있다.

① 사전 지식 혹은 경험적 지식은 글의 이해에 영향을 미친다. 연구들은 사전 지식이 텍스트를 이해하고 기억하고 해석하는 데 중요한 역할을 한다는 것을 발견하였다. 높은 수준의 사전 지식, 경험적 지식을 갖고 있는 학생들은 제시된 정보를 더욱 잘 기억하며, 사전 지식은 특히 추론적 질문들을 답하는 데 도움이 된다. 읽기 능력이 부족한 독자들은 텍스트의 정보를 자신의 사전 지식과 결합시키고 이용하는 능력이 부족하다. 그러므로 우리는 읽기 교육에서 독자들이 그들의 사전 지식을 텍스트를 이해하는 데 이용하도록 하기 위해 읽기 전 단계에서 어휘를 가르치는 것이 바람직하며, 직접 혹은 간접 경험을 제공해 주고, 텍스트 내용의 개념 구조를 소개하여야 한다.

② 저자에 의해 이용된 텍스트의 구조를 확인시켜 주는 것은 효과적

인 독서 교육 전략이다. 텍스트의 구조 그리고 독자가 그 구조를 얼마나 잘 적절히 인식하느냐 하는 것은 독자가 기억하는 정보의 양에 영향을 미친다.

글은 그 구성 요소들이 위계적으로 명백한 구조를 가질 때 기억해 내기가 수월해진다. 그럼에도 불구하고 많은 학생들은 텍스트의 구조에 관한 인식이 부족하며, 잘 구조화된 텍스트의 정보까지도 그것을 이해하고 기억하는 데 텍스트의 구조를 이용하지 않는다. 그러므로 텍스트의 구조를 가르치는 것은 여러 학년 수준에서 모두 효과적이다. 어떤 텍스트들은 잘 구조화되어 있지 않다. 어린이들은 학교에 입학하기 전에 이미 가정에서 스토리에 대하여 많은 것을 배워서 이야기의 구조에 관하여 많은 것을 알고 있으나 설명적 구조에 대해서는 생소하다. 그러므로 저학년에서 이야기 중심의 글을, 설명적이고 논설적인 글은 중학년 이상에서 제시되어야 한다. 또한 텍스트가 잘 구조화되어야 한다. 표준적 구조에 맞는 글들이 더 잘 이해되기 때문이다.

③ 독자가 자신의 독해 과정을 점검하는 것은 독해에 영향을 미치므로, 초인지 기능들을 읽기 교육에서 고려해야 한다. <1> 읽는 목적을 확인하기, <2> 내용의 중요한 부분을 찾아 확인하기, <3> 사소한 것보다는 중요한 부문에 더 많은 주의를 기울이도록 하기, <4> 제대로 이해되고 있는지를 수시로 점검하기, <5> 목표가 성취되고 있는지를 자문하여 보기, <6> 실패(이해되고 있지 않음)하고 있음이 확인될 때 적절한 행동 수정을 할 것 등이 읽기 교육에서 유의하여 독자에게 가르쳐야 할 사항들이다.

④ 읽기와 쓰기는 그 과정이 유사하므로 읽기와 쓰기 교육이 상호 보완적 의미에서 동시에 교육되어야 한다.

언어 사용의 모든 기능들 즉 말하기, 듣기, 읽기, 쓰기 등은 내적으로 관련되어 상호 보완한다. 이들 한 영역의 학습은 다른 것을 돕는다. 쓰기 활동은 특히 읽기 교육 과정 속에 결합되어야 한다. 학생들은 그들이 교과서에서 읽은 자료에 관하여 쓸 수 있다. 쓸 기회를 가짐으로써 우리의 지식과 경험을 읽은 텍스트의 내용과 관련지어 새로운 의미를 창조할 수 있고, 낱말과 문장 그리고 단락들의 관계를 파악할 수 있게 된다. 쓰기는 또한 스스로 저자의 경험을 갖게 함으로써, 저자의 입장에서 글을 보고 이해하는 안목을 길러 준다. 읽기와 쓰기의 교육은 상호 보완함으로써 언어기능을 신장시킬 수 있다.

⑤ 학습은 중요한 개념 또는 기능들이 교사에 의해 직접적으로 가르쳐질 때 효과적이다.

학생들이 중요한 정보에 주의를 집중시키고, 정보를 종합하고 그것을 그들이 이미 아는 것에 결합시킬 때 텍스트 속의 내용은 더 잘 그리고 용이하게 이해된다. 어린이들은 내용을 이해하는 방법에 관해서 다만 상상하거나 추측하도록 해서는 안 된다. 생각하는 과정이 분명하게 보여질 필요가 있다.

직접적인 지도(direct instruction)는 질문, 토의, 연습 등과는 구별되어야 한다. 독해 과정에서의 직접 지도는 읽기의 시작부터 이해될 때까지의 사고과정의 단계가 설명됨을 의미한다. 교사가 글을 이해하게 되는 과정을 자세히 이야기함으로써 어떤 전략을 구체적으로 그리고 단계적으로 보여주어야 한다. 예를 들어, 학생들은 텍스트의 어떤 글을 학습하고 이해하는 것을 다음과 같이 점검하도록 한다. 글의 내용에 대한 질문을 스스로 만들어 보게 하고, 글을 요약하게 하고, 다음 단락에서는 어떤 내용이 나올 것인가를 예언하게 하고, 자기의 예언과 일치하지 않는 것을 확인하도록 한다. 또 다른 예를 들면, Baumann(1983)은 다음과 같은 다섯 단계를 제시한다. <1> 기능을 소개하고, <2> 기능들의 예를 보여주고, <3> 직접적으로 기능을 가르쳐 주고, <4> 교사의 지도 하에 다른 예의 연습을 통하여 응용하고 전이시키며, <5> 홀로 많은 연습을 하도록 한다.

2. 학교 독서 지도의 비판적 검토

독서란 책을 읽는 것이며, 또한 글을 읽는 것을 의미한다. 책을 읽는다는 것은 결국 책 속에 쓰여진 글을 읽고 내용을 파악하는 것이므로 결국에는 글을 읽는 것을 뜻하지만 현실적으로 미묘한 차이를 갖는다. 글을 읽는 것에 대한 지도 방안은 읽기 교육 즉 국어교과의 한 영역으로서 인식되고, 책을 읽는 것에 대한 지도 방안은 주로 책의 선택, 책읽기의 권장, 도서관 이용, 학급 문고 설치 운영, 독후감 쓰기, 속독 등의 지도에 중점을 두고 있다. 이러한 구분이 무슨 이론적 근거를 가졌다기보다는 현실적으로 그렇게 논의되고 있다는 것이다.

독서 지도는 그 궁극적 목적이 읽기 능력의 향상에 있으므로 독서 지도 방안은 전자 즉 읽기 교육에 많은 비중을 두어야 한다. 필자는 이것을 국어교육의 강화로서 주장하고 있는 것은 아니다. 본론에서 논의될 것이지만 국어 교과와 분리된, 독립된 영역으로서의 독서 지도 방안이라 하더라도 마찬가지다. 지금까지의 독서 지도 방안이 주로 후자에 치우쳐 왔다. 이 글은 이제까지의 독서 지도 방안, 특히 교육현장의 지도 방안이 무엇을 논하였으며, 그것들의 문제점이 무엇인가를 살펴본 후 독서 교육에서 어떤 사항들이 더 논의되어야 할 것인가를 밝혀 보고자 한다.

(1) 독서 지도 방안에 대한 검토

가. 독서의 의미 및 독서 지도의 목적

독서란 글을 읽고 그 글 속의 내용을 이해하는 것이다. 즉 독서란 인쇄된 텍스트 속에 포함된 정보를 이해하고 파악함으로써 독자가 이미 가지고 있던 지식과 새로 얻어진 지식을 통합하여 새로운 의미 체계를 세우는 것을 말한다(Anderson 1984). 그러므로 독서 지도의 무엇보다도 중요한 일차적인 목적은 텍스트 속에 포함된 정보를 이해하고 자기의 기존 지식을 결합 재조직하는 능력 간단히 말하면 글을 읽고 이해하는 능력을 길러 주는 것이다.

그러나 지금까지 독서 교육을 논하고 있는 글들은 대부분 독서 지도의 목적을 읽을 자료(도서)의 선택, 독후감 쓰기 지도, 도서관 이용법 등에 일차적인 목적을 두고 있다.

이규범(1983)은 독서 지도의 목적이 교양과 취미는 물론 학습 활동에 도서관 자료를 효과적으로 이용할 수 있도록 지도하는 데 있으며, 독서의 기술과 태도를 기르기 위한 기본적 지도 즉 독서의 의욕, 흥미의 유발과 발달을 일으키는 데 있다고 말하고 있다. 그는 다시 부연하여 말하기를, 독서의 목적을 <1> 독서 능력과 흥미유발 <2> 독서에 의한 당면문제의 해결 <3> 교양의 높임 <4> 건전한 오락과 취미에 두고 있다. 여기서 독서 능력의 향상을 제외하고는 위에서 열거된 독서의 목적들은 대체적으로 독서의 일차적이고, 본질적인 중요한 목적이 우선적으로 달성된 다음에 고려되어야 할 사항들인 것이다. 독서의 목적을 제시하고 있지만 독서의 일차적인 의미를 배제한 점에서는 마찬가지다. 그는 말하기를, 모든 것이 급변하는 현대사회에서 독서 지도에 대한 개념도 또한 바뀌어야 한다면서, 과거에는 교양이나 문학 위주의 독서만을 독서로 간주하고 주로 인격수양에 그 목적을 두었으나 오늘날에 와서는 교양이나 문학은 물론 일상생활에 관계되는 모든 인쇄 매체를 읽는 것을 목적으로 한다고 하고 있다. 그리하여 오늘날의 독서 지도는 인격 형성이나 교양은 물론, 생활에 필요한 지식 정보를 빠르고 바르게 읽어서 판단, 처리할 수 있는 능력까지도 갖추게 하는 것을 독서 교육의 목적으로 삼아야 한다는 주장이다. 이러한 견해는 한편 이규범(1983)의 견해에서 한 걸음 나아간 것이지만 그가 지도 방안으로 속독법 등 독서 방법, 도서의 이용 지도를 제안한 것은 그의 견해의 한계를 드러낸 것이라 아니 할 수 없다. 즉 독서 교육의 목적을 그저 다양한 책을 읽도록 권장, 지도, 감독하는 데에서 더 나아가고 있지 못함을 드러내고 있는 것이다.

홍기철(1982)은 독서의 목적을 직접적으로 진술한 것은 아니지만 독서 지도의 필요성을 논하면서 아동들의 지식의 빈곤, 발표와 토론 능력의 부족의 원인이 부분적으로는 지적인 학력 부족에 있고 이를 극복하는 방안을 독서 지도에서 찾고 있다. 그도 위의 두 사람과 마찬가지로 독서 지도의 목적을 전적으로 도서 선택이나 도서관 이용 지도에서 더 나아가고 있지 못한 것이다.

신순식(1982)과 홍경식(1982)은 다음과 같이 독서에 대한 견해를 제시하고 있다. 신순식은 그의 글에서 독서란 동서고금의 훌륭한 사람들과 만나 그들의 정신을 본받고 선인들의 시와 정에 접함으로써 교양을 높이고 지식을 넓히는 것이라고 하였다. 홍경식은 독서는 단순한 지식이나 정의 습득이 아니라 참 자아를 발견하고 형성하여 자기창조에로까지 승화시키는 지고지순한 행위로 규정하면서 독서를 사뭇 신성시하기까지 하고 있다.

독서란 무엇인가에 대하여 이러한 추상적이고 지나치게 포괄적인 견해를 가질 때 독서 지도의 목적은 빗나가게 되는 것이다.

이들에 비하여 이래현(1982)은 독서란 무엇인가에 대하여 훨씬 구체적이고 본질에 접근한 견해를 제시하고 있다. 그에 의하면 독서란 활자화되어 나온 책(읽은 자료)을 통하여 필자의 사상과 감정의 표상을 독자의 마음속에 깊이 재구성하는 것이다. 또한 그는 말하기를 독서 능력이란 글자만 알고 읽는다고 해서 독서 능력이 있는 것이 아니며, 책을 읽고 책 속의 의미를 이해할 수 있어야만 한다고 하였다. 예를 들어, 그의 말대로 중학교에 다니는 학생이 대학에 다니는 형의 책을 펴 놓고 글자대로 읽었다고 해서 그 학생이 독서 능력이 있거나 그 글의 뜻을 파악했다고 할 수는 없는 것이다.

그러므로 이래현의 독서 지도의 기본 방향은 구체적으로 설명된 것은 아니지만 많은 사람들이 천편일률적으로 말하고 있는 방안보다 우리가 앞으로 독서 지도에서 지향해야 할 내용들을 다소 포함한 것으로 보여진다. 그러나 그의 조화적 독서 지도, 독서 활동의 현실화, 독서 활동의 사회화는 아주 막연하고 지나치게 광범위하여 구체성을 띠지 못하고 있다. 비판적 독서의 지도, 기능적 독서 지도는 읽기 능력 향상의 지도와 직접 관련되고 있다.

나. 독서 지도 방안의 검토와 반성

필자가 읽은 여러 글들에서 논의된 독서 지도 방안을 살펴보면 <1> 도서관 이용의 지도 <2> 학급 문고 운영 <3> 독서회의 조직과 운영 <4> 필독 도서 선정 <5> 독후감 쓰기 <6> 특별 활동을 통한 지도 <7> 속독 지도 등이다. 그러나, 이러한 방안들이 한 편의 글로서 구체적으로 제시되지 않고 독서 지도 방안 속에 한꺼번에 간략하게 혹은 추상적 내용들로 논의되고 있기 때문에 그러한 방안들이 실제적으로 그 방안들을 실현하는 데 어떤 도움을 주지는 못할 것으로 보인다. 제시된 여러 방안들을 분석해 보고 그들이 어떤 문제점들을 갖고 있는지를 검토해 보기로 한다.

① 도서관 이용 지도

도서관 이용 지도는 도서관 자료 및 도서관을 이용하는 데 필요한 기초적인 지식, 기능, 태도를 기르는 학습 영역이다. 더욱 구체적으로 이야기하면, 도서관 이용 지도는 <1> 여러 가지 도서관 자료를 효과적이고 능률적으로 이용하는 방법과 태도를 기르고 <2> 학습하는 데 필요한 도서관 자료의 종류를 알고 탐색, 선택, 분류 해석할 수 있는 기초적 지식 태도를 기르며 <3> 자기 스스로의 능력으로써 도서 및 도서관 자료를 목적에 따라 이용할 수 있도록 하며 <4> 도서관 자료가 지닌 가치와 의미, 제작과 인쇄, 제작상의 구성 등을 이해하고 그것을 애호하며 소중하게 다루는 태도를 기른다(이규범, 1983).

독서 지도를 위하여 필요한 도서관 이용 지도라면 <1>, <2>, <3>항의 정도는 필요할지 모르지만 <4>항의 도서관 자료의 제작과 인쇄 등도 과연 필요한 것인지 의문이 간다. 더욱이 이 교수가 도서관학의 발전에 따라 독서 지도를 도서관 이용 지도에 포함시킨다고 한다는 견해는 그 순서가 뒤바뀐 것이다. 필자의 입장에서 볼 때 어디까지나 도서관 이용 지도는 독서 지도의 하위영역으로 보아야 하는 것이다. 더구나 초, 중, 고의 독서 지도에서라면 더욱 그러한 것이다.

이 교수가 독서 지도와 도서관 이용 지도의 개념을을 구분하면서도 한 교과의 기능적 독서의 지도 내용이 도서 및 도서관 이용 지도의 여러 부분과 같을 수도 있다고 한 점, 독서 지도의 원리를 적절한 도서를, 적절한 독자에게 적절한 시기에 선택하도록 한 점 등은 지금까지의 여러 글들에서 발견되는 주장인데 우리가 독서 교육에서 신중히 검토해야 할 사항이 아닌가 한다.

많은 사람들이 독서 교육을 천편일률적으로 도서관 이용 지도에 초점을 맞추는 것은 반성되어야 할 것이다.

② 학급 문고

규모가 큰 학교에서는 그 학교의 중앙 도서관 하나만으로는 부족하여 학급문고를 설치 운영하는 것을(이병수, 1984) 주요 독서 지도 방안의 하나로 제시하고 있는 경우가 많다(허윤도, 1983 ; 정수동, 1983 ; 이철수, 1983 ; 윤춘영, 1982 ; 이래헌, 1982).

학급 문고 설치의 첫째 문제는 도서의 확보이다(허윤도 1983). 대체로 학부모로부터 도서를 기증받지만 자칫하면 오래된 잡지류나 읽을 가치가 별로 없는 도서인 경우도 있어 문제의 소지가 있다. 책을 기증받는 과정에서 현실적으로 많은 무리가 따를 수도 있다.

어렵게 도서가 확보되었더라도 그 다음에는 운영상의 문제가 발생할 수 있다. 학급에 총무부, 대출부, 관리부, 조사부, 문예부, 홍보부 등의 부서를 조직하고 매주 금요일 학급 종례 시 독서회의를 개최하며 부서별 활동을 반성 계획하고 활동 상황을 토의 발표, 감상문 발표 등의 자율적 활동을 권장함으로써(홍기철, 1982) 일견 체계적이고 활발한 독서 지도인 것으로 보인다. 그러나 학급 문고 운영에도 그렇게 복잡한 부서가 필요한 것인지, 종례 시간에 그런 활동이 과연 현실적으로 효율적일까 하는 의문이 생긴다.

매일 아침 수업 전 30분간을 독서 시간으로 설정하거나(홍기철, 1982), 매주 화, 수, 금요일의 아침 자습 시간을 독서시간으로 확보하고 중식시간이나 방과 후에도 독서를 권장(허윤도, 1983) 하였지만 독서의 효과보다는 지친 학생들에게 과중한 부담이 되거나 억지로 하는 독서일 가능성이 많은 것이다.

거기에다 또 독서 클럽을 조직하고, 독서 감상문 발표, 문집 만들기 등을 한다고 하면, 필시 학생들이 독서의 즐거움보다는 독서에 대한 부담감, 흥미의 상실 등을 겪게 될 것이다.

학습 문고 활동이 그 성과가 미약했다면 그것은 물량 위주의 비계획적인 도서 수집에 따른 폐단과 계획성 없는 지도 때문(이철수, 1983)이 아니라 차라리 학급 문고 설치 운영의 과다한 계획과 학생에 대한 과중한 부담 때문이라고 생각된다.

③ 독후감 발표회 및 쓰기

대부분의 독서 지도 방안들이 예외 없이 독후감 발표 및 감상문 쓰기를 포함시키고 있다(조제후, 1976 ; 이철수, 1983 ; 조순복, 1983 ; 김정수, 1983 ; 강대홍, 1984). 독후감 발표 및 쓰기는 무슨 행정가들의 확인 행정 같이 그것을 확인 받는 사람들에게 지나친 부담을 주고 그것이 실질보다는 형식에 흐를 가능성이 많다. 필자의 경험에 의하면 독후감 쓰기만큼 부담이 되는 것은 없다. 어떤 느낌이나 생각이 있어도 그것을 긴 문장으로 표현하기란 얼마나 어려운가? 책을 읽고 즐기는 일보다 더 힘들었던 것이 필자의 경험이었고, 필자의 지도 경험이었다.

감상문 쓰기 지도 방안의 한 예를 들어 보자.

독후감 감상 지도는 크게 말하기와 쓰기로 나누어 실시 주 1회(수요일) 분단별로 발표하고 중요한 장면 등은 그림을 곁들이게까지 하였다. 뿐만 아니라 극화하여(소도구도 준비) 발표하는 것은 월 1회로 토요일 오후 시간을 이용하였다. 그리고 그것도 부족하여 쓰기를 시켰는데, 독후감 쓰기와 독서 일기로 나누어 쓰게 하였고, 독서 일기는 새 책을 읽을 때마다 꼭 쓰도록 하였고 주 1회씩 검열하였다.

독후감 발표 및 쓰기가 여기에 이르면 이것은 독서 지도가 아니라 차라리 감상문 쓰기 지도이다. 쓴다는 일은 그리 쉬운 일이 아니다. 중, 고등학교를 졸업하고도 편지 한 장 제대로 못 쓴다는 얘기도 공공연한 터에 이런 정도의 독후감 쓰기는 그 지나침이 크다고 하지 않을 수 없다.

독서 지도에는 감상문의 지도가 중요할지도 모른다. 그것이 어떻게 쓰여졌건 간에 그것이 어린이 각자의 진실의 소리가 들어 있으므로 질의 여하를 따지기 전에 쓰여진 것 자체가 중요할 수도 있다. 그리고 독서의 태도, 기능, 독해력을 육성하는 방법의 일환으로서 또한 비판적 사고를 기르는 데도 학습상의 큰 의의가 있을지도 모른다(이재수, 1983).

그러나 필자의 생각으로는 독후감 쓰기의 목적이 이 정도로 확대되면 이는 독후감 쓰기를 위한 독서가 되는 것이지 독서 지도를 위한 독후감 쓰기가 되는 것이 아니다. 책을 읽게 했으면 꼭 확인해야만 되는 어린이에 대한 불신감 때문이라고 꼭 부정적으로만 볼 것은 아닐지라도, 독후감 쓰기 및 발표의 의의와 범위는 어디까지나 독서 행위를 자극시키고 격려하는 최소한의 것에 한정시켜야 할 것이다. 궁극적으로 체계를 갖춘 독서 감상문 쓰기는 차라리 작문교육의 일환이 아닐까 한다.

사실 2학년에서만 아니라 너무 독서 감상 쓰기(독서 공책)에 신경을 쓰다 보면 오히려 독서 의욕을 저하시킬 수가 있는 것이다(이순희, 1984).

④ 속독(速讀)의 지도

1980년 초 전후 몇 년간 속독지도에 대한 유행이 있어 속독 학원이 많이 생겨나고 1분도 안 되어 몇 백 페이지의 책을 읽어내는 어린이가 TV에 출연하여 그야말로 묘기(?)를 연출하였었다. 이러한 속독의 지도는 사설학원에서만이 아니라 일선 교육기관에서 학생들에게 지도하여 상당한 독서 지도 효과를 거두었다는 보고가 몇몇 학교에서 있었고, 독서 지도에 대한 논쟁이 일부 신문에서 벌어지기도 하였었다.

그러나 속독이란 개념 즉 단순히 무조건 빨리 읽는다는 개념은 독서의 본질을 해치는 개념이 되기 쉽다. 아무리 쉬운 글이라도 1분 내에 몇백 페이지의 글을 읽는다면 그러한 독서에서 독자가 무엇을 이해하고 무엇을 깨닫고 생각할 수 있겠는가?

속독은 현시대가 요구하는 인간의 중요한 기능으로서, 학습의 효과를 올리고 사무의 능률을 높이며, 문화적인 후진성을 극복하기 위해서 온 국민이 글을 빨리 읽도록 해야 한다는 것(이석우, 1971)은 논리의 비약이 이만저만이 아니다. 모든 학습의 바탕이 되는 것이 독서 능력이긴 하지만(봉원업, 1982) 그렇다고 해서 그가 말하는 것처럼 속독 훈련을 통해서 진정한 의미의 독서 능력이 향상되는 것은 아니다. 순한글로 되어 있는 어려운 철학책을 초등학생도 단순히 빨리 읽을 수 있겠지만, 그 어린이가 진정 그 철학 서적을 이해할 수 있는 독서 능력을 갖추었다고 말할 수는 없는 것이다.

필자는 학교의 독서 지도에서는 속독이란 용어를 버리고 독서의 속도란 용어를 사용해야 한다고 생각한다. 독서의 속도는 독자가 읽고 있는 독서 자료의 종류에 따라 다양한 것이다. 모든 자료가 똑같은 속도로 읽혀질 수는 없는 것이다(Harris, 1980). 쉬운 자료면 더 빨리 읽혀져야 하고 내용이 좀 어려운 것이면 그 속도가 느려질 것이다. 그리고 독서의 속도는 독서의 목적에 따라서도 달라질 수 있는 것이다. 교양이나 취미를 위하여 동화책, 소설책을 읽을 때는 그 읽는 속도가 공부나 연구를 위하여 책을 읽을 때보다 더 빨라질 수 있는 것이다. 독서의 속도는 자료의 특성, 독서의 목적에 따라 가변성을 가지는 것이며 훌륭한, 능력 있는 독자는 자료의 특성과 읽는 목적에 따라 독서의 속도를 적절히 조절할 수 있는 것이다(Pearson, 1984).

Ⅱ. 거시적 독서 지도의 실천

제1장 독서 환경과 독서 지도

제2장 청소년 독서 자료의 분석

제3장 독서와 문학의 통합 지도

제4장 독서 교육 지원 시스템의 방향

제5장 학교 독서 지도의 방향과 과제

제1장 ▮ 독서 환경과 독서 지도

우리는 학생들에게 책을 읽으라고 한다. 또 성인들에게도 책을 읽으라고 한다. 그런데 학생과 성인 모두 좀처럼 책을 읽으려고 하지 않는다. 우리나라 성인의 연평균 독서량은 9.6권으로 이는 성인 1인당 한 달에 한 권의 책도 안 읽는 셈이 된다(김경희, 1995 : 15). 이에 비해 일본 성인의 연평균 독서량은 19.2권이며, 월평균 1.6권으로 우리의 두 배 정도의 독서량이 된다. 한편 우리나라 학생의 월평균 독서량도 일본의 학생에 비해 훨씬 뒤떨어진다(한국 : 초등학생 4.2권, 중학생 0.9권, 고등학생 0.7권 ; 일본 : 초등학생 5.4권, 중학생 1.8권, 고등학생 1.2권). 우리나라 사람이 일본 사람에 비해 책을 덜 읽는 것도 문제이지만 나이가 들수록 학년이 올라갈수록 책을 덜 읽게 된다는 것이 더 큰 문제일지도 모른다.

독서 교육의 목표는 평생 독서자를 기르는 데 있다. 즉 학교 생활을 통하여 익힌 독서 능력과 습관을 바탕으로 학교를 마친 후에도 항생 책을 읽고 그 독서가 삶에 직접적으로 혹은 간접적으로 큰 도움을 줄 것을 기대하는 것이 독서 교육의 목적과 목표이다. 그럼에도 불구하고 학생들은 점점 책을 안 읽게 된다니 우리가 기대하는 목적과 목표와는 정반대로 나아가고 있지 않은가? 우리는 이것을 어떻게 해석해야 할 것인가? 결국 우리는 학교 교육을 통하여 학생들이 독서를 하지 않게 하는 것이 아닌가? 학생들로 하여금 점점 독서에 흥미를 잃게 하는 것이 아닌가?

대학 입시에서 수학 능력 시험의 비중이 커지게 되자, 한때 독서의 중요성이 부각되고 학생들은 책을 많이 읽어야 되는 것처럼 여겨졌고, 또 학교에서도 이 점을 강조하였다. 그러나 그럼에도 불구하고 학생들의 독서량은 줄어들었다. 고등학생의 평균 독서 시간은 1993년 50.7시간, 1994년 55.4시간, 1995년 47.7시간이었다(김경희, 1995). 한 대학 신문의 설문 조사에서도 고등학생의 독서 시간이 줄어든 것으로 나타났다(고대신문, 1997. 8.1 1296호). 이는 대학 입학 시험이 논술 및 수능 체제로 바뀌어 독서의 중요성 및 기여도가 높음에도 불구하고 독서의 실질적 증가에는 영향을 미치지 못하고 있음을 나타내는 것이다. 학교 교육이 대학 입시에 함몰되어 파행적으로 이루어진 것이 어제오늘의 일이 아니다. 독서 교육 또한 여기에서 예외적일 수 없다. 대학 입시, 성적 향상에 도움이 되므로 독서해야 된다는 식의 접근이 한계가 있음을 여실히 증명하고 있는 셈이다. 이제 우리는 독서 지도의 방향을 재점검해 볼 필요가 있는 것이다.

학생들이 독서를 하지 않는 문제를 해결하기 위해 먼저 해야 할 일은 왜 독서를 하지 않는지 그 이유를 밝혀 내는 일이다. 의사가 환자를 치료하기 위해 진단을 하는 것처럼 말이다. 또한, 그러면 무엇이 책을 읽게 하는가, 책을 읽게 하기 위해서는 어떻게 해야 하는가 등의 문제에 대해서도 생각해 보아야 한다.

1. 책을 읽지 않는 이유

독서 태도에 관한 실태를 알아보기 위하여 중학교 각 학년 남녀 1개 학급씩 총 6학급, 고등학교 각 학년 남녀 1개 학급씩 총 6개 학급 학생을 대상으로 조사하였다. 조사 학생 수는 총 515명이었다.

(1) 문식성 환경

학습이나 읽기에 있어서 학생들이 지각하고 있는 심리적 환경은 매우 중요한 역할을 한다. 학습이 이루어지고 있는 곳은 가정과 학교, 그리고 사회인데 그 중에서 아직 미성숙자인 학생들에게 가정과 학교의 환경이 학습에 매우 중요하다. 가정은 개인이 최초로 접하게 되는 사회 환경으로 그 속에서 언어를 습득하고, 지식을 받아들이는 인지틀이 형성되며, 심리적 판단틀이 이루어진다. 학교 환경은 학교 문화, 풍토 등을 말하는데 특히 교사의 기대나 태도, 학급 구성원의 응집력, 학교나 학급의 분위기 등이 매우 중요한 심리적 환경 요소로 작용한다.

이런 환경 요인은 읽기에서도 매우 중요하게 작용한다. 읽기에 중요하게 작용하고 읽기를 조장하는 환경을 특히 '문식성 환경(literacy environment)'이라고 하는데, 특히 학생들에게는 가정과 학교가 주요한 문식성 환경 구성체가 된다고 할 수 있다. 문식성 환경은 학생이 읽으려는 결정을 하게 하는 것만이 아니라 읽는 과정과 그 결과에도 영향을 준다. 읽기 태도 및 동기를 향상시키는 교실 환경은 교실의 풍부한 문식성 환경, 책에 관한 사회적 상호작용과 교사의 성향에 의해서 조성된다.

가. 가정의 문식성 환경

가정의 문식성이란 부모, 아이들, 그 외 다른 구성원들이 문식성을 사용하는 모든 방식을 말한다(Morrowm, 1995 : 7). 문식성은 매일 매일의 생활에서 자연스럽게 일어나는 읽기, 쓰기, 대화하기, 읽은 것에 대해 이야기하기, 부모의 읽기 행위, 읽을거리 등을 포함한다.

학습의 모든 것은 부모가 아이들에게 책을 읽어 주는 것으로부터 시작한다(Morrow, 1995 : 2). 독서 능력의 습득은 유치원 또는 초등학교에 입학하기 전부터 가정에서부터 시작됨을 의미한다. 가정에서는 부모, 기타 다른 구성원으로부터 읽기를 배운다. 독서 능력의 습득에 필요한 어휘, 세상에 관한 지식, 부모의 독서 습관 및 태도, 글을 읽고 사고하는 방식 등을 배운다. 가정의 문식성 환경은 학생의 독서 습관과 태도, 독서 능력의 습득에 커다란 영향을 준다. 한 연구에 의하면 학생들의 독서 성적은 가정에서 책을 많이 읽느냐에 커다란 영향을 받는다고 한다(Anderson, 1985 : 26). 대부분의 아이들은 가정에서 책을 읽는 방법을 배우며, 읽기 성적이 높은 아이들의 가정에는 책이 많고, 도서관을 방문하는 기회가 많으며, 도서관에서 부모 형제들이 책을 읽는다고 한다. 요약하여 말하면, 부모는 아이들이 처음 만나는 교사일 뿐 아니라 계속해서 독서 능력 발달이나 독서 태도 및 습관 형성에 커다란 영향을 미친다고 할 수 있다.

① 가정의 읽을거리

가정에서의 독서 자료 실태를 알아보기 위하여 다음의 설문 내용을 조사한 것이 <표 1>이다.

- 설문 1 - 우리 방에는 책이 많다.
- 설문 2 - 우리집은 잡지나 신문을 정기 구독한다.

- 설문 3 – 우리집에는 책이 많다.
- 설문 4 – 가족과 함께 서점이나 책 대여점에 자주 간다.
- 설문 5 – 부모님께서 좋은 읽을거리를 권해 주신다.

〈표 1〉 가정의 읽을거리 실태 인식 (단위 : %)

인식 설문	전혀 안 그렇다	별로 안 그렇다	보통이다	대체로 그렇다	매우 그렇다
설문 1	4.7	19.0	30.1	28.5	17.5
설문 2	20.2	14.0	16.1	19.8	29.9
설문 3	4.5	12.4	22.3	26.4	34.2
설문 4	27.2	31.7	24.5	11.1	5.6
설문 5	20.4	32.2	27.6	12.4	7.2

약 60%의 학생들이 집에 책이 많이 있다고 응답하고 있으나 가장 접하기 쉬운 읽을거리인 신문 등의 정기 구독률은 낮은 편이다. 신문등의 정기 구독 여부에 대한 반응 중 부정적인 응답이 34.2%에 이른다. 그리고 부모가 아이들과 함께 서점에 같이 가거나 읽을거리를 추천하는 경우에 대해서는 부정적인 반응이 각각 58.9%, 52.4%에 이른다.

한 다른 조사 결과를 보면, 부모가 책을 사 주거나 추천하는 문제에서 초등학교(42.1%)는 비교적 긍정적인 반응이 높으나, 중학교(22.8%)와 고등학교(9.0%)로 갈수록 낮아진다. 또 부모의 학력이 높을수록 책을 사주거나 추천하는 비율이 높다. 어머니의 경우, 중졸 이하 13.2%, 고졸 30.0%, 대졸 이하 42.8%로 나타나고 있다. 아버지의 경우도 이와 비슷하다(유재천, 1994).

이로써 보건대, 대체로 우리의 가정에서는 부모가 아이들의 독서 환경 구성에 만족스런 관심을 보인다고 할 수 없겠다.

② 독서에 대한 부모의 태도

독서에 대한 부모의 태도를 알아보기 위하여 다음 내용의 설문 내용을 조사한 것이 <표 2>이다.

- 설문 1－우리 부모님께서는 내가 많이 읽을 수 있도록 격려해 주신다.
- 설문 2－부모님께서는 인생에 있어 읽기는 매우 중요하다고 강조하신다.
- 설문 3－우리 부모님께서는 잘 읽기 위한 노력은 꼭 필요한 것이라고 생각하신다.
- 설문 4－우리 부모님께서는 읽기보다 다른 공부가 더 중요하다고 생각하신다.
- 설문 5－부모님께서는 글을 읽는 것은 시간 낭비라고 생각하신다.
- 설문 6－가족과 책이나 글에 대한 대화를 자주 한다.

〈표 2〉 독서에 대한 부모의 태도 인식 (단위 : %)

	전혀 안 그렇다	별로 안 그렇다	보통이다	대체로 그렇다	매우 그렇다
설문 1	7.4	19.4	31.1	25.0	16.5
설문 2	8.7	31.8	35.5	15.3	8.0
설문 3	5.8	19.6	35.3	27.0	11.8
설문 4	9.1	34.6	31.8	17.3	6.2
설문 5	52.4	29.7	12.8	2.5	2.3
설문 6	31.1	50.2	22.5	4.5	1.4

설문 1~3은 독서의 중요성에 대한 부모의 반응인데, 40% 정도의 학생들은 자신의 부모님들이 독서를 중요하게 생각하는 것으로 인식하고 있다. 그런데 설문 4의 경우에서처럼 읽기보다 다른 공부가 더 중요하다고 생각한다는 반응도 23.9%에 이른다. 그런데 이는 앞의 설문(<표 1>) 4, 5항의 조사 내용은 부모가 독서의 중요성을 실제로 행동으로 옮기느

냐의 문제와 관련되는데, 본 항목 설문 1~3에서 40% 정도의 중요성을 인식하고 있는 데 비해 서점에 가서 책을 사주거나 책을 추천해 주는 등의 실제 행동으로는 잘 보여 주지 못하는 것 같다(17~19%). 이는 앞에서 살펴본 국어 교사의 태도와 맥을 같이한다고 볼 수 있다. 책이나 독서에 대해 아이들과 대화를 하는 경우는 더욱 떨어진다(설문 6, 4.9%).

가정의 문식성 환경이 독서 능력의 영향을 받을 것으로 짐작되는 도덕(윤리), 국어, 사회 등 3개 과목과의 상관 관계를 알아보았다. 그 결과는 <표 3>과 같은데, 가정의 읽을거리, 부모의 태도, 문식성 환경 등은 모두 의미있는 상관 관계를 나타내고 있다. 특히 가정의 읽을거리와 세 교과목과의 상관관계는 높게 나타났다.

<표 3> 가정의 문식성 환경과 과목의 상관관계 (단위 : %)

환경 \ 과목	도덕(윤리)	국어	사회
가정의 읽을거리	.1523**	.1920**	.1628**
부모의 태도	.1630**	.1332*	.1289**
문식성 환경	.1242*	.1198*	.1161*

* p<.05   **p<.001

나. 학교의 문식성 환경

① 국어 교사 태도

학교에서의 독서 지도는 국어 교사가 전담하고 있다고 해도 과언이 아니다. 국어 교과서에 '읽기' 영역이 따로 설정되어 있고, 국어 교과서가 사실상 읽기 자료라고 할 만큼 문학과 비문학 읽기 자료를 합치면 국어 교과서의 대부분은 읽기 자료 중심으로 편찬되어 있다. 또 국어 시간의 대부분을 읽기 지도에 할애하고 있다. 심지어는 말하기, 듣기, 쓰기 지도까지 읽기로 대체하는 경우까지 있는 형편이다. 그러므로 국어 교사가 독서 능력뿐 아니라 독서 태도 및 습관 형성에 미치는 영향은 매우 크다고 하지 않을 수 없다. 국어 교사가 독서에 대하여 어떤 태도를 가지고 있느냐 하는 것은 학생들의 독서 태도를 어떻게 형성시키느냐 하는 것과 밀접한 관련이 있을 것이다.

국어 교사의 독서 태도 및 습관 형성 지도의 실태를 알아보기 위하여 다음과 같은 내용의 설문을 조사한 것이 <표 4>이다.

- 설문 1 – 국어 선생님께서는 책을 읽는 것을 중요하게 생각하신다.
- 설문 2 – 국어 선생님께서는 읽기에 대해 자주 강조하신다.
- 설문 3 – 국어 선생님께서는 좋은 글을 소개해 주는 경우가 많다.
- 설문 4 – 국어 선생님께서는 항상 책을 보고 계시는 편이다.
- 설문 5 – 국어 선생님께서는 책을 읽는 아이들을 격려하고 칭찬하는 경우가 많다.

〈표 4〉 국어 교사의 독서 지도 인식 (단위 : %)

인식 설문	전혀 안 그렇다	별로 안 그렇다	보통이다	대체로 그렇다	매우 그렇다
설문 1	4.3	7.4	16.7	35.5	35.7
설문 2	4.3	10.9	31.5	31.3	21.7
설문 3	6.8	14.6	33.2	31.3	13.6
설문 4	7.0	21.9	39.8	23.9	6.4
설문 5	15.7	31.1	35.5	13.4	3.7

위의 표에 나타난 바를 살펴보면, 국어 교사들은 독서의 중요성을 잘 인식하고 있으며(설문 1 : 매우 그렇다 35.7%, 대체로 그렇다 35.5%), 학생들에게 독서의 중요성을 자주 강조하여 지도하는 편이다(설문 2 : 매우 그렇다 21.7%, 대체로 그렇다 31.3%). 그러나 독서의 중요성을 인식하고 이를 학생들에게 강조하면서도 이를 실제로 실천하는 일에는 소홀한 것 같다. 책

을 읽는 시범을 부여 주는 일에 소홀하고(설문 4 : 매우 그렇다 6.4%, 대체로 그렇다 23.9%), 좋은 글이나 책을 소개해 주지 않으며(설문 3 : 매우 그렇다 13.6%, 대체로 그렇다 31.3%), 책을 읽는 것을 격려하거나 칭찬하는 일에 관심이 적은 편이다(설문 5 : 매우 그렇다 3.7%, 대체로 그렇다 13.4%).

국어 교사가 학생들이 실제로 책을 읽도록 동기화시키는 방법으로는 스스로 책을 읽는 시범을 보이고, 자신이 감동 깊게 읽은 책을 가끔 혹은 자주 소개하거나, 게시판에 신간 서적 및 베스트셀러를 게시한다든지, 학급문고를 운영하거나 독서 클럽을 운영하는 등의 지도 활동을 할수 있다. 그러나 위의 설문 조사 결과를 놓고 볼 때 국어 교사들이 시험 및 입시 성적에 직접적인 영향을 주는 독해 지도에 치중하고 실제로 책을 읽도록 하는 지도는 하지 않는 것으로 여겨진다.

② 도서관 이용 실태

학생들의 도서관 이용 실태를 알아보기 위하여 다음과 같은 내용의 설문을 조사한 것이 <표 5>이다.

- 설문 1 – 학급 문고나 도서관에서 책을 한 번도 빌리지 않았다.
- 설문 2 – 친구 집이나 도서관 등에서 책을 빌려 오는 경우가 많다.

〈표 5〉 도서관 이용 실태 (단위 : %)

실태\n설문	전혀\n안 그렇다	별로\n안 그렇다	보통이다	대체로\n그렇다	매우\n그렇다
설문 1	50.5	18.8	12.4	10.3	7.6
설문 2	8.3	33.2	33.6	18.4	6.2

위의 설문 조사 결과를 보면 학생들은 학급문고나 도서관에서 책을 빌려 읽는 경우가 많지 않음을 알 수 있다. 한 번도 빌리지 않는다는 응

답이 17.9%에 이른다(설문 1 : 매우 그렇다 7.6%, 대체로 그렇다 10.3%). 친구를 포함하여 도서관에서 어느 정도 책을 빌리느냐에 대한 응답도 긍정적인 대답은 24.6%에 지나지 않아 학생들의 도서관 이용률이 매우 낮음을 알 수 있다.

이 같은 결과는 다른 조사에서도 유사하게 나타난다. 한국출판연구소 조사 결과를 보면, 약 72%가 도서관을 거의 또는 전혀 이용하지 않는다고 한다(유재천, 1987 : 159). 그나마 도서관을 이용하는 학생들도 책을 빌리거나 책을 읽기 위해 도서관을 이용하는 경우는 적고(약 28%), 대부분 학과 공부를 하기 위해 도서관을 이용할 뿐이다(약 70% ; 중학생 74.3%, 고등학생 59.7%).

비교적 이용하기 편리한 학교 도서관이나 학급문고 이용률도 매우 낮은 편이다. 이용하지 않는다는 반응이 50%를 넘고 있다(1993년 52.3%, 1994년 53.8% : 김경희, 1994 : 128). 중학생의 경우는 더욱 이용률이 낮아 65% 정도의 학생들이 학교 도서관을 이용하지 않는다. 학교 도서관을 이용하는 50%의 학생들 중 그 반 정도만이 책을 빌리기 위해 도서관을 이용한다고 하니까 약 25% 전후의 학생들만이 독서를 위해 혹은 책을 빌리기 위해 도서관을 이용하는 셈이 된다. 학생들과 아주 가까이 있어 이용하기에 더욱 편리한 학급문고 이용률도 55.9% 정도이다(김경희, 1994 : 30).

약 58%의 학생들이 가장 큰 독서 장애 요인으로 '공부'를 들고 있는 점으로 볼 때(유재천, 1987 : 110), 도서관 이용률이 왜 낮은지를 알 수 있겠다.

③ 독서 행사

학교에서 학생들이 책을 읽도록 하기 위해 어떤 행사를 얼마나 하는지에 대해 알아보기 위해 다음의 설문을 조사한 것이 <표 6>이다.

- 설문 1 - 학교에서 독서에 관한 행사를 자주 한다.
- 설문 2 - 학교에서는 독서 클럽이 운영되고 있다.

〈표 6〉 학교의 독서행사 실태 (단위 : %)

실태 설문	전혀 안 그렇다	별로 안 그렇다	보통이다	대체로 그렇다	매우 그렇다
설문 1	35.7	34.8	20.8	5.6	2.1
설문 2	39.6	18.1	19.6	15.0	7.4

위 표에 나타난 바와 같이 학생들의 독서를 장려하기 위한 학교 행사는 매우 빈약한 것으로 나타나고 있다. 실제로 학교에서는 입시 지도에만 매달릴 뿐 독서 지도를 위한 전교적인 행사는 거의 없는 것 같다. 다만 22% 정도의 반응에서 보듯이 소수의 독서 클럽이 운영되는 것으로 조사 결과에서 드러나 있다.

(2) 독서 목적

독서의 목적은 독서를 하는 이유에 다름 아니다. 독서의 목적에 대한 학생들의 인식을 알아보는 것은 학생들의 독서 태도를 가늠해 보는 한 방법이다. 목적 없는 행동은 방향 감각을 잃게 되고, 결국 조그만 장애가 와도 그 행동은 쉽게 포기되기 쉽다. 목적에 대한 인식이 분명할 때 그 행동은 지속적으로 유지될 수 있는 것이다.

학생들의 독서 목적에 대한 인식을 알아보기 위해, 정서적 목적과 도구적 목적 두 항목으로 나누어 설문 조사를 하였다.

가. 정서적 독서 목적

〈표 7〉은 정서적인 다음 설문과 같은 독서 목적을 어떻게 인식하고

있는가를 조사한 것이다.

- 설문 1－세상과 인간에 대한 이해와 지식을 넓혀 주기 때문이다.
- 설문 2－흥미가 있고 재미있기 때문이다.
- 설문 3－즐거움을 주고 삶에 여유를 갖게 하기 때문이다.
- 설문 4－다른 세계와 다른 사람의 삶을 경험하게 하기 때문이다.
- 설문 5－문화를 전수하게 하고 또 새로운 문화를 발전하게 하기 때문이다.

〈표 7〉 정서적 독서 목적 인식 (단위 : %)

인식 설문	전혀 안 그렇다	별로 안 그렇다	보통이다	대체로 그렇다	매우 그렇다
설문 1	1.9	8.3	28.5	39.4	21.0
설문 2	2.9	14.0	27.8	36.5	18.6
설문 3	3.5	15.9	28.7	37.5	14.2
설문 4	4.1	12.0	25.4	41.2	16.7
설문 5	6.6	22.3	38.4	26.0	6.4

약 64% 정도의 학생들이 독서의 목적으로 재미나 즐거움을 주는 것으로 인식하고, 또한 상당수의 독서가 간접 경험을 통하여 인간과 세계를 이해하는 것으로 인식하고 있다(설문 1, 60.8% ; 설문 4, 57.9%). 그런데 독서가 종국적으로는 문화 전수나 문화 발전에 이바지한다는 것은 개인과의 관련이 적은 때문인지 긍정적인 반응의 정도가 다른 항목에 비해 매우 낮다(설문 5, 32.4%). 이러한 조사 결과는 학생들이 일단은 독서의 목적이나 의의로서 '흥미, 즐거움, 인간과 세계의 이해' 등의 항목을 잘 인식하고 있음을 말해 준다.

나. 도구적 독서 목적

<표 8>은 다음의 설문과 같은 도구적인 독서 목적을 어떻게 인식하고 있는가를 조사한 것이다.

- 설문 1－상급학교 진학이나 취업을 위해서다.
- 설문 2－글을 잘 읽는 것은 사회적으로 중요하기 때문이다.
- 설문 3－책을 잘 읽지 못하는 사람은 교양있는 사람이라고 할 수 없기 때문이다.
- 설문 4－장래에 언젠가는 필요할 것이라고 생각하기 때문이다.
- 설문 5－다른 교과에도 도움을 주어 공부를 잘 할 수 있으리라고 생각하기 때문이다.

〈표 8〉 도구적 독서 목적 인식 (단위 : %)

인식 \ 설문	전혀 안 그렇다	별로 안 그렇다	보통이다	대체로 그렇다	매우 그렇다
설문 1	10.5	33.2	26.2	24.3	5.4
설문 2	6.0	19.8	31.5	34.6	7.8
설문 3	12.2	28.7	29.7	23.3	5.6
설문 4	1.6	8.5	21.2	46.8	0.4
설문 5	4.3	16.1	31.1	38.1	10.3

도구적 목적에 대한 태도는 정서적 목적에 대한 태도보다 전체적으로 긍정적인 응답이 낮은 편이다. 특히 설문 1과 설문 3항의 경우 부정적인 반응 비율이 40%를 넘고 있다. 상급학교 진학이나 취업과 독서가 직접적인 관계로 인식하기가 어려운 때문으로 여겨진다. 설문 3의 경우는 독서의 목적이 교양을 얻기 위한 것으로 이해되기보다는 독서 능력이 교양있는 사람의 조건으로 이해되었기 때문이다. 다른 조사에서는 교양과 인격형성(27.3%)이 여러 가지 독서의 목적 중 새로운 지식과 정보의 습득

(37.8%)이라는 실용적 목적 다음으로 중요하게 인식되고 있다(김경희, 1994 : 74).

독서가 학과 공부에 도움을 준다는 긍정적 반응이(설문5) 50%에 가까움을 알 수 있는데 이는 다른 도구적 목적보다 높은 것이다. 흔히 학생들이 학과 공부 때문에 독서를 하지 못한다고 말하고 있으면서도 이렇게 반응이 높은 것에 대하여는 좀더 주의하여 해석할 필요가 있다. 다른 조사에서 학생들은 독서가 수학 능력 시험에 중요한 영향을 미친다고 생각하면서도(85% 이상), 실제로는 책을 읽지 않는 것(10% 정도만이 책을 더 읽었음)과 맥을 같이 한다고 볼 수 있다(김경희, 1995 : 136). 또 한 조사에 의하면, 공부에 도움이 되기 때문에 독서를 한다는 반응이 2.8%에 지나지 않는 것을 볼 때(유재천, 1987 : 72), 막연한 중요성 인식이 곧 독서 행동으로 연결되지 않는 것으로 생각할 수 있다.

학생들이 도구적 목적을 인식하고 있는 긍정적 반응과 비례해서 독서를 하지 않는 현상은 <표 9>의 상관관계 조사에서도 확인되고 있다.

도구적 목적에 대한 인식과 도덕(윤리), 국어, 사회 교과 성적과의 상관관계는 의미있는 것이지만 정서적 목적과 이들 교과 성적과의 상관 관계보다는 낮다. 다시 말하면 학생들에게 독서가 학업 성적 향상에 도움이 되니 독서를 많이 하라는 식의 독서 동기화는 학생들이 책을 읽게 하는 데에는 큰 효과가 없다는 것이다.

〈표 9〉 독서 목적과 과목과의 상관 관계 (단위 : %)

	도덕(윤리)	국어	사회
정의적 목적	.1743**	.2059**	.2347**
도구적 목적	.0379	.1173**	.1794**

** p<.001

2. 효과적인 독서 지도

(1) 가정에서의 독서 지도

가정에서 어떤 환경을 만들어 주고 부모가 어떤 역할을 하느냐가 어린이 혹은 청소년이 책을 읽는 데 많은 영향을 준다. 그만큼 독서 능력, 독서 습관, 독서에 대한 흥미와 가정 환경은 밀접한 관련이 있다.

가정은 어린이들에게 독서를 조장하는 즐거운 환경과 격려하는 분위기를 만들어 주어야 한다. 따뜻하고 화기애애한 가족의 분위기에서 부모나 가족 구성원이 보여 주는 본보기는 어린이가 책읽기를 즐겨 하는 것과 싫어하는 것, 책의 선택 등에 강한 영향을 끼친다. 가정에서 읽을거리가 항상 준비되어 있고 쉽게 접할 수 있을 때, 그런 것들이 아이들에게 항상 노출되어 있을 때 그들이 의식적으로 이를 피할 수 없는 것이다. 아이들의 선천적인 호기심은 이런 읽기 자료를 만져 보고 들추어 보고, 그림을 즐겨 보게 되며 결국은 어린이나 청소년들을 독서로 유도하게 되는 것이다.

가정에서 준비되는 읽기 자료는 신문, 잡지, 책 등 다양하다. 이런 읽기 자료 속에 많은 '이야기(story)'들이 있는 것이다. 이러한 읽기 자료들은 물론 아이들이 쉽게 접근할 수 있도록 배려해야 하며, 그들을 읽도록 권장되어야 한다. 아이들로 하여금 책을 유도하는 방식에는 다음과 같이 여러 가지가 있다.

① 아이들에게 소리 내어 읽어 주거나, 같이 읽는다.
② 읽은 이야기에 대해서 아이들과 의견을 교환하거나 질문한다.
③ 읽은 이야기를 직접 경험과 연결되도록 노력한다. 토끼, 호랑이, 여

우 등에 관한 이야기를 읽었을 때 토끼 인형을 사 주거나 사진이나 그림을 보여준다. 동물원에 가서 실제로 동물을 보여 주고 이야기를 나눌 수 있다.

부모들이 독서를 하도록 자극하는 방식에는 또 다음과 같은 것이 있다.

① 함께 공공 도서관에 가서 책을 찾고 같이 읽는다. 이때 도서관을 이용하는 방법을 배우도록 한다.
② 생일 선물, 특별히 축하할 만한 날에 책을 선물한다.
③ 아이들의 이름으로 잡지를 주문하여 우편물이 아이들 이름으로 우송되도록 한다.
④ 일정한 시간을 정해 놓고 매일 한번씩 독서한 것에 대해서, 가정 문제 혹은 경험에 대해서 의견을 나누는 시간을 가진다.

(2) 학교에서의 독서 지도

학교에서의 독서 지도로 가장 시급한 것은 독서 지도 프로그램이다. 현재 학교에서는 학교 나름대로의 어떤 특별한 독서 지도 프로그램을 갖고 있지 못한 형편이다. 일년에 한 번 정도 갖는 독서 주간 행사가 있을 뿐이다. 독서 지도 계획이 없다는 것은 현실적 여건의 어려움을 고려한다 하더라도 독서 지도에 대한 무관심이 어느 정도인가를 말해 주고 있는 것이다. 학교에서 독서 지도 프로그램을 갖는다 하더라도 그것은 현실적으로 실천되기 어려운 무리한 계획이 되어서는 안 된다. 학교의 독서 지도 계획은 학생들에게 반강제적으로 어떤 책을 읽게 하기보다는 학생들에게 독서가 왜 우리 생활에 유익하며, 어떤 도움을 주는지를 구체적으로 인식시키고, 많은 독서 자료를 정기적으로 제공하는 등 학생들이 자발적으로 독서를 할 수 있게 되도록 유도하는 것이어야 한다.

학교 도서관에 학생들이 읽을 만한 책을 구비해 놓아야 한다. 도서 구입비를 늘려야 하며, 도서의 구입은 학생들의 의사를 반영하여 구입할 필요가 있다. 도서 구입비가 적다면, 미국의 경우처럼 학교끼리 혹은 구 혹은 군 교육청 단위로 도서를 정기적으로 순환시키는 방법도 생각해 볼만 하다. 현재 학교 도서관에서 책을 빌리려면 휴식 시간을 이용할 수밖에 없는데, 일주일에 한번 정도 수업 시작 전 혹은 수업이 끝난 후에 학급별로 도서관 이용 시간을 갖도록 할 필요가 있다. 도서 구입 예산의 부족, 과다한 학생수 등의 현실에 비추어 학교 도서관만으로는 효율적인 독서 지도가 어렵다면 학급문고 제도를 더욱 활성화시켜야 한다. 학급문고의 도서는 학부모로부터 기증 받아 일년 동안 사용하고 일년 후에는 되돌려 주는 것도 좋은 방안일 것이다.

학교 게시판 혹은 학급 교실 게시판에 각종 신간 도서를 소개하거나 독서에 관한 글을 게시하여 학생들로 하여금 독서하려는 마음을 가질 수 있도록 분위기를 조성하여야 한다. 교사나 학생, 혹은 저명 인사의 독서 감상문을 싣는 것도 학생들의 독서 욕구를 자극시킬 수 있을 것이다. 학생들이 읽을 만한 책의 목록을 게시하거나 각 학생들의 읽은 책의 수를 그래프로 그려 제시하는 것도 학생들이 책을 읽고 싶은 마음을 불러일으킬 것이다.

어떤 학교에서는 일주일에 한 시간 혹은 2주일에 한 시간씩 전교생이 독서 시간을 갖는 경우도 있는데, 이렇게 정기적으로 학생들로 하여금 책을 읽게 하는 것은 독서 습관의 형성에 지대한 영향을 줄 것이다. 처음에는 마지못해 피동적으로 참여하겠지만 차츰 책을 읽는 재미를 갖게 되고 독서의 유익함과 즐거움을 느끼게 되면 나중에는 스스로 책을 찾아 읽는 습관을 갖게 되는 것이다.

학교에서 독서 지도를 철저히 계획적으로 한다고 해서 지나치게 학생들에게 독서에 대한 부담을 주는 것은 자칫 학생들의 독서 욕구를 저하시킬 우려가 있다. 무리하게 읽은 책마다 독후감을 쓰게 하거나, 학생들의 능력을 고려하지 않고 무조건 며칠에 한 권씩 읽으라고 강요하는 것도 좋지 않다. 독서의 양은 각기 학생의 능력을 고려해야 하며, 또한 학생들의 학습 부담을 고려하여 결정해야 한다. 일주일 혹은 한 달에 몇 권 읽으라고 하는 것도 강제 사항으로서가 아니라 권장 사항에 그쳐야할 것이다. 이렇게 느슨한 독서 지도 계획으로는 학생들이 독서를 하지 않을 것이라고 말할지 모르지만, 독서 지도는 강제적인 것보다는 학생들에게 풍부한 독서 자료와 정보를 제공하고 자주 독서에 대한 자극을 줌으로써 자발적인 독서가 이루어질 수 있도록 하는 방법이 좋다. 지나치게 강제적인 독서 지도는 오히려 독서에 대한 반감이나 저항감을 불러일으킬지도 모르기 때문이다.

(3) 독서의 목적을 인식하게 하기

가. 독서의 목적을 알리기

우리는 우리가 왜 책을 읽어야 하는지를 이해시키지 않은 채 학생들에게 책을 읽으라고 한다. 책을 읽어야 하는 이유로 우리가 제시하는 것은 보통 아주 그럴듯하지만 막연하다. 흔히 교양을 위하여, 인격 수양을 위하여 책을 읽어야 한다고 말한다. 그러한 설명이 틀린 것은 아니지만 그러한 설명이 구체적으로 피부에 와 닿지는 않는다. 그러므로 우리는 독서가 그렇게 막연히 좋은 것이라고 설명하기보다는 좀 더 구체적으로 이야기할 필요가 있다. 즉 독서는 우리가 무엇인가 하고자 할 때, 특히 청소년의 생활에 필요한 것이라는 사실을 구체적으로 인식시켜야 한다. 독서는 우리의 생활과 먼 데 있는 것이 아니라 우리의 일상 생활과 늘 관련되어 있다는 사실을 깨닫도록 해야 한다.

저녁 식사 후 아이들과 대화의 시간을 가질 때, 잡지나 신문에서 읽은 기사에 관하여 이야기한다고 가정하자. 이 때 아이들은 대화 내용에 관하여 좀 더 알고 싶어 하거나 직접 그 기사를 읽을 필요를 느끼게 될지도 모른다. 대화에 참여하기 위해서는 읽어야 한다는 사실을, 독서의 필요성을 인식하게 되는 것이다. 처음에는 이러한 방식의 대화로 독서의 필요성을 인식시키는 일이 어색하고 힘들지 모르지만 몇 번 시도해 보면 자연스럽게 될 것이다.

청소년들은 어른들이 읽으라고 하는 책들이 어렵고 재미없는 것이며 또 그 책이 두꺼워 시간이 많이 걸린다고 생각하는 경향이 있다. 즉 책을 읽는 것에 대하여 너무 많은 부담을 느끼고 있다. 그러므로 독서란 그런 것이 아니라 잡지나 신문 기사를 읽는 것도 훌륭한 독서라는 사실을, 그래서 독서란 항상 그렇게 부담스러운 것이 아니라는 사실과 함께 독서가 우리가 일상 생활을 하는 데 직접적으로 필요하다는 것을 인식시킬 필요가 있는 것이다.

나. 독서의 목적을 구체화하기

① 진로 선택을 위한 독서 : 부모는 아이들의 장래 희망에 관하여 대화할 기회를 가질 수 있다. 아이들이 어떤 직업을 가지고 싶다면 그 직업이 무엇을 하는 일인지 구체적으로 알아보도록 한다. 그러면 아이들은 자연히 그 직업에 더욱 자세히 설명한 어떤 책을 필요로 할 것이다. 그러한 책들은 어디에 있는가? 도서관에 있거나 서점에 있을 것이다. 그러면 그 책을 도서관에서 빌려 오게 하거나 서점에서 사 오게 할 수도 있

을 것이다. 이렇게 함으로써 책은 우리가 필요로 하는 정보를 담고 있는 것이라는 사실을 느끼게 될 것이다. 또한 아이들이 가고 싶은 대학을 결정하고자 할 때, 하고 싶은 전공을 선택하고자 할 때에도 막연히 결정하게 하지 말고 구체적인 자료를 가지고 결정하게 할 때 참고할 책의 필요성을 느끼게 할 수 있을 것이다.

② 여가 선용을 위한 독서 : 온 가족이 함께 여가 선용을 위한 독서 시간을 가질 필요가 있다. 독서란 즐거운 것이라는 것을 느끼도록 하기 위해서는 아이들과 함께 책을 읽는 시간을 가질 필요가 있다. 가족의 독서 시간에는 꼭 단행본이 아니더라도 신문, 잡지, 편지, 카달로그 등일 수도 있다. 또한 책은 고전이나 무거운 주제의 책이 아니어도 좋다. 아이들이 읽고 싶어 하는 책, 즉 취미, 스포츠, 음악 등 다양한 것일수록 좋다. 가족의 독서 시간을 조용한 침묵의 시간으로만 생각할 필요는 없다. 부모가 읽은 재미있는 부분을 아이들에게 읽어 주고 같이 웃고 이야기할 수도 있다.

③ 개인적 문제 해결로서의 독서 : 독서는 청소년들이 고민하고 있는 개인적 문제, 예를 들어 진로 선택, 사랑, 친구 관계 등의 문제에 대하여 소설 속의 가공 인물을 통하여 대리 체험을 할 수 있다. 또는 전기문을 읽음으로써 그러한 문제를 해결할 수 있을지도 모른다.

④ 취미 활동을 위한 독서 : 청소년들은 정서 함양을 위하여 하나 이상의 취미 활동을 할 필요가 있다. 특별히 정해진 취미가 없는 아이라면 음악, 스포츠, 사진, 등산 등 취미 활동을 가지게 하기 위하여 관심있는 활동을 생각해 보게 하고, 취미 활동을 자세히 설명한 책을 읽도록 유도할 수 있다. 도서관에 가서 취미 활동에 관한 많은 책을 찾아보게 하거나 서점에 가서 책을 살 수 있도록 한다면 청소년들이 책을 가까이 하게 하는데, 책이란 우리가 필요로 하는 것을 제공한다는 사실을 인식하게

하는데 많은 기여를 할 것이다.

⑤ 여행 정보를 얻기 위한 독서 : 주말이나 휴가 때 가족 여행을 떠날 때, 혹은 청소년들이 단체 여행을 하려 할 때 여행할 곳에 관한 책을 읽도록 하는 것은 유익하고 효과적인 여행을 위해서 필요하며 이것은 또한 독서의 기회를 제공하는 것이기도 하다.

⑥ 시사 문제에 관한 독서 : 신문이나 잡지에 실린 당대의 중요한 시사 문제에 관한 글은 좋은 독서 자료가 될 것이다. 여러 방면에 걸친 국내 개혁의 과제와 방향, 남북통일, 핵문제 해결, 국제적인 분쟁 문제 등의 시사 문제에 관한 신문과 잡지의 분석 기사를 읽고 토의를 할 수 있다.

⑦ 친구들과의 대화에 동참하기 위한 독서 : 청소년들은 친구들 사이에서 고립되기를 바라지 않는다. 오히려 친구들 사이에서 인정받기를 절실히 원하고 있을 것이다. 친구들 사이에서 인정을 받기 위해서는 대화에 동참할 수 있어야 하며 그러기 위해서는 그들이 나누는 화제에 관하여 풍부한 지식을 가져야 하며, 화제에 관한 자세한 정보는 책을 통하여 즉 독서를 통하여 얻을 수 있다.

⑧ 현명한 소비자가 되기 위한 독서 : 우리는 여러 가지 물건을 산다. 그러나 현명한 소비자가 되기 위해서 물건을 사기 전에 상품에 관한 정보를 자세히 알아볼 필요가 있다. 상품에 관한 정보는 전문 잡지 등을 통하여 얻을 수 있을 것이다. 특히 컴퓨터, 오디오, 비디오 등 고가품을 구입할 때에는 사전에 전문 잡지를 읽고 여러 상품을 비교 검토한 후 구입해야 한다.

글을 읽고 쓸 수 있는 것을 문식성(文識性, literacy)이라고 한다. 그리고 읽고 쓸 수 없는 것을 문맹(文盲, illiteracy)이라고 한다. 한편 읽고 쓸 수 있는 능력은 있으나 읽고 쓰지 않는 것을 무독성(無讀性, aliteracy)이라고 한다. 우리나라의 경우 문맹률은 매우 낮아 2~3%에 지나지 않는다. 그러나 유창하게 읽을 수 있느냐를 감안하면 문맹률은 10% 선에 이르지 않을까 한다. 미국의 경우 문맹률은 20%에 이른다고 한다. 그런데 읽을 수 있는 능력을 가진 사람 중 정기적으로 책읽기를 하는 사람은 20%선에 지나지 않는다. 미국 성인 인구 중 거의 60%는 단 한 권의 책도 읽지 않으며, 나머지 대부분의 사람들은 1년에 겨우 한 권 정도의 책을 읽을 뿐이다(Woiwode, 1992). 또 다른 연구에 의하면 인구의 10%가 읽혀진 책의 80%를 차지한다고 한다(Spiegel, 1981).

독서 지도의 궁극적 목적은 평생 독서자가 되게 하는 것이다. 구슬이서 말이라도 꿰어야 보배이듯이 글을 읽을 수 있는 능력을 가지고 있는 것이 중요한 게 아니라 오히려 글을 실제로 읽는 행위가 중요한 것이다. 높은 수준의 독서 능력을 가지고 있은 들 실제로 책을 읽지 않는다면 무슨 소용이 있겠는가? 실제로 책을 읽은 태도와 습관은 책을 읽은 능력과 비례하는 것은 아니다. 앞의 미국의 예에서 보듯이 높은 수준의 독서 능력이 있다고 해서 책을 실제로 많이 읽는 것은 아니다.

우리가 독서를 하지 않는 것에 대한 책임은 가정과 학교가 먼저 인식해야 한다. 가정에서 부모들은 독서의 중요성을 인식하면서도 실제로 아이들에게 책을 읽을 수 있도록 환경을 만들어 준다든지 도서관이나 서점 등에 데리고 가서 책을 빌리거나 사 주지 않는다. 그리고 아이들이 보는 앞에서 책을 읽지도 않는다. 부모 스스로 모범을 보이지 않고 아이들이 책을 읽는 습관을 갖게 하기는 힘들다. 부모들은 자신의 아이들이 좋은 대학에 들어가느냐에만 관심이 많으며, 독서는 이 목표에 장애가 되는 것으로 인식하고 있다. 학교 공부하는 데만도 시간이 없는데 독서할 시간이 어디 있느냐는 것이다.

이 점은 학교에서도 마찬가지다. 학교에서 독서에 대한 긍정적인 태도 등 독서 습관 형성에 대한 지도는 거의 없는 형편이다. 학생들의 도서 선택 기준에서 교사의 추천이 6% 정도(김한식, 1993 : 61)밖에 안 되는 것을 보면 학교 교육에서 독서 지도에 얼마나 소홀한가 하는 것을 알 수 있다. 한 연구자는 독서 지도에서 가장 우선시해야 할 지도는 책에 대한 나쁜 습관과 태도를 고쳐 주는 것이라고까지 하였다. 그리고 읽을 수 있는 능력을 가진 학생을 증대시키는 것과 똑같이 책 읽는 즐거움(만족감)을 가지고 책을 많이 읽는 사람을 증대시키는 것이 독서 교육의 목표가 되어야 한다고 하였다(Anderson et al., 1985 : 15).

지금까지 학교 교육에서는 책을 읽는 인지적 독서 능력에 중점을 두었지 책을 가까이하고 책을 즐겨 읽는 좋은 독서 습관과 태도의 교육은 소홀히 하여 왔다. 그러나 독서 지도에서 정의적 영역의 지도는 인지적 영역의 지도만큼이나 중요하다는 것을 지적하지 않을 수 없다. 책을 읽는 독서 능력은 책을 읽음으로서 신장된다는 언어 학습의 원리에 비추어 본다면 더욱 그러하다. 언어는 실제로 언어 활동을 함으로서 발달하는 것이다.

제2장 ▌청소년 독서 자료의 분석*

1. 서론

(1) 연구 목적

독서와 독서 교육은 시대나 지역을 막론하고 모든 사람이 그 중요성과 필요성을 공감하는 관심 사항 중의 하나이다. 독서와 독서 교육에 대한 이러한 생각은 정보 전달을 위한 다양한 전자 매체들이 등장하고 있는 현대 사회에도 여전히 변함이 없다. 이는 새롭게 등장하는 전자 매체들이 인쇄 매체를 통한 독서를 보완할 수는 있어도, 이를 대체할 수는 없는 독서만의 특성 때문이다.

독서가 인간의 삶에 미치는 영향은 실로 지대하다 하겠다. 사람들은 독서를 통하여 더욱 인간적이고 가치 있는 삶을 영위하는데 필요한 많은 자양분을 얻을 수 있다. 독서를 함으로써 일상생활이나 사회생활에 필요한 지식이나 정보를 얻을 수 있고, 의사소통 능력, 논리적 사고력,

---

* 한철우 · 박진룡(1998), 독서연구 제3호, pp.125~152.

창의력 등을 비롯한 고도의 지적 능력을 기를 수 있다. 뿐만 아니라, 올바른 인생을 영위하는 데 필수적인 인생관과 세계관을 정립할 수 있고, 역사를 통하여 쌓아 온 인간의 문화와 문명을 계승·발전시켜 나갈 수가 있다.

독서가 인간의 삶에 미치는 영향은 모든 사람에게 지대한 바 있지만, 특히 개인과 사회에 대한 인식의 폭과 깊이가 빠르게 성장하는 청소년기의 독서는 더욱 중요한 일면을 지닌다. 청소년기는 아동기와 성인의 과도기로서, 자아 형성과 가치관 확립의 결정적인 시기이다. 따라서, 청소년기의 독서는 한 개인의 인생 틀을 마련하는 데 결정적인 역할을 한다 하겠다.

요즘 들어 청소년기의 독서의 중요성에 대한 인식이 점차 확산되고 있다. 대학 수학 능력 시험 및 대학별 본고사의 실시로 청소년기의 독서의 중요성에 대한 국민적 관심이 한층 높아졌으며, 제6차 교육과정에서는 과정별 필수 과목으로 <독서>가 추가로 설정된 것 등에서 이를 확인할 수 있다.

그러나, 청소년을 대상으로 하는 독서와 독서 교육은 아직도 많은 문제점을 지니고 있다. 청소년기 독서의 중요성과 청소년을 대상으로 하는 독서 교육의 필요성을 강조하면서도, 청소년 독서 행위에 대한 구체적인 탐구가 부족할 뿐만 아니라, 독서의 본질에 입각한 진정한 의미의 독서 교육도 아직 그 체계를 갖추고 있지 못한 실정이다.

청소년들의 독서 행위에 대한 탐구 과제 중 대표적인 것이 청소년 독서 자료에 관한 사항이다.

필자에 의해 쓰여진 독서 자료로부터 독자가 의미를 구성하는 과정을 독서라고 할 때, 독자가 효율적으로 의미를 구성하기 위해서는 독서 자료가 독자의 능력과 수준에 적절하여야 한다. 만약, 독자가 독서 자료로부터 의미를 구성하지 못한다면, 결국 진정한 의미의 독서 행위는 발생하지 않은 것과 다름없다. 그러므로 청소년을 대상으로 하는 독서 및 독서 교육은 우선적으로, 청소년 독자에게 필요하고도 적절한 독서 자료가 무엇인지에 대한 탐구에 관심을 두어야 한다.

무조건 많이 읽으면 저절로 청소년의 정서와 인격이 함양되고 형성될 것이라는 안이한 태도는 지양되어야 한다. 청소년들에게 독서의 당위성만을 강조하는 실속 없는 추상적 접근 태도가 아니라, 청소년들이 구체적으로 '무엇을', '어떻게' 독서해야 하는지를 탐구하고 실천하는 실제적인 접근 태도가 필요하다.

본 연구는 청소년을 대상으로 하는 독서와 독서 교육의 올바른 방향을 모색하고자 하는 필요성에서 출발하였다. 본 연구의 목적은 청소년 독자에게 알맞은 독서 자료의 일반적 개념을 살피고, 이를 바탕으로 현행 청소년 독서 자료에 대한 현황 분석과 아울러 청소년 독서 자료로서의 적절성을 분석하는 데 있다. 이러한 연구 결과는 청소년 독서 자료와 밀접한 관련을 맺고 있는 필자와 독자뿐만 아니라, 독서 연구가, 독서 교육의 현장 지도자, 도서관 사서 및 출판 관계자 등에게 청소년 독서 자료의 제작 및 선정에 관한 일정한 정도의 지침을 제공할 수 있을 것이다.

(2) 연구 방법

본 연구는 앞에서의 연구 목적을 달성하기 위하여 연구자가 제작한 '청소년 독서 자료 분석용 설문지(학생용, 교사용, 독서 지도 전문가용 등 3종류)'의 분석 자료와 기존의 독서 관련 조사 자료를 연구 자료로 삼는다.

먼저, 2.에서는 청소년기의 특성과 청소년 독자에게 알맞은 독서 자료의 일반적 개념을 살펴본다. 이어서, 3.에서는 현행 청소년 독서 자료[1]

에 대한 분석을 시도하는데, 분석 대상 자료는 다음과 같다. 현행 청소년 독서 자료로는 한국간행물윤리위원회가 1991년부터 1995년 사이에 선정한 '청소년 권장 도서' 582종과, 대한출판문화협회가 이와 비슷한 시기인 1990년 4월부터 1995년 10월 사이에 선정한 '이 달의 청소년 도서' 343종을 분석 대상으로 삼는다. 이 중에서 두 기관에서 중복 추천한 종수를 뺀 868종을 분석 대상의 전체 자료로 삼고, 두 기관에서 중복 추천한 57종의 자료를 분석 대상 자료의 대표 자료로 삼는다.

이들에 대한 분석 방법은 다음과 같다. 먼저, 현행 청소년 독서 자료인 전체 자료 868종에 대한 전반적인 현황을 분석한다. 다음으로, 현행 청소년 독서 자료인 전체 자료 868종을 대상으로 실시한 '독서 지도 전문가용 설문지', 그리고 현행 청소년 독서 자료 중 대표 자료 57종을 대상으로 실시한 '교사용 설문지'와 '학생용 설문지'의 분석을 통하여, 현행 청소년 독서 자료의 인지도와 적절성을 밝힌다. 그리고 기존의 독서 관련 조사 자료2)와의 대비를 통하여 청소년 독서 및 독서 자료의 전반적인 문제점을 진단한다.

본 연구에 사용된 '청소년 독서 자료 분석용 설문지'는 교사용 2종,

---

1) 엄밀한 의미에서 보면, '현행 청소년 독서 자료'라는 말은 객관적 근거를 확보하기 어려운 개념이다. '오늘날 사는 청소년들이 독서하고 있는 자료'라는 의미에서 볼 때에도 그러하고, '오늘날 사는 청소년들이 독서해야 할 자료'라는 의미에서 볼 때에도 그에 합당한 근거를 제공하기가 쉽지 않다. 그래서, 본 연구에서는 비교적 공신력이 있으며, 또한 지속적으로 청소년 도서를 선정하여 발표하고 있는 두 기관을 선정하고, 이 두 기관에서 거의 같은 시기, 즉 최근 5년간에 선정·발표한 청소년 권장 도서를 분야별로 종합하여 '현행 청소년 독서 자료'로 삼았다. 특히, 두 기관에서 중복 추천한 자료는 다른 자료보다 더 대표성을 지니고 있다고 판단하여, 현행 청소년 독서 자료의 대표 자료로 분류하여 분석을 시도하였다.

2) 김경희 외(1994)와 김경희 외(1995)는 한국출판연구소에서 1994년도와 1995년도에 국민 독서 실태를 조사한 보고서로서, 전국의 성인 1,200명과 학생 2,700명을 대상으로 각각 1994.11.9~28(20일간), 1995.10.5~11.5(30일간)에 실시한 것이다. 본 연구에서는 이 보고서 중에서 독서 자료 관련 부분을 일부 뽑아서 현행 청소년 독서 자료와 비교, 분석한다.

학생용 1종 등 모두 3종류이다. 독서 지도 전문가용 설문은 전체 자료 868종에 대한 자료별 독자 수준에 관한 설문인데, 학교 현장에서 독서 지도 경험이 많고, 한국교원대학교 대학원 국어교육학과에서 국어교육을 전공하는 현직 교사 26명[3]을 대상으로 1997년 1월 20일~23일(4일간)에 실시하였다. 교사용 설문은 현장 교사들의 청소년 독서 자료 목록의 활용 정도와 대표 자료 57종에 대한 자료별 인지도와 청소년 독서 자료로서의 적절성에 관한 설문으로, 한국교원대학교 대학원 국어교육학과에서 국어교육을 전공하는 현직 교사 25명[4]을 대상으로 1997년 1월 24일(금)에 실시하였다. 학생용 설문은 학생들의 청소년 독서 자료 목록의 활용 정도와 대표 자료 57종에 대한 자료별 인지도와 청소년 독서 자료로서의 적절성에 관한 설문으로, 충북 청원군 소재 한국교원대학교 부속고등학교 1, 2학년생 164명[5]을 대상으로 1997년 1월 23일(목)에 실시하였다.

---

3) 청소년 독서 자료 분석용 설문지(독서 지도 전문가용) 응답자 현황
　　(1) 총인원 : 26명
　　(2) 학교별 교사수 : 초등학교 2명, 중학교 13명, 고등학교 11명
　　(3) 성별 교사수 : 남자 교사 17명, 여자 교사 9명
　　(4) 평균 교직 경력 : 12.3년
4) 청소년 독서 자료 분석용 설문지(교사용) 응답자 현황
　　(1) 총인원 : 25명
　　(2) 학교별 교사수 : 초등학교 2명, 중학교 13명, 고등학교 10명
　　(3) 성별 교사수 : 남자 교사 16명, 여자 교사 9명
　　(4) 평균 교직 경력 : 12.6년
5) 청소년 독서 자료 분석용 설문지(학생용) 응답자 현황
　　(1) 총인원 : 164명
　　(2) 학년별 학생수 : 1학년 80명, 2학년 84명
　　(3) 성별 학생수 : 남학생 83명, 여학생 81명

2. 청소년 독서 자료의 개념

(1) 청소년기의 특성

1904년 홀(G. Stanley Hall)이 '청소년기'[6]라는 개념을 사용한 이래, 청소년기의 중요성이 부각되었다.[7] 청소년기를 일컬어 흔히 '심리적 격동기', '질풍노도(strum and drung)의 시기' 또는 '정신적 이유기'라고 말한다. 이는 청소년기가 인생의 어떤 시기보다 신체적·정신적으로 급속한 변화를 겪는 고민과 갈등의 시기이며, 동시에 미성숙한 개인이 자신의 정체성을 정립함으로써 하나의 독립된 인간으로 성장해 가는 시기라는 뜻이다. 요컨대, 청소년기는 한 개인의 인생 방향을 결정짓는 중요한 시기라 하겠다. 청소년을 대상으로 하는 독서 및 독서 교육은 이러한 청소년기의 특성에 대한 온당한 이해에서부터 시작된다.

심리학자들의 연구에 의하면, 인간은 임신에서부터 죽기까지 전 생애에 걸쳐 점진적이며 연속적인 적응의 발달 과정을 거치는데, 각 발달 단계에 따라 중요하다고 생각되는 인지적·정의적 발달 특징을 보인다고 한다. 청소년기의 특성을 파악할 수 있는 대표적인 연구로는, 헤비거스트(Havighust)의 '발달 과업 이론'과 피아제(Piaget)의 '인지 발달 단계론',

---

6) 청소년기를 나타내는 'adolescence'는 라틴어 'adolescere'에서 유래한 단어로, 성숙되어가는 과정을 뜻한다. 청소년기에 대한 정의는 관점에 따라 차이를 보이는데, 청소년기의 연령 범위도 명확하게 일치되어 있지 않다. 우리나라의 <청소년 육성법>이나 <청소년 기본법>에서처럼 청소년의 연령 범위를 9세부터 24세까지로 넓게 잡는 경우도 있고 청소년기를 청소년 초기와 청소년 후기로 나누어 살피는 경우도 있다. 일반적으로, 청소년기는 초경 등 성호르몬의 분비와 급격한 생리적 변화를 경험하기 시작하는 11~12세 정도부터 시작하여 추상적 사고 능력과 자아 정체감 형성이 이루어지는 18~19세경까지를 말한다(한국청소년개발원편, 청소년심리학, 서원, 1997, p.9). 본 연구에서의 청소년은 연구 목적상, 비교적 연령 범위가 명확한 중·고등학교 학생들을 대상으로 한다.
7) 한국청소년개발원 편, 청소년 심리학(서울 : 서원, 1997), p.9.

에릭슨(Erikson)의 '인성 발달 이론' 등을 들 수 있다. 우리는 이러한 연구 결과들을 통하여, 청소년들이 지니고 있는 인지적 특성과 정의적 특성의 일단을 이해할 수 있겠다.

인간의 각 발달 단계는 그 단계에서 반드시 성취해야 할 발달과업 (development tasks)을 가지고 있다. 발달 과업이란 개인이 그가 살고 있는 환경에 적응하기 위하여 반드시 취득해야 하는 기술, 지식, 기능, 태도 등의 인지적·정의적 요인을 말한다.[8] 헤비거스트(Havighust)는 인간의 전 생애를 연령에 따라 6단계로 나누고 각 연령 단계에 따른 발달 과업을 제시하고 있는데, 청소년기의 발달 과업으로 <표 1>과 같이 8가지를 설정하고 있다.[9] 이는 청소년들이 달성해야 할 목표를 제시한 것으로써, 청소년들의 개인 및 사회에 대한 주요 관심 방향이 무엇인지를 보여준다.

〈표 1〉 헤비거스트의 청소년기(12~18세) 발달 과업

① 남녀 간의 보다 새롭고 성숙한 관계 이루기
② 남성 또는 여성으로서의 역할을 감당하기
③ 자신의 신체를 받아들이고 효과적으로 사용하기
④ 부모와 다른 성인으로부터 정서적으로 독립하기
⑤ 결혼과 가정 생활 준비하기
⑥ 직장에 대하여 대비하기
⑦ 행동의 지표로서 가치관과 윤리 체계를 획득하기
⑧ 사회적으로 책임 있는 행동을 원하고 수행하기

청소년기의 인지적 특성은 피아제(Piaget)의 인지발달 단계론을 통하여 그 일단을 찾아볼 수 있다. 주지하다시피 피아제는 인간의 인지 능력 발달에 관심을 가지고, 인간의 인지 발달을 감각운동기(0~2세), 전조작기 (2~7세), 구체적 조작기(7~11세), 형식적 조작기(11세~성인기)의 4단계로

---

8) 한국청소년개발원, 앞의 책, p.36.
9) 손인수 외, 교육학개론(서울 : 정민사, 1991), p.105 참조.

나누고, 그 중에서 청소년기의 인지 발달 단계는 형식적 조작기에 해당된다고 했다. 그리고 이 시기의 가장 중요한 인지적 특성은 추상적이고, 가설적이고, 논리적이라고 했다. 다시 말하면, 청소년기는 가상적인 것에 대하여 논리적으로 사고할 수 있으며, 여러 가설을 생성하고 모든 가능성을 체계적으로 검증할 수 있는 조합적 분석이 가능하며, 또한 경험 귀납적 사고뿐만 아니라 가설 연역적으로 사고할 수 있는 인지적 특성을 지니고 있다는 것이다. 비록 이 이론이 단계 개념의 타당성 등으로 비판의 대상이 되기도 하지만,[10] 청소년기의 인지적 발달 특성에 대하여 여전히 많은 것을 보여주고 있다 하겠다.

청소년기의 정의적 특성을 밝힌 대표적인 연구로는 에릭슨(Erikson)의 '인성 발달 이론'을 들 수 있다. 에릭슨은 인간의 심리·사회적 위기를 어떻게 처리하느냐에 따라 개인의 인성이 형성되는 것으로 보았다. 한 개인의 인성은 그 개인의 개인 및 사회에 대한 태도나 인생관과 세계관 등을 형성하는 밑거름이 된다 하겠다. 따라서, 발달 단계별 인성 형성의 관계를 밝히고 있는 인성 발달 이론은, 각 발달 시기의 정의적 특성을 밝히는 준거로 활용될 수 있겠다.

에릭슨에 의하면, 청소년기는 자아의 정체감이 형성되거나 정체감의 혼미(identity confusion)가 형성되는 시기이다.[11] 여기서 자아 정체감이란 자신을 다른 사람과 분리된 '독특한 개인'으로 자각하며, 자기다움을 견지하려는 의식적, 무의식적 노력을 포함한다. 청소년기의 가장 중요한 과제는 새로운 자아 정체감, 즉 나는 누구인가 또는 거대한 사회 질서 속에서 나의 위치는 어디인가에 대한 신념과 태도를 확립하는 것이다. 청소년기에는 자신의 존재에 대한 물음을 제기하고 이것의 해답을 찾기

---

10) 변창진·손명자 편저, 교육심리(서울 : 교육과학사, 1995), p.95.
11) 한국청소년개발원 편, 앞의 책, p.79.

위해 심각하게 고민하고 갈등한다. 그 결과로 자아 정체감을 확립하거나 정체감 혼미에 빠지기도 한다는 것이다. 청소년기에 경험하는 이러한 자아 정체감의 형성이나 혼미는 긍정적으로든 부정적으로든 청소년들의 자아 형성과 가치관 확립에 영향을 미치는 정의적 특성의 일면을 보여 준다 하겠다.

(2) 청소년 독서 자료의 개념

청소년 독서 자료란 글자 그대로 '청소년을 대상으로 하는 독서 자료'라는 뜻이다. 그러나 이처럼 간명한 독서 자료에 대한 정의이지만 조금만 더 깊이 생각해 보면 사정은 간단치가 않다. 무수히 많은 독서 자료 중에서 청소년을 대상으로 하는 독서 자료는 어떤 것이고, 그것을 구별해 내는 객관적인 기준은 무엇인지 가려내기가 쉽지 않다. '청소년을 대상으로 한다'고 하지만, 그 대상 자체가 고정된 실체가 아니어서 온전한 실상을 파악하기가 어렵다. 설사 그 대상으로 온전하게 파악한다고 하더라도, 각각의 독특한 특성을 지닌 다양한 독서 자료들을 어떤 기준을 가지고 그 대상에 적절한지의 여부를 판단해야 할 것이다.

우리나라에서는 아직 청소년 독서 자료에 대한 구체적인 정의가 없는 것 같다. 우선 쉽게 생각해 보면, 청소년 독서 자료는 청소년인 독자가 독서 행위의 대상으로 삼는, 또는 삼기에 알맞은 독서 자료라는 정도로 풀이할 수 있겠다. 여기에서 우리는 독서의 본질을 다시 한번 생각해 볼 필요가 있다. 독서는 말 그대로 책을 읽는 행위를 말한다. 그런데, 책을 읽는 독서 행위는 필자에 의해 쓰여진 독서 자료로부터 독자가 의미를 구성하는 정신 과정으로 이루어진다. 그래서 만약 독자가 주어진 독서 자료로부터 의미를 구성하지 못한다면 결국 독자의 독서 행위는 일어나지 않은 것과 다름이 없고, 또한 그 독서 자료는 독서 자료로서의 효용성을 상실하게 된다. 그러므로, 일차적으로 청소년 독서 자료는 많은 독서 자료 중에서 일단 청소년들에게 독서 자료로서의 효용성을 발휘하는 자료라 할 수 있다.

다음 이차적으로 살펴보아야 할 문제는, 독서 자료로서의 효용성 여부를 어떤 근거를 바탕으로 어떻게 판단해야 하는가 하는 점이다. 물론, 이 문제는 간단하지가 않다. 어떤 자료가 독서 자료로서의 효용성을 지니는가 지니지 않는가 하는 여부는 청소년 각자마다 다를 수 있기 때문이다. 그러나, 이 문제에 대한 정확한 해답은 아닐지라도 개연적인 해답은 마련해 볼 수 있다. 즉, 청소년기의 발달 특성을 이 문제와 연관지어 생각함으로써, 이 문제에 대한 개연적인 해답을 얻을 수 있다는 것이다.

앞에서 살펴보았듯이, 청소년기는 다른 발달 시기와 구별되는 그 나름의 인지적·정의적 특성을 보인다. 이러한 발달 특성은 개인 차이나 문화적인 차이, 또는 성 차이에 따라 다소간 예외는 있겠지만, 청소년 모두를 대상으로 할 때 그들을 대표하는 가장 일반적이고 전형적인 기준이 된다하겠다. 즉, 청소년들의 인지적 발달 특성은 청소년들의 독서 능력 수준 등을 판단하는 기준이 될 수 있고, 정의적 발달 특성은 청소년들의 요구나 흥미 발달 수준을 판단하는 기준이 될 수 있다. 이런 의미에서 어떤 독서 자료가 청소년들의 인지적 발달 특성과 정의적 발달 특성에 적합한 것이면, 그 독서 자료는 일단 독서 자료로서의 효용성을 지닌다고 판단할 수 있다. 이는 하나의 독서 자료가 독자의 인지적 수준과 정의적 수준에 적합할 때, 비로소 독자는 독서 자료로부터 그 나름의 의미를 구성하는 독서 과정을 성공적으로 수행할 수가 있고, 또한 청소년 독서 자료는 청소년들의 인지적 발달 특성과 정의적 발달 특성에 알맞은 독서 행위의 대상 자료라고 설명할 수 있다.

그 동안의 청소년 독서와 독서 교육은 이러한 본질적인 질문에는 정당한 대답을 유보한 채, 피상적이고 주관적인 판단의 잣대를 가지고 독서와 독서 교육의 당위성만을 강조해 온 측면이 많다. 그러나, 독자와 독서 자료와의 관계 규명은 독서의 본질적 성격과 깊은 관련을 맺고 있는 사안이기 때문에 더 이상 유보해서도 안 되고, 더 이상 유보할 수도 없다. 청소년들을 대상으로 하는 독서와 독서 교육을 이야기하기 위해서는, 청소년 독자를 대상으로 하는 독서 자료의 문제를 반드시 우선하여야 한다. 물론, 청소년 독자 모두를 아우르는 청소년 독서 자료의 명확한 경계를 설정하기에는 어려움이 많을 것이다. 그러나, 청소년 독자들의 지배적인 특성에 근접하는 기준을 설정하려는 노력은 계속적으로 이루어져야 하겠다.

3. 청소년 독서 자료의 분석

(1) 청소년 독서 자료의 현황

가. 청소년 독서 자료 선정 목록

오늘날 <청소년 기본법>을 제정하는(1991년) 등 청소년에 대한 관심은 점점 높아가지만, 청소년을 대상으로 하는 실제적인 연구와 실천은 여전히 부족한 상태이다. 청소년기 독서의 중요성에도 불구하고, 청소년 독자에게 알맞은 독서 자료에 관한 연구는 그리 많이 이루어지지 않고 있다. 청소년 독서 자료의 체계적인 선정 기준이 마련되어 있지 않을 뿐만 아니라, 독서 자료의 선정 작업도 산발적으로 이루어지고 있고, 그나마 지속적으로 이루어지지 않고 있는 경우가 대부분이다.

미국의 경우는 신뢰할 만한 여러 기관에서 지속적으로 청소년 독서 자료를 선정하여 이를 소개하고 있다.[12] 뉴욕 공공 도서관에서는 'Books for Teen Age'를 간행하고 있으며, 미국도서관협회에서는 'Best Books for Young Adults', 'Recommended Books for the Young Readers' 등을 발행하고 있다. 또 미국어교사평의회에서는 'Book For You : A Booklist for Senior High Students'. 'Fiction for Youth' 등을 계속 발행하고 있다.

우리의 경우는 청소년만을 대상으로 한 독서 자료 목록이 많지 않고, 그것도 일회적인 선정에 그치고 마는 경우가 많다. 김승환(1979)이 비교적 이른 시기에 '중고교 선정 도서목록'을 학년별로 제시하였고, 한국도서잡지 주간신문윤리위원회(1986)가 사회 저명 인사로부터 청소년을 위한 좋은 책을 추천 받아 '百人百選'을 소개하였다. 그리고, 서울교사협의회(1989)와 전국교직원노동조합(1992)이 현장 교사들이 추천한 청소년 독서 자료를 중·고등학생 수준별로 나누어 제시하고 있고, 한국청소년연구원(1992)도 청소년 독서 프로그램을 위한 '청소년용 읽기 자료'를 제시한 바 있다. 그러나, 이러한 독서 자료 목록들은 명시적이고 체계적인 선정 기준을 기반으로 작성된 것도 아니고, 선정 종수가 각 분야별로 다양하게 제시된 것도 아니다. 또, 그 이후부터 최근까지 계속 이어지는 선정 자료도 아니기 때문에, 오늘날의 청소년 독서 자료로 일반화하기에는 부족한 점이 많다.

최근까지 비교적 지속적으로 청소년 독서 자료를 소개하고 있는 기관으로는 한국간행물윤리위원회와 대한출판문화협회를 들 수 있다. 그 외에도 문화체육부를 들 수 있지만, 문화체육부는 매 1년 사이에 발행된 신간 도서 중에서 '문화체육부 추천 도서'를 선정하면서 '아동·청소년' 분야에 일부 소개하고 있을 뿐이다. 한국간행물윤리위원회는 1991년부

---

12) 박은자, '청소년용 독서 자료에 관한 연구', 한국독서학회, <독서연구> 창간호, 1996, p.239.

터 동 위원회의 서평 위원, 윤리 위원과 출판사 등이 추천한 도서와 일간신문, 출판 관련지 등의 독서 정보란에 소개된 도서를 대상으로 분기별 30종 내외, 연간 120종 내외를 '청소년 권장 도서'로 선정하고 있다. 대한출판문화협회는 1984년부터, 최근 1년 이내에 발행한 도서로서 청소년 도서 선정 신청 도서를 대상으로 격월로 연 60종 내외를 '이 달의 청소년 도서'로 선정하고 있다.

본 연구에서는 한국간행물윤리위원회가 1991년부터 1995년 사이에 선정한 '청소년 권장 도서' 582종[13]과 대한출판문화협회가 이와 비슷한 시기인 1990년 4월부터 1995년 10월 사이에 선정한 '이 달의 청소년 도서' 343종을 현행 청소년 독서 자료로 삼는다. 이 기간 중, 선정 기관별 청소년 독서 자료 선정 현황을 살펴보면 <표 2>와 같다.

〈표 2〉 선정 기관별 청소년 독서 자료 현황

선정 기관	한국간행물윤리위원회	대한출판문화협회
독서 자료 명칭	청소년 권장 도서	이 달의 청소년 도서
선정 목적	청소년들의 지식과 교양을 쌓는데 도움을 주고 청소년의 정서 함양을 도모함	청소년 정서 함양 및 건전한 가치관 도모
대상 도서	서평 위원, 윤리 위원, 출판사 등이 추천한 도서 일간 신문, 출판 관련지 등 독서 정보란에 소개된 도서 등	최근 1년 이내 발행 된 도서로서 청소년 도서 선정 신청 도서
선정 분야	역사, 철학, 문학, 예술, 사회, 과학, 정치, 경제·경영, 교양, 종교, 아동	역사, 철학, 문학, 예술, 사회과학, 기술과학, 순수과학, 어학, 종교, 아동
선정 종수	분기별 30종, 연 120종 내외	격월, 연 60종 내외
기간별 선정 종수	1991년~1995년	1990. 4. ~ 1995. 10.
	582종	343종

---

13) 문화체육부에 제시된 도서목록에 의하면 603종으로 되어 있으나, 연구자가 조사한 바에 의하면 582종으로 확인되었다. 문화산업국 출판진흥과 편, 추천 도서 목록(문화체육부, 1995), pp.101~127 참조.

중복 추천(대표 자료) 종수	57종 (9.8%)	5종 (16.6%)
현행 청소년 독서 자료 (전체 자료) 종수	868종	

* 이 57종의 자료는 최근 5년 사이에 두 기관에서 중복 추천한 자료로서, 다른 독서 자료보다는 더 대표성을 지닌다고 판단하여, 이하 '대표 자료'라 부른다.
** 이 868종의 자료는 두 기관에서 추천한 총 925종의 자료에서 중복 추천한 자료 57종을 뺀 자료로서, 이하 '전체 자료'라 부른다.

<표 2>에서 특기할 사항은 두 선정 기관의 선정 목적이 별반 차이가 없음에도 불구하고, 그 선정 일치도가 극히 낮다는 점이다. 최근 5년 동안 거의 비슷한 시기에 선정한 자료이면서도, 한국간행물윤리위원회의 경우는 전체 선정 자료(582종) 중 9.8%만이 다른 기관의 선정 자료와 일치하고, 대한출판문화협회의 경우는 전체 선정 자료(343종) 중 16.6%만이 다른 기관의 선정 자료와 일치함을 알 수 있다. 이런 결과는 객관적인 선정 기준을 가지고 청소년 독서 자료를 선정하고 있다고 보기에는 너무도 낮은 일치도로서, 어느 한쪽이나 아니면 양쪽 모두가 객관성을 얻기 어려운 선정 기준을 바탕으로 자의적으로 청소년 독서 자료를 선정하고 있음을 나타내는 결과라 하겠다.

나. 전체 자료의 분야별 현황

현행 청소년 독서 자료의 내용별 현황을 살펴보기 위하여, 전체 자료를 '한국십진분류법(Korea Decinal Classification)'에 따라 분류하여 보았다.[14] 내용별 분류 결과는 <표 3>과 같다.

---

14) <표 2>의 선정 분야에서 알 수 있듯이, 한국간행물윤리위원회는 11개 분야로 나누어서 선정하고 있고, 대한출판문화협회에서는 10개의 분야로 나누어서 선정하고 있다. 두 기관의 선정 분야가 차이가 있는 관계로, 연구자와 속초상고에 재직 중인 국어 교사(성명 : 박원이, 교직 경력 : 12년)가 공동 협의하여 전체 자료를 내용별로 다시 분류하였다.

분야	총류	철학	종교	사회과학	순수과학	기술과학	예술	어학	문학	역사	계
비율 (종수)	0.7 (6)	9.1 (79)	1.4 (12)	17.4 (151)	14.1 (122)	3.3 (29)	4.8 (42)	2.3 (20)	35.3 (306)	11.6 (101)	100 (868)

전체 자료 중 가장 많은 분야는 문학으로 35.3%(306종)를 차지하고 있으며, 비문학 분야가 64.7%(562종)를 차지하고 있음을 알 수 있다. 그 외에 10% 이상의 높은 비율을 보이고 있는 분야로는, 사회과학이 17.4%(151종)로 문학 다음으로 높고, 순수과학이 14.1%(122종), 역사가 11.6%(101종)를 보이고 있다. 상대적으로, 가장 적은 분야는 총류로 0.7%(6종)로 나타났고, 종교와 어학 분야도 각각 1.4%(12종), 2.3%(20종)의 적은 비율을 보였다.

다음으로, 현행 청소년 독서 자료의 외국 번역 자료의 의존도를 알아보기 위하여, 국내 자료와 외국 자료의 비율을 문학 자료와 비문학 자료로 나누어서 살펴보았다. 그 결과는 <표 4>와 같다. <표 4>에 의하면, 문학 자료의 외국 자료 의존도는 29.1%(89종)이고, 비문학 자료의 외국 자료 의존도는 이보다 조금 높은 32.8%(184종)이다. 그리고, 문학 자료와 비문학 자료를 모두 합친 전체 자료의 외국 자료 의존도는 31.4%(273종)인 것으로 파악되었다.

〈표 4〉 전체 자료의 국내 자료와 외국 자료 현황(단위 : 백분율)

	문학 자료	비문학 자료	전체 자료
국내 자료	70.9 (217)	67.2 (378)	68.6 (595)
외국 자료	29.1 (89)	32.8 (184)	31.4 (273)
계	100 (306)	100 (562)	100 (868)

※ ( )는 종수

(2) 청소년 독서 자료의 인지도 분석

가. 청소년 독서 자료의 선택 경로

학생들과 현장 교육을 담당하고 있는 교사들의 청소년 독서 자료의 선택 경로를 알아보기 위하여, 학생들에게는 '주로 어떤 경로를 통하여 읽고 싶은 책을 선택하는가'를 물어 보았고, 교사들에게는 '주로 어떤 경로를 통하여 학생들에게 권하고 싶은 책을 선택하는지'를 물어 보았다.

학생들의 경우는, 'T.V, 신문, 잡지 등을 통하여'가 37.2%(61명)로 가장 높은 응답률을 보였고, 그 다음으로는 '친구나 선・후배를 통하여'가 31.1%(51명)의 응답률을 보였다. 상대적으로 가장 적은 응답을 보인 항목은 '학교 선생님을 통하여'로 3.7%(6명)의 매우 낮은 응답이 나왔고, '청소년 독서 자료 목록'을 통한 선택 비율도 낮은 응답을 보였다. <표 5>가 그 결과를 제시한 것이다.

〈표 5〉 청소년들의 독서 자료 선택 경로(단위 : 백분율)

독서 자료 선택 경로	응답률
① T.V , 신문, 잡지 등을 통하여	37.2(61)
② 친구나 선・후배를 통하여	31.1(51)
③ 청소년 독서 자료 목록을 통하여	6.1(10)
④ 가족이나 친지를 통하여	4.3(7)
⑤ 학교 선생님을 통하여	3.7(6)
⑥ 기 타	17.6(29)
계	100(164)

※ (   )는 응답자 수

이런 결과로 볼 때, 학생들은 주로 대중 매체나 동료 집단에 의존하여 자신의 독서 자료를 선택하고 있음을 알 수 있다. 그리고, 교사나 청소년 독서 자료 목록이 학생들의 독서 자료 선택에 별반 영향을 주지 못하고 있음을 알 수 있다.

교사들의 경우는, '스스로의 독서 경험을 통하여' 청소년 독서 자료를 선택하는 경우가 68%(17명)로 가장 높은 응답을 보였다. 그 다음으로는 '청소년 독서 자료에 대한 서평을 통하여'가 12%(3명)의 응답률을 보였다. 그리고, 교사들이 '도서관이나 서점을 통하여' 또는, '대중 매체의 광고를 통하여' 청소년 독서 자료를 선택하는 경우는 극히 미미한 것으로 나타났다. '청소년 독서 자료 목록'을 통하여 독서 자료를 선택한다는 응답률은, 학생들의 경우와 마찬가지로 10% 이하의 저조한 응답을 보였다. <표 6>이 그 결과를 제시한 것이다.

〈표 6〉 교사들의 청소년 독서 자료 선택 경로(단위 : 백분율)

독서 자료 선택 경로	응답률
① 스스로의 독서 경험을 통하여	68(17)
② 청소년 독서 자료에 대한 서평을 통하여	12(3)
③ 청소년 독서 자료 목록을 통하여	8(2)
④ 대중 매체의 광고를 통하여	4(1)
⑤ 도서관이나 서점을 통하여	4(1)
⑥ 기 타	4(1)
계	100(25)

※ ( )는 응답자 수

나. 청소년 독서 자료의 인지도

독서는 독서 자료를 반드시 필요로 한다. 독자가 어떤 자료가 있는지를 알지 못하거나 알 수 없다면, 독서 자료의 선택에 대한 논의는 의미가 없다. 또 어떤 독서 자료가 있는지를 알고(인지하고) 있더라도, 독서 자료를 대상으로 실제 독서 행위가 수행되지 않고 있다면, 그 독서 자료는 벌써 독서 자료로서의 효용성을 상실한 것이라고 보아야 한다.

현행 청소년 독서 자료에 대한 학생들과 교사들의 인지도가 어느 정도인지 알아보기 위하여, 대표 자료 57종을 대상으로 하여 두 가지 측면에서 조사하여 보았다. 첫째로, 현행 청소년 독서 자료에 대한 제목 인지도를 알아보기 위하여, 학생들과 교사들에게 독서 자료의 제목을 듣거나 본적이 있는지를 살펴보았다. 둘째로는, 현행 청소년 독서 자료에 대한 독서 수행 정도를 알아보기 위하여, 학생들과 교사들에게 독서 자료를 실제로 읽어 보았는지를 살펴보았다.

현행 청소년 독서 자료 중 대표 자료에 대한 학생들과 교사들의 제목 인지의 정도는 <표 7>과 같았다.

〈표 7〉 청소년 독서 자료에 대한 제목 인지도 (단위 : 백분율)

	듣거나 본 적이 있다	듣거나 본 적이 없다	무응답	계
학생	19.3(31.7)	80.3(131.6)	04(0.7)	100(164)
교사	35.6(8.9)	64.4(16.1)	-	100(25)

※ ( )는 응답자 수 : 전체 응답수 / 대표 자료수(57)

두 기관에서 중복 추천하고 있는 대표 자료에 대한 결과임에도 불구하고, 학생들과 교사들의 제목 인지도는 매우 낮은 수준이었다. 학생들의 경우, 대표 자료의 제목을 '듣거나 본적이 없다'가 80.3%(131.6명)나 되고, 교사들의 경우도 35.6%(8.9명)만이 대표 자료 제목을 '듣거나 본 적이 있다'고 응답했고, 64.4%(16.1명)는 '듣거나 본 적이 없다'고 응답했다.

이는 학생들의 약 1/5만이 독서 자료의 제목을 인지하고 있고, 교사들의 약 2/5만이 독서 자료의 제목을 인지하고 있다는 결과로서, 현행 청소년 독서 자료가 독서 자료로서의 효용성을 지니고 있는지를 의심하게 만든다. 이러한 의심은 다음의 독서 수행 정도에 대한 결과를 보면 더욱 확연해진다.

현행 청소년 독서 자료 중 대표 자료 57종에 대한 학생들과 교사들의 독서 수행 정도를 알아 본 결과가 <표 8>에 제시되어 있다. 앞의 <표 7>에서 예견할 수 있듯이, 학생들과 교사들의 독서 수행 정도는 우려한 대로 낮은 수준을 보였다. 두 기관에서 중복 추천하고 있는 자료임에도 불구하고, 교사들 중에서 읽어 본 사람이 10%도 안 될 뿐만 아니라, 학생들 중 읽어 본 사람은 단지 4.4%(7.2명)에 불과하였다. 이는 현행 청소년 독서 자료의 효용성에 이의를 제기할 수 있는 우려할 만한 결과로서,[15] 이 문제에 대한 다각적인 검토가 필요한 것으로 보인다.

〈표 8〉 청소년 독서 자료에 대한 독서 수행 정도 (단위 : 백분율)

	읽었다	읽지 않았다	무응답	계
학생	4.4(7.2)	95.2(1561)	0.4(0.7)	100(164)
교사	9.6(2.4)	89.6(22.4)	0.8(0.2)	100(25)

※ ( )는 응답자 수 : 전체 응답수 / 대표 자료수(57)

이 문제와 관련하여, 중·고등학생들이 어떤 책을 읽고 있는가를 알아 보았다. 김경희 외(1994)[16]와 김경희 외(1995)[17]에 제시된 중학생·고등학생·성인 독자들이 최근 3개월 동안(조사 실시 해당 년도 즉, 1994년도와 1995년도) 읽은 책에 대한 조사 자료 중에서, 중학생·고등학생·성인 독자들 각각의 20위 내에 드는 독서 자료를 연도별로 서로 비교하여 보았다. 그

---

15) 물론, 현행 청소년 독서 자료를 극히 소수의 청소년 독자만이 읽고 있다는 결과는 독서 자료의 문제가 아니라, 독자의 문제일 수도 있다. 즉, 어떤 독서 자료가 있든 청소년 독자가 태만하여 읽지 않는다든지, 읽을 시간이 없어서 못 읽는다든지 하면 이러한 문제가 발생할 수 있다. 그러나, 독서 행위가 이루어지지 않고 있는 것이 독서 자료에 의한 결과이든 독자에 의한 결과이든 상관없이, 독서 행위가 이루어지지 않고 있다는 사실 하나만으로도 그 독서 자료는 독서 자료로서의 효용성을 상실한 것이라 할 수 있다.
16) 김경희 외, 1994년도 국민독서실태조사(서울 : 한국출판연구소, 1994), pp.52~55, 102~104.
17) 김경희 외, 1995년도 국민독서실태조사(서울 : 한국출판연구소, 1995), pp,74~77, 135~139.

리고, 이들 자료를 전체 자료와도 비교하여 보았다. 이의 결과를 제시한 것이 <표 9>이다.

〈표 9〉 독자별 최근 열독 도서(상위 20종)의 상호 중복 여부 비교(단위 : 백분율)

해당 년도	1994년도				1995년도			
비교 대상	중학+ 성인	고등+ 성인	중학+ 전체	고등+ 전체	중학+ 성인	고등+ 성인	중학+ 전체	고등+ 전체
중복 종수	5 (25)	10 (50)	3	6	4 (20)	8 (40)	2	6

※ ( )는 중복 비율
* 비교대상 : 중학-중학생 독자, 고등-고등학생 독자, 성인-성인 독자, 전체-현행 청소년 독서 자료 868종

<표 9>에 의하면, 1994년도의 경우 중학생이 읽는 독서 자료와 성인이 읽는 독서 자료가 25%(5종)가 중복되고, 고등학생이 읽는 독서 자료와 성인이 읽는 독서 자료가 50%(10종) 중복됨을 알 수 있다. 그리고, 1995년도의 경우에는 중학생이 읽는 독서 자료와 성인이 읽는 독서 자료가 20%(4종)가 중복되고, 고등학생이 읽는 독서 자료와 성인이 읽는 독서 자료가 40%(8종)가 중복됨을 알 수 있다. 이것은 오늘날 청소년들이 선택하고 있는 독서 자료의 실상을 보여주는 결과로서, 중·고등학생들이 최저 20%에서 최고 50%까지 성인 독서 자료(주로 베스트셀러 범주의 소설류)에 끌려가고 있다는 점을 보여준다.[18]

중학생과 고등학생이 실제 읽는 독서 자료와 현행 청소년 독서 자료를 비교해 본 결과, 1994년도의 경우 중학생이 읽는 상위 20종 중 전체 자료 868종에 속하는 독서 자료는 고작 3종으로 나타났고, 고등학생은 6종으로 나타났다. 1995년도도 이와 비슷한 결과를 보이고 있는데, 중학

---

18) 김경희 외(1994)와 김경희 외(1995)의 지적에 의하면, 성인 독자들의 '가장 최근에 읽은 책'의 대부분은 조사 년도 1~2년 전후의 베스트셀러에 속했던 소설류라 한다. 김경희 외(1994), 앞의 책, p.53. 김경희 외(1995), 앞의 책, p.77.

생이 읽는 상위 20종 중 3종만이 전체 자료 868종에 속하고, 고등학생은 역시 6종으로 나타났다. 이러한 결과는 현행 청소년 독서 자료의 문제점을 보여주는 증거로서, 청소년이 실제로 읽고 있는 독서 자료와 현행 청소년 독서 자료가 서로 일정한 거리를 두고 있음을 나타낸다.

(3) 청소년 독서 자료의 적절성 분석

가. 청소년 독서 자료의 독자 수준

현행 청소년 독서 자료가 과연 청소년 독자에게 적절한 것인지를 알아보기 위하여, 전체 자료 868종 각각에 대한 독서 지도 전문가의 의견을 수렴하여 보았다. 각각의 독서 자료가 중학생 수준(중학), 고등학생 수준(고등), 대학생 및 일반 성인 수준(일반) 중에서 어느 수준에 적절한가를 판단한 결과19)가 <표 10>에 제시되어 있다.

〈표 10〉 청소년 독서 자료의 독자 수준(단위 : 백분율)

독자 수준	청소년					성인	무응답	계
	중학	고등	중학+고등	고등+일반	중학+고등+일반	일반		
응답율	10.9 (94.4)	21.5 (186.6)	7.9 (68.9)	17 (147.4)	7.1 (61.5)	34.8 (302.4)	0.8 (6.8)	100 (868)
	64.4 (588.8)					34.8 (302.4)	0.8 (6.8)	100 (868)

※ ( )는 종수 : 전체 응답수 / 응답자 수(26)

---

19) 전체 자료에 대한 독자 수준을 평가한 '독서 지도 전문가용' 설문은, 각각의 독서 자료에 대하여 중학, 고등, 일반으로 나누어 그 독자 수준을 평가하도록 했는데, 하나의 자료가 여러 수준에 걸쳐 적절하다면 중복 표기하도록 하였다.

<표 10>에 의하면, 현행 청소년 독서 자료 중 청소년 독자 수준에 알맞은 독서 자료는 64.4(558.8종)로 나타났다. 이들의 분포 상황을 구체적으로 보면, 중학생 수준에만 적절하다고 평가한 독서 자료가 10.9%(94.4종)이고, 고등학생 수준에만 적절하다고 평가한 독서 자료는 21.5%(186.6종)이다. 그리고, 32%(227.8종)의 독서 자료는 둘 이상의 독자 수준에 걸쳐서 적절하면서 청소년 수준에 적절하다고 평가했다.

<표 10>에서 문제시되는 결과는 '일반'에 대한 응답률이다. 이는 다른 독자 수준에는 적절하지 않고, '대학생 및 일반 성인 수준'에만 적절한 독서 자료에 대한 응답으로서, 전체 자료 중 34.8%(302.4종)가 이에 해당된다는 것이다. 즉, 현행 청소년 독서 자료 중 약 35%가 대학생 및 일반 성인 수준에만 적절하다는 것으로, 약 35%의 독서 자료가 청소년 독자에게 독서 자료로서의 효용성을 지니지 못하고 있다는 것이다.

다음으로, 현행 청소년 독서 자료가 구체적인 학교 급별 독자 수준에 어느 정도 적절한지를 알아보기 위하여, 중학생 수준과 고등학생 수준으로 나누어 살펴보았다. <표 11>이 그 결과이다. 현행 청소년 독서 자료 중 고등학생 독자 수준에 적절한 독서 자료는 53.5%(464.4종)로 나타났고, 중학생 독자 수준에 적절한 독서 자료는 그 반도 안 되는 25.9%(224.8종)인 것으로 나타났다. 이러한 결과로 볼 때, 특히 중학생 독자를 대상으로 한 독서 자료에 대한 탐구와 실천이 우선적으로 요구된다 하겠다.

<표 11> 청소년 독서 자료의 학교별 독자 수준[20] (단위 : 백분율)

독자 수준	중학생			고등학생			
	중학	중학+ 고등	중학+ 고등+ 일반	중학+ 고등	고등	고등+ 일반	중학+ 고등+ 일반
응답률	10.9 (94.4)	7.9 (68.9)	7.1 (61.5)	7.9 (68.9)	21.5 (186.6)	17 (147.4)	7.1 (61.5)
	25.9 (224.8)			53.5 (464.4)			

※ (   )는 종수 : 전체 응답수 / 응답자 수 (26)

나. 청소년 독서 자료의 인지적·정의적 적절성

앞에서, 현행 청소년 독서 자료의 독자 수준을 분석하였다. 전체 자료 중 약 65%만이 청소년 독자에게 적절하고, 약 35%는 적절하지 않다는 결론을 얻었다. 그러면, 이번에는 이런 결론을 좀 더 구체화하기 위하여, 독서 자료의 독자 수준을 결정하는 두 측면, 즉 인지적 측면과 정의적 측면으로 나누어서 그 적절성을 살펴본다.

먼저, 현행 청소년 독서 자료가 독자의 인지적 발달 측면에서 적절한 것인지를 파악하기 위하여, 대표 자료 57종을 대상으로 하여 학생들과 교사들의 반응을 살펴보았다. 학생들에게는 '이 독서 자료가 여러분의 이해 수준에 적절합니까?'라고 물어 보았고, 교사들에게는 '이 독서 자료가 중·고등학생들의 이해 수준에 적절하다고 보십니까?'를 물어 보았다. <표 12>가 그 결과를 제시한 것이다.

---

[20] 독자 수준에 대한 표현 중에서, '+' 표기는 공통항을 나타낸다. 예를 들어, A+B는 'A이면서 동시에 B인 것'을 나타낸다.

〈표 12〉 청소년 독서 자료의 인지적 적절성 (단위 : 백분율)

	적절하다	적절하지 않다	무응답	계
학생	33.7 (55.3)	62.1 (101.9)	4.2 (6.8)	100 (164)
교사	56 (14)	43.6 (10.9)	0.4 (0.1)	100 (25)

※ ( )는 응답자 수 : 전체 응답수 / 대표 자료수(57)

학생들의 경우는 62.1%(101.9명)가 '적절하지 않다'고 응답하였고, 33.7% (55.3명)만이 '적절하다'고 응답하였다. 교사들의 경우는 학생들의 경우와 차이를 보이는데, 56%(14명)가 '적절하다'고 응답하였고, 43.6%(10.9명)는 '적절하지 않다'고 응답하였다. 이처럼, 교사와 학생 모두 각각 약 40%, 60%대의 상당히 높은 수준의 부정적인 응답을 보이고 있다. 또한 이러한 결과에서 알 수 있는 바는, 교사들이 청소년 독자들의 인지적 발달 수준에 대하여 청소년 자신보다 그 수준을 더 높게 잡고 있다는 것이다. 그리고, 현행 청소년 독서 자료의 인지적 수준은, 청소년이 자기 스스로 판단하는 수준보다는 교사와 같은 기성세대가 내리는 수준과 판단에 더 의존하고 있다는 것이다.

다음으로, 현행 청소년 독서 자료가 독자의 정의적 발달 측면에서 적절한 것인지를 파악하기 위하여, 대표 자료 57종을 대상으로 하여 주로 독서 흥미와 관련된 학생들과 교사들의 반응을 살펴보았다. 학생들에게는 '이 독서 자료를 읽고 싶은 마음이 듭니까?'를 물어 보았고, 교사들에게는 '이 독서 자료가 학생들의 독서 요구와 흥미에 적절하다고 보십니까?'를 물어 보았다. <표 13>이 그 결과이다.

	읽고 싶다	읽고 싶지 않다	무응답	계
	적절하다	적절하지 않다		
학생	39.6 (65)	60 (98.3)	0.4 (0.7)	100 (164)
교사	56.8 (14.2)	43.2 (10.8)		100 (25)

※ ( )는 응답자 수 : 전체 응답수 / 대표 자료수(57)

학생들의 경우, 60%(98.3명)가 독서 자료를 '읽고 싶지 않다'고 반응하였고, 약 40%(65명)만이 '읽고 싶다'고 반응하였다. 교사들의 경우는, 인지적 적절성 판단에서와 비슷한 정도로 학생들과 차이를 보이는데, 56.8%(14.2)가 '적절하다'고 반응하였고, 43.2%(10.8명)가 '적절하지 않다'고 반응하였다. 역시, 교사와 학생 모두 각각 약 40%, 60%대의 상당히 높은 수준에서 부정적인 응답을 보이고 있다.

이상의 결과를 통해 볼 때, 현행 청소년 독서 자료의 인지적 수준과 정의적 수준에 대한 학생들과 교사들의 평가가 다름을 확인할 수 있다. 즉, 학생들은 약 60%가 '적절하지 않다'고 생각하는데 비하여, 교사들은 약 60%가 '적절하다'고 생각하는 차이를 보인다.

4. 결론

독서와 독서 교육은 시대나 지역을 막론하고 모든 사람이 그 중요성과 필요성을 공감하는 관심 사항 중의 하나이다. 독서가 인간의 삶에 미치는 영향은 모든 사람에게 지대한 바 있지만, 특히 개인과 사회에 대한 인식 변화가 큰 청소년기의 독서는 더욱 중요한 일면을 지닌다. 그러나,

청소년을 대상으로 하는 우리의 독서와 독서 교육은 아직도 해결해야 할 많은 문제점을 지니고 있다.

청소년들의 독서 행위에 대한 탐구 과제 중의 대표적인 하나가 청소년 독서 자료에 관한 사항이라 할 수 있다. 독서는 독서 자료를 반드시 필요로 한다. 독서 자료가 없이는 독서 행위가 성립되지 않는다. 그러나, 독서 자료가 있다 해도 독자가 그것을 통하여 의미를 스스로 재구성하지 못한다면, 그 독서 자료는 없는 것과 다름이 없다 하겠다. 청소년을 대상으로 하는 청소년 독서 자료가 그들의 인지적·정의적 발달 수준에 알맞지 않아서 청소년의 독서 행위를 유발하지 못한다면, 그러한 독서 자료는 독서 자료로서의 가치를 지니지 못하게 된다. 따라서, 청소년 독서 자료는 청소년들의 인지적 발달 특성과 정의적 발달 특성에 알맞은 독서 행위의 대상 자료이어야 한다. 이러한 중요성에서 볼 때, 청소년 독서 자료의 개념은 좀 더 구체적이고 정교하게 탐구되어야 할 과제임이 분명하다.

현행 청소년 독서 자료는 다수의 청소년 독자로부터 외면되고 있는 실정이다. 현행 청소년 독서 자료가 안고 있는 대표적인 문제점을 간략하게 지적하면 다음과 같다.

첫째, 청소년 독서 자료를 선정하는 객관적인 기준이 마련되어 있지 않다. 그래서, 선정 기관별 일치도가 매우 낮다.

둘째, 현행 청소년 독서 자료가 청소년들의 독서 자료 선택에 미치는 영향이 극히 미약하다. 즉, 독서 자료 목록이 제 기능을 다하지 못하고 있다.

셋째, 현행 청소년 독서 자료에 대한 제목 인지도나 독서 수행 정도가 매우 낮다. 또한, 청소년 독자들이 실제적으로 읽고 있는 독서 자료와 일정한 거리가 있다.

넷째, 현행 청소년 독서 자료 중 약 35%는 청소년 독자에게 적절하지 않는 것이고, 특히 중학생 독자에게 적절한 자료는 30%에도 미치지 못하고 있다.

다섯째, 현행 청소년 독서 자료는 적게는 40%, 많게는 60%까지 청소년 독자의 인지적 발달 수준과 정의적 발달 수준에 적절하지 않다.

본 연구에서는 청소년을 대상으로 하는 독서와 독서 교육의 올바른 방향을 모색하고자 하는 필요성에서, 청소년 독서 자료의 개념과 현행 청소년 독서 자료의 현황·인지도·적절성 등을 분석하여 보았다. 청소년 독서 자료의 올바른 방향을 구체적으로 제시하기보다는, 올바른 방향을 가늠하기 위한 현재의 상황과 문제점을 진단해 보고자 하는 의도였다. 이러한 연구 결과를 바탕으로, 청소년 독서 자료와 밀접한 관련을 맺고 있는 필자, 독서 연구가, 독서 교육의 현장 지도자, 도서관 사서 및 출판 관계자 등의 청소년 독서 자료의 방향 정립을 위한 구체적인 탐구와 노력을 기대해 본다.

제3장 ▌독서와 문학의 통합 지도

　독서와 문학은 통합되어야 하는가? 이 물음의 제기는 이미 독서와 문학이 따로 논의되고 있음을 시사한다. 또한 독서와 문학이 통합되어야 할 필요성과 당위성을 함축하는 물음이 되기도 한다. 그 동안 독서라는 읽기 기능은 학문적 이론의 취약함 때문에 독립되어 논의될 만큼 독립성을 확보하지 못했었다. 독서는 다른 언어 기능과 마찬가지로 항상 이론이 없는 실천적(기능 훈련) 문제였지 이론 탐구의 대상은 아니었다. 이러한 언어 기능이 학문 탐구를 금과옥조로 여기는 대학에서 소외되어 왔음은 주지의 사실이다. 국어교육을 연구하고 실천해야 할 국어교육과에서 더욱 그러했다. 그런데 이제 독서 등의 언어기능 분야가 학문적 이론을 내세우며 국어교육에서의 중요성을 강조하자 위상 정립이 문제가 되기 시작했다. 특히 국어교육의 목표를 언어사용 기능의 신장으로 강조하게 되자 언어기능과 문학, 국어학과의 관계가 무엇인지 연구 검토할 필요성이 제기되어 왔다. 또 영역 사이의 분리주의에 대한 위험성이 지적되기도 하였다. 독서와 문학의 통합가능성을 새삼 논의하고자 하는 연유가 여기에 있다고 할 것이다.

독서와 문학은 국어과 교육의 한 부분을 구성하고 있다. 언어기능, 국어학, 문학 등 국어과 교육의 세 영역이 유기적으로 통합되어 있는 상태인지 느슨한 연방적(?) 관계를 형성하고 있는지는 보다 깊은 논의를 요한다. 미국의 경우 초등학교에서 문학은 독서 속에 포함되어 있다. 독서 속의 많은 읽기 자료는 문학 작품이거나 이야기글에 가까운 생활문이다. 중등학교 영어교육에서는 문학이 강조되고 독서는 문학 읽기 속으로, 비문학 독서는 사회 과학 등 다른 교과 속으로 포함되는 경향이 있다. 최근 뉴욕 주 교육과정은 읽기와 문학을 통합하고 있다. 그러나 본고에서는 현상을 찾기보다는 현상 뒤에 숨어 있는 유기적 관련성을 알아보고, 독서와 문학이 어떤 관계가 있으며, 상호 통합 가능성이 있는지를 살펴보고자 한다.

1. 독서의 과정과 문학의 과정

독서 교육과정과 문학 교육과정은 그 내용 체계가 다르다. 독서 교육과정의 내용 체계가 독서의 본질, 독서의 원리, 독서의 태도 등으로 나누어지는데 비해 문학 교육과정은 문학의 본질, 문학의 수용과 창작, 문학과 문화, 문학의 가치화와 태도 등으로 구성되어 있다(교육부, 1995). 독서의 본질과 내용은 언어를 이해하는 심리적 과정과 기능 자체이나 문학의 본질과 내용은 언어 이해의 심리적 과정보다는 문학 지식 체계가 중심을 이룬다. 문학의 본질의 내용은 문학의 특성, 기능, 갈래, 가치 등 지식이며, 문학과 문화도 한국문학과 세계문학의 흐름과 특성 등으로 지식이 중심을 이룬다. 독서와 문학이 만나는 곳은 독서의 원리와 문학의 수용이다. 문학의 수용은 곧 읽기에 다름 아니다. 독서의 원리는 문학 읽기를 포함한다. 문학의 수용은 문학에서 주창하는 문학 읽기이다. 그러나 문학의 수용은 결국 심리적 과정이기에 독서의 심리적 과정과 통합 가능성을 열어 준다.

(1) 독서 텍스트와 문학 텍스트

독서를 위한 텍스트는 다양하다. 흔히 작문론에서 논의되고 있는 텍스트는 설명문, 논설문, 전기문, 보고문, 기사문, 일기, 편지, 시, 소설, 희곡, 수필 등이다. 이를 크게 나누면 문학텍스트와 비문학텍스트로 나눌 수 있다. 그러나 전기, 일기, 편지 등이 훌륭한 문학 작품인 경우도 있기 때문에 이를 문학텍스트와 비문학 텍스트로 나누는 것은 그리 간단치 않다. 텍스트 언어학은 기술텍스트, 논술텍스트, 서사텍스트, 시텍스트 등으로 분류하며, 문학텍스트는 기술, 논술, 서사 텍스트의 집합으로 보고 있다(김태옥·이현호 공역, 1999). 독서심리학에서는 크게 설명텍스트와 서사텍스트로 나누어 연구가 이루어져 왔다.

서사텍스트의 구조는 흔히 이야기 문법으로 나타내진다. 이야기 문법의 다시쓰기 구조는 배경+주제+구성+해결의 네 부분으로 이루어지며, 배경은 인물+장소+시간으로 구성된다. 이 구조는 이야기의 위계가 나타나도록 수형도(樹型圖)로 그려질 수 있다. 수형도에서 최상위에 있는 것은 인물, 장소, 시간 등이 포함되는 배경, 기본 주제, 구성의 중요 사건 등이다. 하위 층위에는 주변 인물이나 중요 사건을 이루고 있는 작은 사건들이 배치된다(Gunning, Thomas G., 1996). 이야기 문법에 따라 서사적 텍스트의 독서를 지도한다면 다음과 같은 질문을 할 수 있다.

① 사건은 언제 어디서 일어나는가? ② 주요 인물은 누구누구인가? ③ 주인공들이 직면하는 문제는 무엇인가? ④ 주인공은 문제를 해결하기

위해 어떤 일을 하며, 그 행동의 결과는 어떠했는가? ⑤ 문제는 어떻게 결말이 났는가?

설명텍스트는 여러 가지 유형의 구조를 가진다(Gunning, Thomas G., 1996). 첫째 열거/기술(description) 구조이다. 이 구조는 인과 관계가 없이 단순히 여러 항목들을 나열한다. 즉, 예를 들거나, 개념을 정의하거나 기술(記述)하는 구조이다. 둘째 시간 구조가 있다. 열거 구조와 비슷하나 시간의 선후가 있다. 첫째로, 마지막으로, 일찍이, 전에는, 후에는 등의 표지어가 사용된다. 셋째, 설명/과정 구조이다. 설명은 그것이 어떻게 만들어지고, 엔진이 어떻게 작동하는지, 회의는 어떻게 진행되는지 등 일이 일어나거나 만들어지는 과정을 설명한다. 이 구조의 표지어는 시간 구조의 표지어와 유사하다. 넷째, 비교/대조 구조가 있다. 이 구조는 유사점과 차이점을 드러내는 구조이며, 그러나 다른 점은, 한편 등의 표지어가 사용된다. 다섯째, 문제/해결 구조가 있다. 여섯째, 원인/결과 구조가 있다. 인과 구조는 왜냐하면, 그러므로, … 때문에 등의 표지어를 사용한다. 설명적 텍스트를 이해하는 방법은 필자가 내용을 조직하는 방식을 찾아내는 것이다. 필자는 일련의 이유와 원인을 열거하거나, 장소를 기술한다. 또 내용이 구조를 제약하기도 하므로 내용의 특징을 살필 필요도 있다.

일반적으로 서사텍스트인 동화나 소설은 과학이나 정치, 사회 방면의 글보다 읽기가 쉽다. 동화나 소설 등의 이야기글은 어릴 때부터 듣거나 읽기 때문에 일찍 익숙해지는 반면, 과학 등의 설명적 텍스트는 학교 교육이 시작된 후에 읽기 시작한다. 그래서 설명텍스트는 서사텍스트보다 훨씬 후에 학습된다. 그리고 설명 텍스트는 여러 가지 구조 유형을 가지고 있지만 이야기 텍스트는 선형적(linear)이다. 이야기의 대부분은 발단, 전개, 갈등, 위기, 절정 등의 사건 전개 구조를 갖는다고 인식되고 있다.

이런 선형적 구조 때문에 이야기의 전개는 설명적인 글의 내용 전개보다 예측하기가 편리하다.

(2) 독서의 과정과 문학 감상의 과정

독서의 과정과 문학 감상의 과정은 같은 위치에 놓고 논의할 성질의 사항은 아니다. 독서는 비문학 텍스트와 문학 텍스트 모두를 읽는 것이다. 독서의 과정은 문학 감상의 과정까지를 포괄한다. 그런데 독서의 과정은 비문학 텍스트를 읽는 것으로, 문학 감상은 문학 텍스트를 읽는 것으로 인식되는 면이 없지 않다. 이 글의 제목이 '문학과 독서의 통합 지도'인 것도 이러한 이분법적 사고의 산물이라고 할 수 있다.

텍스트 이해 과정을 밝히려는 심리학적 모형의 연구는 대표적인 두 가지 텍스트 즉 설명텍스트와 서사텍스트에 집중되었다. 설명적 텍스트는 사회나 과학 등 교과서의 글, 기기(機器)들의 사용 설명서, 요리 방법이나 행동 요령 등의 설명적인 글을 가리킨다. 서사텍스트는 이야기글을 가리킨다. 설명텍스트는 정보를 알리는 데 목적이 있으며, 서사텍스트는 정보를 알리기보다는 읽고 즐거움을 얻는 데 그 목적이 있다. 그러나 두 가지 텍스트를 명료하게 구별하는 것은 쉽지 않으며 특히 독해 과정에서는 유사성이 더 많다(Weaver, Charles A. and Kintsch, W., 1991).

설명텍스트이든 서사텍스트이든 텍스트 이해의 기본적인 과정은 유사하다. 글을 이해하기 위해서는 글의 단어를 해독하고(decoding), 그 단어의 뜻을 파악해야 하며, 또 그 글의 주제를 이해하기 위해서는 글과 관련된 어느 정도의 배경 지식과 독서 동기가 있어야 한다. 글을 읽을 때 능숙한 독자는 단어의 뜻을 파악하고 문장을 의미 있는 구로 나누며, 개별 문장의 의미를 이해한다. 그 후 독자는 각 문장에서 가장 중요한 생각이나 단어를 선택하고 이어지는 문장을 해석하며, 개개의 문장들을 하나의 전체로 통합한다. 모든 문장을 하나로 묶어서 하나의 의미덩어리로 요약하며, 모든 세부 사항들을 기억하지 않는다(한철우·천경록 공역, 1996).

독서 과정에 영향을 미치는 가장 중요한 요인 중의 하나는 독자가 가지고 있는 스키마 즉 배경 지식이다. 배경 지식은 내용 지식(content knowledge)과 텍스트 지식(text knowledge)으로 나누어지는데, 독해 과정에서 내용 지식을 통한 추론은 설명텍스트나 서사텍스트에서 모두 중요한 비중을 차지한다(Britton, B. K. and Graesser, A. C., 1996). 독자는 이야기를 읽고 내용을 이해할 때 다양한 지식을 바탕으로 추론을 하게 된다. 소설의 공간적 배경이나 구조, 소설 속에 나타나는 사물의 특징, 소설에 등장하는 인물들의 특성, 인물들의 신념과 지식, 인물들이 행동을 하게 하는 행동 목표와 계획, 인물의 행동과 태도, 사건의 원인, 앞으로 일어날 사건의 예측, 독자의 감동과 반응 등등에서 모두 독자가 가지고 있는 지식을 바탕으로 추론을 하게 된다. 우리는 소설 속의 인물을 쉽게 이해할 수 있으며 생략된 내용들을 추론할 수 있다. 서사텍스트의 내용이나 사건들은 우리가 하는 일상생활의 모습과 일치하거나 유사하기 때문이다. 그러나 설명텍스트는 개념적 지식을 포함하므로 다르다. 소설을 이해하는 데 필요한 배경 지식이나 개념은 성인 독자에게는 낯설지 않다. 독서의 과정에서 배경 지식이 영향을 미친다는 것은 오히려 문학 텍스트에서, 특히 이야기(동화나 소설) 텍스트에서 더 진실성을 가진다.

독서의 과정에서 또 하나 중요한 요인은 능숙한 독자는 텍스트의 구조를 인식하고 텍스트의 구조를 활용하여 효과적으로 글을 이해한다는 것이다. 텍스트는 내용과 내용을 조직하는 구조로 나누어진다. 독자는 글을 읽을 때 내용에 대한 배경 지식도 있어야 하지만 텍스트 구조에 대한 지식도 필요하다(Gunning, Thomas G., 1996). 독서의 과정에서 텍스트의 구조를 인식해야 하는 것은 서사적이든 설명적이든 두 텍스트에서 모두 필요하다. 다만 두 텍스트의 구조적 특성이 다르기 때문에 이를 인식하는 방법이 다를 뿐이다.

2. 독서와 문학의 통합 가능성

독서 교육이 지향하는 목표는 독해 능력을 발달시키고 평생 독서하는 사람을 기르는 데 있다. 문학교육의 목표는 문학 능력을 신장시키고, 문학 활동을 즐기도록 하는 데 있다. 독서와 문학의 목표는 다르기도 하지만 공통되는 부분도 있다. 그 만나는 접점을 밝히면 문학과 독서의 통합 가능성을 찾아낼 수 있을 것이다.

(1) 독서 지도와 문학읽기

학교 수업에서 국어 시간의 독서(읽기) 지도는 대부분 단편적인 글을 다루며, 그마저도 단락 정도로 끊어 단락 읽기를 지도하게 된다. 교과서 단원의 비문학적인 글들이 6~8쪽이지만 그러한 글들마저 단락별로 끊어 단락의 중심 내용이나 핵심어 찾기, 어구풀이 등 짧은글 읽기 지도를 하고 있는 것이다.

연구에 의하면 문제 풀이식 읽기 지도, 단편적인 글의 독서는 독서 능력 향상에 큰 영향을 주지 못한다. 반대로 전 텍스트를 많이 읽으면 읽을수록 그에 비례하여 읽기 능력이 향상된다고 한다. 미국의 경우, 학교 교육의 약 70%는 문제풀이 학습에 보내지고 있으며, 하루에 10여 쪽의 책을 읽는다고 한다. 그래서 Anderson 등(Anderson, R., Hiebert, E., Scott. J.,

& Wilinson, I., 1985)은 학교에서 일주일에 적어도 2시간 정도의 문학 읽기를 권장하고 있다. 문학텍스트와는 달리 비문학 텍스트는 그 자체로서 완결편이라기보다는 전체 텍스트가 담고 있는 지식 중 일부분을 떼어낸 경우가 많지만 문학은 단편이라도 장편의 한 부분을 떼어낸 것이 아니라 그 자체로서 완결된 텍스트이다.

우리의 일상적 독서 상황을 보면 우리는 한 편의 수필이나 소설 등 완결된 텍스트를 읽지 조각조각 잘라진 글을 읽지 않는다. 독서의 실제 모습이 이러하다면 독서 지도 또한 실제의 독서 모습에 맞는 독서 상황에서 글읽기 지도가 이루어져야 하며, 이럴 경우 문학 텍스트의 읽기가 중요하게 된다. 문학 텍스트는 비문학 텍스트와는 달리 한편의 완전한 전체 텍스트 읽기를 지도하기에 유용하다. 수많은 문학 텍스트들은 이미 여러 경로(비평 활동 등)를 통해 검증을 받음으로써 좋은 텍스트와 나쁜 텍스트, 적절한 텍스트와 부적절한 텍스트의 선별이 용이하다. 또한 텍스트에 대한 연구가 활발하게 이루어짐으로써 교사들이 참고할 자료가 풍부하다. 비문학 텍스트의 경우, 전문적 분야의 지식을 다루는 경우에는 국어 교사들의 접근이 용이하지 않으나 문학 텍스트의 경우는 그렇지 않다. 국어교사들은 이미 어느 정도 문학 이론과 감상의 전문가이기 때문에 텍스트의 형식과 내용 두 가지 측면에서도 비문학 텍스트보다는 문학을 다루기가 용이하다.

문학 읽기가 독서 지도에 도입되어야 하는 또 하나의 이유는 개인별, 수준별 학습 지도가 가능하기 때문이다. 이미 아는 바와 같이 7차교육과정부터 수준별 교육과정이 실시되고 있다. 일반적으로 한 교실에는 다양한 수준의 학생들이 한데 모여 있어 어떤 학생에게도 만족스럽지 못한 학습지도가 행해질 수도 있다. 읽기 수준에 비추어 보면 5학년의 경우 한 교실에는 2학년 수준에서 8학년(중2학년) 수준의 학생들이 모여 있다는 것이다(Bond, G. L., Tinker M. A., Wasson, B. B., & Wasson, J. B., 1989). 이들에게 교사들은 같은 교과서, 같은 내용과 방법으로 가르치기 때문에 어느 한 그룹의 학생들도 만족시키는 읽기 지도를 하지 못하게 된다. 학생들이 자신의 독서 능력 수준에 맞는 텍스트를 자신이 알맞은 속도로 읽을 수 있게 하는 방법은 그들이 자유로이 텍스트를 선택하게 하고 그들에게 맞는 읽기 속도로 읽게 하는 것이다. 더구나 근래의 학습지도는 학습자의 능동적 사고를 강조하고, 특히 문학교육에서는 독자 반응을 중요시하고 있는 만큼 독자인 학생 스스로 읽게 하는 독서 지도가 필요한 것이다.

(2) 언어발달과 문학 읽기

문학 읽기는 아동들의 언어 발달을 촉진시킨다. 일찍이 촘스키(Chomsky, C., 1972)는 6살과 10살 된 아동에게 이야기를 읽게 했을 때 언어 발달에 긍정적인 영향을 미침을 발견하였다. 그녀는 치밀하게 짜여진 제한적인 독서 프로그램의 읽기 자료보다는 풍부한 언어 경험(읽기)을 제공하기를 권하고 있다. 어휘 발달의 측면에서도 전편의 책읽기는 중요하다. Nagy 등(Nagy, W., Herman, P., & Anderson, R., 1985)은 설명적인 글과 이야기글을 읽히고 어휘습득과 어떤 관련이 있는가를 연구하였는데, 이 연구에서 그들은 어휘발달을 가져오게 하는 가장 효과적인 학습 지도 방식은 전편을 읽는 독서임을 밝히고 있다.

문학 읽기는 독해 능력 발달에도 영향을 미친다. 매일매일 문학을 읽게 한 학생들과 경우에 따라서 가끔 문학을 읽게 한 학생들은 독해력 측정에서 상당한 차이를 보였는데 전자의 학생들이 훨씬 좋은 점수를 얻었다(Cohen, D., 1968).

현대의 언어학자들은 아이들이 수동적으로 언어를 받아들이는 것이 아니라 그들 자신의 언어규칙 체계를 생성함으로써 그들이 사용하는 언어를 능동적으로 구성(construct)한다고 한다. 아이들은 언어를 처리하며, 그들은 직관적으로 그들이 사용하는 언어에서 문법적 구조를 발견해 낸다. 그들은 언어 규칙을 학습하는 것이 아니라 언어의 패턴을 내면화하며, 언어를 구성할 때에 그 패턴을 사용한다. 이러한 언어 활동의 과정은 책 속의 언어를 접함으로써 활성화된다. 그들은 책을 읽으면서 풍부한 어휘를 만나게 되며 사용된 언어의 문맥 속에서 언어를 습득한다. 생동하는 언어를 습득하는 것이다. 그들은 책 속에서 대화하고 사고하며 느낀다. 문학 속의 언어는 생활하는 현장의 언어이다. 소설 속의 대화 언어는 살아가는 사람들의 언어이다.

문학 작품은 언어의 보고이다. '임꺽정'이나 '봄봄', '삼대', '태평천하' 등의 소설에서 이를 확인할 수 있다. 문학 작품에서는 아주 쉬운 언어부터 높은 수준의 언어까지 생생하고 다양한 언어의 모습을 만날 수 있다. 문학은 언어의 예술이며, 아동의 언어는 문학과의 만남을 통해서 발달한다. 아동들은 자연적인 언어 환경 속에서 성장하게 되는데, 그들의 언어 환경이란 '듣는 것'과 '읽는 것'이다. 아이들은 성장하면서 점점 더 복잡한 언어의 세계를 만나게 되면서 그들의 언어를 풍부하게 살찌운다. 우리는 문학의 세계를 만나면서 삶의 세계를 만나고, 삶을 알게 되지만, 결국 그것은 언어를 통해서 만나는 세계이다. 우리는 문학을 통해서 조선 시대의 언어, 1930년대의 언어, 여러 지방의 언어를 생생하게 만날 수 있다.

독서 능력 발달의 관건이 되는 배경 지식의 축적은 아동들에게 얼마나 많은 책을 읽어주었느냐에 달려 있다(Anderson, R., Hiebert, E., Scott. J., & Wilinson, I., 1985). 아이들은 책 속의 내용을 들음으로써 이 세상에 관한 간접경험을 하게 되며 이 세상에 관한 다양한 세계를 발견하게 되며,

사람의 사는 모습을 이해하게 된다. 그것은 곧 현실 세계에 대한 풍부한 지식이 된다. 또 책을 읽어 주는 것을 들은 아이들은 책을 스스로 읽고 싶어 한다. 아동들의 문식성, 독서 능력의 발달은 가정에서의 읽기 자료의 풍부함과 밀접한 관련이 있다. 읽기 자료가 많이 갖추어진 가정의 독서 환경은 아동들로 하여금 읽고 싶은 마음을 가지게 하며, 또 읽을 기회를 많이 가지게 한다.

(3) 독서 동기와 문학 읽기

독서 교육의 궁극적인 목적은 평생 독서자가 되게 하는 데 있다. 독서의 동기화는 독서 학습을 지속시키는 주요 수단 중의 하나이다. 그러나 글을 읽을 수는 있으나 글을 읽지 않는 것이 현재의 상황이다(한철우, 1998). 독서 능력의 발달은 독해 기능이나 전략의 습득만으로 향상되지 않는다. 습득된 독해 기능이나 전략이 온전한 그리고 수많은 독서 활동을 통해서 내면화될 때 독서 능력이 발달된다. 독서는 물론 독해 기능 훈련의 장인 것만은 아니다. 많은 독서를 통해서 어휘력이 길러지고, 글이해의 기반이 되는 세상에 대한 풍부한 지식을 얻을 수 있다. 문학 감상의 독서가 단순히 여가 선용이나 즐거움을 얻고자 하는 것은 아니다. 문학은 어떤 구체적인 주제에 관하여 독자에게 지식을 줄 뿐 아니라, 많은 것을 깨닫게 하고 눈뜨게 한다. 호기심 많은 어린이는 늘 마음속에 새로운 정보를 입수 저장하려고 한다. 문제는 많은 교사들이 이러한 사실을 망각하고 있을 뿐이다. 책은 지식뿐 아니라 즐거움을 제공한다. 그러므로 문학 작품은 좀처럼 독서를 하지 않으려는 학생들이 즐겁게 독서를 할 수 있게 하는 좋은 독서 자료가 된다. 독서의 동기화가 가능한 것이다.

문학 읽기는 기능을 습득하기 위한 단순하고 지루한 반복 훈련 혹은 문제풀이가 아니라 문학적 감동을 수반하는 읽기가 된다. 즉 독해 기능이나 전략을 학습하되 읽는 즐거움을 수반하는 학습이 가능하다는 것이다. 특히 초등학교 읽기 지도에서는 문학 읽기의 중요성이 더욱 강조될 필요가 있다. 초등학교 3학년까지는 비문학 텍스트를 사용하기가 어렵다. 아이들은 어릴 때부터 문학텍스트를 주로 접해왔고 문학 텍스트의 내용과 구조에 친숙하기 때문이다. 초등학교 3학년 이후라도 아이들은 문학 텍스트를 읽는 것이 더 쉽고 즐거운 것이다.

문학 읽기의 또 하나의 중요한 기여는 읽기에 대한 태도를 변화시킨다는 것이다. 독서 교육의 목적이 독서 능력의 발달을 향상시키는 데 있지만, 보다 궁극적인 목적은 평생 독서자가 되게 하는 데 있다. 독서 능력은 있어도 독서를 하지 않는 경향이 점점 더 커지고 있는 현실에 비추어 볼 때, 독서를 하려는 태도와 동기는 독해 기능이나 전략의 지도에 못지않게 중요하다. 또 독서 능력의 발달은 어휘 습득이나 독해 기능의 습득만으로 이루어지는 것이 아니라 실제 독서를 함께 했을 때 달성될 수 있다. 독서 능력의 발달은 실제의 '독서 연습'이 뒷받침될 때 독서 능력이 온전히 발달할 수 있는 것이다. 한 연구에서는 2학년, 4학년, 6학년 학생들을 대상으로 문학 읽기 중심의 읽기 학습과 기능 중심의 읽기 학습을 비교하였는데 문학 읽기 학습을 받은 학생들이 읽기 성적에서도 앞섰지만 독서 태도에서 긍정적인 변화를 보였다. 특히 글을 읽고 의미가 무엇인지를 파악하려는 의미 중심의 태도를 보였다. 또 다른 연구는 문학 읽기 중심의 학습 지도가 기존의 다른 읽기 프로그램보다 긍정적인 독서 태도를 갖게 한다고 밝히고 있다(Yopp, H.K & Yopp, R.H., 1996).

3. 문학과 독서의 통합적 읽기 활동

독서와 문학의 통합적 활동들은 먼저 책읽기를 중심으로 삼는다. 둘째, 책읽기를 통해서 문학교육의 목적인 삶을 총체적으로 이해한다. 셋째, 실제로 책을 읽고 토론함으로써 능동적 사고와 확산적 사고를 기른다. 넷째 책읽기를 함으로써 독서 교육의 목적인 언어 능력 발달을 기할수 있고, 문학교육의 목적인 감상 능력 발달과 미적 감동을 얻을 수 있다. 다섯째, 책읽기 중심의 활동들은 세부적인 읽기 기능이나 문학적 요소와 지식 중심의 교수 학습을 지양하고, 전 작품의 독서와 토론을 지향한다.

(1) 독서 토론

최근에 독서 교육에서 관심을 끌고 있는 것 중의 하나가 독자중심, 독자의 의미 구성, 독서 토론이다. 독서 토론은 독자가 읽은 것에 관해 서로 의견을 나누는 상호작용 활동이다. 우리의 교실에서는 교사가 학생의 반응을 통제하거나 교사와 학생, 학생과 학생의 상호작용을 제한시킨다. 독서 토론은 학생이 책을 읽는 방법을 구체적으로 안내하는 지침이다. 또 책을 혼자 읽는 것이 아니라 읽은 후 함께 토론하게 함으로써 공동으로 읽게 하는 독서 활동이다. 독자들이 토론을 통해 상호 보완함으로써 혼자 읽는 것보다 깊고 넓게 읽도록 한다. 독서 토론은 독해 기능을 가르치는 미시적 독서 지도가 아니라 독서 경험 그 자체를 중요시하는 독서 지도 전략이다.

독서 토론의 대상은 주로 문학텍스트이다. 문학에서 하나의 작품은 하나의 주제를 향해 통일되기 때문에 토론의 주제를 정하거나 토론의 줄

기를 잡기가 용이하다. 그러나 사회, 과학 등의 책들은 한 권의 책 속에 수많은 내용이 흩어져 있기 때문에 토론의 주제를 하나로 잡기가 어렵다.

독서 토론의 전략에는 '양서탐구토론', '대화식 독서 토론', '토의망식 토론' 등이 있다.

양서탐구토론(Great Books' Shared Inquiry)은 미국 양서협회(GBF, Great Books Foundation)가 아동, 청소년, 성인 등의 독서를 촉진시키기 위해 제안한 방법이다. 이 협회에서는 작품의 의미에 대하여 구체적으로 하는 '질문'이 탐구토론의 핵심이라고 말한다. 좋은 문학 작품을 읽는 것은 작가와 독자의 마음이 만나는 것이다. 작가는 스스로는 완전한 작품을 완성하지만 독자에게 모든 것을 말해 주지는 않는다. 독자는 책을 읽고 해석하며 작가가 말하는 것이 무엇인지를 이해하려고 애써야 한다. 이 해석적 과정이 양서탐구토론의 중심활동이다(Tierney, R. J., Readence, J. E., & Dishner, E. K., 1995 : 230). 독서모임의 리더는 작품을 읽고 그 작품에서 논의될 수 있는 핵심 주제나 문제가 무엇인지를 찾아내야 한다. 그리고 독서모임의 구성원들에게 그들이 읽은 작품의 핵심 문제를 탐구해 갈 수 있는 질문을 만들어 제공한다. 리더는 문제의 답을 주지는 않는다. 문제의 답은 토론을 통하여 구성원들이 찾는다. 리더는 답을 찾아가는 길을 질문을 통하여 안내할 뿐이다. 구성원들은 자신의 생각과 느낌을 가지고 토론에 임하며, 다른 사람의 생각을 존중하고 서로의 생각과 느낌을 교환한다. 탐구토론의 과정은 크게 세 단계로 나누어진다. 첫 단계에서는 모임의 리더가 작품을 선정하고, 작품에서 토론이 될 수 있는 핵심 문제를 찾아낸다. 핵심 문제에는 주인공의 목표와 동기, 주요 사건 및 특별히 관심을 끄는 어구 등이 포함된다. 리더는 사전토의를 통하여 질문을 명료하게 하며, 질문의 종류나 순서를 분류할 수도 있다. 두 번째 단계는 토론의 규칙을 정하고, 그에 따라 토론을 진행한다. 세 번째 단계는 핵심 주제나 문제의 해결을 찾아내는 단계이다.

대화식 독서 토론(Conversational Discussion Group)은 야외 카페의 안락한 분위기에서 영화에 대해 자유로운 대화를 하듯이 읽은 책에 대하여 대화를 나누는 독서 토의이다(Tierney, R. J., Readence, J. E., & Dishner, E. K., 1995 : 235). 대화식 독서 토론은 교사의 개입과 통제가 빈번하기 쉬운 교실 상황에서 모든 학생들의 참여를 우선 강조한다. 토론의 구체적인 과정은 다소 비형식적이며, 사회구성원들의 상호협력학습을 강조하는 비고츠키 학습 이론에 바탕을 둔다. 비고츠키의 구성주의는 학습자가 의미를 구성하는 것이며, 학습자 혼자보다는 구성원들끼리의 상호작용적 학습을 강조한다. 대화식 토론은 규칙 소개하기, 질문에 대해 토론하기, 반성하기의 세 단계로 진행된다. 이 토론 방식은 구성원들이 작품의 문제에 몰입하기, 독자 자신의 생각을 반성적으로 검토하기, 모든 독자들이 참여하기, 개인과 모임 구성원들이 작품 이해의 과정이나 토의 과정에 대해 반성적으로 생각하기 등을 특징으로 삼고 있다. 이 토론의 규칙을 보면, 한 번에 한 가지씩 말하며, 예/아니오로 대답하더라도 그 이유를 말하고, 조용히 있는 사람이 있으면 그 사람이 말하도록 질문을 한다. 이 토론의 모임 구성은 학생들의 수준이나 특성을 고려하여 이질 집단으로 구성하며, 학생들의 사고를 자극할 수 있는 질문을 교사가 만들어 제공한다. 교사가 준비하는 질문은 작품의 내용을 이해하는 데 관련되는 독자의 배경 지식을 묻는 질문, 작품의 내용에 대한 질문, 확산적 사고를 유도하는 질문의 세 가지로 구성된다.

토의망식토론은 작품을 읽고 난 후 흔히 나타날 수 있는 견해의 불일치나 상반되는 의견을 보다 명료하게 하려는 데 목적이 있으며, 이 목적을 달성하기 위해 그래픽보조자료로서 토의망을 이용한다(Alvermann, D. E., 1991). 토론은 작품에 대한 다양한 견해가 있을 때, 작품의 해석에 도움을 준다. 학생들은 다른 사람이 같은 작품을 어떻게 해석하고 이해했는지를 자신의 것과 비교해 봄으로써 그들의 해석을 보다 깊고 넓게 해석할 수 있는 것이다. 그러니까 학생들은 자신의 생각을 다시 한 번 검토하는 기회를 갖게 된다. 대부분의 토론에서 나타나는 문제는 일부의 학생이나 교사가 교실토의를 주도하는 것인데, 토의망이 그러한 문제를 극복할 수 있게 해 준다. 또 '짝과 함께 토의하기'에서 학생 개개인이 자신의 생각을 짝과 비교해 보도록 함으로써, 전체 토론에 참여할 때 할 말을 미리 준비하는 기회를 갖게 한다. 다음에는 다른 사람과 다시 짝을 이루어 서로 다른 점을 비교해 보고, 차이가 나는 견해의 이유나 근거를 찾아 의견의 차이를 좁힐 수 있다. 마지막으로 네 명이 한 조가 되는 그룹에서는 전체 토의에 참가할 때 발표할 의견을 조율하는 토의를 하고 대표가 그룹의 의견을 발표한다. 토의망은 분석적인 글을 쓸 때 도움을 주는 그래픽 보조 도구로써, 무엇이 일어났느냐 보다는 그것이 왜 일어났느냐 혹은 왜 그 행동을 했느냐에 초점을 맞춘다. 토론의 과정은 책의 선정 등 독서를 위해 준비하기, 토의망 설명하기, 소집단 토의하기, 전체 토의하기, 종합토론 등의 단계로 이루어진다.

(2) 문학중심 독서

문학 중심 독서는 독서 교육에 문학을 중심으로 끌어들이는 것이다. 독서 지도 방안으로는 언어경험적 방법, 읽기-쓰기의 통합적 방법, 총체언어적 방법, 독본 중심 방법, 독서 토론 등의 여러 가지 방법이 있는데, 문학 중심 독서 지도 방법은 최근에 관심이 집중되고 있는 독서 지도 방법이다. 문학 중심 지도 방법은 문학 작품이 많이 포함되는 독본(Basal Readers) 중심의 방법과 유사한 점이 있으나 문학중심 프로그램에서는 교사나 학생이 학습자의 흥미나 욕구에 따라 읽고 싶은 문학 작품을 선택한다는 것이 다르다. 독본에는 이미 독본의 저자가 선정한 작품을 학습하게 되지만 문학 중심 방법은 읽을 작품의 선정이 자유롭다. 문학 중심 독서의 방법에는 중핵 작품(Core Book) 독서, 지정도서(Text Sets) 독서, 주제 중심(Thematic Units) 독서 등이 있다(Gunning, Thomas G., 1996).

중핵 작품 독서는 교육적으로 좋은(교훈적인) 내용을 포함한 작품, 쟁점이 있어 토론하기에 좋은 작품, 인물·배경·시점 등을 가르치기에 좋은 작품, 사회나 삶을 이해하는 데 훌륭한 시사점을 제공하는 작품 등을 선정하여 지도한다. 중핵 독서는 아동 문학, 청소년 문학, 한국문학 작품 중 의미 있는 훌륭한 작품을 학습자가 경험하게 하는 것이지만, 또 학생들에게 공통의 문학적 경험을 제공하고 책에 대하여 함께 대화하거나 토의할 자료를 제공하며, 다른 책들과 비교 대조할 기회를 제공한다. 중핵 작품에 의한 독서 지도는 필독 또는 권장 도서에 의한 독서 지도라고 할 수 있다. 그러나 중핵(필독 또는 권장) 도서가 학생의 흥미나 욕구를 배제하고 지나치게 경직된 관점에서 선정된다면 많은 부작용이 있게 된다.

지정도서는 여러 가지 선정 기준과 방식으로 선정되어 묶여진 책들이다. 선정된 책들은 화제, 장르 등의 공통 기준에 따라 선정될 수 있다. 지정도서는 스포츠, 등산, 해양 등 화제에 관한 책, 영웅이나 동물 등 이야기의 등장인물이 유사한 책, 전기나 탐정 등 장르가 같은 책들로 구성되어 둘 또는 그 이상의 작품끼리 비교하고 대조하는 독서와 학습을 할 수 있다. 또 책을 읽은 후 토론이 활성화되도록 함으로써 보다 깊은 독서를 할 수 있도록 한다. 맞춤도서는 한 세트가 서너 권의 책들로 구성되며, 학생들은 이들 세트를 다 읽고 그룹으로 토론하고 의견을 나눈다.

주제단원 중심 독서는 주제 또는 문학의 요소에 따라 단원을 설정한다. 단원의 주제는 작가가 될 수도 있고, 등장인물의 유형, 장르, 취미,

우정과 사랑 등 다양하다. 단원의 주제는 국어교과 관련 주제로 선정되지만 사회, 과학, 역사 등 다른 교과와 관련되어 선정될 수도 있다. 이 독서 지도는 말하기, 듣기, 쓰기, 문학 등을 통합하여 지도하기에 좋으며, 초등학교에서는 다른 교과와 통합할 수도 있다. 그러나 다른 교과와의 통합은 말하기와 듣기, 읽기와 쓰기 문학 등 국어 교과 내의 통합이 이루어진 다음에 하는 것이 좋다.

독서와 문학의 통합은 독서 교육과 문학교육의 목적과 내용이 교집합을 이루는 영역에 있을 것이다. 독서와 문학의 교육이 완전한 통합이라기보다는 공통 영역을 이루는 부분을 통합하는 불완전한 통합일 것이다. 독서와 문학이 통합을 지향하는 이유는 무엇일까? 지금까지 독서 지도는 독해 기능의 지도를 중심 내용으로 삼아 왔다. 기능 중심의 지도는 텍스트가 담고 있는 내용에는 관심을 기울이지 않는다. 내용에 관심을 두지 않는 교수—학습은 끊임없는 기능의 훈련으로 흐르기 쉽고 학습자들을 지루한 반복 훈련으로 몰아넣음으로써 글을 읽을 수는 있으되 읽지 않는 사람으로 만든다. 문학의 교육은 문학을 읽고 감동을 하게 함이 일차적 목적임에도 불구하고 비문학 독서 지도에서 하고 있는 문학 요소와 기능, 문학적 지식의 교육에 치우쳐 왔다. 그리하여 문학에서 독서는 없었다. 학교 문학 교육에서 작품을 읽는 것은 사라졌으며, 작품을 읽는 독서의 감동은 없고 작품을 분석하는 지식 교육만 있게 되었다. 독서와 문학이 만나야 한다면 무엇보다 진정 실제로 글을 읽는 '독서'를 찾아야 하는 데에 의미가 있을 것이다. 독서와 문학은 모두 잃어버렸던 중요한 부분을 찾게 됨으로써 그들이 목적하는 바를 성취할 수 있는 것이다.

독서는 심리적 과정과 기능이며, 문학은 과정과 기능을 작동하는 데 필요한 자료이다. 이들은 통합될 수밖에 없는 운명을 가지고 있다. 독서의 자료는 문학 작품만은 아니지만 적어도 국어교육에서 국어교사가 선호하는 읽기 자료는 문학이다. 한편, 문학 교육은 독서 행위를 포함시킬 수밖에 없음에도 그 동안 읽기 과정을 도외시하고 문학 지식의 주입에 비중을 두어 왔다. 국어교육에서 독서는 내용 자료가 없이는 불가능하다. 읽기 자료 중 비문학 읽기 자료는 다른 교과의 내용이므로 국어 교사가 다루기에 벅찬 경우가 많다. 이에 비해 문학 읽기 자료는 국어교육과에서 배우는 국어적 내용이므로 가르치기가 용이하다. 국어교육을 실천하는 국어 교사는 독서와 문학을 통합하여 지도할 때 독서와 문학을 올바로 가르친다고 할 수 있을 것이다.

제4장 ▌독서 교육 지원 시스템의 방향

1. 독서의 과정에 대한 이론

독서는 독자와 책(필자)의 상호작용이다. 스키마 이론은 책을 읽는 과정에서 독자가 가지고 있는 지식과 경험의 중요성을 강조한다(Graves 외 1998). 독자는 책을 읽으면서 그 자신의 지식을 바탕으로 글을 읽게 되는데, 그 과정에서 책 속의 지식과 자신의 지식을 연결시켜 사고하고 찬성하거나 반대하며, 확장된 사고를 펼치거나 상상의 나래를 펼치게 된다. 이야기책을 읽을 때 이러한 현상이 더 잘 드러난다. 책 속의 인물의 행동이나 생각에 공감하기도 하고, 미워하거나 사랑하며 분노하기도 한다. 이는 독자의 지식이나 경험, 생각에 바탕을 두고 책 속 인물의 행동이나 생각과 상호작용하기 때문이다. 독자가 수동적으로 책을 읽기보다는 이렇게 활발한 상호작용을 하면서 독서하는 것이 이상적인 독서의 모습이다. 이야기책이 아닌 지식 중심 혹은 논설적(비평적)인 책이라 할지라도 상호작용은 마찬가지로 일어난다. 책 속의 지식을 이해하는 모습은 책 속의 지식과 독자가 가지고 있는 지식의 교류 즉 상화작용의 결과이다.

책 속의 내용과 독자의 지식 사이에 그 차이가 커서 상호작용이 이루어 지지 않는다면 책의 이해는 일어나지 않는다. 그러한 경우 책의 수준을 독자의 수준에 맞는 것으로 선택되어 읽혀져야 한다.

독서는 의미구성과정이다. 독서는 글에 제시되어 있는 정보와 독자 자신의 배경 지식을 결합하여 글 전체의 의미를 구성하는 과정이다. 어떠한 글이든지 필자가 나타내고자 하는 모든 정보를 다 포함하고 있는 것은 아니다. 독자는 글을 읽으면서 글 속에 나타나 있지 않은 정보를 추론하기 위하여 자신의 머릿속에 저장되어 있는 배경 지식을 활용한다.

독자에 따라 글의 내용과 관련되는 배경 지식이 다르기 때문에 같은 글이라도 그 글을 읽는 사람이 누구인가에 따라 글 전체의 의미가 다를 수 있다. 글에서 다루는 내용에 대한 배경 지식이 부족한 독자와, 독서의 과정에서 배경 지식을 적극적으로 활용하지 못하는 독자는 글 전체의 의미를 충실하게 구성할 수 없다. 그리고 같은 내용에 대하여 독자가 가지고 있는 배경 지식이 서로 다를 경우에는, 필자가 표현한 의미와 독자가 이해한 의미 사이에 차이가 날 수 있다. 일반적으로 미숙한 독자는 적절한 배경 지식을 가지고 있다 할지라도 독서의 과정에서 그 배경 지식을 제대로 활용하지 못하는 경향이 있는데, 이러한 독자는 글의 내용을 정확하게 이해할 수 없을 뿐만 아니라 글 전체의 의미를 잘못 구성하게 된다.

독서가 의미구성 과정이라 함은 독자가 책을 읽을 때 능동적이고 적극적인 독서의 태도를 요구한다는 것이다(Gunning, 1996). 책을 읽을 때 독자가 능동적으로 생각하고 잘 이해되지 않는 부분이 있을 때 다시 한 번 읽고 이해를 시도하거나 다른 사람의 도움을 받거나 다른 참고자료의 도움을 받아 의미구성이 일어날 수 있도록 노력해야 한다. 독자의 능동적인 의미구성이 일어나도록 하기 위해서는 독자의 태도와 아울러 독서 지도에서 그리고 책의 선택에서 이러한 독자의 능동적 의미구성이 일어날 수 있도록 배려해야 한다.

독서는 문제해결과정이다. 독서는 여러 가지 복잡한 문제를 해결하는 지적 활동이다. 독서의 과정에서 독자가 해결해야 할 문제는 매우 다양하다. 독자는 글 전체의 의미를 정확하고 효과적으로 구성하기 위하여 글의 중심 내용과 주제를 파악해야 하고, 글에 명시적으로 드러나 있지 않은 정보를 추론해야 하며, 글 전체의 구조를 파악해야 한다. 또한 독자는 글에 제시된 필자의 의견이나 주장의 타당성 여부를 판단해야 하며, 필자의 의도나 동기를 파악해야 한다. 이와 같이 다양한 문제를 해결하기 위하여 독자는 여러 가지 문제 해결 전략, 즉 독서 전략을 사용해야 한다.

독서의 과정에서 독자가 사용하는 독서 전략은 독서의 상황에 따라 얼마든지 다를 수 있다. 독자는 독서의 과정에서 내용의 복잡성 정도, 글의 내용에 대한 친숙성 정도, 글을 읽는 목적 등에 따라 서로 다른 독서 전략을 사용한다. 글의 구조가 복잡한 경우에, 독자는 글의 전개 방식을 효과적으로 파악하기 위한 독서 전략을 보다 적극적으로 활용한다. 글의 내용이 독자에게 친숙한 경우에는 글의 내용을 심층적으로 이해하기 위한 독서 전략을 보다 적극적으로 활용하는 경향이 있다.

또한, 독자는 글을 읽는 목적이 무엇인가에 따라 서로 다른 독서 전략을 사용한다. 즐거움을 얻기 위한 목적으로 독서를 하는 경우에는 세부 내용을 효과적으로 기억하기 위한 독서 전략을 사용하는 일이 거의 없지만, 학습을 목적으로 독서를 하는 경우에는 세부 내용을 효과적으로 기억하기 위한 독서 전략을 사용하는 일이 많다. 독서의 목적에 따라 적절한 독서 전략을 사용하게 된다는 사실은 실험 연구에 의하여 밝혀진 바 있다. 이야기 두 편을 여러 독자에게 제시한 후에 한 편은 재미로, 다른 한 편은 내용 학습을 목적으로 읽으라고 했을 때, 대부분의 독자들은 재미로 읽은 글에서보다는 내용 학습을 목적으로 읽은 글에서 세부 내용을 더 많이 기억하였다. 이러한 실험 결과는 독서의 목적이 무엇인가에 따라 독자는 서로 다른 독서 전략을 사용한다는 사실을 뒷받침해 준다.

독서는 단순히 인쇄된 글을 읽는 것이 아니라 책 속의 정보를 이용하여 자신의 목적이나 목표를 이룩하고 자신의 지식을 계발하는 것이다(I. Kirsch and A. Jungeblet, 1986). 오늘날의 문식성 학습과 지도는 단순히 학습자에게 지식이나 정보를 제공하는 것이 아니라 중요한 정보를 판단하고 이용하고 깊이 이해하며, 책 속에서 얻은 지식을 이용하는 것이다. 현대 사회는 비판적 문식성 능력을 가지고 있는 사람을 요구한다. 단순히 책 속의 지식을 습득하는 것이 아니라 중요한 것이 무엇인지를 판단하고 수용하고 이를 이용할 수 있는 문식성을 가지고 있는 사람을 요구한다. 이러한 비판적 능력을 가지고 있는 사람이 진정으로 읽는 능력을 가지고 있는 독자이다. 비판적 읽기 능력은 단순히 지식을 아는 것이 아니라 그 지식을 가지고 어떤 것을 할 수 있음을 말한다. 뿐만 아니라 시, 소설, 역사 텍스트뿐 아니라 컴퓨터 메뉴얼, 세금계산서 등 다양한 텍스트 상황에서도 그것을 적용할 수 있어야 한다.

2. 독서 발달에 대한 이론

학습자의 발달에 대한 정보는 교육을 효과적으로 하는 데 기초가 되는 중요한 정보이다. 피아제의 인지 발달에 대한 연구가 모든 교과 학습의 기초가 되고 있으며, 흥미와 태도 발달, 언어 발달, 성격 발달 등 발달에 대한 정보는 각 교과 학습의 기초가 되는 정보를 제공한다.

독서 발달에 대한 연구는 그 역사가 오래 되지 않는다. 독서 발달 연구는 작문 발달 연구와 같이 언어 발달의 한 영역이다. 그 동안 언어 발달은 주로 음운, 어휘 등의 발달 연구에 머물렀다. 음운, 어휘 등의 발달 연구가 순수하게 미시적 언어 발달 연구에 집중하고 있지만, 독서 발달 연구는 가정환경, 학교 환경 등 보다 거시적인 측면까지 포함하고 있다. 그런 거시성 때문에 독서 발달에 대한 연구는 최근에 이르러서야 관심을 끌고 있다. Chall이 오래 전에 발달 연구를 시도하였으나 아직 그에 대한 연구 정보가 부족하여 미흡한 점이 없지 않았다. 그러나 다시 그 연구를 바탕으로 그 동안의 독서 발달 연구가 축적되어 이제 그 연구 성과를 바탕으로 정리할 수 있게 되었다.

독서 발달 연구는 아동의 발달 시기에 따라 독서 교육을 달리할 수 있도록 기초적인 정보를 제공한다는 점에서 중요하다. 발달 정도를 아는 것은 곧 그 발달 정도에 이르지 못한 아동의 정보를 알 수 있다는 뜻도 되기 때문에 무엇을 가르쳐야 하며, 어떤 자료를 가지고, 어떤 내용을, 어떤 방법으로 가르쳐야 하는지에 대한 정보를 제공한다. 6세 전후가 되면 아동들이 5, 6천 단어를 이해하고 있다면, 이 정보를 기초로 우리는 어휘지도의 내용과 방법 특히 문자 지도가 중심이 되는 초기 독서 지도의 내용과 방법, 학습 자료를 적절하게 결정할 수 있게 되는 것이다.

학습자 중심의 교육, 수준별 학습지도를 위해서는 독서 발달에 대한 정보가 더욱 필요하다. 7학년 수준의 독자에 대한 발달 정도를 안다면, 그리고 그들의 발달 정도에 대한 독서 지도가 어떠해야 하는지를 안다면, 책을 내어주고 읽으라는 식의 독서 지도는 하지 않을 것이다. 그들의 흥미, 태도 발달의 경향을 알면, 그들에 맞는 책을 선택할 수 있고, 그들의 발달 정도에서는 미시적인 기능지도보다는 어휘학습, 내용지식 학습지도, 자기 선택 독서, 토의 토론식 독서 지도 등의 보다 효과적인 독서 지도를 할 수 있게 되는 것이다.

촬(Chall, 1996)은 독서 발달 단계를 단계 0(Stage 0)에서 단계 5(Stage 5)까지 여섯 단계로 나누고 있다. 각 단계의 이름을 용어로 정하지는 않고 각 발달 단계의 특징을 기술하고 있다. 단계 0은 출생부터 6살까지, 단계 1은 1~2학년, 단계 2는 2~3학년, 단계 3A는 4~6학년, 단계 3B는 7~9학년, 단계 4는 10~12학년, 단계 5는 대학 이상의 발달 정도를 말한다.

우드(Wood, 1992)는 유아독서기, 초기독서기, 전이독서기, 자립 독서기, 고급독서기 등의 다섯 단계로 나누고 있다. 유아독서기는 출생부터 유치원까지, 초기독서기는 1~2학년, 전이독서기는 2~3학년, 자립독서기는 4~6학년, 고급독서기는 7학년 이상 등으로 나누고 있다. 촬과 우드의 단계 구분은 대체로 같으나 촬이 7학년 이후의 발달 단계를 다소 세분하고 있다.

3. 독서 지도 방향에 대한 이론

(1) 독서 지도의 방향

Goodman은 일찍이 이해(comprehension)가 없는 독서는 독서가 아니라고 하였다. 여기서 이해란 글을 읽고 의미를 아는 것을 뜻한다. 독서란 독자가 글 속의 단어 문장을 그대로 기억하는 것이 아니라 그 단어와 문장들이 빚어내는 의미의 망을 구성하고 정교화함을 뜻한다. 그러면 먼저 독자가 의미의 망을 획득하는 과정을 살펴보기로 하자. 독서의 과정은 독서 지도에 그대로 반영되어야 하기 때문에 의미를 파악하고 문장을 의미 있는 구[명제]로 나눌 것이다. 그 다음에 이어지는 문장을 해석하고 통합하며, 그리하여 개개 문장의 의미를 하나의 전체로 통합함으로써 한 단락의 의미를 파악하게 된다.

독서의 의미 구성 과정과 관련하여 먼저 지적되어야 할 것은 독서 지도에서 글 전체의 의미망의 형성 과정이 소홀히 다루어지거나 맹목적이고도 기계적으로 이루어진다는 점일 것이다. 글을 일독시킨 후 곧바로 하나하나의 문장 혹은 단락을 읽어 가면서 단편적인 설명을 하거나, 지시어, 단어 지식, 어구풀이, 수사법, 단락 관계 등에 대하여 주입식 설명을 하는 것은 의미 구성 과정을 소홀히 하거나 방해하는 학습 지도의 전형적인 예이다.

독자가 의미를 구성해 내도록 하는 데는 글을 읽은 후의 토의 과정이 필요하다. 글을 읽고 난 후 생각나는 사실을 회상하게 하고 전체적인 내용의 요점이나 개요를 말하게 하거나, 중요 쟁점을 파악하고 토의의 과정을 갖도록 할 수 있다. 이 글에서 필자가 제기하고 있는 문제는 무엇인가, 필자의 결론은 무엇인가, 필자가 그러한 결론에 도달하기 위해 거친 과정은 무엇인가 등을 말하게 하고, 자신의 의견을 말하게 할 수 있다.

독서 능력의 신장은 그 결과를 많이 기억하는 데서 이루어지는 것이 아니고 결과를 만들어 내는 사고의 과정 속에서 이루어진다. 글의 짜임은 글의 짜임을 독자 스스로가 만들어 낼 때에 의의가 있는 것이다. 글의 짜임은 독자가 글의 의미를 구성해 내는 데에 중요한 구실을 한다. 그러므로 글의 짜임 학습의 의미를 독자가 스스로 인식하고 적극적으로 사고 과정에 참여하여 의미를 구성해 냈을 때에 글의 짜임 학습이 의미를 갖게 된다.

독서는 사고의 과정이며, 일반적 사고의 과정과 유사하다고 한다. 독서가 일반적 사고의 과정과 같다는 것은 독서가 눈을 통하여 입력되는 텍스트의 정보를 기계적으로 받아들이는 것이 아니라 독서의 과정에서 사고의 과정을 거친다는 것을 뜻한다(Ruddell 외, 1994). 독해 과정은 인간 마음의 내적 작업의 반영이라고 한다. 그것은 독해의 과정이 언어, 동기화, 지각, 개념 발달, 경험의 총체 등과 관련이 있기 때문이다. 이것은 독해가 사고, 추론, 문제 해결 등에서의 구인(構因)과 독해 과정에서의 구인이 유사하다는 것을 뜻한다.

일반적 사고 과정 속에서 우리는 사실들의 관계를 추론하며, 어떤 내용에 대한 구체적인 모습을 상상하고, 실제의 예를 들어보기도 하며, 앞으로 일어날 일을 예상하고 걱정하고 대책을 세우기도 한다. 그러므로 사고의 과정을 반영하는 독서 지도라면 글 속의 내용을 이해하는 과정에서 구체적인 모습을 상상하고 실제의 예를 찾아내며, 이어질 내용을 예측하거나 어떤 사건이 일어났을 때를 예상하여 있을 수 있는 대책을 세워 볼 수도 있을 것이다. 이들 사고의 활동 속에서 독서 능력이 길러지는 것이다. 그러한 사고의 활동은 물론 독자가 하도록 할 때 의미가 있다.

독서의 과정에서 여러 가지 독해 기능들은 하나하나 순차적으로 작용하는 것이 아니라 동시에, 총체적으로 작용한다는 것이다. 교향악의 연주에서 여러 가지 악기들이 다양한 소리를 동시에 내어 아름다운 음악을 연주해 내듯이 독서에서는 여러 가지 기능들이 의미의 재구성을 위해 동시적으로 혹은 총체적으로 작용하는 것이다. 이러한 독해 과정이 시사하는 독서 지도의 방법은 기능의 통합적 지도이다. 독해의 기능들은 먼저 의미와 통합을 이루어야 한다. 의미의 획득과 관련 없이, 의미의 이해가 전제되지 않는 기능의 지도는 독서 능력의 신장을 가져 올 수 없다는 것이다. 주제의 파악, 지시어의 파악, 이유와 근거의 확인 등은 그 기능의 연습과 숙달만으로 성취될 수 있는 것이 아니며 글을 이해할 수 있는 힘이 수반될 때 잘할 수 있는 것이다. 돌을 다듬는 조각가가 돌을 다듬는 기술만으로 훌륭한 작품을 제작해 내지 못한다. 기능의 숙달 못 지않게 그 돌을 깎는 마음의 풍요와 단련이 있어야 훌륭한 작품을 만들 수 있는 것이다. 글을 이해하는 능력은 기능의 연습만으로 달성되는 것이 아니다.

독서의 총체성에서 고려해야 할 또 하나의 사항은 독서 기능과 전략의 독립적 지도와 아울러 통합적 지도가 이루어져야 한다는 것이다. 총체적 지도란 여러 가지 기능과 전략들을 동시다발적으로 적용하여 의미를 구성해 내는 학습이 이루어져야 한다. 가르치고 연습을 시킬 때에 부분을 따로 분리하여 하나씩 지도할 수 있고 또 그럴 필요성이 있으나 부분을 가르치면 학습자가 분리하여 학습한 것들을 스스로 통합할 수 있느냐 하면 그렇지 않다는 것이 총체성과 통합성을 강조하는 사람들의 주장이다. 또한 전체는 부분의 단순한 합이 아니기 때문에 총체적 관점에서의 부분들의 통합적 지도는 필요한 것이다. 부분을 가르치더라도 부분들을 종합하여 한꺼번에 지도하는 지도가 이루어져야 한다. 축구를 가르치는 사람이 던지기, 길게 차기, 짧게 차기, 패스하기 등을 부분으로 분리하여 하나하나 지도하지만 또한 동시에 하나의 축구 경기 속에 그들 기능이 동시적으로 연습될 수 있는 기회를 만들어 지도하기도 하는 것과 마찬가지 이치이다.

독서는 또한 의사소통의 과정이며, 글의 내용(혹은 필자)과의 상호작용 과정이라고 한다. 글 속에는 글을 쓴 사람의 사상과 감정이 나타나 있다. 글을 읽는다는 것은 글쓴이의 생각과 만나는 행위이다. 그러므로 독서는 필자와의 의사소통이라고 할 수 있다. 왜냐하면 글을 읽음으로써 글쓴이와 생각을 나누고 찬성하고 공감하고 반박하기 때문이다. 우리는 독서라는 행위를 통하여 보다 많은 사람들의 생각과 만날 수 있다. 의사소통을 하기 위하여 우리는 사람을 직접 만날 수도 있지만 사람을 직접 만난다는 것은 시간적으로나 공간적으로 쉬운 일이 아니다. 그러나 독서를 통하여 우리는 현재는 이 세상에 없는 옛 선인들과도 만날 수 있고 먼 외국의 사람들과도 만날 수 있다.

독서가 의사소통행위라는 의미 속에는 독서 행위가 일방적이 아니라 쌍방적이라는 뜻이 포함된다. 의사소통은 둘 이상이 하는 것이며 서로 간에 생각이 교환됨을 의미한다. 어느 한 쪽의 생각이 다른 한쪽으로 일방적으로 전달되는 것이 아니라 생각이 서로 교환됨을 의미한다. 그렇다면 필자는 없는데 어떻게 생각이 오갈 수 있느냐고 할지 모른다. 그러나 여기에서 쌍방적이란 독서할 때에 글을 읽는 사람이 필자의 생각을 일방적으로, 수동적으로 받아들이지 않는다는 뜻이다. 독자는 필자의 사상이나 생각에 공감할 수 있지만 즉 받아들일 수 도 있지만 그 반대로 필자의 생각과 다른 생각을 할 수도 있다. 독자는 글의 내용과 상호 작용한다고 볼 수 있다.

이와 같은 의사소통의 과정이 독서의 지도 방법에는 어떻게 반영될 수 있는가? 우선 독자 자신이 스스로의 지식과 경험을 바탕으로 추론하고 비판하고 감상하도록 학생 스스로 질문하고 답하는 사고 과정이 있어야 하며, 교사는 질문과 토의의 과정을 통하여 이를 적극 도와야 할 것이다.

독자가 가지고 있는 지식은 독서의 과정에서 중요 변수 중의 하나이다. 독자의 머리는 빈 상자가 아니다. 독자의 머릿속에는 많은 지식이 있는데 이 지식은 독자가 새로운 정보를 입력시키고자 할 때에 혹은 이미 저장된 정보를 회상할 때에 중요한 구실을 한다. 글을 읽고 이해하는 과정에서 지식은 세 가지 측면에서 영향을 미친다. 첫째는 글 속의 정보와 독자 지식과의 통합이고, 둘째는 문맥 속에서 단어의 정확한 의미를 선택하도록 돕는 일이며, 셋째는 어떤 메시지가 전개될 것인지를 예측할 수 있게 한다.

독자가 읽을 글과 관련된 지식이 부족하거나 있더라도 관련시키지 못할 때 글의 이해에 장애를 가져온다. 독자가 자신의 지식과 글 속의 지식을 통합했을 때 우리는 그것을 이해되었다고 하는 것이다. 독서의 과정에서 이를 도와 주는 것은 도입 단계에서 글의 내용과 관련된 지식을 보충해 주거나 관련 지식과 경험을 활성화시키고 내용을 예측하게 하는 활동 등이다. 글 이해의 전개 단계에서는 어구의 구체적인 내용을 추론하거나 예를 들어보게 하는 학습 활동이 있다. 독자가 가지고 있는 지식의 작용이 독서 지도와 독서 방법에 시사하는 방향은 독자가 독서의 과정에서 능동적으로 사고하고 예측하고 추론해야 한다는 것이며, 지도 과정에서는 그러한 학습 상황이 만들어지도록 해야 하는 것이다.

글을 잘 이해하기 위해서는 우선 단어의 뜻을 파악하고, 문장의 구조를 분석하고, 문장의 의미를 파악해야 한다. 그러나 그것만으로 글을 잘이해하게 되는 것이 아니다. 글의 이해를 위해서는 글 속의 여러 부분들의 관계를 파악하고 글 내용과 독자의 사전 지식을 상호 작용시켜야 한다. 이것은 텍스트 속의 여러 가지 사실, 사건, 생각들을 연결시키는 것이며, 그리하여 그들의 결속구조(coherent structure)를 파악하여 기억 속에표상하도록 하는 것이다. 독자가 기억 속의 텍스트 정보를 회상해 낼 때에 아무렇게나 무질서하게 하는 것이 아니다. 회상해 낸 정보들은 분명히 나름대로의 어떤 체계를 가지고 있다. 이는 독자들이 그들의 기억 속에 정보들을 체계적으로 표상하는 것에 다름 아니다. 그것이 체계적으로 표상되어 있지 않은데 회상이 체계적으로 될 수는 없는 것이다.

텍스트의 정보가 결속 구조를 가지고 있다는 것은 여러 가지 텍스트의 요소들이 내적으로 의미 있는 관계를 가지고 있음을 뜻한다. 독서의 과정에서 이러한 텍스트의 결속 구조를 파악하는 학습은 의미의 이해를 위해 중요하다. 텍스트의 결속 구조를 파악하는 학습은 의미의 이해와 유기적으로 연결되도록 계획되고 이루어져야 한다. 글의 구조 파악이 지나치게 기계적이거나 맹목적으로 이루어져서는 안 된다. 특히 글의 구조 파악이 의미 이해에 왜 중요한지를 인식하지 못하는 미숙한 독자의 학습 지도에서는 더욱 그러하다. 글의 구조와 내용 구조의 유기적 관계를 인식하고 이를 글의 내용 이해에 적용하는 읽기 학습은 중요하다. 특히 기억해야 할 지식이 많은 글의 읽기에서는 더더욱 그러하다. 여러 가지 지식들의 유기적 관계를 이해하지 못한 상태에서 그들을 기억하는 것과 유기적 관계를 인식하면서 그들을 기억하는 것은 커다란 차이가 있다.

4. 독서 교육 지원시스템의 방향

(1) 도서 선정의 다양화

학생들이 읽어야 할 책을 선정하는 도서 선정의 방법으로 대표적인 것은 필독도서와 권장도서가 있다. 이 때 도서 선정은 학년별 수준별로 선정되어야 하는데, 요즈음 같이 수많은 책이 발간되는 시대에는 그 선정 자체가 쉽지 않다. 그 많은 책을 읽고 선정한다는 것이 간단하지 않다. 더구나 수준을 고려해야 하는 것도 어려움을 더한다. 그래서 권장도서 혹은 필독 도서 목록은 학생들에게 읽을 책을 고르는 어려움을 덜어 준다. 학생들에게 다소 흥미 없는 도서가 선정된다 하더라도 교육적으로 그 의미가 적은 것이 아니다(한철우 외, 2001).

권장도서나 필독도서의 문제점을 보완할 수 있는 도서 선정의 방법으로 자기선택 독서가 있다. 학생들 스스로 선정하는 것인데, 독서클럽 활동에서는 클럽의 구성원들이 의논하여 읽고 싶은 책을 스스로 선정할 수 있다. 주제별 도서 선정, 청소년 문제(독서치료의 관점에서)별 도서 선정도 또 다른 도서 선정의 방법이며, 학생들의 흥미 있는 독서를 가능케 하는 방법의 하나라고 할 수 있다. 자기선택 독서는 개인적으로 선택할 수도 있고, 독서클럽을 조직하여 모둠원들이 의논하여 책을 선택할 수도 있다. 주제중심 독서, 장르중심 독서 등은 자기선택 독서의 한 가지 방식이 된다.

주제 중심 독서는, 작품의 주제 또는 요소에 따라 단원을 설정하여 책 읽기를 하는 것이다. 단원의 주제는 작가가 될 수도 있고, 등장인물의 유형이나 장르가 될 수 있을 뿐만 아니라 취미, 우정과 사랑, 정직, 공동체 의식 등 다양하게 정할 수 있다. 주제 중심으로 독서를 하면, 설정된 주제를 여러 각도에서 생각해 보고 그 결과를 내면화로 연결시키기에 좋다.

작가 중심 소설지도 방안은 비평의 역사·전기적 연구방법과 통한다고 볼 수 있다. 요즈음 문학의 감상의 경향은 작품 그 자체의 의미를 중시하지만, 상당수의 문학작품들은 여전히 그 작가의 체험과 경험에서 우러나온 작품의 해석을 통해 그 이면의 의미를 전달하고 있다. 이런 관점에서 작가 중심 소설지도는 그 작가의 작품 전반을 이해하는 훌륭한 방법이 될 수 있다. 작가 중심 소설지도에서는 그 작가의 전기적인 연구를 중시한다.

학교에서는 독서 행정의 효율화, 가시화를 위해서 권장도서나 필독도서를 선호하는 편이지만, 번거롭더라도 다른 도서 선정의 방법으로도 보완하여 도서 선정의 방법을 다양화할 필요가 있다.

(2) 독서 시간의 확보

독서인증제가 학생들의 독서를 자극하고 독서량을 늘리는 데 일정 부분 기여하겠지만, 책을 읽을 여러 가지 여건을 마련해 주지 않고 단순히 책을 읽었느냐의 결과만을 확인하는 데에 초점을 둔다면 학생들의 부담을 가중시키게 될 것이며 결국에는 예상치 못한 부작용을 가져올 가능성에 주의를 기울여야 할 것이다.

학생들은 학교의 수업을 마친 이후에도 여러 학원을 전전하거나 학교 과제를 해결하느라 책을 읽을 시간이 절대적으로 부족하다. 독서는 또 하나의 학습 부담이 될 염려가 있다. 독서가 학습 부담이 되지 않게 하려면 즐거운 독서가 되도록 해야 하는데, 독서 자체가 다소간의 인지적 노력을 해야 하는데다가 텔레비전 시청이나 컴퓨터 게임처럼 부담 없고 재미있는 것은 아니다. 그러므로 매일 혹은 2일에 한 번씩 30분 정도의 독서 시간을 확보해 주어 여유로운 독서가 될 수 있도록 배려해 줄 필요가 있다. SSR(Silent Sustained Reading)은 이러한 독서 시간을 확보해 주는 프로그램 중의 하나이다(Gunning, 1996).

독서 시간의 확보는 학교에서의 독서 시간 확보만으로는 부족하다. 가정에서도 독서 시간을 가질 수 있도록 부모의 협조를 구할 필요가 있다. 가정통신문 발송, 학부모 협의회 등을 통하여 독서의 중요성, 교과학습과 독서의 관련성, 대학입시에서의 독서와 논술의 중요성 등을 학부모를 이해시킴으로써 자발적으로 독서를 할 수 있게 하는 일들이 필요하다. 이는 물론 학생들의 이해가 우선이다. 학교에서는 또한 교과별 과제를 학교 차원에서 적절히 조절해 주어 학생들의 학습 부담을 덜어 줄 필요가 있다.

가정과 학교에서의 독서 시간 확보는 막연히 얘기되는 것보다는 구체

적으로 요일과 시간을 정하도록 권장되어야 한다. 어느 날 어느 시간에
는 학교와 가정 모두가 독서를 하는 시간을 갖도록 해야 한다.

(3) 교과와 연계된 독서 지도

독서 동기 이론에 의하면, 독서의 결과가 학생 자신들에게 직접적인
도움을 가시적으로 실감나게 느낄 때 독서를 잘하게 된다고 한다. 교과
와 관련시켜 교과 학습에 실질적인 도움이 되는 방향으로 독서가 이루
어진다면 학생들의 독서에 대한 호응이 높아질 것이고, 독서 지도에 다
소 소극적일 수밖에 없는 여러 교과 교사들을 독서 지도에 참여하게 할
수 있다(Cramer, 1994).

그런데 교과 학습과 직접적으로 관련되도록 하려면, 독서 자료가 교과
의 구체적인 단원과 관련되어야 한다. 현재와 같이 교과별로 권장도서
몇 권을 지정하여 제시하는 것은 교과 독서에 미치는 영향이 미미하고,
그 참여도 또한 미흡할 수밖에 없다. 교과 관련 독서를 보다 강력하게
추진하기 위해서는 교과의 단원별로 독서 자료를 만들어야 한다. 교과
단원별 독서 자료는 단원의 내용과 직접적으로 관련 있는 만화, 소설(혹
은 동화), 논설, 기행문, 시와 수필 등의 읽기 자료를 모아 편집하여 교과
별 독서 자료집을 만들어 제공할 수 있다.

(4) 다양한 독후활동 및 평가 방법의 개발

독일에서는 독서 지도에서 다양한 독후활동을 하고 있다. 책을 읽고
단순히 독후감만 쓰는 것이 아니라 소설의 결말 다시 쓰기, 소설의 배경
이 된 역사를 재구성하기, 소설의 배경이 되는 지리 익히기, 등장인물의

캐릭터 비교하기 등 창의성이 필요한 다양한 과제가 주어진다. 단순히 독서량이 많은 것뿐 아니라 스스로 생각하기를 중시하기 때문에 어려서부터 집중적으로 책을 읽어온 학생이 유리하도록 되어 있다. 또한 ZDF와 협력하여 컴퓨터 게임을 통해 전 세계 책 여행을 할 수 있는 프로그램 등을 추진하고 있다. 이 게임을 통해 학생들은 뉴미디어를 배우고 활용하는 즐거움뿐 아니라 게임을 진행하는 동안 230여 개 이상의 책 제목을 습득하는 효과도 있어 많은 교사들이 적극 활용하고 있다. 또한 유명작가인 모니카 페스(Monika Feth)에 의해 만들어진 캐릭터(테살리노와 테살리나)를 이용해 교사와 초등학교 어린이들이 스스로 이야기를 구성하고 색칠하는 경시대회를 열어 아이들을 독서로 이끌고 있다. 이와 같이 독일은 줄어들고 있는 독서량을 늘이기 위해 그 동안 '독서의 적'이라고 생각했던 텔레비전, 인터넷, 게임 등을 독서수업에 적극 활용하고 있다.

사실 우리나라 초등학교에서도 지금은 놀라울 만큼 다양한 독후활동을 하고 있다. 이는 학생들이 재미있는 독서 경험을 갖게 하여 긍정적인 독서 태도를 갖게 한다. 그러므로 독서 결과를 획일적으로 측정 평가하려는 시도는 최소한에 그쳐야 하며, 다양한 독후활동을 통하여 이를 보완해야 한다.

다양한 독후활동은 독서의 재미를 배가시키고, 아울러 독서를 통한 사고의 폭과 깊이를 증가시킨다(한철우 외, 2001). 그 동안의 독서 결과를 점검하는 전통적인 방식은 독서 감상문 혹은 질문응답 등의 단순한 방식이 거의 전부였으며, 이는 독서의 결과를 단순하고 효율적으로 점검하는 방식이어서 학교 현장에서 선호되어왔지만, 독서를 촉진하는 방식은 되지 못하였으며 오히려 독서에 대한 흥미를 상실하게 하는 결과를 초래하였다.

독서의 경험은 중요하다. 독서의 경험은 감동적이고 울림이 있는 독서가 될 때 학생들로 하여금 평생 독서자가 되게 할 수 있으며, 오래도록 독서의 즐거움을 간직하게 할 수가 있다. 그 활동이 다소 복잡하고 평가에 어려움이 예상되지만 이상적인 독서 지도를 위해서는 불가피한 상황임을 인식해야 한다. 독서 지도에서 학생들이 진정한 독서를 하게 하려면 지나치게 결과 점검의 효율성만을 추구하거나 독서의 과정을 단순획일화하거나 해서는 안 된다.

독서 활동의 평가가 그 과정이나 평가 기준이 복잡할 것이 예상되지만, 평가의 객관성과 타당성 확보를 위해서는 도구개발과 평가에서 그만한 노력이 이루어져야 한다. 우리와 같이 평가가 다른 무엇보다도 지대한 영향을 미치는 학교 현실을 고려할 때, 평가 도구의 개발과 평가의 객관성 타당성, 신뢰성이 확보되도록 완전을 기한다면 독서의 활성화에 커다란 기여를 할 것이다.

(5) 청소년 인성지도와 독서 지도

독서를 통하여 청소년 인성 지도를 할 수 있다. 독서의 목적이 근본적으로는 인성의 함양에 있으므로 청소년 문제의 현상을 파악하고 이에 대처하는 하나의 방안으로 독서활동을 연계하는 것은 독서 지도 효과의 가시화를 위해서 그리고 청소년들이 독서를 통한 감동과 변화를 체감케 하기 위해서도 필요하다. 더 나아가 경우에 따라서는 독서치료와 같은 더 적극적인 방법을 생각할 수도 있다.

독서가 인성 형성에 큰 영향을 끼친다는 것은 누구도 부정하지 않는다. 사람은 독서를 통해서 자기를 구축하며 진실한 자기를 찾고 완성한다. 인간의 요체는 육체에 있지 않고 정신에 있기 때문이다. 독서는 정신 도야를 통한 인성의 완성에 중요하게 기능을 한다. 독서는 자기 교육의 중요한 수단이고 자기 변혁의 수단이다. 인성이란 유전적 생득적인 것이 아니라 사회적인 조건 속에서 형성되는 사회적 태도인데, 인간의 사회적 태도는 바로 독서를 통해서 길러진다(김수남 1987).

독서가 인성 형성에 미치는 영향은, 자기실현을 도와주고 자율성을 조장하며, 자기 이해를 지원하는 데 있다. 독서는 독자로 하여금 기대하는 목표를 끊임없이 지향하게 할뿐만 아니라 그 목표를 명확하게 하는 일도 한다. 인간과 관련된 본질적인 질문과 관련하여, 어떤 사람의 생애를 묘사한 전기라든지 사람의 있는 그대로의 모습을 다룬 문학 작품 그리고 미담 등의 이야기를 통해서 독자로 하여금 인생관이나 세계관 또는 자기 생활의 진로를 발견하게 해 준다. 독서와 독서 지도는 저자의 사상이나 경험을 인쇄 매체를 통해서 전달해 주는 것이다. 이것은 곧 다른 사람의 경험을 내면화하는 것이기 때문에 자율성이 또한 절대적으로 요청된다. 이 자율성이 발달되지 않으면 독서와 그 지도는 목적을 충분히 달성할 수 없다. 독서의 일정한 단계에 이르게 되면, 독자는 자기 경험의 명확한 의식적인 자기 통제가 가능해진다. 따라서 자기 이해를 깊게 할 수 있으며 있는 그대로의 자기 모습을 인정할 수 있게 된다. 이른바 자기 수용의 태도가 형성되는 것이다. 독서와 독서 지도는 독자의 이러한 자기 이해와 자기 수용 태도를 기르는 데 중요한 역할을 담당한다. 왜냐하면 자기 이해는 다른 사람을 이해하는 과정에서 달성할 수 있는데, 그것은 다른 사람의 이야기를 읽는 '독서'를 통해서 가능하기 때문이다. 독서를 통하여 자기를 이해하는 것은, 독자의 정신적 건강을 유지하게 할뿐만 아니라 지성적인 인간으로 성장 및 활동할 수 있는 기초를 제공해 준다.

청소년 문제에 대응하는 독서 지도가 소수의 문제 학생을 위한 독서 지도로 오해되어서는 아니 된다. 어떤 학생이건 공통적으로 청소년기의 문제를 가지고 있으므로 이를 탐색·적시하고 관련되는 책을 제시하여 지도한다. 이 때의 독서 지도는 혼자 읽게 하는 것보다는 독서 클럽과 같은 모임을 구성하고 독서 토론 등 다양한 독서활동을 하도록 권장되어야 한다. 독서클럽 활동은 인성지도만이 아니라 의사소통 능력, 협동심, 문제해결력 등을 길러줄 수 있는 방안이다. 또한 독서기행, 다양한 학교 독서 행사 등을 통하여 독서클럽 활동을 적극 뒷받침해 줄 필요가 있다.

(6) 독서 전담 부서의 설치 운영

독서인증의 목적은 학생들이 독서를 잘하도록 자극하는 데에 있어야 한다. 체계적인 독서 지도 없이 독서의 결과만을 점검하는 독서 인증은 독서에 상당한 부담을 느끼게 하거나 싫증을 느끼게 할 수 있다. 흔히 독서 지도가 행정의 효율성을 앞세우거나 독서 결과의 향상에만 집착하여 독서인증의 단순화, 수량화를 추구한다면 교사와 학생들의 독서에 대한 태도를 악화시킬 뿐이다. 독서인증의 다양화와 아울러 치밀하고 체계적인 독서 지도가 선행되어야 독서인증의 효과를 극대화할 수 있는 것이다.

독서 지도의 체계화를 위해서는 학교에 독서 지도 전담부서가 설치되어야 한다. 학교 독서 지도 계획과 실천이 한두 사람의 담당 하에 이루어지는 것은 독서 지도의 부실화나 형식적 실천에 이르게 한다. 학교에 독서부장을 두고 독서전문가 두세 사람을 두어 학교 독서를 이끌어야 한다(한철우 외, 2001). 현재와 같이 한두 사람(그것도 대부분 국어교사)을 두고 독서 지도를 하면, 다른 교과 교사들은 독서 지도를 수동적으로 따라오거나 오불관언하는 태도를 가지게 한다.

학교에는 독서 지도를 전담하는 독서전문가가 거의 없다. 학교마다 사서교사 혹은 준사서 교사가 있지만 이들이 주로 하는 업무는 도서 관리에서 크게 벗어나지 못하고 있는 실정이다. 그러므로 독서 전담 부서(가칭 '독서부' 혹은 '독서 지도부')를 두고 독서 연수를 받은(혹은 독서 지도 연수후) 교사를 배치, 학교 독서 지도의 체계화를 기할 필요가 있다. 경우에따라서는 30학급이 넘는 대규모 학교에서 한두 명이 독서 지도를 담당하고 있으나 이는 업무 과중의 문제에 그치는 것이 아니라 독서 지도 그자체를 획일적으로 혹은 지나치게 결과 중심, 행정적으로 처리하는 부작용을 낳을 우려가 있다. 도서 선정, 독서 행사, 독서 평가 등을 분담하여맡을 교사를 여러 명 배치하여 독서 지도 연간, 월간 계획 등을 수립하는 방안이 있을 수 있다.

제5장 ▌ 학교 독서 지도의 방향과 과제

우리가 어릴 때부터 귀에 못이 박히도록 듣는 소리 중의 하나가 바로 책을 읽으라는 것이다. 우리는 학생들에게 책을 읽으라고 한다. 또 성인 들에게도 책을 읽으라고 한다. 그런데 학생과 성인 모두 좀처럼 책을 읽 으려고 하지 않는다. 우리나라 성인의 연평균 독서량은 9.6권으로 이는 성인 1인당 한 달에 한 권의 책도 안 읽는 셈이 된다. 한편 우리나라 학 생의 월평균 독서량도 일본의 학생에 비해 훨씬 뒤떨어진다(한국 : 초 4.2 권, 중학생 0.9권, 고등학생 0.7권 ; 일본 : 초등학생 5.4권, 중학생 1.8권, 고등학생 1.2권). 우리나라 사람이 일본 사람에 비해 책을 덜 읽는 것도 문제이지 만 나이가 들수록 학년이 올라갈수록 책을 덜 읽게 된다는 것이 더 큰 문제일지도 모른다(김경희, 1995 : 15).

독서 태도에 영향을 미치는 중요한 요인은 독서 결과 및 독서 경험에 대한 독자의 인식이다. 이 요인들은 개인이 독서 행동으로부터 유래되는 데, 어떤 것은 환경적이나 다른 어떤 것은 개인의 독서 경험에서 비롯된 다. 그러나 여기에서 중요한 것은 개인의 독서 경험이다.

과거의 독서 경험 즉 '독서 행동'이 독서 태도에 중요하게 작용한다.

이것은 매우 직접적이고도 중요한 요인으로 꼽히는데, 일반 심리학에서 행동은 태도와 가장 직접적으로 연결되어 있다고 한다. 독자가 독서 행동에서 새로운 것을 알아 가는 인지적 만족을 느꼈거나 즐거움이나 감동과 같은 감정적 만족을 맛보게 되면 독서에 대한 그의 태도는 긍정적으로 변화된다는 것이다. 독서에 대한 좋은 경험뿐 아니라 나쁜 경험도 그대로 태도에 영향을 주어 독서에 대한 부정적인 태도가 강화된다.

불만족스런 독서 경험은 독서 태도를 악화시키며, 만족스런 독서 경험은 반대로 긍정적인 독서 태도를 강화시킨다. 독서 행위를 잘 해내거나 읽고 난 후의 결과가 좋을 것이라는 믿음은 독서에 대해 자신감을 갖게 하고, 독서에 대한 거부감을 감소시켜 긍정적인 태도가 강화된다. 반면에 자신이 독서를 잘 해내지 못할 것이라는 독자의 생각은 독서 상황을 회피하고 싶어 하는 감정을 유발시켜 독서를 거부하게 되어 독서에 대한 태도가 점점 부정적이 되어 가는 것이다. 나이가 들어가면서 다른 여가 활용 방법과 독서가 갈등을 일으키며, 독서보다는 다른 놀이를 선택할지도 모른다. 그래서 독서에 대해서도 비우호적으로 바뀌게 된다.

그런데 학교 독서 교육과 독서 지도의 실태는 어떠한가? 한국의 제도권 교육에서 발견되는 독서 지도 실태 중에는 몇 가지 우려할 만한 점이 발견되고 있다. 첫째는 방관적인 동시에 형식적인 독서 환경의 문제이다. 가정에서든 학교에서든 학생들에게 무조건 읽으라는 식의 강요된 독서 지도 형태가 난무하고 있다. 텍스트를 선정해 주는 일에서부터 읽는 방법과 독서 감상문을 작성하는 일에 이르기까지 독서에 대한 체계적인 지식이나 정보를 주지 않은 채 스스로 알아서 읽고 감상문을 써오라는 식의 주문이나 지시가 비일비재하다. 둘째는 비체계적이고 비단계적인 독서 상황의 문제이다. 이러한 무체계성과 무단계성은 독서방법의 문제로부터 독서 텍스트의 정확한 수준별 내용별 분류 문제와 단계화의 문제를 모두 포함한다. 독서의 체계화와 단계화 전략은 궁극적으로 학생들이 '어떤 책을, 어느 시기에, 어떻게 읽어야 하는가?'의 문제와 관련된다. 이러한 문제는 독서 텍스트의 선정에서부터 독서방법에 이르는 광범한 문제를 제기한다. 셋째는 전문성을 가진 독서 지도교사의 부재 현상도 현장교육에서의 독서 지도를 어렵게 만드는 요인 중의 하나이다. 독서 지도교사는 교사 자신이 훌륭한 독자의 전형이어야 하며 또한 교사는 독서에 관한 여러 가지 새로운 이론도 익혀서 언제든지 실용화할 수 있는 능력을 소지해야 한다.

1. 학교 독서 지도 지원 체제의 확립

(1) 독서전문가의 양성과 교사 연수

독서 지도 전문가는 국어교사의 역할과는 다른 역할을 수행해야 하며, 그 중요성에 비추어 볼 때 윤리주임이나 연구주임처럼 독서주임을 두어 학교 독서 지도를 총괄 조정해야 한다. 독서 주임 아래에 여러 명의 교사를 계원으로 둘 수 있으며, 독서 부진아 지도와 독서 영재아 지도, 학교 차원의 독서 지도 연간 계획과 실천 등을 총괄하게 할 수 있다.

독서 전문가(reading specialist)란 독서 부진아(disability) 또는 지진아(retardation)의 독서 문제를 진단하고 교정하는 전문적 지식을 갖추고 있거나, 보통 학생들의 읽기에 대해서 특별히 교육을 받은 교사를 말한다. 그들은 학생을 직접 지도할 뿐 아니라 독서 교육과 관련된 행정적 기능을 담당할 수도 있다. 독서 전문가에는 독서상담사(reading consultant), 독서 지도 코디네이터(reading coordinator), 독서 지도 장학사(reading supervisior)

가 포함된다(Harris & Hodges, 1981).

독서 상담사는 학교 교육과정 운영 과정에서 학교 운영자인 교장, 교감이나 학생들을 가르치는 교사들과 독서 프로그램을 계획하고 실시하는 문제에 대하여 협의하고 상담하는 역할을 하는 독서 전문가를 말한다. 독서 지도 코디네이터는 복잡하고 어려운 학교 독서 지도 프로그램이 잘 운영되도록 협의하고 조정하고 관리하는 역할을 하는 독서 지도 전문가를 말한다. 독서 지도 장학사는 독서 프로그램이 학교 교육과정 운영과정에서 잘 운영되도록 조정하는 독서 전문가를 말한다.

독서 지도 전문가의 역할을 보다 구체적으로 설명하면 다음과 같다(한철우 1999). 첫째, 독서 지도 전문가는 독서 부진아 또는 지진아의 문제를 진단하고 처방하며, 치료하는 역할을 수행한다. 독서 부진아는 가정 및 학교 환경, 개인적 사정 등의 문제로 자신이 가지고 있는 능력보다 독서 능력 발달이 지연되고 있는 학생을 말한다. 독서 지진아는 태아기 부모의 건강, 약물 중독이나 출생 시의 난산 등으로 장애를 일으켜 독서 능력 발달이 지체되고 있는 학생을 말한다. 따라서 독서 지도 전문가는 독서 부진아 문제를 더 중점적으로 다룬다. 독서 지진아의 경우는 독서에 관한 지식 이외에 의학적 지식까지 요구되는 더 깊은 전문적인 분야이다. 둘째, 독서 지도 전문가는 발달적 독서 지도에서 전문가의 역할을 수행한다. 발달적 독서 지도는 독서 능력이 정상적으로 혹은 그 이상으로 발달하고 있는 학생들을 대상으로 보다 효과적인 독서 지도 방안을 연구하고 실천한다. 셋째, 학교 독서 프로그램을 계획하고 운영하는 일을 수행한다. 미국의 경우 독서 프로그램은 진단 계획, 진단 도구의 선정과 실시, 독서 지도 방법의 계획, 독서 교과서의 선택 등에 대하여 학교 운영자, 교과 교사 등과 협의 조정하는 역할을 한다. 우리의 경우, 필독 또는 권장 도서의 선정, 매일 또는 일주일 단위의 독서 지도 계획과 연간 계획, 독서 토론과 책을 읽은 후의 처리, 독서 주간 운영과 독서 대회 등의 학사 운영의 계획과 실시 등을 담당하도록 할 수 있다.

중등학교 독서 지도 전문가는 초등학교 독서 지도 전문가와 그 역할이 크게 다르지 않다. 초등학교 독서 지도 전문가는 초기 독서 지도, 아동문학 독서 자료를 다룬다는 점에서 다소 다를 수 있으나 독서 문제를 진단하고 치료하는 데 필요한 전문적 지식과 기술의 내용은 크게 다르다고 할 수 없다. 그러나 독서 이론을 바탕으로 하는 독서 지도 원리의 줄기가 유사하지만, 지도하는 대상이 다르고 학생의 발달 수준이 다르며, 또 독서 자료가 다르다는 점, 이에 대한 탐구 내용이 다르다는 점에서 중등학교 독서 지도 전문가는 초등학교 독서 지도 전문가와는 다른 전문성을 갖추어야 할 것이다. 그러나 미국의 경우 초등학교 독서 지도 전문가와 중등학교 독서 지도 전문가 과정을 다르게 두지 않고 있으며, 대체로 초등학교에서 독서 지도 전문가의 역할이 더 크다고 할 수 있다. 초등학교 교사는 국어를 포함한 모든 교과를 가르치는 교사라는 점에서 중등학교 국어 교사와는 다르다. 중등학교에서 독서를 지도할 수 있는 교사는 국어 교사뿐이다. 초등학교 교사는 국어가 아닌 다른 내용 교과에서도 독서를 가르칠 수 있지만 중등학교에서는 국어 시간을 통해서만 내용 교과 독서 지도를 할 수 있기 때문이다.

전문성을 가진 독서 지도 교사의 부재 현상은 현장교육에서의 독서 지도를 어렵게 만드는 요인 중의 하나이다. 독서 지도 교사는 우선 폭넓은 독서체험을 경험한 자로서 다양한 교양과 풍부한 독서력을 겸비하고 있어야 한다. 즉 교사 자신이 훌륭한 독자의 전형이어야 하며 또한 교사는 독서에 관한 여러 가지 새로운 이론도 익혀서 언제든지 실용화할 수 있는 능력을 소지해야 한다.

(2) 다양한 학교 독서행사와 독서 지도

학생은 흥미있는 일에 능동적으로 참여할 때 학습이 가장 잘 일어나며, 관심 있는 대상은 먼저 인지하고 지각적 성질을 보존하려는 성향이 강하다. 따라서 독서흥미는 잘 읽도록 지도하는 것보다 선행되어야 할 문제이다. 만약 독자가 낮은 수준의 흥미를 가지고 있다면, 독서를 하는 데 있어서 낮은 수준의 열정만을 쏟을 것이기 때문이다. 흥미를 통하여 독자는 독서에 있어서의 성취수준을 높이고 성취된 행동을 하게 된다. 따라서 학생의 독서흥미에 따라 독서 지도를 해야 함은 자명한 일이다. 학교에서 여러 가지 독서행사나 프로그램을 이용한 독서 지도는 학생의 독서흥미를 고취시켜서 보다 질 높은 독서를 할 수 있을 뿐만 아니라 독서 생활화라는 교육적 목표를 달성할 수 있을 것이다.

가. 독서경시대회

독서경시대회는 독서퀴즈 대회, 동화 구연 대회, 독서왕 선발대회, 내가 좋아하는 인물 말하기 대회, 독서감상화 그리기 대회 등을 독서 경시 행사로 동시에 개최할 수 있다.

학생은 경험하고 보고 듣고 읽고 쓰고 생각하며 지식과 정보를 습득한다. 이 중에서 읽고 쓰고 생각하는 힘은 저절로 얻어지는 것이라기보다는 학생의 성장과 발달 단계에 따라 계획적으로 진행될 때 더욱 효과를 얻을 수 있다. 이러한 관점에서, 어른과 교사는 학생의 눈높이에서 본 견해에 따라 학생의 교육에 관여할 수 있어야 한다. 독서 지도 역시 이러한 교육의 일환으로 보다 체계적이고 과학적으로 조직, 실행되어져야 한다. 그러기 위해서는 어른의 결정이 아닌, 학생의 흥미가 무엇인지를 먼저 파악해야 한다. 그리고 그 흥미가 옛날과는 어떻게 달라지고 있는가를 살펴보아야 한다.

독서경시대회의 여러 프로그램들도 더 연구가 계속되어 수정되고 발전되어야 할 것이다. 그리고 독서경시대회는 다른 경시대회가 갖는 경쟁의 의미에서 벗어나 축제의 의미로 받아들여져야 할 것이다. 즐거운 마음으로 대회에 참가하고 대회에 참가했던 기억이 좋은 추억으로 남아야 독서흥미의 내면화라는 기존의 목표를 달성할 수 있기 때문이다.

나. 독서 방송

영상 매체에 익숙한 학생들에게 독서에 대한 관심을 고취시키고 독서 동기를 유발하는 방법으로 학교의 교내 방송을 이용하는 방법이 있다. 각종 독후감 대회 소식, 교내·외 독서 관련 행사 등 독서 활동에 관한 다양한 정보를 안내함으로써 보다 빠르게 독서 관련 소식을 홍보할 수 있고, 학교 도서실 관련 소식이나 일반 도서관의 이용 정보를 안내해 주어 독서에 대한 관심을 불러일으키고 보다 효율적으로 도서관을 이용하게 할 수 있다.

교내 방송 시설을 이용해 방송하면, 활자매체보다 학생들의 흥미와 관심을 쉽게 불러일으킬 수 있다는 장점이 있다. 책을 많이 읽게 하는 독서 지도도 중요하지만 어떤 책을 읽게 할 것인가도 매우 중요하다. 한 권의 책이 인생의 등불이 되고 평생의 진로를 결정할 수 있는 계기가 되는 것이다. 그런 의미에서 좋은 책에 대한 관심을 높여주고 스스로 좋은 도서를 선택할 수 있도록 꾸준히 주의를 환기시킬 필요가 있다.

- 독서관련 소식의 신속한 안내를 통한 자발적 독서 분위기 형성
- 도서관 이용 안내 및 소장 도서 소개를 통한 도서관 홍보, 효율적 이용 유도
- 권장 도서, 신간안내를 통한 독서 동기 유발

- 독서 감상의 발표, 독서 활동의 소개를 통한 독서 분위기 고취 및 장려
- 학생, 교사, 학부모가 함께 하는 열린 독서의 장

다. 독서신문 만들기

신문은 우리 일상생활에서 가장 쉽게 접할 수 있는 대량 인쇄매체로서 문자와 그림(사진)을 통해 시각적으로 내용을 전달한다. 신문의 기능은 일반적으로 보도적 기능, 지도적 기능, 오락적 기능, 광고적 기능으로 나뉘는데, 근래에는 신문을 학습 자료로 활용하는 신문학습과 독서 감상을 신문형식으로 표현하는 활동이 활발하다.

독서신문은 독서 감상을 신문형식을 도입하여 표현하는 활동으로 작품을 현장감 있게 표현하고 작품에 대한 다양한 접근과 해석을 가능하도록 해 준다. 또한 작품을 작품 자체로 해석하는 데 그치지 않고 현실과 관련하여 이해하는 데 크게 기여하며, 작품을 기사화하거나 그에 따른 해설, 사설 등의 표현을 통해서 글 쓰는 능력까지 향상하게 하는 이점이 있다.

독서신문 만들기는 글을 읽고 특정한 절차와 교사의 직접 교수에 따라 다양한 방식의 독후활동을 통해 자신의 생각이나 느낌을 표현한다는 점에서 '읽기·쓰기 통합 활동'에서 이론적 근거를 찾을 수 있다. 또한 독서신문은 개인이 제작하는 경우보다 학교 활동을 통해 모둠별로 혹은 가족 구성원끼리 제작을 하는 경우가 많다. 이렇게 다수의 인원이 하나의 팀을 이루어서 역할을 분담하고 서로의 의견을 수렴하고 조율해서 활동을 하기 위해서는 무엇보다 구성원간의 협동심이 요구된다. 따라서 독서신문 만들기에 있어서 또 하나의 이론적 근거는 '협동학습'에서 찾을 수가 있다. 이 외에도 독서신문 만들기는 학습자가 자신의 흥미와 수

준에 맞고 자신이 하고자 하는 활동에 적합한 책을 선택하여 읽는 '자기 선택적 독서', 읽기를 학습자의 다양한 경험이나 지식과 관련된 활동을 통해 학습자가 주체적으로 의미를 구성해내는 과정으로 보는 '활동 중심 읽기'에서도 이론적 근거를 찾아 볼 수 있다.

라. 독서기행

독서 기행 또한 독서가 중요하다는 것을 알면서도 독서하지 않는 현실을 개선하는 한 가지 방법일 수 있다. 독서기행을 통해 읽기에 대한 흥미를 불러일으키고 다양한 체험의 기회를 넓힘으로써 인식의 범위를 확대하여야 한다.

독서활동이 대체로 제한된 공간에서 정적으로 이루어진다면, 독서기행 활동은 야외에서 동적으로 이루어지도록 하여 독서한 내용에 대한 내면화 과정을 심화시켜야 한다. 독서기행은 한창 왕성하게 활동할 발단 단계에 있는 학생들의 지적 호기심을 자극하여, 독서 활동에 대한 동기를 높이고, 의식을 성장하고 변화시키도록 도와 줄 것이다. 그리하여 학생들이 책을 읽고 독서기행 활동을 통해 읽은 내용에 대한 인식을 넓혀 평생 독자가 되도록 하는 것이 목적이다.

독서기행 활동은 작품을 읽고 학생들이 직접 작가나 작품 배경을 체험 학습하도록 한다. 그럼으로써 학생들의 공동체 활동의 기회, 작가와의 만남과 대화를 통한 자기 발전의 기회로 삼을 수 있는 현장체험 학습의 일환으로 실시 될 수 있다.

(3) 인터넷과 독서 지도

인터넷이라는 가상공간은 우리에게 새로운 형태의 커뮤니케이션 매체로서의 기능을 하고 있으며 이의 대표적인 형태가 바로 컴퓨터 통신이다.

정보화 사회의 등장으로 커뮤니케이션 기술의 급속한 발전과 디지털 미디어의 발달을 배경으로 청소년들의 정보 습득 방법과 의사소통 방법은 그 모습이 이전의 것과는 확연히 달라졌으며 그로 인해 청소년들의 성향도 많이 변화되고 있다. 따라서 컴퓨터를 매개로 한 새로운 커뮤니케이션 구조를 이해하는 일은 청소년들의 사고와 문화를 이해하는 데 선행되어야 할 작업이라고 할 수 있다.

매체 환경의 변화에 발맞추어 '독서'의 대상을 확장한다고 할 때 빼놓을 수 없는 것이 바로 인터넷상에서 무한정 얻을 수 있는 전자텍스트이다. 매우 구체적인 목적을 지닌 과제를 해결하기 위해 광범위한 자료를 검색하고, 조직하고, 재구성하는 활동이 될 때, 그것은 의미 있는 활동이며, 나아가 학습의 효과로도 이어질 수 있다. 학습자의 개별학습에서 인터넷은 좋은 환경을 제공하며, 인터넷 사용자 모두가 정보의 제공자이면서 소비자이므로 교수-학습에서 학습자는 개인적인 요구를 바탕으로 스스로 배워나가게 된다. 정보를 효과적으로 검색하고 수집하는 능력과 수반된 자료를 이해할 수 있는 능력을 갖추고 있는 학습자에게 인터넷은 말 그대로 '정보의 바다'가 될 수 있다. 그러므로 문제 상황에 부딪혔을 때 인터넷을 이용하여 효과적으로 정보를 찾고, 찾아놓은 정보를 정리하고 분류하며 종합하여 자신에게 필요한 것으로 만드는 능력을 학습자들에게 찾아주어야 한다.

인터넷의 교육적 활용의 의의를 학습자의 측면에서 살펴보면 다음과 같다.

첫째, 학습자들은 인터넷을 통해서 교실 밖 실세계의 경험과 정보를 접할 수 있다. 즉 인터넷은 학습의 장을 확대시키는 효과를 가져온다.

둘째, 인터넷을 이용하여 학습자들은 단순히 결과적인 지식을 전달받는 것이 아니라 스스로 자료를 찾고 다른 사람들에게 조언을 구하는 등의 경험을 통해 지식을 구하는 과정이나 방법을 배울 수 있다.

셋째, 실제 조사나 탐구과정에서 실세계의 여러 사람들로부터 얻어진 현장의 정보나 지식들을 활용하여 학습자들은 실세계의 문제 해결방법을 배울 수 있다.

넷째, 학습자들은 컴퓨터망을 통해서 연결된 여러 학습자들과 협력하고 상호작용적 활동을 할 수 있다.

다섯째, 인터넷을 이용하여 학습자들은 시간과 장소에 구애받지 않고 학습할 수 있다.

여섯째, 신체장애나 학습장애 등으로 정규 교육 환경에서 학습할 수 없었거나 학습 자원에 접하기 어려웠던 학생들에게 다양한 학습 경험을 제공해 줄 수 있다.

인터넷 환경을 기반으로 하는 지식기반 사회에서는 정보가 한층 중요하게 취급되며, 정보량이 엄청나게 증대되고 그만큼 빨리 소멸되는 특성이 있다. 그리고 정보의 단순 수용보다는 능동적인 이해를 요구하고 있으며 정보의 질이 한층 더 깊어졌고 정보가 표출되는 형태가 다양해졌다.

이러한 경향은 독서 교육에 중요한 변화를 요구하고 있다. 즉, 독서 교육을 통해서 올바른 정보와 그렇지 않은 정보를 구별해 낼 수 있는 능력, 자기의 목적이나 상황에 따라 가장 적절한 정보를 선택할 수 있는 능력, 좀 더 지속적인 가치를 지닌 정보를 파악할 수 있는 능력 및 적절하게 정보를 선택·사용하는 능력을 길러줄 것이 요구된다. 현대 사회에 들어 정보가 중요하게 취급된다는 것은 곧 독서 교육의 중요성으로 이어진다.

2. 학생 독서 지도의 방향

(1) 책의 자율적 선택과 독서 지도

독서의 체계화와 단계화 전략은 궁극적으로 학생들이 '어떤 책을' '어느 시기에' '어떻게 읽어야 하는가'의 문제와 관련된다. 이러한 문제는 독서 텍스트의 선정에서부터 독서방법에 이르는 광범한 문제를 제기한다. 그러나 우리의 현실에서는 학교의 독서 지도와 관련한 실제적인 학문적 논의가 부족한 것이 사실이다. 인지적 발달 순서를 고려하여 각 발달단계에 적합한 독서 계획을 정립할 필요가 있다. 독서 지도와 관련지어 초등학교 저학년에서는 무슨 책을 어떻게 읽고, 또 중학교와 고등학교에서는 어떤 책을 어떻게 읽어야 하는지에 대한 폭 넓은 연구와 구체적인 독서 지도 방법이 현장교육에 적용되지 않고 있는 것도 문제이다.

우리의 경우는 청소년만을 대상으로 한 독서 자료 목록이 많지 않고, 그것도 일회적인 선정에 그치고 마는 경우가 많다(한철우 외, 1998). 김승환(1979)이 비교적 이른 시기에 '중고교 선정도서목록'을 학년별로 제시하였고, 한국도서잡지 주간신문윤리위원회(1986)가 사회 저명 인사로부터 청소년을 위한 좋은 책을 추천 받아 '百人百選'을 소개하였다. 그리고, 서울교사협의회(1989)와 전국교직원노동조합(1992)이 현장 교사들이 추천한 청소년 독서 자료를 중·고등학생 수준별로 나누어 제시하고 있고, 한국청소년연구원(1992)도 청소년 독서 프로그램을 위한 '청소년용 읽기 자료'를 제시한 바 있다. 그러나, 이러한 독서 자료 목록들은 명시적이고 체계적인 선정 기준을 기반으로 작성된 것도 아니고, 선정 종수가 각 분야별로 다양하게 제시된 것도 아니다. 또, 그 이후부터 최근까지 계속 이어지는 선정 자료도 아니기 때문에, 오늘날의 청소년 독서 자료로 일반화하기에는 부족한 점이 많다.

학교 독서 지도에서 책의 선정은 독자인 학생의 선택이 아니라 교사가 필독 도서 혹은 권장 도서라는 이름으로 주어지는 책이다. 주어지는 책읽기의 문제는 학생들의 흥미나 인지 발달 정도에 맞지 않을 수도 있다는 것이다. 또한 독서가 자발적이고 능동적인 독서보다는 강제적이고 수동적인 독서가 되기 쉽다. 뿐만 아니라 획일적인 도서의 선정이 되므로 독서 능력에 현저한 차이가 있음에도 똑같은 책이 주어짐으로써 상당한 수의 학생들이 자신에게 매우 어려운 책을 읽게 되는 문제점을 안고 있다.

올바르고 적절한 책의 선정을 위해서는 책에 대한 평가가 있어야 한다. 그 책이 어느 발달 단계의 학생에게 적합한 수준의 책인지가 평가되어야 하는데, 이를 위해서는 책의 수준을 평가하기 위한 가독성 공식의 개발 혹은 가독성 공식을 대체할 독서전문가와 교사의 체계적인 평가가 필요하다. 현재 몇몇 도서에서 자체적으로 학년 수준을 평가하거나 권장 도서 목록의 작성 과정에서 학년 수준을 개괄적으로 제시하는 경우가 있으나 이들이 신뢰할 만큼 체계적인 과정을 거쳐서 이루어졌는가가 의심스럽다.

이러한 현실을 고려할 때, 교육청 혹은 학교 자체적으로 권장도서 목록을 선정하는 경우에 도서 선정의 기간, 도서 선정의 과정, 도서 평가를 위한 전문가 그룹의 구성 등에 있어서 보다 전문적인 사고를 바탕으로 일이 계획되고 추진되어야 한다. 또한 도서 선정은 보다 광범위하고 지속적인 작업 과정이라는 인식에서 출발되어야 한다. 단기간에 효율성만을 앞세운다면 기존의 수백 가지 추천도서 목록과 다를 바가 없는 것이다.

교육청 혹은 학교로부터 주어지는 필독 혹은 권장도서 방식을 보완할 수 있는 방법은 학생에게 책 선정의 선택권을 주는 것이다. 학생 개인이 혹은 독서클럽에서 스스로 자신에게 맞는 그리고 읽고 싶은 책을 선택하게 하는 것이다. 자발적이고 능동적인 독서는 책의 선택으로부터 시작된다.

책의 선택을 돕는 또 하나의 방법은 주제별로 책의 목록을 제시하여 학생들의 책의 선택권을 도와주는 것이다. 물론 초·중등으로 나누고, 초등은 다시 저·중·고 등으로 나누어 여러 영역별로, 주제별로 책을 분류하고 책의 개괄적인 내용을 소개하여 학생 스스로 자신의 적성이나 흥미에 맞는 책을 선택하게 할 수 있다. 이와 같은 방법에는 지정도서 독서, 주제 중심 독서 등이 있다. 지정도서는 여러 가지 선정 기준과 방식으로 선정되어 묶여진 책들이다. 선정된 책들은 화제, 장르 등의 공통 기준에 따라 선정될 수 있다. 지정도서는 스포츠, 등산, 해양 등 화제에 관한 책, 영웅이나 동물 등 이야기의 등장인물이 유사한 책, 전기나 탐정 등 장르가 같은 책들로 구성되어 둘 또는 그 이상의 작품끼리 비교하고 대조하는 독서와 학습을 할 수 있다. 주제 중심 독서에서 주제는 우정, 사랑, 효 등 사회, 과학, 역사 등 여러 교과와 관련되어 선정될 수 있다. 이 독서 지도는 말하기, 듣기, 쓰기, 문학 등을 통합하여 지도하기에 좋으며, 초등학교에서는 다른 교과와 통합할 수도 있다.

(2) 학생의 능동적인 참여와 다양한 독후활동

가정에서든 학교에서든 학생들에게 무조건 읽으라는 식의 강요된 독서 지도 형태가 아직도 지배적이다. 텍스트를 선정해 주는 일에서부터 읽는 방법과 독서 감상문을 작성하는 일에 이르기까지 독서에 대한 체계적인 지식이나 정보를 주지 않은 채 스스로 알아서 읽고 감상문을 써

오라는 식의 주문이나 지시가 비일비재하다. 작품을 읽고 감상문을 써서 제출한 경우에도 교사와 학생이 함께 확인하고 토론하는 교정 과정이 생략됨으로써 방관적 독서 교육의 한 전형을 보이고 있다. 학생들의 독서 활동이 일방적으로 이루어지는 경우 독서에 대한 역동적인 특성이나 이를 통한 사고의 발산 및 읽기의 즐거움에 대한 긍정적인 경험을 내재화하지 못하는 문제점이 있다.

이러한 대표적인 사례로는 형식적인 독서과제의 부과를 들 수 있다. 과제 내용과 결과에 대한 교사의 체계적인 점검과 교정 없이 형식적으로 제출되는 독서과제는 얻는 것보다 잃는 것이 많다. 교사가 독서내용에 무관심할 경우, 학생들의 독서행위와 과제작성 또한 형식적으로 이루어 질 것이 뻔하다. 독서 텍스트를 놓고 교사와 학생이 함께 토론하고 교정해 주는 교육적 토론과 정리의 시간 없이 과제만 부과하는 것은 독서에 대한 흥미를 빼앗고 오히려 독서에 대한 싫증과 혐오감만 심어줄 뿐이다. 평생 동안 책을 가까이 하면서 다양한 독서를 수행해야 할 학생들에게 책에 대한 부정적 인상만 심어준다면 불행한 일이 아닐 수 없다.

이와 같은 학생들의 수동적 독서 태도를 지양하고 능동적으로 독서에 참여하도록 하기 위해서는 독서클럽 활동과 독서 토론을 통한 독서 지도, 독서워크숍을 통한 독서 지도, 다양한 독후활동을 통한 독서 지도 방법을 활성화할 필요가 있다.

가. 독서 클럽과 독서 토론

독서 클럽이란 학생들이 소집단을 구성하고 그 소집단에서 직접 책을 선정하고, 자율적인 방법으로 책을 읽은 뒤, 정기적으로 토의 모임을 갖는 활동이다. 이러한 형태의 독서 클럽은 학교를 중심으로 하며 활동이 구조화되어 이루어진다는 점에서 기존의 독서 클럽이나 사회 운동의 차원으로 이루어지는 일반적인 독서 클럽과는 다소 구별된다. 일반적으로 이루어지는 독서 클럽은 사회 교육이나 교양 교육의 차원으로 진행되지만, 학교에서 학생을 중심으로 이루어지는 독서 클럽은 독서 지도의 차원에서 이해해야 한다.

독서 클럽과 관련하여 가장 확실한 이론적 토대를 마련해준 학자는 비고츠키(Vygotsky)이다. 비고츠키는 언어가 사고의 발달에 절대적인 영향을 끼친다는 점을 밝혔는데, 바로 이러한 비고츠키의 연구가 독서 클럽의 조직과 활동의 구성에 초석이 되었다. 비고츠키의 여러 개념 중에서도 사고 발달에서 언어의 역할, 근접 발달 영역과 더 유능한 타자의 역할, 내면화 등은 독서 클럽의 구성에 큰 영향을 미친 것들이다.

독서 클럽 활동은 학생들의 일상적 언어 경험을 확장시킨다는 장점을 지니고 있다. 학생들이 문식성을 기르기 위해 참여하는 상호 작용의 양과 종류 모든 측면에서 그렇다. 우선, 독서 클럽은 학생들의 문식성 관련 능력을 촉진시켰다. 전통적인 읽기 지도에서는 읽기 '기법'을 가르쳤지만, 읽기의 감상과 즐거움을 가르치는 데는 실패하였다(Walmsley & Walp, 1989). 따라서 독서 클럽에서는 학생들에게 문식성의 신장뿐만 아니라 작품에 대한 감상을 강조한다(McMahon & Rahpael, 1997 : 21).

독서클럽 활동이 보다 활발하고 지속적이며 효과적으로 이루어지기 위해서는 도서 선정의 자율성과 아울러 독서 토론의 체계화와 활성화가 필요하다. 독서 토론의 전략에는 양서탐구토론, 대화식 독서 토론, 토의망식 토론 등이 있다(한철우 외 2004).

양서탐구토론에서 독자는 책을 읽고 해석하며 작가가 말하는 것이 무엇인지를 이해하려고 애써야 한다. 이 해석적 과정이 양서탐구토론의 중심활동이다.

대화식 독서 토론은 야외 카페의 안락한 분위기에서 영화에 대해 자유로운 대화를 하듯이 읽은 책에 대하여 대화를 나누는 독서 토의이다.

토의망식토론은 작품을 읽고 난 후 흔히 나타날 수 있는 견해의 불일치나 상반되는 의견을 보다 명료하게 하려는 데 목적이 있으며, 이 목적을 달성하기 위해 그래픽보조자료로서 토의망을 이용한다.

나. 독서워크숍

다양한 독서교실이 있음에도 독서 워크숍을 따로 설정하는 것은 독서 자체를 강조하기 위해서다. 수행성이 강한 독서의 경우 실천적인 읽기 경험이 중요하다. 이에 따라 효율적인 읽기 학습을 위하여 읽기 학습의 상황 맥락을 워크숍의 형태로 1학기나 1년 과정으로 조직할 수 있다. 이런 워크숍에서, 수업의 많은 부분은 학생의 실제적 독서 활동과 읽은 것에 반응하는 활동에 할애될 것이다. 워크숍의 가장 놀라운 힘은 학생들에게 읽고 반응할 시간을 제공한다는 것이다. 방과 후 갖가지 활동에 시달리는 학생들의 현실 상황을 고려하여 학교에서 독서할 기회를 제공한다. 워크숍은 독서에 가장 우선권을 두는 환경을 제공할 것이다. 교실은 읽기 자료가 읽혀지고, 분석되고 반응이 공유되는 장(場)이 될 것이다(한철우 외, 2005).

전체적인 의미를 거의 제공하지 못하는 단절된 학습지와 개인적 활동에 근거하기보다, 읽기 기능은 의미가 풍부한 상황에서 자료를 통해 지도되어야 한다. 읽기는 숙련되어야 할 기능의 단순한 나열이 아니라 의사소통과 사고공유의 수단이다.

워크숍을 진행하는 독서교실은 읽기에 적합해야 한다. 대부분 교실에서 간단한 재배치만으로 워크숍의 효과를 강화할 수 있다. 모둠별로 모여 앉도록 한다. 전체 토의를 위해 책상을 타원형이나 반원형으로 꾸미는 것이 구성원에게 소속감을 주는 경향이 있다. 그러한 배열은 장벽을 깨고 읽기 공동체라는 느낌을 쌓는 데 도움을 준다. 어떤 환경의 교실이 건, 될 수 있는 한 많은 읽기 자료로 환경을 조성한다. 가능한 많은 책들, 잡지들, 신문들을 이용 가능하게 한다. 게시판에 정보를 게시하고, 읽기를 촉진하는 분위기를 육성한다. 약간의 아이디어와 노력만으로 가능하다. 그러나 한편 워크숍의 진정한 질을 결정하는 것은 물리적 환경이 아니라 분위기와 수업의 내용임을 기억해야 한다.

활동일지는 워크숍의 중요한 부분을 차지하며 여러 목적을 가진다. 학생들은 읽은 것에 대한 자신의 반응을 적고, 질문에 대답하고, 메모하고, 의견이나 감정을 적고, 스스로 제기한 의문점을 적는다. 활동일지가 학생들의 반응과 메모를 포함하기 때문에 이것은 모둠 만남이나 토의에 필수적이다.

워크숍에 모둠 토의를 활용하는 방법은 다양하다. 한번에 한 모둠을 만날 수 있고―주로 학기초, 이때 교사는 그들 가운데 앉아 역할 모델로서 예를 보인다―동시에 여러 모둠을 만날 수 있다. 모둠 토의는 필요에 따라 매일, 일주일에 2~3번, 일주일에 한 번 만날 수 있으나 학생들이 읽는 자료가 토의할 가치가 있을 때만 만나야 한다. 의미가 풍부한 토의 거리를 가지지 못할 때의 만남은 최근 학교를 둘러싼 잡담으로 토의 수준을 떨어뜨린다.

모둠의 효율성을 높이기 위해 학생에게 특별한 임무를 할당할 수 있다. 모둠을 토의 문제에 집중하게 하는 모둠장, 토의에서 나온 생각들을 받아 적을 기록자, 다른 그룹과 의견을 나눌 발표자를 전정할 수 있다. 모둠을 운영할 책임을 나누어 맡을 기회를 학생들이 각각 누릴 수 있도록 몇 번의 만남 뒤 이런 임무는 교체되어야 한다.

다. 다양한 독후활동

독일에서는 독서 지도에서 다양한 독후활동을 하고 있다. 책을 읽고 단순히 독후감만 쓰는 것이 아니라 소설의 결말 다시 쓰기, 소설의 배경이 된 역사를 재구성하기, 소설의 배경이 되는 지리 익히기, 등장인물의 캐릭터 비교하기 등 창의성이 필요한 다양한 과제가 주어진다. 단순히 독서량이 많은 것뿐 아니라 스스로 생각하기를 중시하기 때문에 어려서부터 집중적으로 책을 읽어온 학생이 유리하도록 되어 있다. 또한 컴퓨터 게임을 통해 전 세계 책 여행을 할 수 있는 프로그램 등을 추진하고 있다. 이 게임을 통해 학생들은 뉴미디어를 배우고 활용하는 즐거움뿐 아니라 게임을 진행하는 동안 230여 개 이상의 책 제목을 습득하는 효과도 있어 많은 교사들이 적극 활용하고 있다. 또한 유명작가인 모니카 페스(Monika Feth)에 의해 만들어진 캐릭터(테살리노와 테살리나)를 이용해 교사와 초등학교 어린이들이 스스로 이야기를 구성하고 색칠하는 경시대회를 열어 아이들을 독서로 이끌고 있다. 이와 같이 독일은 줄어들고 있는 독서량을 늘리기 위해 그 동안 '독서의 적'이라고 생각했던 텔레비전, 인터넷, 게임 등을 독서수업에 적극 활용하고 있다.

사실 우리나라 초등학교에서도 지금은 놀라울 만큼 다양한 독후활동을 하고 있다. 이는 학생들이 재미있는 독서 경험을 갖게 하여 긍정적인 독서 태도를 갖게 한다. 그러므로 독서 결과를 획일적으로 측정 평가하려는 시도는 최소한에 그쳐야 하며, 다양한 독후활동을 통하여 이를 보완해야 한다.

교사가 학생들을 위해서 선택한 읽기 후 활동은 학생들의 읽는 행위뿐만 아니라 학생들의 읽기(글)에 대한 관점 형성에 영향을 미칠 것이다. 교사가 학생들에게 중요한 아이디어에 대해 깊이 생각하고, 느낀 점과 생각한 점을 다른 학생들과 토의하게 하여 내용을 더욱 폭넓게 이해하기 위해 다시 읽어보도록 하거나, 방금 읽은 내용과 이미 알고 있는 지식을 관련시키고, 학습한 내용을 나름대로의 의미 있는 방법으로 활용하라고 지도한다고 가정 해보자. 이때 학생들은 자기가 읽은 글을 즐거움이나 정보의 원천으로 생각할 것이고, 그래서 읽은 내용을 오랫동안 기억할 수 있을 것이다. 학생들은 읽기를 의미 중심의 활동으로서 파악할 것이다. 그와 반대로, 교사가 학생들에게 단편적인 질문들에 답하거나 조용히 학습하도록 하고, 사건의 흐름을 학습지에 단순히 번호를 매기는 활동을 통해 파악하게 하거나, 어휘력을 향상시키기 위해 낱말 퍼즐을 채우라고 지도한다면, 이때 학생들은 작품을 단순히 읽기 기능을 익히는 도구로서만 이해할 가능성이 크다. 학생들은 읽기를 기능 중심의 활동으로서 파악할 것이다.

문학 작품의 다양한 감상을 위한 읽기 후 활동에도 여러 가지가 있다(한철우 외, 2004). 대립척도표는 등장인물이나 특정 개념에 대해 사고할 수 있는 틀을 제공한다. 이 활동은 인물의 특성에 관한 독자의 판단을 요구하므로 학생들은 인물의 행동을 분석해야 한다. 문학보고카드는 등장인물과 그들의 특성에 대해 생각하고 토의할 수 있도록 동기를 유발하는 활동이다. 플롯조직표는 이야기의 구성을 조직하거나 분석하는 시각적인 도구를 이용한 활동이다. 세계문화망은 여러 지역의 문화를 다룬 책의 정보들을 요약하고 조직하기 위한 방법이다. 벤다이어그램은 두 명이나 그 이상의 인물, 사건, 또는 책들을 비교하거나, 등장인물과 독자 자신을 비교할 기회를 준다. 책개요표는 같은 저자 또는 같은 주제를 다룬 책을 조사하고자 할 때 유용하다. 테이블대화는 서로 다른 책에 등장하지만 같은 행동을 하는 인물에 관해 학생들이 서로 의견을 나누는 전략이다.

다양한 읽기 후 활동은 아이디어를 분석, 종합할 수 있게 해주고, 학생들이 학습한 것으로부터 무언가 창조적인 사고를 할 수 있게 해준다. 몇몇 활동은 사전 지식과 새로운 정보를 통합하는 도구가 되기도 하며, 학생들이 책과 저자, 자신의 삶을 서로 관련짓도록 도와줌으로써 그 책 이외의 영역으로까지 이해를 확장할 수 있도록 촉진한다. 이러한 활동들은 아이디어를 잘 조직할 수 있게 하고 모든 학생들이 자신의 생각과 해석을 서로 공유할 수 있는 유익한 토의의 구조를 제공한다.

(3) 교과학습과 연계된 독서 지도

학생들이 독서를 하지 않는 가장 큰 이유는 독서가 교과 학업 성적에 크게 도움을 준다는 인식을 갖고 있지 않다는 데에 있다. 독서를 잘 할 수 있고, 독서 결과가 교과학습에 좋을 것이라는 믿음은 독서에 대한 자신감을 갖게 하고, 독서에 대한 부정적인 인식을 감소시켜 긍정적인 태도를 강화하게 된다. 또한 학교 독서 지도에서 커다란 문제는 독서 지도는 국어과 교사의 전담으로 인식되고 다른 교과 교사들은 이를 외면하거나 부정적으로 생각하여 독서 지도에 소극적으로 참여한다는 것이다. 독서가 교과학습과 연계된다면 여러 교과 교사들의 참여를 적극적으로 유도할 수 있다.

내용교과의 독서는 일차적으로 학습을 목적으로 하며, 특히 교과서 이외의 내용교과 독서 자료는 교과서와 연계해서 학습자의 학습을 쉽게 하고 학습자에게 폭넓은 이해의 기회를 제공하는 것을 목적으로 한다고 볼 수 있다.

하나의 화제에 대해 다양하고 폭넓은 독서를 한 독자는 그 화제의 내용에 익숙하게 된다. 독자들은 다독을 통해 선행지식을 넓힐 수 있고 더 나은 독자가 된다(Jacobson, 1998 : 100). 읽기 전 활동으로 교과서와 관련된 폭넓은 독서를 하게 되면 학습자는 교과서에 집중적으로 제시된 어려운 어휘와 개념에 대해 이미 익숙해져 있기 때문에 교과서의 내용에 쉽게 접근할 수 있고, 나아가 교과서를 넘어서는 학습을 할 수 있는 발판을 마련하게 된다. 즉, 내용교과의 학습을 위해 폭넓은 독서는 매우 유용하다.

교과서와 관련된 독서 자료는 내용과 형식의 면에서 매우 다양하다. 단행본 자료와 신문, 잡지, 소논문, 참고서, 국어사전, 백과사전, 지도책, 인터넷 자료, 교사가 직접 제작한 읽기 자료, 넓게는 영상자료에 이르기까지 무궁무진하다 할 수 있다. 최근에는 상호텍스트 이론에서 이러한 텍스트들에 대한 연구가 활성화되고 있다. 그러나 이 중에서 학습자가 가장 자연스럽게 접하는 텍스트는 일반 서점에서 판매하는 단행본 독서 자료이다. 단행본 자료는 흔히 '책을 읽는다, 독서를 한다.'라고 말할 때 학습자가 읽는 독서 자료이기도 하다.

교과서를 읽는 것과 교과서와 관련된 독서 자료를 읽는 것은 모두 일반적인 독서의 목적과 연결된다. 내용교과 독서는 일반적인 독서의 한 영역이라고 볼 수 있고 일반적인 독서의 목적과 연관지어 그 목적을 생각해 볼 수 있다.

독서를 함으로써 학습자는 읽은 내용을 기억하기도 하고, 스스로 의미를 구성한다. 이때, 학습자가 구성하는 의미는 인지적인 면과 정의적인 면에서의 의미를 뜻한다. 독서한 내용에 대한 인지적인 의미는 텍스트에 있는 내용을 인식하고 해석하며 이해하는 것을 말하고, 독서한 내용에 대한 정의적인 의미는 독자의 심리적인 변화를 말한다.

내용교과 독서는 주로 지식과 정보의 획득을 위한 독서이기 때문에 독자의 인지적인 면의 변화만 추구하는 독서로 생각되기 쉽다. 이는 내용교과 독서 자료가 담고 있는 자료의 성격 때문인 것으로 보인다. 내용

교과 독서 자료는 교과 지식과 관련되며, 이를 이해하기 위한 학습자의 인지적인 노력이 많이 필요하다. 그러나 인지적 노력에 의해 내용교과 독서 자료를 이해하게 되었다 하더라도 학습자는 인지적인 면에서만 변화를 경험했다고 말할 수는 없다.

내용교과 독서 자료는 그 분야가 매우 방대하며, 다루는 내용 역시 객관적인 지식을 포함해서 세상사에 대한 다양한 관점이 드러난 것이 많다. 교과서의 집필자와는 달리 일반도서의 저자들은 자기 자신만의 관점을 가지고 책의 내용을 집필하는 경우가 많다. 같은 내용을 다루면서도 다른 의도를 가진 자료들이 동시에 존재하기도 한다. 이러한 독서 자료를 두루 읽은 독자는 이를 비판적으로 수용하며, 다른 독자와 읽은 내용에 대한 의견을 나누게 된다. 이때 독자는 단순한 정보와 지식의 수용이 아니라 비판적 읽기를 하는 것이다. 이러한 과정에서 독자는 자신의 신념과 가치관, 인생관을 변화시킬 수 있다. 이는 내용교과 독서를 통하여 지식과 정보를 획득한다는 것은 독서의 내용을 단순히 인지하는 것을 넘어서서 학습자가 심리적인 변화를 함께 경험한다는 것을 말한다. 즉, 내용교과 독서 자료를 통하여 학습자는 인지적인 변화와 정의적인 변화를 동시에 경험하며, 지식을 내면화한다고 할 수 있다.

(4) 인성교육과 독서 지도

독서를 통하여 청소년 인성 지도를 할 수 있다. 독서의 목적이 근본적으로는 인성의 함양에 있으므로 청소년 문제의 현상을 파악하고, 이에 대처하는 하나의 방안으로 독서활동을 연계하는 것은 독서 지도 효과의 가시화를 위해서 그리고 청소년들이 독서를 통한 감동과 변화를 체감케 하기 위해서도 필요하다. 더 나아가 경우에 따라서는 독서치료와 같은 더 적극적인 방법을 생각할 수도 있다(한철우 외, 2000).

청소년 문제에 대응하는 독서 지도가 소수의 문제 학생을 위한 독서 지도로 오해되어서는 아니 된다. 어떤 학생이고 공통적으로 청소년기의 문제를 가지고 있으므로 이를 탐색 적시하고 관련되는 책을 제시하여 지도한다. 이 때의 독서 지도는 혼자 읽게 하는 것보다는 독서 클럽과 같은 모임을 구성하고 독서 토론 등 다양한 독서활동을 하도록 권장되어야 한다. 독서클럽 활동은 인성지도만이 아니라 의사소통 능력, 협동심, 문제해결력 등을 길러줄 수 있는 방안이다. 또한 독서기행, 다양한 학교 독서 행사 등을 통하여 독서클럽 활동을 적극 뒷받침해 줄 필요가 있다.

독서는 사람들로 하여금 바람직한 정서와 올바른 가치관을 가지게 하는 데 크게 기여한다. 바람직한 정서란 기쁨과 슬픔, 즐거움과 괴로움을 다른 사람들과 함께 나눌 수 있는 인간적 감수성은 물론, 예술적 감각과 도덕적 심성을 뜻한다. 그리고 올바른 가치관이란 해야 할 일, 또는 바람직한 일이 무엇인지를 분명히 인식함과 아울러 웬만한 어려움이나 유혹에 흔들리지 않고 올바른 방향으로 행동하겠다는 의지를 말한다. 인간의 모든 경험은 어떤 방식으로든 정서와 함께 이루어진다. 어떤 현상의 의미는 그 현상을 표현하는 데 사용되는 언어에 의하여 결정된다. 인간이 사용하는 언어는 인간의 태도, 느낌, 감정 등의 정서와 관련되는 정보를 계속해서 투사해 낸다. 따라서 언어 이해 행위로서의 독서는 정서와 불가분의 관계를 맺게 된다. 독서와 정서 발달의 관계를 연구한 독서 연구가들은, 소극적이고 부정적인 정서를 가졌던 학생들이 적절한 책을 선택하여 체계적이고 지속적인 독서를 함으로써 적극적이고 긍정적인 정서를 가진 학생으로 변화할 수 있다는 사실을 입증하고 있다(Brand, 1989). 즉, 매사에 싫증을 잘 내고, 사고의 혼돈을 자주 경험하고, 쉽게 의기소침해지는 등의 소극적이고 부정적인 정서를 가졌던 학생들이 체계적인 독서 활동을 한 후에는 매사에 흥미와 관심을 가지고, 자신이 하는 일에 자신감과 만족감을 나타낸다. 뿐만 아니라, 다른 사람의 슬픔과 고통을 이해할 줄 알고, 어려운 일에 도전할 줄 알며, 아름다운 것을 즐겨 찾을 줄 아는 등의 적극적이고 긍정적인 정서를 가진 학생으로 변화한다는 사실이다.

한편, 사람들이 읽는 글 속에는 인간이 살아가면서 취사선택(取捨選擇)해야 할 여러 가지 윤리적인 문제와 가치관의 문제가 드러나 있다. 독자는 글을 읽는 과정에서 필자가 제시하고 있는 신념이나 가치관을 단순히 수용하는 데 그치지 않고, 무엇이 옳은 일이며 또한 바람직한 일인지에 관한 독자 나름대로의 신념과 가치관을 형성해 나간다.

독서 활동은 사람들로 하여금 사회 구성원으로서의 유대감과 결속력을 강화해 준다. 사람은 누구나 한 가정의 구성원으로서 뿐만 아니라 학교 공동체, 지역 공동체 또는 사회 공동체의 일원으로서 생활해 나간다. 또한, 사람들은 각 개인이 가지고 있는 정치의식, 사회의식, 또는 취미와 기호 등에 따라 어떤 정치 집단, 사회 집단, 또는 문화 집단에 속할 수도 있다. 이들 각 공동체나 집단의 구성원들은 사상이나 신념, 가치관이나 태도 등을 공유함으로써 그 공동체 혹은 집단의 결속력을 강화해 나간다. 그런데 공동체나 집단의 구성원으로서 각 개인이 지니고 있는 사상, 신념, 가치관, 태도 등은 독서 활동을 통하여 형성되는 경우가 많다 (Nystrand, 1987). 학교 공동체에 속하는 학생들은 학교 신문이나 교지에 실린 글을 읽음으로써, 자신이 속한 학교 공동체의 독특한 문화에 익숙해질 뿐만 아니라, 자신이 그 공동체의 일원이라는 의식을 강화해 나갈 수 있다. 또한, 사람들은 자신의 취미 활동이나 여가 활동과 관련하여 특정 분야의 잡지나 신문을 읽음으로써, 결과적으로 같은 취미 활동이나 여가 활동을 하는 사람들로 구성된 집단의 한 구성원으로 참여하게 되어, 그 집단에 속한 사람들과 경험을 공유하게 된다.

사람들은 또한 독서를 함으로써 논리적 사고력과 창의적 사고력을 신장시킬 수 있다. 그럼으로써 사람들은 사물들 사이의 관계를 바르게 인식하게 되고, 인간과 사물에 대한 이해의 폭을 넓힐 수 있으며, 자신의 경험에 의미와 질서를 부여할 수 있게 된다. 이러한 과정에서 사람들은 인간, 사물, 주요 현상이나 문제들에 관하여 다른 사람들이 어떻게 생각하고 있는지를 이해할 수 있을 뿐만 아니라, 자신이 어떻게 생각해야 하는지에 관한 통찰력도 얻을 수 있다. 문화 심리학자들의 연구에 의하면, 문명사회에 사는 사람들은 그렇지 않은 사회에 사는 사람들보다 논리적 사고력과 창의적 사고력의 측면에서 훨씬 앞서고 있다는 사실이 확인되고 있다. 다시 말하면, 문명사회에 사는 사람들은 독서 능력을 획득함으로써 보다 논리적으로 생각을 전개하고, 창의적으로 문제를 해결하며, 비판적으로 현상을 이해할 수 있게 된다는 것이다. 따라서 독서 능력을 갖추고 독서를 지속적으로 해 나가는 일은, 현대의 정보화 사회에서 각 개인이 직면하게 될 여러 가지 문제 상황에 능동적으로 대처하여 창의적으로 문제를 해결할 수 있는 고도의 지적 능력을 획득하는 일과 직결된다.

최근에 들어 유난히 학교 독서 지도가 강조되고, 심지어는 교육부 장관이 어떤 형태로든 독서 이력을 학생기록부에 기록하고 이를 대학 입시에 반영하겠다는 강력한 의지를 표명하기에까지 이르렀다. 그 동안 학교 교육에서 독서 지도에 대해 지속적인 관심을 보여 왔고, 형식적이나마 매년 독서 주간이나 기타 다른 독서 행사를 통하여 독서 지도가 이루어져 왔는데도, 근래에 이르러 더욱 강조되고 전사회적으로까지 독서가 관심의 대상이 된 까닭은 무엇인가? 무엇보다도 우선적으로는 인간과 사회의 발전에 있어 독서의 중요성을 새삼 인식한 측면이 있다. 즉 독서는 인성교육, 사회문화의 이해와 공유, 창의적 사고력의 발달, 의사결정 능력의 발달 등 개인과 사회의 문화 발전에 커다란 영향을 미치므로 우리 사회가 선진사회로 발전하려면 우리 사회 구성원들의 전체적인 향상이 필요함을 깨달았다고 보아야 할 것이다. 또 하나는 그 동안의 형식적인 독서 교육, 체계적인 독서 지도의 미흡에서 그 이유를 찾을 수 있다.

독서 지도의 궁극적 목적은 평생 독서자가 되게 하는 것이다. 구슬이 서 말이라도 꿰어야 보배이듯이 글을 읽을 수 능력을 가지고 있는 것이 중요한 게 아니라 오히려 글을 실제로 읽는 행위가 중요한 것이다. 높은 수준의 독서 능력을 가지고 있은들 실제로 책을 읽지 않는다면 무슨 소용이 있겠는가? 실제로 책을 읽는 태도와 습관은 책을 읽는 능력과 비례하는 것은 아니다.

우리가 독서를 하지 않는 것에 대한 책임은 가정과 학교가 먼저 책을 통감해야 한다. 가정에서 부모들은 독서의 중요성을 인식하면서도 실제로 아이들에게 책을 읽을 수 있도록 환경을 만들어 준다든지 서점 등에 데리고 가서 책을 빌리거나 사 주지 않는다. 부모들은 자신의 아이들이 좋은 대학에 들어가는가에만 관심이 많으며, 독서는 이 목표에 장애가 되는 것으로 인식하고 있다. 학교 공부하는 데만도 시간이 없는데 독서할 시간이 어디 있느냐는 것이다.

이 점은 학교에서도 마찬가지다. 학교에서 독서에 대한 긍정적인 태도 등 독서 습관 형성에 대한 지도는 거의 없는 형편이다. 독서 지도에서 가장 우선시해야 할 지도는 책에 대한 나쁜 습관과 태도를 고쳐 주는 것이며, 읽을 수 있는 능력을 가진 학생을 증대시키는 것과 똑같이 책 읽는 즐거움(만족감)을 가지고 책을 많이 읽는 사람을 증대시키는 것이 독서 교육의 목표가 되어야 한다(Anderson et al., 1985 : 15).

독서 지도는 독자인 학생으로부터 출발해야 한다. 학생들이 좋아하고, 학생들이 유익하다고 생각하고, 학생들이 마음으로부터 독서의 필요성과 즐거움을 깨닫는 것이 중요하다. 단순히 학생들이 좋아하거나 싫어하는 것을 말하는 것이 아니라 학생들이 좋아하도록 독서 지도를 독서심리학적 이론을 바탕으로 세심한 독서 지도 프로그램과 독서활동을 계획하고, 교과 공부와 다른 매체에 빠져 있는 학생들의 현실을 고려하여 독서 시간을 확보해야 한다.

우리 사회에서 독서는 항상 강조되어 왔다. 그런데도 실제의 독서 지도는 비체계적이고 실제의 독서 지도는 답보상태를 벗어나지 못하고 있으며, 대부분의 학교, 교사, 학생들은 어떻게 해야 할지 방황하고 있다. 강조되는 만큼 이루어진 것은 하드웨어적 장치인 도서관 시설의 대규모 투자뿐이다. 그러나 독서 지도에서 보다 근본적인 문제는 그런 하드웨어적인 것이 아니라 교사와 학생들의 독서에 대한 중요성 인식, 독서 이론을 바탕으로 한 소프트웨어적인 독서 지도 방안 등에 있음을 인식해야 한다.

Ⅲ. 교과 독서 지도의 이해*

제 1 장 활동 중심 독서 지도의 의미와 방향

제 2 장 교과 독서의 의미와 방향

제 3 장 독서이력철의 구성과 평가 방안

제 4 장 독후활동지의 제작과 유형

* 한철우·김명순·박수자 외(2005), 활동 중심 교과 독서 지도 및 독서이력철 구성과 평가
  방안, pp.18~48.

제1장 ┃ 활동 중심 독서 지도의 의미와 방향

1. 활동 중심 독서 교육의 필요

미국에서 지난 20여 년 간 독서 연구를 검토한 결과, 독서 능력을 기르는 데 기능 중심의 지도가 포괄적인 독서 지도를 능가하지 못했다는 전반적인 양상을 확인할 수 있었다(Schoenbach et al., 1999 : 7)고 한다. 여러 연구들이 문법, 단어 해독, 독해 기능의 고립된 지도가 실제로 텍스트를 읽을 때 학생들의 능동성에 거의 영향을 주지 못했다는 결과를 공통적으로 나타냈다는 것이다. 그리고, Purves et al.(1994 : 24)에 의하면, 지금까지의 많은 연구들이 독서나 작문이 부분으로 나뉘어 학습될 때 지도의 효율성이 상실된다는 점을 공통적으로 드러냈으며, 그 근본 원인은 독서나 작문이 모두 총체적인 과정이기 때문이라고 하였다. 그리고는, 결론적으로 이러한 결과를 통해서 독서는 복잡한 인지적이고 사회적인 실천임이 확인되었으며, 따라서 독서 능력을 신장시키기 위해서는 기능 지도처럼 분절되거나 고립된 방식이 아니라 포괄적인 접근이 필요하다는 주장을 하였다.

그렇다면, 기능은 가르치지 말아야 하는가? 텍스트의 이해는 직접 가르칠 수 없다. 그렇기 때문에 이해 기능을 가르치는 것이다. 텍스트의 이해는 자신이 직접 스스로 배워야 하는 것이지 다른 사람이 직접 가르쳐 줄 수는 없는 일이다. 그래서 자신의 두뇌를 이용하여 스스로 배우는 것을 간접적인 배움이라고 한다. 즉 이해는 간접적으로는 배워도 직접 가르칠 수는 없다. 그러나 이해는 가르칠 수 없지만, 독해 기능은 가르칠 수 있다. 직접 가르쳐서 이해력 발달을 도모하는 부분이 독해 기능(전정재, 2001 : 39)이다. 독서 능력은 그 자체가 총체적이고 전일한 것이지만, 이 능력을 통째로 가르칠 수는 없다. 이 능력을 기르기 위해서는 나누어서 접근할 수밖에 없다. 그러므로 현실적으로는 기능의 교수가 일정 부분 불가피하다.

실제로 학교 현장에서 기능 지도의 한계를 알고 있으면서도 계속 그렇게 교육되고 있는 것은 이와 같은 기능 중심이 지닌 교육적 효용성을 쉽사리 부인하지 못하는 까닭일 것이다. 독서 기능의 분류와 체계는 여전히 학교 교육의 주류를 이루고 수학 능력 시험에도 절대적 근간이 되고 있다. 대학 수학 능력 시험의 언어 영역 평가 목표 체계에서는 독해 기능을 독해 과정에 동원되는 사고 유형을 하위 분류하여 사실적 사고, 추리 상상적 사고, 비판적 사고, 논리적 사고 등으로 제시하고 있다.

필요로 하는 기능은 가르쳐야 한다. 문제는 기능을 가르치는 데 있는 것이 아니라, 기능을 고립해서 가르친다는 데 있다. 그리고 더 큰 문제는, 설령 기능을 따로 떼어 가르쳤다 하더라도 그것으로 그치고 말았다는 데 있다. 가르치기 위해서 세분화해 놓았다면, 반드시 후속하여 이들을 전일하고 총체적인 장으로 수렴해 주어야 하는데, 문제는 그것이 없었다는 것이다.

요컨대, 활동을 중심으로 가르친다고 하여 기능 교육을 폐기해야 한다고 생각하는 것은, 마치 독서를 기능이 아니라 활동이라고 생각하는 것처럼, 대단한 오해이다. 기능을 파편화해서, 메마른 채로, 진공 속에 가두어 놓고 가르치는 것이 문제이지, 기능을 가르치는 자체가 문제는 아니다. 그러나 그렇다고 하여 독서 활동을 기능을 위한, 기능의 포장이나 장식에 불과한 것으로 생각해서는 더욱 안 될 일이다. 독서의 실제는 활동이며, 오히려 기능은 독서 활동에서 추상된 것임을 잊어서는 안 될 것이다. 활동이 기능의 포장이나 장식으로 전락할 때 그야말로 활동은 놀이 그 이상도 이하도 아니다.

독서를 활동이라는 개념틀로 접근할 때, 독서 교육이란 독서가 지닌 활동으로서의 의미를 충실히 구현해 내는 것이 될 것이다. 그것이 독서의 실제이다. 따라서 이 글에서 말하는 활동 중심 독서 교육은 '독서 활동을 활동으로 충실하게 구현하는 것을 목적으로 하는 교육'을 의미한다. 이것은 통상적으로 말하는 '활동 중심 독서 지도'에 비해 광의의 의미라 할 수 있다. "독서 활동 중심 지도는 의미 획득을 강조하는 접근법으로 독자의 언어 지식을 최대한 활용할 수 있는 추측과 가정을 권장하며, 아동들의 생활 경험을 글로 옮겨 놓고 이 글을 읽으면서 독서를 배우게 한다는 것이 특징이다. 언어 경험적 방법, 선행 조직자 이론을 이용한 방법 등이 그 예가 된다."(서울대학교 국어교육연구소, 1999 : 646)라는 경우에서와 같이, 통상적으로 말하는 협의의 '활동 중심 독서 지도'(또는 활동 중심 독서 교육)는 이 글에서 말하는 방법상의 독서 활동에 해당한다.

2. 활동 중심 독서 교육의 의의

(1) 기능 및 전략의 포괄과 직접적 행함의 확보

일반 내용 교과와 비교해 볼 때, 기능(技能)과 전략은 특히 국어과 교육에서 중요한 개념이 된다. 이들 개념은 국어과 교육에 대한 교과 교육적 논의가 시작된 이른 시기부터 적지 않은 관심과 논란의 대상이 되어 왔다. 현재 학계의 논의 수준에서는, 이들 개념의 관계가 대략 두 가닥으로 정리되고 있다. 하나는, 기능과 전략은 다같이 능력을 이루는 부분이 된다는 것이다. "기능은 무엇을 달성하기 위한 방법이지 그 자체가 목표일 수는 없다. 기능은 국어 능력을 발달시키기 위한 수단이지 목표는 아니다. 기능은 단순 반복 훈련을 강조하는 측면이 있다. 기능은 어떤 능력을 하위 요소로 쪼갠 분석적인 개념이다."(한철우, 1994 : 38)라는 논의나, "능력은 가르칠 수 있는 것이 아니며 도달해야 할 목표이다. 이에 반해, 기능과 전략은 목표에 도달하기 위한 수단 또는 방법인 것이다."(이도영, 1998 : 127)라는 논의는 공통적으로, 독서 기능과 전략을 독서 능력을 기르기 위한 수단으로서 관계화하고 있다.

다른 하나는, 기능과 전략이 상호 보완의 관계에 있다는 것이다. 기능은 고도의 습관화된 행동이며 자동적으로 또는 의식적으로 주의를 기울이지 않고 수행되는 것이다(Raphael & Hiebert, 1996 : 195).[1] 마치 길을 걸을 때 발을 어디에 디뎌야 할지, 무릎과 발목을 어느 정도 구부려야 할지, 다리를 뻗을 때 팔을 어떻게 저어야 할지를 의식하지 않는 것처럼, 기능은 의식하지 않고도 수행할 수 있는 자동화된 행동이다. 그러나 전

---

1) Skills are *highly* routinized behaviors, ones that can be *performed automatically* or *without conscious attention*.

략은 의식적이고, 의도적이며, 유연한 계획이다(Raphael & Hiebert, 1996 : 195).[2] 전략은 의식적인 주의를 필요로 하는 것이기 때문에 지식의 한 가지 종류─방법적 지식─로도 논의되고 있다. 전략이 의식적이고 의도적인 것이라는 점은, 기능이 자동화되어서 의식적이지 않다는 점과 확연히 대조되는 특성이다. "기능은 독자가 사용하는 자동적인 행동이며, 전략은 문제 해결의 방법이다."[3](Tompkins, G. E., 2001 : 296)라는 비교적 최근의 논의도 기능과 전략을 구분하는 결정적인 논거가 의식적인 측면에 있음을 보여준다. 국어과 교육과정에서 독해 전략을 "글을 효과적으로 읽는 데 필요한 방법"(교육인적자원부, 1999 : 152)으로 공시한 경우나, "전략이란 과제 해결을 위해 여러 기능들을 의식적으로 그리고 통합적으로 활용하는 것이라 할 수 있을 것이다."(노명완, 1994 : 162)는 논의 모두 이와 일맥상통한다.

기능이 숙달되어 자동화된다면, 그리고 그 숙달된 기능이 상황에 따라 유연성 있게 사용된다면, 그것은 전략이 된다. 브레이크를 발로 밟는 기능이 숙달된다면, 그 브레이크 사용 기능은 운전의 여러 가지 상황에서 운전자가 상황에 맞게 매우 적절하게 사용하게 되는데, 이때 운전자는 전략을 구사하게 되는 것이다(한철우, 2003 : 4). 이렇게 보면, 전략을 발휘하기 위해서 기능이 필요하다는 논의가 가능해진다. 각종 독해 전략을 구사하기 위해서는 해독 기능은 물론이고 독해 기능에 숙달해 있어야 한다. 일례로 요약하기 전략을 가르치기 위해서는 중심 내용과 뒷받침 내용을 구별하는 기능, 글의 짜임을 파악하는 기능 등이 필요하다. 중심 내용과 뒷받침 내용, 주지와 예시를 파악해내지 못한다면 요약하기 전략

---

2) In contrast, by definition strategies are conscious, deliberate, and flexible plans that ……．
3) Skills are automatic behaviors that readers and writers use, while strategies are problem-solving tactics.

을 구사하기 힘들다. Maxim & Five(1997)은 학습자가 어떤 기능을 자립적으로 사용할 수 있을 때, 또 그것을 깊이 이해하고 있으며, 그것이 어떻게 작용하는지를 이해하고, 새로운 독서 자료에 적용할 수 있을 때, 전략이 된다고 하였다.

그런데 전략을 반복하여 연습하게 되면 기능이 되기도 한다. 흔히 인지심리학에서 이와 관련된 설명을 많이 하는데, 이 경우 기능은 전략을 포괄하는 것으로 이해된다. 이점을 설명해 주고 있는 다음의 예를 보자.

> 자동차를 운전하는 것은 초보자에겐 전략적인 행위로 배우게 되지만, 능숙한 운전자는 전략의 차원에서 기능의 차원으로 바뀌어진다. 처음 운전을 배울 때는 앞차와의 거리, 교통 신호의 변화, 노면의 상태, 보행자 등 여러 상황을 종합하여 안전하게 차를 몰아서 목적지에 도착하는 것이 최선의 목적이지만, 노련해진 운전자는 목적지에 도착하는 목적뿐만 아니라 음악을 듣는다든지 옆 사람과 대화를 나누는 행동을 할 수 있다. 이것은 이제 운전하는 행동이 하나의 전략에서 기능의 단계로 진행되었음을 알 수 있다(천경록, 1995 : 325).

위의 설명을 참고하면, 기능과 전략이 동일한 것은 아니지만, 상호 보완적인 관계를 맺고 있음을 알 수 있다. 자동화된 기능을 사용해서 어떤 전략을 구사하고, 이러한 전략을 반복 연습하는 가운데 또다른 기능을 얻게 된다. 그리고, 다시 이 기능은 다른 전략의 구사에 쓰이게 된다. 기능과 전략은 상호 보완적이면서 나선형의 변환 구조를 취하는 발전 관계에 있는 것으로 이해할 수 있다. 물론 이때 새로 발전된 기능과 전략에 종속적으로 쓰인 기능이 동일한 것이라 할 수 없으며,[4] 기능을 동원

---

4) 이와 관련하여, 천경록(1995 : 319)은 광의의 기능과 협의의 기능으로 나누어 설명하고 있다. 광의의 기능은 언어 사용의 고등한 정보 처리 행위 능력으로, 협의의 기능은 언어 능력과 같이 종합적인 능력의 한 부분을 이루는 하위 요소의 의미로 정리하고 있다.

하여 구사된 전략과 기능의 연습에 쓰인 전략이 또한 같은 것이 아니다. 이는 동일한 운전 상황을 예로 한 위의 두 예를 통해서 확인이 가능하다. 앞의 예에서 말하는 브레이크 밟는 기능과 뒤의 예에서 말하는 노련하게 된 운전자의 운전 기능이 같은 것이 아니다. 또, 앞의 예에서 짐작할 수 있는, 상황에 맞게 적절하게 구사되는 브레이크 사용 전략과 뒤의 예에서 말하는 앞차와의 거리, 교통 신호의 변화, 노면의 상태, 보행자를 주의 깊게 의식하는 전략이 동일하지 않다. 이러한 관계를 교육적 맥락으로 옮겨 보면, 기능을 가르치는 데 전략의 요소가 포함되고 전략을 가르치는 데 기능이 따르게 된다는 것으로 환언해 볼 수 있다. 따라서 독서 교육이 기능이 아니라 전략을 가르쳐야 한다라거나 또는 전략이 기능을 대신할 수 있는 것으로 말한다면 성급한 판단이 될지 모른다.

기능과 전략이 서로를 보완하며 같이 가야 한다는 것은 독서 기능과 독서 전략이 혼용되고 있는 현실을 통해서도 뒷받침된다. 예를 들어 밑줄 긋기가 학습 기능이 될 수도 있지만 학습 전략이 될 수도 있다. 또, 요약하기 기능이라 하면서도 요약하기 전략이라고도 한다. 요약하기 기능의 습득을 위해서는 삭제, 일반화, 선택, 재구성 등과 관련된 전략이 연습되어야 하고,5) 요약하기 전략을 구사하기 위해서는 중심 내용과 뒷받침 내용을 구별하는 기능, 글의 짜임을 파악하는 기능 등이 뒷받침되어야 한다. 실지로 Tompkins(2001 : 289)는 요약하기를 독서와 작문 학습에 필요한 12가지 전략의 하나로 소개하고 있다. <표 2>에서 보듯이,

---

5) 그러나 이 경우, 아무리 삭제, 일반화, 선택, 재구성 전략을 반복해서 연습한다고 해도 요약하기 기능이 자동화되는 것이 아님은 경험적으로 사실이다. 이것이 언어 사용 기능이 신체적 기능류와 다른 점이다. 읽기, 쓰기, 말하기, 듣기에서 말하는 기능은 고도의 복잡한 정신적 기능이라는 점에서 운동 기능처럼 단순화해서 말할 수 없을 것이다. 또한 이런 점에서 기능 학습을 하는 가장 좋은 방법이 경험과 반복 연습이라는 주장은 적어도 언어 사용과 관련해서는 유보되어야 할 것이다.

국내외를 막론하고 독서 기능 목록의 고전이 되고 있는 바레트의 기능 목록에는 내용의 재조직과 관련된 기능으로 등장하고 있다. 이러한 현상에는, 독서 교육에서 기능과 전략이 모두 지도의 대상이 되고 있는 현실의 모습과 이들이 모두 지도의 대상이 된다는 논리의 문제가 함께 얽혀 있다. 독서 교육에서 아무리 전략을 강조한다고 하더라도 이것만 가르칠 수 없으며, 개개의 독서 기능을 부정할 수도 없다. 독서 기능과 독서 전략은 모두 독서 능력을 구성하는 상호 보완적인 부분으로서 함께 지도되어야 한다.

그런데 이러한 독서 기능과 독서 전략은 교사의 설명만으로 습득될 수 없다는 데 문제가 있다. 일반 내용 교과에서처럼 어떤 개념이나 사실적 지식은 교사의 효과적인 설명을 통해 습득될 수 있을지 모른다. 그러나 독서 지도에서 다루어야 하는 것은 기본적으로 독서 기능과 전략이며, 어떤 개념이나 사실적 지식이라 할지라도 기능과 전략의 발휘에 쓰여야 하는 것이기 때문에 안다는 자체로 끝나지 않는다. 수영을 배울 때, 강사가 아무리 수영하는 방법을 잘 설명해 준다고 하더라도 그 사람이 수영을 하게 되는 것은 아니다. 강사의 설명도 있어야 하겠지만, 자기가 직접 물 속에서 움직여 보아야만 수영하는 방법을 습득할 수 있는 것이다. 독서 기능과 전략이 수영 기능이나 전략보다 훨씬 복잡하고 고등한 기능임을 생각할 때, 이들의 습득은 직접 수행해 봄으로써 가능하다는 것은 명약관화하다. 독서 기능과 전략의 학습은 독서 활동을 중심으로 하는 것이 마땅하다.

(2) 분절성의 극복

독서는 언어를 사용하는 하나의 기능이다. 기능은 무엇을 잘 수행할 수 있는 습득된 능력이다(Harris & Hodges, 1989). 습득된 능력이라는 점에서 기능은 선천적인 성숙의 문제가 아니다. 기능은 교육적인 노력을 통해 후천적으로 습득되어야 하는 것이다. 독서 기능은 배움으로써 발달하는 것이 분명하다. 그렇지만 그것으로 그칠 수는 없다는 것은 III장 1절에서 논의한 바와 같다. 기능이라는 틀로 독서를 바라보게 되면, 독서 교육은 독서 능력을 온전히 포괄하지 못하는 문제가 발생하게 된다. "문식력을 단순히 개인의 인지적 능력을 반영하는 기초 기능으로 지도하는 것은, 독서 작문 능력을 제대로 길러 주지 못한다. 그리고 세계 속에서 조화와 타협을 이루고 살아야 할 비판적 능력을 길러 주지 못한다." (Neilsen, 1998 : 9)는 말은 주의 깊게 들을 필요가 있다.

개개의 분리된 기능들을 가르친다고 해서 그 각각의 기능들이 저절로 통합된 전체를 구성할 수 없다. 독서는 사실적 이해, 추론적 이해, 비판적 이해, 창조적 이해가 총체적이며 통합적으로 이루어지는 것이지 이들 각각이 독립적으로 이루어지지 않는다. 독해 기능은 그것이 각기 분리된 개체들임에 비하여 독서 행위는 결코 개개의 기능들로 분리될 수 없는 단일한(unitary) 행위(한철우, 1994 : 272)인 것이다. 새삼스럽지만, 독서 교육은 이러한 분절된 조각 기능들을 고립적으로 가르치기보다는 이러한 기능들을 통합된 전체로서 가르쳐야 한다.

활동은 주체가 목적과 동기를 지니고 행위하는 구조체이다. 이런 점은 기능을 기능만으로 가르칠 때에 비해서 활동 중심의 교육에서는 기능의 유기체적인 지도가 가능하다는 점을 시사한다. 그리고 배워야 하는 기능을 목적과 동기에 따라 변형생성할 수 있다는 것도 알려 준다. 활동 구조에 대한 설명에서, 하나의 활동 구조에는 여러 행위와 여러 조작이 함께 나타난다고 하였다. 이것은 활동 중심의 교육이, 여러 개의 고립된 기능을 모아서 실제적인 활동 능력으로 발전시켜 줄 수 있음을 말해 주는 것이다.

(3) 탈맥락성의 극복

독서 기능은 탈맥락적인 중립적 개념이라고 하였다. 이 말은 세분화된 하위 기능을 학습하면 어떠한 경우에든지, 어떠한 문화적 배경에든지 전이가 된다는 것을 함의한다. 그러나 능숙한 독자라고 해서 모든 텍스트를 모두 쉽거나 성공적으로 읽는 것이 아니며, 한 가지 유형의 텍스트를 이해하는 사람이 모든 유형의 텍스트에 반드시 능숙하지도 않다. 독서는 개별 맥락에 따라 전개된다. 독서는 항상 특정 텍스트와 특정 목적 속에서 행해진다.

독서를 기능의 위계로 보게 되면, 독해는 사회적 맥락과 무관한 독자의 순수한 심적 기능에 의해서 이루어지는 것으로 보게 된다. 탈맥락적인 기능은 텍스트의 내용과 무관하며, 독자는 이들 기능을 이용하여 텍스트의 내용을 받아들인다는 것이다. 다르게 말하면 텍스트는 하나의 결정된 의미를 갖고 있고, 독자는 그것을 그대로 받아들인다는 뜻이다. 텍스트를 독자들이 반드시 추출해 내야 하는 의미, 즉 사전에 결정된 의미를 포함하는 정적인 존재로 보고, 독자는 텍스트에 담긴 내용을 그대로 받아들이기 때문에 의미 구성과정에서 수동적인 역할을 할 뿐이다(이삼형 외, 2000 : 37). 비판적 독서가 진정한 비판적 독서가 되려면 비판이 내용과 결코 무관할 수 없는 것처럼, 독서가 실천적 의미 구성으로 나아가려면 맥락이 탈취된 기능만으로는 한계가 있다. 활동은 맥락 특수성을 지니며, 활동 중심 독서 교육은 맥락 속에서 살아 움직이는 개별 독서 활동들을 대상으로 삼을 수 있다.

그간 여러 학문의 발전에 힘입어 독서의 심리 과정에 대한 많은 것이

규명되었다. 이를테면, 텍스트는 어떻게 작용하는지, 텍스트와 의미를 어떻게 구성하는지, 텍스트를 가지고 어떻게 가르치는지 등에 대해 전보다 많은 것이 알려졌다. 독서에 대한 초인지적 의식, 스키마 활성화, 전략적 학습 등이 그러하다. 그러나 학습자들의 문식적 삶에서 중요한 차원은 여전히 설명이 되지 못하고 있다. 독서는 순전히 심리적인 패러다임의 측면에서 설명될 수 없다. 독서의 인지 심리적 측면에서 아무리 많은 설명이 제공된다 하더라도, 정작 학습자의 삶의 맥락이 고려되지 못한다면, 독서 지도에 제대로 쓰일 수 없을 것이다.

독서에서 삶의 맥락을 고려한다는 것은 탈맥락적인 기능 지도로는 기대하기 어렵다. 활동 중심의 독서 교육은 내용과 관련을 짓기가 쉬우므로 기능의 탈맥락성을 극복할 수 있다. 여기서, 삶의 맥락을 고려한다는 것은 학습자에게 유의성을 높이기 위한 것이므로, 학습자의 필요나 요구, 목적에 잘 부합하는 활동이 되어야 한다. 유의미한 언어 사용은 학습자의 목적 지향적인 활동을 통할 때만 실질적인 구현이 가능하다.

(4) 경험하는 과정의 제공

활동은 '경험하는 과정'을 의미 있는 맥락에서 제공할 수 있다. 경험이 지식의 근원이 될 수 있느냐에 대해서는 일찍이 합리주의와 경험주의의 논쟁을 떠올릴 수 있을 것이다. 지식의 근원으로서 경험을 인정하느냐에 대해서 두 측의 입장이 상반된다는 것은 차치하고, 두 관점 모두 경험을 감각과 지각의 과정으로 인식한 한계가 있다. 이 문제를 두고, 현상학의 비조로 일컬어지는 훗설은 경험을 체험과 구분함으로써 극복하고자 하였다. 그가 말하는 경험은 인간의 내면적 삶의 과정과 분리될 수 없는 직접적인 것으로서 과학적 이론의 내용을 이루는 체험과 구별되는 것이었다. 딜타이는 훗설의 뒤를 이어 경험의 총체성과 강렬성을 주장하였다. 추상화된 과학적 경험과는 달리 직접적 경험은 개체의 의식에 직접적으로 주어지는 것이며 또한 인지적 기능을 지니지만, 온갖 감정과 정서를 포함하는 전체로서 성립한다(한국해석학회, 1999)는 것이다. 인간의 삶은 이러한 경험들을 조직함으로써 자신의 행위를 이끌어간다는 것이다.

다소 설명이 장황하였지만, 이러한 설명의 과정을 통해서 경험이란 감각 작용의 차원을 넘는 것이며, 인간이 행하고 겪고 하는 과정 속에서 인간의 반응을 통하여 변모되는 것임을 확인할 수 있다. 그런데, 이들 설명은 여전히 주관적인 경계를 벗어나지 못하고 있다. 이런 맥락에서 오우크쇼트의 설명은 적어도 경험에 관한한 새로운 지평을 열고 있다. 그에 따르면, 경험은 직접적 경험이라고 여기는 감각작용과 간접적 경험이라고 여기는 사고와 판단이 모두 관련된다고 한다(Oakshott, 1967, 1989). 다시 말하여, '경험하는 과정'은 '경험된 결과'와 함께, 경험 그 자체와 분리될 수 없는, 경험의 한 측면이 된다는 것이다.

경험주의의 눈으로 볼 때는, 감각이나 지각의 차원에 있는 경험의 결과만을 교육의 대상으로 고려할 수밖에 없었다면, 활동 중심의 시각을 취하면, 그간의 교육 실천과 교육적 인식이 놓쳐 왔던 '경험하는 과정'을 의미있게 살려낼 수 있게 된다. 활동을 한다는 것은, '경험하는 과정'을 볼 수 있게 하며, '경험하는 과정'을 경험하게 한다는 의미가 있다. 경험하는 과정은 경험된 결과와 엄격한 의미에서 사실적으로 분리될 수 없는데, 이점은 경험하는 과정 자체가 교육적으로 유의미함을 뜻한다. 또한 경험하는 과정을 확보하는 것, 곧 활동함은 활동하고 있는 과정 자체에 의미가 있으며, 이것이 결코 어떤 결과로 환원될 수 없는 것도 깨우쳐 준다.

3. 활동 중심 독서 교육의 지향점

지향점이란 교육의 궁극적 목적을 말한다. 목적은 궁극적이며, 일반적이며, 이유와 관련된다는 점에서, 도달점 행동이 정해져 있고, 구체적이며, 결과와 관련되는 목표와 구분된다. 목적은 교과를 교육하고 학습하는 유가치한 이유와 의도에 해당한다. 실재상의 독서 활동과 관련되는 독서 교육의 문제가 독서를 교과로서 선택하는 이유라고 하였는 바, 이것은 다시 말하여 독서 교육의 목적을 가리킨다. 과학적 지식을 교육하는 목적은 과학적 안목으로 세상을 보는 것이라고 할 때, 이 목적은 어느 시점에 가서 달성되었다고 말할 수 있는 완결성을 지닌 것이 아니다. 과학 교육의 목적은 과학을 공부하는 동안 끊임없이 지향해 나가는 것이며 결코 다함이 없는 것이다. 교육의 궁극적 지향점을 특별히, aims라고 구별하기도 한다.[6] Pratt이 aims를 교육 과정의 설계자 혹은 이용자를 위해 기본적인 방침 결정을 제공해 주는 것(Pratt, 1980 ; 온스타인·헌킨스, 김인식 역, 1992 : 253 재인용)이라고 정의한 것이 그 일례이다.

이점은, 현행 독서 교육과정에서, "독서 교육의 궁극적 목적은 독서를 통하여 삶을 체험하고 깨달음을 얻으며, 인간과 세계를 넓고 깊게 이해하는 데 있다."(교육인적자원부, 2001b : 166-167)라고 한 것과, 독서 교과의 목표로 "의사 소통 행위로서의 독서의 본질과 원리를 이해하고, 글의 성격과 독서의 목적에 따라 효율적인 방법으로 글을 읽으며, 바람직한 독서 태도를 지닌다."라고 명시한 대목을 통해서 일정 부분 알 수 있다. 독서 교육의 목적을 보면, 독서가 활동의 차원에서 인식되고 있음을 확인

---

6) 목적이라는 말의 영어는 purposes, aims, goals, ends, functions, general objectives 등이 있고, 이들이 서로 바꿔 쓰이기도 한다. 하지만 이들 사이에는 구체성의 측면에서 차이가 있다. 일반적으로 objectives로 내려올수록 구체적이다. objectives는 다시 educational objectives와 instructional objectives로 구분되기도 하는데, 이중 후자가 더 구체적이다.

할 수 있다. 독서 교육이 목적으로 하는 '삶의 체험이나 깨달음', '인간과 세계에 대한 넓고 깊은 이해'는 독서를 독서의 경계 내에서 단어의 해독이나 독해 기능의 틀로 인식할 때는 포괄하기 힘든 측면인 것이다. 이에 다음에서는, 독서가 활동이라는 인식에 바탕을 두고, 광의의 활동 중심 독서 교육이 지향하는 바를 생각해 보도록 하겠다.

(1) 활동 중심 독서 과정의 구현

독서를 활동이라는 개념틀로 인식한다는 것은, 상대적으로 독서행위에 주목하는 측면이 있다. 일반적으로 국어과 교육과정에서 사용하는 독서는 독해와 독서를 포함하는 의미로 쓰이고 있는데, 이때 "독서란 행위이며 독해란 기능이다."(서울대학교 국어교육연구소, 1999 : 214) 기능 중심의 독서 교육이 상대적으로 독해에 치중하여 독해의 인지적, 심리적 과정에 따라 하위 기능을 유목화하여 왔다면, 활동 중심 독서 교육은 시작과 끝이 있는 하나의 행위로서의 독서를 강조한다. 그러므로 인지적, 심리적 과정에 따른 독서 과정을 시작과 끝이 있는 독서 행위 과정으로 파악하게 된다. 흔히 말하는 독서 전, 중, 후의 활동은 기능 위주의 독해 과정이 아니라, 읽는 행위의 과정인 것이다.

독서를 기능으로 개념화하고 교육하게 되면, 독서 교육은 독서를 하위 기능으로 나누고 이것을 하나씩 가르치는 방식을 취하게 마련이다. 이것은 곧 해독이나 독해 기능을 세분화한다는 것인데, 여기서 해독이나 독해 기능은 문자 또는 텍스트에 대한 인지적 정보 처리 과정에 근간한 것이다. 독해 기능이 문자를 지각하는 데서 축자적으로 이해해서 비판적으로 또는 감상적으로 이해하기까지의 과정으로 구분되는 것은 정보 처리 과정에 대한 인지 심리학 등의 연구 성과를 반영한 결과이다. 기능 중심 독서 지도의 대표적인 예로는 바렛트의 독서 기능 목록을 들 수 있다.

그러나 독서 과정을 머릿속 독해 과정에서 행위의 과정으로 달리 조명해 보면, 그동안 간과되었던 독서의 활동적 측면이 부각된다. Tompkins (2001 : 45-60)의 독서 과정에 대한 설명은 기존의 인지적 독해 과정에 따르지 않고 실제 독서 행위의 측면을 중시한 점에서 특징적이다. 그는 독서 과정을 '사전 독서 → 독서 → 반응하기 → 탐구하기 → 적용하기'의 다섯 단계로 나누었는데, 이는 읽고 의미를 살피고 숙고하는 실제 행위의 과정을 따른 것이다. 이러한 설명은 바레트를 비롯한 인지심리학에서 설명하는 '단어 해독 → 축자적 이해 → 추론적 이해 → 비판적 이해 → 감상적 이해'의 과정과는 사뭇 다르다. Tompkins는 자신이 제시한 독서 과정에 대해서 각 단계별로 그 핵심된 요소를 밝히고 있는데, 이를 바렛트의 독서 기능 목록(Barrett, 1976 ; 최현섭 외, 1996 : 267-268 재인용)과 비교하여 제시하면 다음 <표 1>과 같다.

독서 과정과 하위 활동(Tompkins)	독서 과정과 하위 기능(Barrett)
〈사전 읽기〉 −읽기 목적 설정하기 −사전 경험 관련짓기 −단원 주제나 관심사 관련짓기 −예측하기 −텍스트 미리 훑어보기 −색인에서 정보 찾기 ↓ **〈읽기〉** −예측하기 −기능과 전략 적용하기 −여러 방식으로 읽기(혼자, 짝, 함께, 소리 내서 읽기 등) −그림, 차트, 표 읽기 −처음부터 끝까지 통독하기 −구체적 사항을 익히기 위해 텍스트의 특정 부분을 한두 번 더 읽기 −노트하기 ↓ **〈반응하기〉** −독서 일지 쓰기 −토의에 참여하기 ↓ **〈탐구하기〉** −텍스트를 재독하고 깊이 생각하기 −개인 경험과 관련짓기 −다른 글과 관련짓기 −필자의 기법 살피기 −기억할 만한 구절 찾기 −새 어휘 배우기 −읽기 절차, 개념, 전략, 기능과 관련된 소집단 학습에 참여하기 ↓ **〈적용하기〉** −프로젝트 구상하기 −주제 단원의 정보 이용하기 −관련 서적과 연결짓기 −관련 서적의 해석을 반영하기 −읽기 경험 평가하기	**〈축어적 재인 및 회상〉** −세부 내용에 대한 재인 또는 회상 −중심 생각의 재인 또는 회상 −줄거리의 재인 또는 회상 −비교의 재인 또는 회상 −원인 결과 관계의 재인 또는 회상 −인물의 특성에 대한 재인 또는 회상 ↓ **〈재조직〉** −유목화 −개요 −요약 −종합 ↓ **〈추론〉** −뒷받침이 되는 세부 내용 추론 −중심 생각 추론 −줄거리 추론 −원인과 결과 관계의 추론 −인물의 특성 추론 −결과 예측 −비유적 언어 해석 ↓ **〈평가〉** −현실과 환상의 판단 −사실과 의견의 판단 −정확성과 타당성의 판단 −적절성의 판단 −수용 가능성의 판단 ↓ **〈감상〉** −주제나 구성에 대한 정의적 반응 −인물이나 사건에 대한 공감 −자기가 사용한 언어에 대한 반응 −심상

앞의 <표 1>에서 확인할 수 있듯이, 같은 독서 과정이지만, 기능으로 보았을 때와 활동이라는 개념틀로 접근하였을 때 설정되는 하위 항목이 매우 상이하게 드러난다. 기능으로 독서 과정을 접근하게 되면 세분된 하위 기능들을 볼 수 있게 된다. 현행 독서 교육과정이나 독서 교육과정의 '원리' 영역이 각각 '(낱말 이해)→내용 확인→추론→평가와 감상', '① 단어, 문장, 문단의 독해→② 글 전체의 독해→③ 비판적 독해→④ 감상적 독해'로 구성되어 있는 것은 이상의 바렛트의 독해 기능 분류에 상당 부분 기댄 결과이다. 여기서 문제는, 독서 과정을 기능으로 접근하게 되면 결국 세분된 하위 기능 하나하나의 분립적 지도를 유도하고, 이들 기능을 습득하는 데서 그칠 위험이 크다는 것이다. 반면, 독서의 과정을 활동으로 접근하게 되면, 하위 항목 하나하나가 소단위 활동의 형태를 띠게 된다. 이들 각각은 기계적이고 단계적이기보다 여러 기능들이 서로 관여하는 역동적이고 복잡한 활동이라 할 수 있다. 이러한 점은, Tompkins의 5단계 분류의 예가 아니더라도, 활동 중심으로 독서 과정을 파악하는한 크게 다르지 않다. 현재 중학교 '국어'를 위시하여 대개의 국어과 교과서들이 취하고 있는, '읽기 전-중-후'의 틀을 보아도 마찬가지이다. 다음은 읽기 과정을 '전-중-후'의 활동 과정으로 파악하여 설명하고 있는 한 예(Graves et al., 1998 : 238-263)이다.

〈표 2〉 활동 중심 독서 과정의 예

〈독서 전 활동〉
　　　↓

－독서 동기를 부여하고 목적을 세우기
－배경 지식을 활성화하고 형성하기
－텍스트 관련 특수 지식을 형성하기
－독서를 자신의 삶과 관련짓기
－주요 어휘와 개념을 미리 가르치기
－사전 질문하고, 예측하고 말하기
－독해 전략을 제시하기

〈독서 중 활동〉　　　－묵독하기
　　　　　　　　　　－학생들에게 읽어주기
　　　　　↓　　　　　－학생들이 소리내서 읽기
　　　　　　　　　　－안내된 읽기
　　　　　　　　　　－텍스트 수정하기

〈독서 후 활동〉　　　－질문하기
　　　　　　　　　　－토의하기
　　　　　　　　　　－쓰기
　　　　　　　　　　－극화하기
　　　　　　　　　　－비언어적 형태의 활동하기
　　　　　　　　　　－적용과 확장
　　　　　　　　　　－다시 가르치기

　　위 <표 2>는 활동이라는 개념틀로 독서 과정을 보았을 때, 과정별로 설정 가능한 하위 활동의 예를 보인 것이다. 이를 앞의 <표 1>에서 Tompkins가 제안한 하위 활동과 비교해 보면, 그 내용이 대동소이하다고 할 수 있다. 그런데, 비판적 이해나 감상적 이해가 반드시 독서 후의 과정에만 일어나는 것은 아니며, 재조직을 하기 위해 추론이나 비판적 이해가 필요한 경우도 있으며, 재조직에 따라 축어적 재인이나 회상이 다를 수 있다는 점으로 미루어, 독서의 실제에 가까운 것은 독서 과정을 활동 중심으로 파악하는 것이라 하겠다. 독서 과정을 여러 하위 활동으로 파악하게 되면 여러 기능을 유의미하게 묶을 수 있는 장점이 생긴다. 이 점은, 실제상의 개별적인 독서 활동을 교육 내용으로 도입하면, 관련 지식과 기능을 하나로 묶어 단위화할 수 있게 되는 측면과도 상통한다. 가령, 독서 중 활동의 묵독하기, 학생들에게 읽어주기, 학생들이 소리 내서 읽기 등은 독서 방법들이지만, 이들을 하위 활동으로 설정할 때, 줄거리를 파악하고 중심 생각을 파악하는 등의 상당수의 하위 기능들을 동시에 묶을 수 있는 것이다. 이 점은 안내된 읽기나 텍스트 수정하기를 비롯하여 그 밖의 다른 하위 활동에서도 마찬가지이다.

재언하여, 독서를 주어진 제재를 해독하고 독해하는 것으로만 생각한 다면 이것은 활동 중심 독서 교육이 지향하는 바가 아니다. 독서가 활동 이라는 것은 해독하고 독해한 것을 가지고 활동함을 의미한다. 독서 교 육 전문가인 스미스(Smith)는, 아동은 읽는 과정에서 독서를 배우는 것이 지, 하나의 기능을 자동화 단계까지 숙달하고 그 다음에 다른 기능을 숙 달하는 단계별 학습에서 독서를 배우는 것은 아니라고 주장한(노명완 외, 1994 : 131) 바 있다.

(2) 언어 활동 주체로서의 독자 형성

활동 중심으로 독서를 교육한다는 것은 학습자를 단순히 글을 독해하 는 사람, 즉 정보의 수용자나 정보 처리자로 보는 것이 아니라 독서를 통한, 읽는 과정에서 의미를 형성하는 주체로서 본다는 의미가 있다. 활 동이 주체의 목적 지향적인 개념임은 앞에서 살펴본 바 있다. 독서 학습 자는 단순히 글을 해독하고 의미를 독해하는 사람이 아니라, 읽는 과정 에서 또는 읽은 후 스스로를 형성하고 세상에 참여하는 실천인을 의미 한다. 활동 중심 독서 교육은 기능인으로서의 독자가 아니라 주체로서의 독자 형성을 지향한다.

독자의 목적은 독서의 전(全) 과정에 걸쳐 독서 결과를 좌우하는 중요 한 변인이다. 그러나 가장 기점이 되는 것은 독서 전에 세우는 독서 목 적이다. 읽는 중에 독자의 목적이 바뀌고 조정될 수도 있지만, 그 역시 독서 전에 설정된 목적이 기준이 되는 것이다. 독서의 목적이 무엇인가 에 따라 독서가 이루어지는 구체적 양상도 크게 달라진다. 이러한 점은, 독서를 기능으로 접근할 때는 잘 설명이 되지 않는 측면이다. 기능은 탈 맥락적인 것으로서 독서의 일반적인 독해 과정에 따라 유목화된 것이기 때문이다. 활동 중심의 독서 교육은 독서의 목적에 따라 역동적으로 조정되는 독서 기능의 사용을 지향한다.

그간의 독서 교육이 지향해 온 이상적인 인간상은, 간단히 말해서 '능숙한 독자'로 대변해 볼 수 있을 듯하다. 능숙한 독자는 지식과 경험이 많을 뿐만 아니라, 글 내용과 관련이 있을 때 자신이 가지고 있는 지식과 경험을 활성화시킨다(박영목·한철우·윤희원, 1996 : 268). 미숙한 독자는 설사 지식을 가지고 있다 하더라도 학습할 때에 자신의 지식을 잘 활용하지 못하지만, 능숙한 독자들은 읽고 있는 글의 내용을 자신의 지식이나 경험과 관련시킴으로써 재빨리 글의 내용을 의미 있게 처리하여 작동 기억의 짐을 덜어 주는 전략적 독자들이다. 또, 능숙한 독자는 낱말을 의미로 푸는 해독 과정은 물론이고, 추리 이해, 요약 등에 이르는 거의 모든 기능 면에서 미숙한 독자와 다르다(가네, 이용남 외 역, 1993 : 281 ; May, 1990 : 25-56).

그러나 능숙한 독자에 대한 이와 같은 설명은, 그 범위가 인지적인 정보 처리 과정에 제한된 감이 있다. 능숙한 독자는 인지적으로 막힘없이 글의 내용을 처리하고 자신의 지식이나 경험과 관련지어 글의 의미를 이해하는 사람임이 분명하다. 그러나 이것으로 그친다면, 능숙한 정보처리자라고 할 수는 있을지 몰라도 언어 사용의 주체라고 하기는 어려울 것이다. 주체는, 하이데거가 "인간이 주체가 되었다."는 명제를 입론하면서부터 인간 존재를 설명하는 대표적인 개념이 되고 있는데, 보통 "인간은 능동적이고 자발적이며 의식적인 활동의 당사자, 또는 인식 능력과 인식 기능의 능동적 담지자로서 세계에 목적 지향적으로 작용하는 사회적 인간"(서울대학교 국어교육연구소, 1999 : 693)을 의미한다.

'먹어서 죽는다'(법정)를 읽고, 글의 내용이 육식 위주의 서양식 식사 습관을 버리고 농경 사회에서 익혀 온 우리의 식사 습관을 따르자는 것이라고 이해하는 독자와 전문가들이 다양한 채식 음식을 개발하도록 노력해 주어야 한다든지, 고기 중심의 식생활 자체를 문제 삼을 수는 없다고 이해하는 독자는 그 위상이 같지 않다. 독서를 활동이라는 개념틀로 접근할 때, 바람직한 독자는 능동적인 주체이다. 주체로서의 독자는 글과 살아 있는 만남을 하며 자신이 주인이 되어서 의미를 구성'하'는 활동의 당사자이다. 이런 독자는 정보 처리자와는 다르다.

(3) 실천적 의미 구성

의미 구성의 측면에서 활동 중심 독서 교육은 독서를 통한 실천적 의미 구성과 사회 참여적 의미 구성을 지향한다.

앞에서 독서는 하나의 활동이라고 하였다. 독서는 하나의 명제 체계도 아니며, 세분화된 기능들의 산술적 집합도 아니다. 이런 맥락에서 프레이리의 문식력 개념은 매우 시사적이다. 그에 의하면, 독서 학습은 세상을 이름 부르는 방법을 학습하는 과정이다(스프링, 조종인·김회용 역, 1999 : 288). 독자는 글에 쓰여진 단어를 읽고 생각하는 과정에서 세상의 변화에 참여한다. 그렇기 때문에 독서는 세상을 바꾸는 활동이 되며, 독서를 가르치는 것은 곧 학습자의 삶의 수준을 고양시키는 것으로 간주된다. 문식력은 맥락 속에서 인간의 활동으로서만 존재한다(Robinson, 1987 : 331)라거나, 또 모든 형태의 텍스트를 말하고, 읽고, 쓰는 것은 그 단계가 어느 정도인가와 관계없이 기본적으로 대화적이고 관계적인 문식력 '활동'이라는(Neilsen, 1998 : 10) 논의도, 모두 독서가 실천적 활동임을 역설한다. 독서는 '아는 것'이 아니고 '하는 것'이다.

이를테면, '먹어서 죽는다'라는 글을 읽는 행위는 단순히 산업화와 도시화 이후로 식사 습관이 문제가 되었다라는 사실을 아는 것으로 그치는 것이 아니다. 이 글을 읽는 행위는, 먹어서 죽는다고 할만큼 먹거리에 관심이 많고 문제가 되고 있는 사회 속에서, 이 글을 읽음으로써, 해당 문제에 발을 들여놓는 것이 된다. 학생 스스로가 자발적으로 이 글을 골라 읽는 경우라면 말할 것도 없겠지만, 그렇지 않고 학교 상황 같이 주어진 글을 읽는 상황이라 해도 마찬가지이다. 글을 읽기 시작하면서 이미 그 글과 관련된 사회적 행위에 동참하게 된다. 그리고 만일 이 글을 읽고 자신의 식생활을 돌아보게 된다거나 글쓴이의 주장을 행동으로 옮기기 위해서 할 수 있는 일이 무엇일지를 생각하게 된다면, 또는 정반대의 입장에서 글쓴이의 생각에 대하여 의문을 가져 보거나 토론을 하고 이것을 글로 써 보게 된다면 이 역시 사회적 참여 행위인 것이다. 토론을 하거나 글로 써 보는 것이 매우 가시화된 행위라고 한다면, 글을 읽고 글 밖의 '나'와 '세계'를 조응하는 자체도 하나의 실천 행위인 것이다.

이러한 맥락에서, 다음의 상황은 매우 문제적인 측면이 있다.

> 학생들은 모국어를 읽는 법을 효과적으로 배우고 있을까? 그렇기도 하고 아니기도 하다. 전체적으로 볼 때, 초등학교 5, 6학년까지는 읽기를 잘 배운다. 그 수준까지는 일반적으로 꾸준히 실력이 향상된다. 하지만 그 이후에는 향상 곡선이 마치 멈춰버린 것처럼 평평해진다. 6학년이 되면 효율성의 한계에 도달하기 때문이 아니다. 그 이상의 학생들이나 어른들도 특별히 지도하면 대단히 향상되는 것을 볼 수 있다. 그렇다고 6학년이 되면 웬만한 것들은 잘 읽는 것도 아니다. 상당수의 고등학생도 인쇄된 종이에서 그 의미를 찾는 어리석음을 범하느라 제대로 읽지 못한다. 그들은 더 잘 읽을 수 있다. 그래야 한다. 그런데 그렇지 못하다. (모티머 애들러 외, 독고 앤 역, 2001 : 4-5)

위의 글은 1939년 콜럼비아 사범대학의 제임스 머셀 교수가 「월간 애틀란틱(Atlantic Monthly)」이라는 잡지에 기고한 "학교 교육의 실패"라는 글에서 밝힌 사실이지만, 그로부터 60여 년이 지나고 세기가 바뀐 지금에도 여전히 오늘의 문제로 읽힐 수 있는 측면이 있다. 위의 글에서 학생들은 읽기는 하지만 의미 구성의 범위가 텍스트를 벗어나지 못하고 있고, 필자는 이를 어리석음을 범하는 것으로 평하고 있다. 곧 인쇄된 종이의 경계 안에서 의미를 찾고 마는 읽기는 제대로 읽는 것이 아니라는 것이다. 오늘날의 읽기 교실로 눈을 돌려 생각해 보면, 과연 얼마나 많은 학생들이 인쇄된 종이를 벗어나, 텍스트 밖의 자신과 세계를 관련지어 의미를 구성하고 있는지 우려하지 않을 수 없다.

활동 중심으로 독서를 교육한다는 것은, 실천적인 의미 구성을 적극적으로 지향한다는 뜻이 있다. 독서의 의미 구성이, 텍스트 밖의 독자와 세계로 확장될 때 실천적인 의미 구성은 가능해진다. 독서가 다른 사람들과 어울려 살아가는 삶의 행위임을 부인할 수 없다면, 독서 교육이 실천적 의미 구성을 지향해야 할 것임은 당연하다.

제2장 ▎교과 독서의 의미와 방향

1. 도입

현대 사회에 들어 폭발적으로 증가한 다양한 정보는 발달한 매체 환경 덕에 우리 모두의 일상생활에 너무도 손쉽게 스며들어 왔다. 꼭 무엇을 배워서가 아니라 저절로 주변에서 보고 듣는 가운데 우리는 나날이 새로운 정보들을 알아가고, 그 가운데 무의식적으로 지식을 학습하고 있다고 볼 수 있다. 생활 자체가 지식의 학습으로 이루어지며, 이제 인간의 능력은 말 그대로 무한대의 능력을 전제로 하여 매우 다양하고 때론 매우 전문적인 정보를 평생 공급받게 되었다. 그 과정에 강력하게 영향을 미치는 것이 언어이며, 언어를 담아내는 매체의 발달이 그 효과를 더욱 증대시키고 있다.

그렇게 정보와 언어와 미디어는 밀접한 관련성을 지니며, 시너지 효과를 내고 있다. 그리고 그러한 의사소통의 환경 변화의 중심에는 여전히 문자언어가 있다. 문자언어는 인간으로 하여금 정보의 기억과 의사소통의 상황성에만 의존하던 기존의 사고방식을 넘어, 의미를 형성하는 창의적인 과정과 사고 과정의 객관적 대상화에 주목하는 새로운 사고 성향을 보이게 만들었다. 이런 변화를 통해 인간의 사고력은 한 단계 앞으로 나아가게 되고, 새로운 문자 문화 시대를 형성하며 발전하게 되었다.

문자언어의 본질과 기능에 더하여 새롭게 미디어가 발명되면서 문자언어의 사용 방식은 새로운 전기를 맞게 된다. 문자 언어의 사용 방식이 새로운 매체(인쇄 매체)와 결합하면서, 새로운 문화와 사고방식으로 진보하게 되고 교육은 그러한 변화를 포착하여 교육 내용으로 수용해야 했다. 현재 문자언어와 미디어의 결합은 지식의 대중화 및 고급화를 확대시키고 있어서, 이제 지식의 학습에서 나아가 다양한 문식성(literacy)의 계발이라는 교육적 과제가 현대 교육의 핵심으로 부상하게 되었다. 이런 맥락에서 디지털 문화 시대에 접어든 현재, 문자 언어를 다루는 독서는 매우 중요하면서도 그 본질과 교육적 기능 면에서 새로운 전환기에 직면하고 있다고 할 수 있다.

그렇다면 과연 독서의 본질은 무엇인가? 인간의 감각 중 시각은 인간의 생각을 분리하고 청각은 합체시킨다고 한다. 이는 시각에서는 보고 있는 사람이 보고 있는 대상의 외부에 있고 그 대상에서 떨어진 곳에 위치하고 있어서 대상을 전체로 보거나 혹은 특정 요소에 주의를 분산시킬 가능성이 높지만, 소리는 듣는 사람의 내부에 빨려 들어간다는 특성에서 비롯된다. 이런 측면에서 보면 시각은 분석적인 감각임에 반해, 소리는 통합하게 하는 감각이다. 특히 시각의 전형적인 특징은 명확성과 명료성을 인지하는 것, 즉 대상을 나누어 보는 일이다. 이런 감각의 특징은 곧바로 분석적 사고와 연결된다. 현대 교육이 학습자의 지적 능력을 개발하고자 할 때, 독서 교육을 강조하는 것이 지식의 획득은 물론 사고능력의 계발 면에서도 결코 우연은 아니다.

독서는 시각에 의존하는 사고 행위이다. 독서는 기본적으로 책을 읽는 행위로 규정되고, 좀 더 구체적으로는 문자를 통한 의미 구성 과정이라고 본다. 그 과정은 문자와 사고의 관계에서 기호의 해독 작업으로 볼 때 다른 이의 사고에 접속하여 의미를 풀어내는 매우 고도의 정신 과정이다. 문자언어는 연속적인 자연 세계에 존재하는 관념이나 대상을 적절하게 나누어 불연속적인 언어 기호 속에 담아냄으로써, 자연이나 개념을 분석적 관계로 재구성해낸다. 그래서 문자언어를 사용하여 글을 쓰거나 읽는 행위는 매우 어려운 지적 작업이다. 그러다 보니, 문자언어 경험이 부족한 학생의 입장에서는 상대적으로 시각적인 이해가 용이한 영상 텍스트를 선호하게 된다고 볼 수 있다. 따라서 문자언어 경험은 의도적인 교육에 의해 이루어질 수밖에 없다.

특히 문자언어와 인쇄 미디어의 결합으로 탄생한 책을 읽는 행위는, 문자를 통한 사고의 계발과 공개된 지식을 통한 문화의 전승이 동시에 관여된다. 그러므로 읽기는 가장 전형적인 지식 사용 행위이며, 정보 사용 행위이고 사회 참여 행위이다. 읽기의 대상이 되는 글(책)은 필자가 제시하는 것이며, 읽기는 그 지식이나 정보를 다루는 지식 활동인 셈이다. 그렇다면 우리가 독서 지도를 한다고 했을 때 과연 그러한 독서의 본질이 충분히 반영된 교수학습법을 사용하였는지 반문을 하게 된다.

그리하여 국어과 교육에서는 다양한 독서 활동을 개발하고자 노력하여 왔다. 물론 여전히 국어과 교육의 범위 안에서 독서는 한 권의 책을 읽고 독후감을 쓰는 소극적인 지식 소비 활동 차원에만 국한되어 온 것이 사실이다. 만일 국어과 교육에서 다양한 독서 활동을 개발하고 그것이 실효성을 얻기 위해서는 다양한 종류의 책읽기를 권장하는 만큼이나 다른 내용교과와의 관계를 고려하지 않으면 안 된다. 독서는 국어과 교육만의 과제가 아니라, 범교과적인 문제이기 때문이다.

학생으로 하여금 독서의 내면적 효과만큼이나 사회적 역할 인식에 눈뜨게 하려면, 독서를 통해 획득한 지식을 생산적인 방법으로 활용할 수 있는 방향으로 지도하여야 한다. 그것이 바로 사회에 참여하는 지식 생산자로서의 잠재성을 계발하는 것이기 때문이다. 앞서 언급한 대로 독서는 인류 문화에 참여하고 그 문화를 향유하는 매우 고귀한 정신적, 사회적 행위이다. 앞으로 독서의 본질과 독서 활동이 의미하는 사회적 기능을 고려할 때, 범교과적 독서 활동과 작문과 관련된 생산 활동에 주목해서 독서 지도를 할 필요가 있다.

2. 현재 독서 교육은 어떻게 이루어지고 있는가?

현행 7차 초등학교 교육과정 읽기 영역에 의하면, '제목붙이기, 중심내용 및 주제 찾기, 요약하기, 내용 연결 관계 파악하기' 등 글에 초점을 둔 이해 지도와, '상상하기, 예측하기, 추론하기, 적절성 판단하기' 등 독자 사고에 초점을 둔 이해 지도로 제시되고 있다. 읽기 지도 이론 면에서는 예시지문(텍스트)을 대상으로 '텍스트 의미 구성에 초점을 전략'이 읽기 지도 내용의 핵심으로 연구되고 소개되고 있어서, 읽기 교과서의 학습활동은 대체로 이러한 전략을 고려하여 학습활동이 구성되는 상황이다.

① 텍스트 읽기 과정에 따른 전략
- 읽기 전 전략 : 미리보기, 예측하기, 연상하기, 건너뛰며 읽기, 빈 칸메우기
- 읽기 중 전략 : 글자 인식하기, 단어지식 늘리기, 제목과 중심생각 찾기, 글조직 유형 찾기
- 읽은 후 전략 : 빨리 읽기, 훑어보기, 요약하기, 연결짓기, 자기점 검하기

② 텍스트 의미 구성에 따른 전략
- 문장 이해하기 : 어구 만들기, 중요한 세부내용 찾아내기, 비유언어 이해하기
- 문장 해결하기 : 연결어 이해하기, 대용어 이해하기, 가정된 정보 추론하기
- 글 전체 이해하기 : 중심 생각 찾기, 글 구조(인과, 비교·대조, 문제·해결, 시공간) 이용하기, 요약하기
- 정교화하기 : 배경지식 사용하기, 예측하기, 상상하기, 비판적으로 읽기, 창의적으로 읽기, 정서적으로 반응하기
- 초인지 전략 : 이해 점검하기, 학습 기능 사용하기, 목적과 과업 조절하기

③ 텍스트 이해를 위한 정보
- 배경지식 개발하기 : 토의, 사전질문, 그림, 미리읽기 등
- 어휘 개발하기 : 문맥, 소리 이용
- 이해 과정과 기능 형성하기 : 텍스트 이해 단서 제공하기(단어 의미, 정보 찾기), 텍스트를 경험과 관련짓기(추론, 비판적 읽기)
- 텍스트 구조 알기

④ SQ3R(Survey, Question, Read, Recite, Review)
- 개관(Survey) : 책을 빨리 훑어보기, 지은이의 의도를 생각해 보기
- 질문(Question) : 6하 원칙에 따라 질문 만들어 보기
- 읽기(Read) : 읽고 메모하기
- 암송(Recite) : 내용을 외우고, 자신의 말로 만들어 보기
- 복습(Review) : 내용을 요약하고 정리하기

그러나 교과서에 수록된 짧은 텍스트를 대상으로 이러한 전략을 모두 다 지도할 수는 없고 또 지도한다고 하더라도 교육용 텍스트의 태생적 한계 상, 수업은 의외로 전략에 매몰되거나 해당 텍스트의 지식에 집중하게 된다. 교실 장면에서만 발생할 수 있는 수업에 충실한 수업이 된다.

다시 말하면 독서의 역동성이나 사회적 기능이 망각된다는 말이다. 이러한 지도가 곧 독서 지도일 수는 없다.

다시 말하면, 교과서에서 사용하는 텍스트는 거의 대부분 매우 짧은 분량의 간략한 텍스트이거나 발췌본이다. 교육을 위해 의도적으로 집필된 인위적 텍스트라는 말이다. 인위적인 텍스트를 이해하는 과정의 지도는 문자언어를 통한 의도적인 사고력 계발에는 효과적일 수 있으나, 책을 읽는 독서 행위의 사회적 기능을 간과하는 결과를 낳는다. 현재 국어 수업과 특히 읽기 수업은 교과서 중심으로 이루어진다. 그래서 직접 책을 다룰 수 있는 정규 수업 시간은 거의 없다고 해도 과언이 아니다.

물론 정규 수업 이외에 책을 대상으로 하는 독서 지도는 이루어지고 있고, 대체로 다음과 같다.

① 독서 환경의 조직 : 학급문고 조성, 전자도서관의 구축, 학부모 연수
② 독서 실태 조사와 도서 목록의 선정
③ 독후활동 지도 : 독서 토론, 독서 감상문, 독서신문, 독서퀴즈 등

그러나 대부분의 이러한 독서 활동도 문학 작품 위주로 이루어진다. 독서 활동의 성격이나 문학작품에 편중된 독서 지도는, 실제 책을 읽는 독서 행위와는 다소 거리가 있다.

여기서 연구자는 여러 가지 본질적인 질문을 던지게 된다. 국어과 읽기 수업에서는 짧은 텍스트를 대상으로 이해 전략을 가르치는 수업을 한다. 그리고 그러한 읽기 전략들이 다른 내용교과의 학습에 유용하리라 기대하고, 실제로 책을 읽을 때에도 도움이 될 것이라고 기대한다. 또 정규 수업 이외에는 권장도서목록을 통해 다양한 종류의 책을 읽도록 하고, 독서에 대한 학생의 흥미를 유발하고 독서 습관을 기르기 위해 여

러 가지 독후활동을 학교 차원에서 적극적으로 벌이고 있다. 과연 이러한 독서 지도의 전개가 앞서 논의한 독서의 본질에 부합하는 것인가?

언뜻 보기에는 우리의 독서 교육이 매우 활발하게 그리고 제대로 진행되고 있는 듯이 보이지만, 독서 현상을 들여다보면 우리가 놓치고 있는 것을 다음과 같이 짚어보게 된다.

첫째, 교과서에 수록된 짧은 예시 텍스트를 통한 읽기 전략의 지도는, 교실 장면에서만 유용한 연습용 과제는 아닐까? 독해의 지도 단위가 텍스트라면, 이러한 지도가 복잡한 구조와 내용을 지닌 두툼한 분량의 책과 저절로 연계가 될 것인가? 텍스트의 지도와 책의 지도는 다른 것인가?

둘째, 국어과에서 다루는 읽기 전략이 다른 교과의 학습에도 유용한 학습전략으로 전이될 수 있는가? 혹은 다른 교과에서는 독서가 필요한가? 필요하다면, 다른 교과에서 요구하는 독서 능력의 실체는 무엇이고, 전략은 무엇일까? 이때 교사의 역할은 어떻게 구별될까?

셋째, 독서 지도의 경우에도 의사소통 환경의 변화를 감안한다면, 인쇄 매체에 의존한 책보다는 새로운 미디어와 결합된 텍스트의 지도가 필요한 것은 아닌가? 그렇다면 책의 모습이 어떤 단위(형태)로 규정되게 될까?

넷째, 초등학교의 독서 지도와 중등학교의 독서 지도는 구별되는가? 구별된다면, 그 중요한 분기점은 어디서 무엇이 될까?

3. 교과 독서의 본질은 무엇인가?

사회에서 이루어지는 독서 행위는 문학작품만이 아니라 정보를 찾는 전문 서적에까지 광범위하게 적용되는 행위이다. 그래서 독서 교육의 내용은 책읽기(Learning to read) 방법을 학습하고, 또 책을 읽으면서 학습하는(Reading to learn) 방법을 배우는 과정, 둘 다를 포함하고 있어야 한다. 전자는 현재 읽기 수업에서 텍스트 이해 과정을 전략 위주로 지도하는 학습으로 이루어지고 있다. 그러나 후자의 경우는 국어과 교육의 내용이라기보다는 내용교과에서 학습을 위해 이루어진다고 보아서, 국어 교육의 내용으로는 배제되고 있다. 그러나 후자를 제외하고 독서가 제대로 이루어질 수는 없다. 여기에 국어과 교육의 범교과성과 국어과 교육의 정체성 간에 딜레마가 있다.

구성주의 학습관에 의하면 현대 사회에서 학습자의 지식 구성 과정은 매우 중요하고, 독서는 그러한 행위가 가능하게 하는 필수적인 행위이다. 다양한 책을 읽으면서, 상호텍스트성을 바탕으로 지식을 스스로 재구성할 수 있게 된다. 또한 스키마 이론에 의거하여 스키마의 동화와 조절이 이루어지는 사고 과정은 텍스트 이해에 필수적인 조건이자 결과이다. 박미정(2005)은 내용교과의 독서가 해당 학습에 긍정적인 영향을 미친다는 사회과 학습에 관한 연구보고를 한 바 있다.

이러한 교육적 흐름은 지식을 중심으로 하는 내용교과에서조차 교과서에 수록된 지식을 그대로 가르칠 수 없다는 문제점에 봉착하고 있음을 쉽게 간과할 수 있다. 지식을 위주로 가르치는 것이 너무나 당연했던 내용교과들에서는 이제 지식을 어떻게 비판적으로 수용하며, 능동적으로 재구성해야 하는가라는 과제를 해결해야만 한다. 그리고 그 문제의 해결을 위해서는 교과서 중심의 지식 제시 방식에 대한 새로운 대안이 필요하기도 하다.

여기서 과학과에서 사용하는 '다중지능을 활용한 과학학습 활동 유형'을 보자. 이 <표 1>의 내용을 보면 가장 정교한 사실과 지식을 다루는 과학과 학습에서조차 지식 자체보다는 지식을 다루는 학습의 과정과 방법에 더 관심을 두고 있다는 점을 확인해 볼 수 있다.

〈표 1〉 다중지능을 활용한 과학학습 활동 유형(전윤식·강영심 공역, 1997)

다중지능	활동 유형
언어적	짝과 생각한 것을 말하기, 이야기를 쓰거나 말하기, 구두발표하기, 시 쓰기, 은유, 비유하기, 일지 작성하기, 인용하기, 논쟁하기, 어휘학습하기, 조사수업, 단어 듣고 설명하기
음악적	노래, 랩, 음악 이야기 듣기, 오디오 테이프 제작하기, 어떤 주제와 관련된 음성 수집하기, 리듬을 이용하여 기억하기, 음악 비디오 제작하기, 가사 바꾸기, 악기 만들어 연주하기
논리수학적	문제해결하기, 측정하기, 자료에서 패턴 탐색하기, 결론 도출하기, 흐름도 작성하기, 비교대조하기, 단계들을 순서대로 보이기, 마인드맵 작성하기
공간적	그래프 작성하기, 관찰한 사물 그리기, 벽보 제작하기, 포스터 제작하기, 그래픽조직자 사용하기, 만화 그리기, 삽화책 만들기, 지도 사용하기
신체운동감각적	실험하기, 창안하기, 역할극 수행하기, 모형 만들기, 컴퓨터 사용하기, 신체 부분을 통한 활동하기
대인간	협동 프로젝트 수행과 발표, 동료에게 가르쳐 달라고 요청하기, 함께 발견하기, 전문가 공동체로 활동하기, 공동체 봉사 프로젝트 계획하기
개인내	자신의 사고에 관해 생각해보기, 새로운 자료를 학습하고 사용하는 목적 달성하기, 학습에 관해 반성하기
자연탐구적(박물적)	새로운 학습내용을 적용하여 자연 세계 공부하기, 주변에서 패턴 탐색하기

한편 좀 더 복잡한 사고와 수 기호를 다루는 수학과에서는 수학 학습의 지도 과정은 <표 2>와 같이 구조화하고 있다.

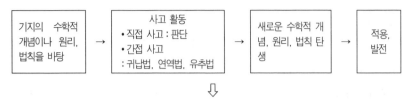

기지의 수학적 개념이나 원리, 법칙을 바탕	→	사고 활동 • 직접 사고 : 판단 • 간접 사고 : 귀납법, 연역법, 유추법	→	새로운 수학적 개념, 원리, 법칙 탄생	→	적용, 발전

⇩

문제해결 학습
: 수학적인 개념 형성, 원칙 발견 학습을 바탕으로 한 응용 문제 해결학습

원칙 발견 학습 : 수학적인 원리, 법칙, 성질, 공식 등의 문장 수준 학습

개념 형성 학습 : 수학적인 용어, 기호 등의 단어 수준 학습

〈표 2〉 수학 학습의 지도 과정(강지형 외, 1999)

그리고 특히 문제해결 과정에 영향을 미치는 세 가지 요인에 주목하는데, 인지적 요인(독해력, 추리력, 계산기능, 기억력), 경험적 요인(연령, 기습 수학적 요소, 문제의 맥락과 내용, 해결전략 숙지도), 정의적 요인(흥미, 관심, 능력, 집중력, 인내력, 자신감, 긴장감, 압박감)이 그것이다. 이러한 요인을 교수 학습 과정에 조화롭게 반영시킬 것을 요구하고, 수학적인 지식 구조와 논리적 구조를 능동적으로 학습하는 과정에서 논리적이고도 창의적인 사고력을 중시하는 교육으로 이루어져야 한다고 강조한다.

이런 맥락에서 현행 교육과정 및 다른 내용교과와 연계된 독서 지도의 기능에 대해 생각해 보게 된다. 그러한 맥락의 독서를 크게 교과 독서라는 명칭 하에 연구하게 되는데, 교과 독서는 국어과 읽기 수업만이 아니라 다른 내용교과에서 이루어지는 폭넓은 독서까지도 국어과에서 관심을 가져야 한다는 취지에서 나온 용어라고 볼 수 있다.

독서의 본질에 충실하기 위해서는 다양한 종류의 책을 읽을 수 있는 기회를 제공하는 것이 무엇보다 중요하다. 그리고 그 독서 행위가 의미를 지니려면 실제적인 독서 목적과 결합되어야 한다. 현행 교육 체제 하에서는 국어과만이 아니라 다른 교과의 학습과도 연계할 때 비로소 그러한 독서 본질에 충실한 독서 지도가 실현가능하다.

독서 교육은 이제 국어과교육만의 문제가 아니다. 다른 내용교과에서 학습의 용이성과 효과를 위해, 지식을 탐구하는 사고방식을 계발하기 위해, 그리고 그러한 지식을 바탕으로 자기 나름의 새로운 지식을 생산할 수 있는 능동적인 학습자를 양성하기 위해 독서 교육은 새롭게 관심을 가져야 하는 분야로 부상하고 있다. 따라서 독서 교육의 범위와 지향점에 대해 <표 3>과 같은 개념 구조도를 그려보아야만 한다.

〈표 3〉 교과 독서의 전개 양상

지도 내용	국어과 읽기 수업	내용교과 수업
• 방법의 학습	• 읽기의 학습(learn to read) : 읽기전략의 학습과 이해	• 학습을 위한 읽기(read to learn) : 학습전략의 활용과 기억
• 지식의 학습	• 스키마의 동화와 조절	• 교과 지식의 학습 : 보충/심화
• 생각의 훈련	• 생각을 위한 읽기(read to think)	• 지식의 재구성을 위한 읽기
독서 범위	⇩ 범교과적 독서 : 내용 문식성(content literacy)	

교육적 흐름에 의거해 두 수업을 비교해 보면, <표 3>처럼 그 둘의 궁극적인 지향점이 다르지 않다는 것을 알게 된다. 내용교과의 수업에서도 필수적으로 요구되는 지식의 보충과 확충을 위해 교과 독서의 개념은 필요하다.

4. 교과 독서의 교육적 지도 방안은 무엇인가?

앞 절에서 논의한 교과 독서의 본질을 바탕으로 교과 독서가 어떻게 지도될 것인가를 생각하여 보자. 교과 독서의 지도 방안에 대해서는 <표 4>와 같이 제안되고 있다.

〈표 4〉 교과 독서 지도 틀의 비교(Richardson & Morgan, 1990)

IF	DRA	ARC	PAR
Herber 1978	Singer & Donlan 1985	Vaughan & Estes 1986	Richardson & Morgan 1990
준비 　동기유발 　배경제공 　목적, 기대 유발 　방향 제시 　언어 개발 안내 　독서안내 개발 　추리안내 개발 독립	배경 결정 배경 형성 선질문과 읽기 능동적으로 검토 확장	기대 실현 심사숙고	준비 　배경 결정 　배경 형성 지원 　목적을 가지고 읽기 　이해 개발 반성적 사고 　확장, 비판적 사고 　이해 결정

이러한 지도 과정을 잘 생각해 보면, 원래 국어과교육에서 읽기 지도를 하고자 할 때의 목표와 방법론의 출발점으로 다시 돌아가게 된다. 읽기를 지도하는데, 궁극적으로는 다양한 종류의 글 읽기가 가능하게 하는 것, 그것이 독서의 개념이고 본질이고 독서 교육의 범위가 된다. 다만, 기존의 읽기 지도 범위가 국어과교육과 국어교과서가 제시하는 읽기 텍스트에만 국한되어 접근되었으므로, 이제는 다른 내용교과의 수업에까지 시야를 확대하여 진정으로 독자 중심의 독서 본질과 교육적 기능까지 고려한다는 재인식이 새로울 뿐이다. 그리고 그러한 인식을 반영한 용어로서, 교과 독서의 개념과 범위 규정은 중요하다.

국어과교육에서 출발하지만 국어과교육의 범위 안에서만 한정되지 않는 독서로서, 교과 독서는 진정한 의미의 범교과적 국어사용 활동이고, 학습을 위한 실제적인 사회 활동이고, 학습자 중심의 능동적인 사고 활동이라고 할 수 있다. 이런 맥락에서 교과 독서는 다음과 같은 방향으로 이루어져야 한다.

첫째, 텍스트 의미 구성에서 나아가 책읽기로 확대되면서, 학습한 전략의 적용이 이루어져야 한다(박수자, 2001 참조).

우선 국어과 읽기 수업에서 짧은 텍스트를 통한 이해 지도에서 나아가 실제적인 책을 읽는 활동까지 다루어야 한다. <표 5>와 같이 현재의 읽기 수업과 연계하여 교사의 독서 지도가 체계적으로 이루어질 수 있다.

〈표 5〉 읽기 수업과 독서 지도의 구성

읽기 수업과 독서의 연계 / 독서 활동의 구성		읽기 교과서와 독서 활동의 연계	
		논리적이고 설명적인 교과서 글 → 논리적인 독서 활동	생활문이나 문학적인 교과서 글 → 창의적인 독서 활동
		정보 찾기, 자료의 의미 해석하기 활동	감동 느끼기, 가치 생각하기, 상상하기 활동
		신문, 백과사전류, 과학이야기, 철학이야기 등	이야기책(동화), 시집, 위인전, 소년소설, 명작소설 등
독서 활동의 순서	책의 체제 파악하기	제목, 서문, 목차 등과 같은 책의 구조를 파악하여 일단 책의 개요(전체적인 윤곽)를 작성하기	
	책의 종류 이해하기	책은 종류에 따라 사용하는 용어와 전개 방식이 다르므로, 책의 종류를 읽기 목적과 관련짓기 예) 설명적인 과학책, 논쟁적인 철학책, 사실과 허구의 역사책, 표현적인 문학작품	
	주제·내용 파악하기	책의 중심 내용과 지원 내용을 분류하기	
	해석하기	작가의 의도와 메시지를 파악하고, 독자의 감상과 의견을 피력하기	
독서 활동의 지도 단계	책 읽기	정보 찾기, 즐기기(감상하기) 등	
	비교하며 책 읽기	같은 작가의 다른 작품 읽기, 다른 작가의 같은 주제 읽기, 요약본과 원본 비교하기, 장르를 바꾸어 읽기, 패러디한 작품 비교하기	
	쓰기를 도입한 책읽기	책 읽으며 비평하기, 책의 내용 개작하기	

1단계 : 원리 학습—짧고 구조가 명확한 글, 익숙한 글, 전략의 학습
2단계 : 적용 학습—길고 복잡한 구조가 반영된 글, 어느 정도 낯선 글,
　　　　전략의 적용 학습
3단계 : 심화 학습—책을 통해 읽기 학습을 현실화

　앞서 제시한 1, 2단계는 현행 읽기 수업에서 이루어지고 있으므로 크게 달라지는 것이 없으나, 3단계에서는 읽기 수업에서 배운 전략을 적용하기 위해 내용교과의 학습에서 접하는 텍스트에 직접 사용해 보고, 혹은 내용교과의 학습에 필요한 책까지도 읽을 수 있어야 한다.

　이러한 연계는 학생에게 의미 있는 독서 상황을 제공하고, 언어 능력 계발에 충분한 문식성 환경을 제공하는 것이 되며, 국어과에서 학습한 전략의 독립적인 적용을 가능하게 한다. 가령, 사회 교과서 지문에서 주로 사용되는 순차적인 글의 조직(국어과 4학년 내용조직방법으로 학습)과 과학 교과서에서 주로 사용하는 분류법(국어과 5학년 내용전개방법으로 학습)에 의한 조직은 서로 다른 사고 과정의 산물이라고 할 수 있다. 국어과 읽기 수업에서 배운 읽기 전략이 이처럼 다른 교과의 수업 상황에서도 적용될 수 있도록 변형되어야 한다. 이런 변형의 과정을 Herber(천경록, 이경화, 2003 참조)는 '수평적 변형(horizontal transformation)'이라고 하였다. 이처럼 다양한 주제 영역에서 전략을 적용하고 학습할 기회가 주어지지 않는다면, 국어과 읽기 수업의 효과도 반감될 수밖에 없다.

　최근에는 교육과정이나 내용교과 교과서의 단원과 연계하여 권장도서 목록이 제시되고 있는데, 해당 단원에 직접적으로 관련되는 지식 중심 도서보다는 해당 과목의 포괄적 이해를 돕는 도서의 선정이 학생의 부담을 줄이고 장기적으로는 독서의 효과나 동기유발 면에서 더욱 효과적일 것이라는 의견이 많이 제시되고 있어 주목할 만하다.

둘째, 실제로 다양한 책을 접하고 다루면서 책을 읽는 방법을 지도하여야 한다.

책은 문자언어와 인쇄 매체가 종이를 통해 나타나는 것이다. 사실 인쇄 매체는 직접적인 상황 장면에 의존하지 않고, 간접적이라 할 수 있는 언어적 맥락을 통해서만 언어 사용자간 의사소통을 가능하게 한다. 이때 문자언어가 사용된 텍스트라는 것은 지면(종이)이라는 제한된 조건 하에서 실현된다. 당연히 지면의 제약에 따라 '편집'이라는 기술을 사용해서 독자의 읽기(이해)를 용이하게 해야 한다. 그래서 책이나 잡지 등을 보면 매우 구조화된 지면 형태를 접할 수 있다.

가령, 책의 구조를 보면, 책의 표지에서 책의 제목을 제시하고, 그 다음 필자의 서문을 통해 책에 대한 개관을 하며, 책의 목차를 통해 책 내용의 구조를 보여주게 된다. 일단 내용별로 분류된 책의 내용으로 들어가게 되면, 어려운 정보를 복잡하게 다루는 책일수록 내용의 전달을 용이하게 하기 위해 여러 가지 유용한 편집 장치를 사용하게 된다. 특히, 주효한 소제목의 제시나 선행조직자의 제시, 그리고 그래픽이나 사진과 같은 비언어적 기호, 심지어 글자체의 종류나 크기의 조정에 이르기까지 그것은 매우 다양하게 나타난다.

문자언어가 담겨지는 텍스트라는 그릇은 그러한 단서의 이용을 통해, 어쩌면 음성언어의 음조나 사람의 표정, 몸짓 등과 같은 장치들이 보여주었던 효과를 동일하게 발휘하게 되는 것이다. 그래서 문자언어가 지닌 본질과 인쇄된 책(지면)이라는 매체의 특성이 반영된 책을 직접 읽을 필요가 있다. 따라서 독서 지도의 내용을 텍스트의 의미 구성 과정에 대한 지도에서 나아가 책을 읽는 단계까지 지도해야 한다(오현희 역, 1997 참조).

① 논리적 독서의 수준
  - 1단계 초등적인 책읽기
  - 2단계 점검하며 읽기
  - 3단계 분석적 책읽기
  - 4단계 종합적 책읽기

② 책읽기의 장르별 접근법
  : 실천적인 책, 문학작품, 이야기·희곡·시, 역사책, 과학책, 수학
  책, 철학책, 사회과학책

본격적으로 책을 읽는 독서의 경우에도 책을 대상으로 텍스트 이해 때와 마찬가지로 단계별 독서 지도를 할 수 있고, 장르별 접근을 할 수 있다. 이 경우도 앞서 언급한 대로 내용교과의 독서 지도로 전개되는 부분이다.

내용교과에서 요구하는 지식은 교과서만의 지식이 아니다. 교과서의 분량 때문에 사실은 심도 있는 지식의 학습이 불가능할 수도 있다. 해당 분야의 지식을 제대로 이해하기 위해서는 교과서 지식을 보충할 수 있는 분량의 충분한 지식과, 그러한 지식을 비판적으로 볼 수 있는 다른 참고 지식이 필요하다. 그러한 지식을 공급해 줄 수 있는 것은 바로 책이다. 단, 여기서 짚고 넘어가야 할 점은 현재 인쇄 문화권 안에서는 대표적 형태가 책이지만, 현대와 같이 발달한 미디어 환경 하에서는 책의 형태가 더 이상 종이책만을 의미하지는 않는다. 이것은 다음 항목으로 논의하겠다.

셋째, 책을 읽고 난 다음 표현활동을 하게 하여야 한다(박수자, 2002a, 2002b 참조).

책을 읽는 것은 결국 다른 사람의 지식을 수용하는 과정이다. 이때 긍정적인 효과를 보기 위해서는 학습자가 정말로 그 지식을 명확하게 이해하고 있는가를 자신의 말로 다시 풀어내도록 하는 것이 가장 효과적이다. 특히 학습자는 다른 사람의 지식을 자신의 말로 푸는 과정에서 자연스럽게 자신의 의견을 첨가하게 된다. 비판적 사고력과 함께 창의적 사고력이 개입되는 것이다. 따라서 독서를 한 후 반드시 그 내용에 대해 토의나 토론을 하게 하고, 혹은 작문을 하게 하는 것이 독서의 동기유발은 물론 작문의 기능까지도 학습자로 하여금 인식하게 하고, 좀더 적극적으로 독서를 하게 만들며, 능동적으로 살아있는 작문을 하게 만들어준다. 무엇보다도 내실 있는 작문을 하기 위해서도 독서는 꼭 필요하다.

〈표 6〉 쓰기 내용의 생성 과정

쓰기 내용의 생성 과정			
	창의적인 생각의 생성		창의적인 생각의 적용
스키마와 추론	언어적 접근(좌뇌)	연역추리, 가설추리	초안에 대한 해석, 추론, 분석
	비언어적 접근(우뇌)	개념의 시각화 (생각그물)	
정보의 조사	자료 조사와 조정	다양한 자료 수집	
	자료출처와 조사방법	자료의 정보성 판단	

작문의 경우 내용 선정과 조직을 통해 작문 내용을 만들어가는 과정이 결국 작문의 질을 좌우한다. 따라서 〈표 6〉과 같이 작문을 하기 위해서는 내용을 만들어야 하고, 이때 책읽기는 반드시 수반되어야 할 과정이다. 그리고 〈그림 1〉과 같이 읽은 내용에 대해서는 자신의 말로 만들어가는 언어 표현 과정의 훈련이 중요하다.

쓰기 자료원의 확보

→ 1단계 : 자료의 처리과정에서
　　　　필자의 생각 형성　　　　　　　　(자료이해(언어추론)＋생각의형성＋언어표현)

→ 2단계 : 자료의 활용
　　　　(인용, 풀이(해석), 논평)　　　　　(언어 표현)

───

　생각꺼내기 및 자료의 조사　　　：　　　생각하기, 정리하기, 1차 쓰기(초안)

〈그림 1〉 읽기와 쓰기의 연계

　독서가 사회적 행위로서 지식의 소비에 그치는 것이 아니라, 나아가 비판적 사고력과 창의적 사고력을 구동시키며 독자로 하여금 스스로의 생각을 표현하게 만들 때 독서의 기능을 진정한 의미의 지식 생산 행위로까지 확장시키는 것이라고 본다. 그리고 이러한 독서는 교과 독서에서 절실히 요구된다.

　넷째, 다양한 미디어 텍스트를 접하고 이해하는 방법을 지도하여야 한다. 미디어의 발달로 사람들의 시각은 매우 다양한 지면을 요구하게 된다. 독자의 시선을 끄는 방법에서든 이해에 도움을 주기 위해서든 여하튼 현대의 텍스트나 책은 매우 다양한 편집장치를 사용하고 화려해지고 있다. 따라서 책의 구조나 제작 방식도 이런 흐름에 따라 현대적 시각으로 변화하고 있으므로, 이에 대한 지도도 필요하다. 또한 새로이 등장한 인터넷 텍스트나 하이퍼텍스트의 형태도 모두 독서의 대상이 되어야 한다. 책은 컴퓨터 화면으로도 제공될 수 있기 때문이다. 인쇄 매체가 아니라 멀티미디어 형태로 제공되는 인터넷 텍스트나 하이퍼텍스트를 이해할 수 있도록 하는 독서 자료나 방법의 개발이 필요하다.

5. 이제 남은 과제는 무엇인가?

지금까지 국어과 교육에서는 나름의 학문적 정체성을 세우기 위해 어쩌면 배타적이라고 할 정도로 내적 구조화에만 치중하여 왔다. 이제는 국어과교육과 주변 학문과의 관계를 좀 더 정밀히 고찰할 시점에 도달하였다. 교과 독서의 경우는 바로 그런 간학문적 분야의 성격을 보이고 있다고 하겠다.

최근의 학문 연구 경향은 학제간 연구를 활발히 진행하는 추세이다. 우리가 읽기전략이라고 가르쳐왔던 것들이 다른 내용교과의 읽기에서 필수적으로 요구되었던 학습능력이고, 다시 그런 이유로 그것이 국어과 교육의 학습내용이었던 것을 고려한다면 교과 독서의 개념과 범위에 대한 논의나 우려가 새삼스러울 것은 아니다. 다만, 앞으로 어떻게 국어과 교육의 독서 지도가 고유성을 확보하면서도, 실질적인 효과를 거둘 수 있을 것인지 좀 더 세밀한 실증적 연구가 진행되어야 할 것으로 본다.

제3장 ▌ 독서이력철의 구성과 평가 방안

'독서이력철'은 독서 활동의 지도를 목적으로 그에 합당한 자료를 체계적이며 선택적으로 모아 활용하는 것을 말한다. '독서이력철 평가'는 독서이력철의 구성과 함께 누가, 어떻게, 평가·기록·관리·활용할 것인가의 문제를 다루어야 한다. 독서이력철 평가는 다음 그림에서 보듯이 평가의 한 현상이면서 동시에 독서 교육과 관련된 여러 활동과 관련된다. 이런 점은 독서이력철 평가를 실행하는 데 있어서 실용성과 신뢰성에 대한 사려 깊은 장치를 필요로 요구하게 된다.

독서이력철의 용도는 다양하지만 전시용, 기록용, 과정용, 평가용, 종합용으로 다양하다. 여기서는 평가용을 전제로 구성 방안과 평가 방안을 주로 모색한다. 나머지는 각자 용도에 따라 적절한 구성을 요구하여 사용하면 되기 때문이다.

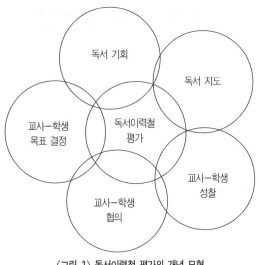

〈그림 1〉 독서이력철 평가의 개념 모형

1. 독서이력철의 구성 방안

독서이력철의 구성 방안이란 독서이력철 평가를 할 때 개인의 독서이력철에 무슨 정보를 어떻게 모을 것인가의 문제이다. 독서이력철 평가의 구성 내용은 한 마디로 할 수 없을 정도로 다양하다고 할 수 있다. 독서이력철이 학생의 독서 활동을 잘 보여주는 '완전한 그림'이라면 그림의 내용은 학생이 산출한 다양한 자료가 다 될 수 있다. 그러나 서두에서 언급하였지만 평가용 포트폴리오를 지향하고, 대규모 평가를 지향한다는 본 연구의 성격을 고려한다면 독서이력철 평가의 구성 요소는 다양한 독서의 과정과 결과 자료 중에 프로그램의 기획자들이 선택할 필요가 있다. 구성 요소는 필수적인 것과 선택적인 것으로 나눌 수 있다. 평가 목표(성취기준), 평가기준, 구성 시스템 등은 반드시 포함되어야 할 것이다. 선행 연구와 제반 사정을 고려한 발표자의 생각은 다음과 같다.

(1) 독서 활동의 평가 영역

독서이력철 평가는 독서 활동의 온전한 모습을 반영해야 한다. 그러자면 독서이력철 평가 영역을 구분하고 과제나 정보를 모아야 할 것이다. 다음과 같은 영역 구분을 제안한다.

- 독서의 정의적 영역 : 독서 흥미, 독서 태도, 독서 습관, 독서 신념 등을 가지고 독서에 몰입(engagement)하는 정도를 반영한다. 독서는 자기 스스로 독서 목표를 정하고, 필요한 책을 균형 있게 고르고, 판단하고, 향유하고, 감상하고, 점검하고 조절하는 능력이 중요하다. 이 영역이 기대하는 독자상(讀者像)은 자기주도적이며 성찰적(省察的)이며 능동적 독자를 지향한다.
- 독서 지식 영역 : 독서의 개념, 책의 역사, 독서의 역사, 우리의 독서 문화, 독서의 중요성, 도서의 분류법, 독서와 개인의 발달, 평생 독서, 문학과 비문학, 독서와 학습에 관한 (선언적) 지식 정도를 반영한다. 이 영역은 독서에 관한 교양적 지식을 갖춘 독자를 지향한다.
- 독서 수행 영역 : 실제로 책을 읽고, 내용을 이해하며, 내용의 학습과 문제 해결, 여가(餘暇)를 위해 사용할 수 있는가를 반영한다. 개인적 독서뿐만 아니라 사회(가정, 모둠, 학교, 지역 등)의 일원으로 다른 구성원과 협동하면서 개인과 집단의 문제를 독서를 통해 해결할 수 있고, 서로 영향을 주고받는다. 이 영역은 능숙하게 잘 읽는 독자를 지향한다.

독서이력철은 대략 위와 같은 영역을 염두에 두고 이를 골고루 반영하되, 필요시에 통합적으로 구성되어야 한다. 독서이력철 활동을 통해 우리가 길러내고자 하는 인간상(人間像)은 독서 결과가 특정 교과에 두각을 나타내느냐의 여부를 보여주는 직접적 증거의 제시에 연연해 할 필요가 없다. 독서이력철을 평가용으로 제안하더라도 교과 활동이나 특별 활동에서 소홀히 되는 영역을(예컨대 독서 태도와 같은 정의적 영역) 중점적으로 반영함으로써 기존의 교과 평가에서 놓치는 점을 보완하는 데 주력하는 것이 옳다고 생각한다. 그리고 독서 지식 영역도 현재보다는 중시될 필요가 있다. 독서를 하라고 권하기만 하는데서 나아가 독서를 왜 해야 하는지, 독서의 역사가 어떠한지 어떤 의미가 있는지, 책은 어떻게 분류하는지 등에 대한 교양적 지식을 수반하도록 지도하는 것은 교과 활동의 읽기 지도에서 다루지 못하는 부분이며, 독서 수행 능력의 신장이나 태도 형성에도 긍정적으로 기여할 것이라 생각한다.

(2) 필수도서 목록 제시 및 선택도서 목록 기준 제시

독서이력철 활동을 위해 읽을 도서를 지정해야 한다. 도서는 지정 도서와 학생 선택 도서로 구성하는 것이 좋을 것이다. 대략 학년별 교과 도서 목록 중에서 학교(위원회, 교사)가 지정한 도서 30권(어림잡아 한 주에 한 권 정도의 비중) 정도와 학생이 흥미롭게 선정한 도서 20권 정도를 읽도록 하는 것이 어떨까 한다. 그러나 도서는 길이나 주제의 복잡도 등에서 다양할 수 있으므로 도서의 수는 조정할 수 있다. 몇 권 정도를 읽게 해야 하는지는 따로 기초 연구나 조사를 해보고 결정하는 것이 좋다. 도서 목록은 학기 초나 학년 초에 미리 제시되는 것이 좋다. 학교에 따라 도서 구입에 제한이 있을 수 있으므로 제시된 도서 중에 순서를 달리하여 돌려가면서 읽을 수 있어야 하기 때문이다. 필수나 선택도서의 학년별 선택 기준 등을 제시하는 연구가 병행되어야 지속적으로 도서 목록이 갱신되면서 안정화 될 것으로 본다.

(3) 읽은 책의 독서 목록 작성

(2)에서 제시한 도서 목록 중에서 학생은 개인적으로 읽은 책의 독서 목록(reading log)을 작성한다. 목록에는 읽은 날짜, 제목, 저자, 출판사, 주제 분야 등 간단한 내용 정도를 쓸 수 있어야 한다. 초등 저학년(3학년 이하)에서는 직접 작성하게 하고, 초등 고학년(4학년 이상)에서는 관리의 편리를 위해 온라인 서버에 입력하고 필요하면 출력하는 방식을 채택할 수 있다. 독서 목록은 2.에서 필수와 선택으로 제시한 책의 분량을 초과한 목록을 작성할 수 있도록 여유를 주어야 한다.

(4) 읽은 책의 요약문·감상문 작성

요약하기는 독서 활동의 기본이 되며 자신의 배경지식을 통합하여 글의 내용을 이해하고 재구성하는 중요한 독서활동이므로 반드시 독서이력철에 포함시켜야 할 것이다. 온라인 및 오프라인으로 가능하다. 고학년은 온라인 작성을 활용할 수 있으나 저학년에서는 직접 작성하는 것이 좋다. 요즘은 독서 감상문이나 요약문 작성은 인터넷에서 내려 받아서 작성하는 경우가 많다고 한다. 원칙적으로는 학년을 불문하고 직접 공책에 작성하는 것이 바람직하다고 생각한다. 요약문의 형식(길이나 체제)을 제한하는 방법과 자유롭게 하는 방법을 고려해야 한다. (1)에서 제안한 지정 도서는 모든 책을 대상으로 요약하는 것이 필요하다고 본다.

(5) 읽은 책의 추천서 쓰기

친구, 부모, 교사, 형제, 자매 등 대상을 정하고 (2)에서 읽은 책 중에서 4~5권 정도에 대하여 각자 대상을 달리하여 추천 및 소개문을 쓰게 하면 책의 내용에 대한 평가 능력, 감상 능력, 논술 능력 등이 신장 될 것으로 기대된다. 추천서를 쓴다는 것은 실제성, 성찰성, 상호작용성 등 독서이력철 활동과 독서의 본질에 일치한다. 따라서 독서이력철 구성에 필수 요소로 넣는 것이 좋다고 생각된다.

(6) 논술문 쓰기

논술은 독서와 결부하여 권장될 활동이다. 위의 (1)에서 교사(학교)가 지정한 도서 중에서 교사(/위원회)가 논술 과제를 부과하고 학생은 온라인 및 오프라인 상태에서 논술문을 작성한다. 논술문의 분량이나 형식 등은 교사가 따로 학년이나 학교 급을 고려하여 정할 수 있다. 논술 과제는 학기 당 2번씩 해서 일 년에 4번 정도가 좋을 듯하다. 논술 결과를 시상하거나 전시하는 것도 좋다. 논술문 쓰기를 4회 정도하고 이를 매번 교사가 질적 평가를 하기에는 어렵다면 이 중에 한 번만 질적 평가를 하거나 아니면 그 중에서 대표작품을 하나만 골라서 제출하고 교사가 읽는 방법을 사용할 수 있다. 이러한 기록들은 별도로 기록표에 기록하면 좋을 것이다.

(7) 독서 토론회, 독서퀴즈 대회, 고전읽기 대회 등 개최

독서 토론회나 퀴즈 대회 등을 개최해보는 것은 독서 태도나 흥미 유발에 도움이 된다. (1)에서 제시된 도서 중에서 학생 혹은 학교가 여론 수렴을 하여 2~3권을 정하여 독서 토론회를 개최한다. 학급별, 모둠별, 학교별 등으로 할 수 있다. 되도록 많은 학생이 주체적으로 참여할 수 있도록 학급 안에서 모둠별로 하는 것이 좋을 듯하다.

또한 강당이나 운동장에 모여 읽은 책에 대하여 독서 퀴즈 대회를 열어도 좋다. 독서 퀴즈는 책의 내용에 대한 본질적인 문제뿐만 아니라 가벼운 퀴즈, 독서와 책에 관한 지식 영역 등도 반영하여 독서 흥미와 태도를 함께 향상시키는 것이 어떨까 한다. 그리고 70년대 하였던 '고전읽기 대회' 등도 부활하여 운영하고 결과를 독서이력철에 기록하는 것이 좋을 것이다.

위에서 언급한 활동 이외에도 학교별로, 학급별로 선택적으로 진행할 수 있는 다양한 독서 활동을 선택적으로 할 수 있다. 그리고 독서진단검사, 독서태도 검사, 독서흥미도 검사, 전국적인 수준의 학업 성취도 검사, 각종 백일장 참여 및 수상 기록, 교과 독서 프로젝트 등 독서 활동과 관련된 교내외 행사 결과 기록, 교사의 전문적 관찰 기록, 학부모의 의견, 가정에서 독서 활동, 지역 사회에서 독서 활동 등도 진행할 수 있다. 정리하면 다음 <표 1>과 같다.

〈표 1〉 독서이력철의 구성

구분	구성 요소	주요 반영 영역	빈도
필수	도서목록과 독서목록	지식, 수행, 정의적	학년에 지정도서 30권 정도
	요약문·감상문 작성	수행	학기에 4회 정도
	도서 추천서	수행, 지식	학기에 4회 정도
	논술문 쓰기	수행	학기에 4회 정도
	독서 토론회, 퀴즈대회	수행, 지식	학기에 4회 정도

구분	구성 요소	주요 반영 영역	빈도
선택	내용교과 프로젝트	수행	학교, 교사 자율
	각종 기초 검사	정의적	
	교사 관찰문	정의적, 수행, 지식	
	각종 경시 대회 결과	수행	
	다양한 독후활동	수행, 지식, 정의적	

2. 독서이력철 평가 방안

독서이력철에 나타난 여러 자료들을 대상으로 평정을 부여하고 평정의 의미를 정하고, 수량화하여 필요하면 서열적 정보를 제공하는 것이 필요하다. 여기서는 평가기준을 중심으로 논의한다. 크게 보아 평정 결과를 어떤 형식을 산출할 것인가와 평가 주체, 평가기준, 평가기록표 등의 문제로 압축된다. 선행 연구와 제반 사정을 고려한 발표자의 생각은 다음과 같다. 우선 평가 결과는 '척도에 관한 평정'이 채택되어야 하며, 절대기준 평가의 원리에 따라 적용되어야 한다고 본다. 즉 어떤 학생이라도 일정한 평가기준에 도달하면 그에 합당한 판정을 받을 수 있어야 한다.

(1) 척도에 따른 평정

가. 양적 평가 방안

앞 절에서 설명한 다음 과제에 대하여 참여한 정도(지정한 책 대비 실제 읽은 책의 권수, 요약문 쓰기 과제 수에 비해 제출한 과제 수, 추천서의 수, 논술문 작성 활동, 토론회(퀴즈대회 참여 수)) 등의 활동을 양적으로 다음과 같이 계산하여 판정한다. 잠정적으로 평가 수준은 3단계로 제안했으나 수준과 기준은 조정할 수 있다.

대체로 홀수 척도인 3점 척도에 따라 정도를 양적으로 평정하는 방법이다. 교육과정평가원에서 전국학업성취도 평가에서는 '우수학력, 보통학력, 기초학력, 기초학력미달' 등과 같이 4점 척도를 사용하고 있다. 그러나 독서 활동은 교과 학업성취도와 달리 기초학력미달 수준은 나타나지 않을 것으로 판단되어 3점 척도를 선택하여 제시한다. 5점 척도를 채택할 수 있으나 척도가 세분되면 평가기준 작성과 신뢰로운 판단이 어렵게 될 수 있다. 척도의 명칭은 우수(Excellent), 적정(Normal), 노력요함(Need) 등과 같이 표현하고자 한다.

- 우수(자기주도적 수준) : 90% 이상 참여
- 적정(교사 조력적 수준) : 60%~89% 참여
- 노력요함(보정적 수준) : 59% 이하 참여

예를 들어, 앞의 <표 1>에서 제시한 독서이력철 평가의 구성요소에서 필수 요소 중에 '독목록표'가 있다. 지정도서 목록에서 30권을 읽도록 되어 있는데, 어떤 학생이 자신의 독서 목록에서 20권을 읽었다고 기록하였으면 '20÷30×100=66%'로 계산하여 '보통'의 판정을 받게 된다. 기계적인 판정의 수고를 덜도록 세부 영역별 판정을 종합하여 전체 양적 판정이 자연적으로 도출될 수 있도록 전산화된 프로그램을 짤 수 있을 것이다. 기계화하지 않더라도 양적 평가는 계량적으로 따지는 것이므로 평가의 주체는 교사보다는 동료평가나 자기평가, 학부모 평가를 통해 하는 것이 권장된다. 교사는 가끔 점검해 주기만 하면 된다.

나. 질적 평가 방안

앞의 <표 1>에서 제시한 필수 요소 중에 '요약문 작성하기, 추천서 쓰기, 논술문 쓰기, 독서 토론회' 등의 활동에 대하여 각각 한편씩의 자료를 학생으로 하여금 골라 제출하도록 한 후에 교사가 질적 평가기준을 토대로 '우수, 적정, 노력요함'으로 판정할 수 있다. 각각의 과제에 대하여 한편씩 학생이 자신의 '대표 작품(entry)'으로 제출한 결과물에 대하여 교사가 학년별로 미리 정한 평가 기준에 대하여 판정한다. 너무 자주하면 교사의 부담을 증가시키기 때문에 학교의 판단에 맡겨 진행하되, 적어도 학기에 한 번씩은 하는 것이 좋다. 질적 평가 기준은 다음과 같이 제안하고자 한다.

▼ 평가기준

- 우수(자기주도적 수준) : 수행 결과물의 내용이 학년 수준에서 기대하는 것보다 뛰어나며 목표를 초과달성하였다. 자기주도적으로 독서하며 독서 내용이 정확하고 심미적이며 창의적이고 비판적 시각이 나타나고 있다. 여러 독서 경시 활동에서 입상하며 두각을 나타냈다.
- 적정(교사 조력적 수준) : 수행 결과물의 내용이 학년 수준의 독서 발달에 가깝다고 판단된다. 지정된 과제를 누락 없이 수행하였으며, 독서 내용이 비교적 책 전체를 거시적으로 파악하고 있고 요구한 분량과 형식을 갖추었다.
- 노력 요함(보정적 수준) : 결과의 제출이 양적으로 부족하거나 소략하며 그 내용이 학년 수준에 현저하게 미치지 못하며 독서의 내용에 문제점이 눈에 띄며 독서 방법의 단점이 많이 나타나서 교사가 직접적으로 특별하게 지도해주어야 하는 부분이 많이 관찰된다.

양적 평가와 질적 평가는 상보적으로 활용되는 것이 좋다. 예를 들어, 9월에는 양적 평가로 학생이 평가기준에 조회하여 평가기록표에 자기 평가하여 기록한다. 10월에는 학생의 양적 평가뿐만 아니라 교사의 질적 평가가 있었다면 교사의 질적 평가를 우선하여 기록한다. 11월과 12월에는 학생에 의한 양적인 평가만 있었다면 양적 평가를 기록하면 될 것이다(다음 3.의 <표 2> 평가기록표 참조).

(2) 교사의 전문적 판단에 따른 종합적 진술

위의 척도에 따른 평정과 상관없이 지도 교사(담임 교사)가 특별하게 학년 수준에서 언급할 가치가 있다고 판단하는 정보를 두세 문장 수준으로 총평관이나 일화기록법(anecdotal records)의 관점에서 진술할 수 있다. 이때는 독서 결과, 과정, 향상 정도를 고려하여 학생의 강점, 약점에 대한 진술이 중요하다. 이러한 정보는 독서 활동에서 중시되어야 하며 독서이력철 평가는 이 셋을 골고루 반영할 수 있도록 설계되는 것이 좋다.

3. 독서이력철 평가의 기록

독서이력철 관리나 작성 책임은 담임교사가 지는 것이 좋다. 독서 활동은 범교과적 활동으로 보기 때문이다. 독서이력철 평가를 위해서는 교사의 계속적인 연수가 필요하다. 독서이력철을 중심으로 한 (교과) 독서 활동의 평가기록표(reports card)를 개발해야 한다. 독서이력철이 독서기록표 역할을 할 수 있다. 학생이나 학부모에게는 독서이력철을 보는 것이 독서 발달과 변화를 읽는데 더욱 생생한 증거가 될 수 있다.

그러나 '평가용 포트폴리오'라는 관점에 서게 되면 개인의 독서 활동을 독서이력철을 중심으로 진행하되, 그 결과를 여러 학생의 수행과 비교하여 파악할 수 있는 보다 더 엄격하게 구조화된 기록표를 제공하는 것이 필요하다. 행정가, 상급학교의 입시 담당자들에게는 특히 이런 기록표가 필요하다. 평가기록표 개발은 별도의 기초 연구를 통해 개발되어야 한다. 여기서는 논의의 진전을 위해 <표 2>와 같은 시안(試案)을 제안해 본다.

〈표 2〉 독서이력철 평가기록부의 시안

2005 학년도 1학기 독서이력철 평가기록표

_____초등학교 ___반 ___번 이름_____   교사 : _____

Ⅰ. 독서이력철 활동에 참여해 주어 고맙습니다. 여러분의 성취도는 다음과 같은 성취기준에 따라 평가기준으로 평가하여 월별로 제시하였습니다.

〈성취기준〉
1. 독서 지식 : 독서와 책에 관한 다양한 지식을 습득한다.
2. 독서 태도 : 지정도서를 포함하여 선택도서에서 여러 종류의 책을 자발적으로 읽는다.
3. 독서 수행 : 지정도서에 제시된 여러 종류의 책을 이해하며 읽는다.

〈평가기준〉
■ 우수 : 수행 결과물의 내용이 학년 수준에서 기대하는 것보다 뛰어나며 목표를 초과달성하였다. 자기주도적으로 독서하며 독서 내용이 정확하고 심미적이며 창의적이고 비판적 시각이 나타나고 있다. 여러 독서 경시 활동에서 입상하며 두각을 나타냈다.
　－양적으로 90% 이상 참여.
■ 적정 : 수행 결과물의 내용이 학년 수준의 독서 발달에 가깝다고 판단된다. 지정된 과제를 누락 없이 수행하였으며, 독서 내용이 비교적 책 전체를 거시적으로 파악하고 있고 요구한 분량과 형식을 갖추었다.
　－양적으로 60~89% 이상 참여
■ 노력 요함 : 결과의 제출이 양적으로 부족하거나 소략하며 그 내용이 학년 수준에 현저하게 미치지 못하며 독서의 내용에 문제점이 눈에 뛰며 독서 방법의 단점이 많이 나타나서 교사가 직접적으로 특별하게, 강도 높게 지도 해 주어야 하는 부분이 쉽게 관찰된다.
　－양적으로 59%이하 참여.

Ⅱ. 학생의 독서이력철 평가 결과는 다음과 같습니다.

영역 수준	지식		수행		태도	
	판정	배점	판정	배점	판정	배점
월별 성취 수준　9월						
10월						
11월						
12월						
종합						

1. 판정 요령 및 해석
■ 월별 평정은 영역별로 "우수, 적정, 노력요함"으로 하고, 배점은 "우수=3, 적정=2, 노력요함=1"로 계산합니다.
■ 어떤 달에 질적 평가를 하였으면 그 결과를 우선적으로 반영하였습니다.
■ 종합 평정은 합계 점수를 대상으로 "우수 ≥ 9 〉 적정 ≥ 6 〉 노력요함"으로 판정합니다.

2. 종합 판정의 뜻은 다음과 같습니다.

■ 우수 : 학년에서 기대하는 독서 수준을 초과 달성하였으며 매우 뛰어 납니다.
■ 적정 : 학년의 독서 수준을 달성하였습니다.
■ 노력요함 : 학년의 독서 수준을 도달하기 위해 조금 더 노력해야 합니다.

성취 기준에 비추어 자신의 발달과정과 장점 및 약점을 파악하고, 아래 선생님의 지도 말씀을 참고하면서 책을 읽읍시다.

Ⅲ. 선생님 말씀

_____
_____
_____

제4장 | 독후활동지의 제작과 유형

　책을 읽고 나서 읽은 것으로만 그친다면 독자가 읽는 순간에 느꼈던 감동이나 새로 알게 된 지식들의 의미가 빨리 약화되거나 사라져버리게 된다. 책을 읽는 이유가 단순히 읽는 순간의 즐거움을 얻기 위해서가 아니라는 것을 생각한다면, 읽고 나서 어떤 활동들을 통하여 읽은 내용의 의미를 다시 생각하고 독자의 의식 속에 내면화시키는 과정은 매우 중요하다고 할 수 있다.

　한 권의 책, 혹은 여러 권의 책을 읽고 나서 할 수 있는 독서 후 활동은 다양하게 구현될 수 있다. 독서클럽을 통해 토론을 하거나, 학기 혹은 학년 단위로 독서 워크숍을 열어서 지속적인 독서활동을 통한 독후활동을 할 수도 있고, 간단하게는 책을 읽고 나서 독후활동지의 풀이를 통해 읽은 내용을 되새길 수 있다. 독서 클럽과 독서 워크숍이 혼자 할 수 있는 활동이 아니라 여러 명이 함께 참여해야 할 수 있고 시간적인 면, 공간적인 면에서 어느 정도 제약이 요구되는 활동이라면, 책을 읽은 후 읽은 책의 내용을 혼자 정리하는 독후활동지는 읽고 나서 즉시 할 수 있고, 가장 간단하게 할 수 있는 독후활동이라는 점에서 장점을 가지고 있다.

그러나 오랫동안 학교 현장에서 독후활동으로 제시되어왔던 활동지의 형태와 활동지 풀이 과정은 형식적인 독서 과제에만 머물러서 오히려 독서에 대한 학생들의 흥미를 빼앗고, 독서에 대한 혐오감을 심어주기도 했다. 실제로 학생들은 책을 읽는 것은 좋은데, 책을 읽고 나서 해야 하는 독서 감상문 쓰기가 괴롭다는 의견을 제시하기도 한다.

학생들에게 이러한 형식적인 과제를 부과하는 교사와 학부모들은 책을 읽고 어떤 활동을 해야만 읽은 내용을 기억하고 내면화시킬 수 있다는 인식을 하고 있는 듯하다. 그러나 독후활동의 근본적인 이유를 생각하지 못하거나, 이론적 근거가 부재한 상태에서 학생들에게 강압적으로 활동을 시키고자 한다면 오히려 학생들을 독서에서 멀어지게 하는 부작용을 낳을 수 있다. 즉, '평생 독서가를 만들기 위한' 독서 교육의 목적과 거리가 멀어질 수 있는 것이다.

독후활동지를 풀이하는 것은 일반적으로 읽기 전, 중, 후의 독서 과정 중에서 가장 마지막에 하는 활동이다. 독후활동지를 해결하는 과정에서 한 권의 책에 대한 독서활동은 일회성으로 끝나지 않을 때가 많다. 학생들은 독후활동지를 하면서 읽은 책을 다시 뒤적이고 글의 의미를 새로 알거나 되새길 수도 있다. 한 권의 책에 대한 독후활동지는 학생들에게 독서한 내용을 내면화시키기 위해서 간단하면서도 효과적으로 제작되어야 한다. 보다 심도 있는 내면화를 위한 길잡이가 되어야 한다. 그러므로 독후활동지는 다양한 유형으로 제작되어야 하고, 활용하는 방법에 있어서 학생들이 선택할 수 있는 자율성을 보장해야 한다.

다음에서는 먼저 독후활동지 제작에서 내용의 근거가 되는 이론들을 살펴보고, 독후활동지의 구체적인 유형을 살펴보도록 하겠다.

1. 독후활동지의 이론적 근거

(1) 어휘 지도

어휘는 일정한 범위 안에서 사용되는 단어의 집합이라고 정의할 수 있으며, 어휘력은 말 그대로 어휘에 대한 총체적 지식이라고 정의할 수 있다. 어휘의 의미를 안다는 것은 단순히 어휘를 '안다 / 모른다'의 양적 관점보다도 '어느 정도 아는가' 하는 질적 관점에 초점을 맞출 필요가 있다. 어휘의 의미를 어느 정도 알고 있느냐는 실제 언어생활에서 얼마나 적절하고 정확하게 사용하는가를 가늠하는 척도가 될 수 있을 것이다.

어휘력과 독해력의 관계는 비례관계에 있다고 볼 수 있다. 이것은 어휘 지식이 독해에 영향을 준다는 것이다. 어휘를 많이 알고 있으면 의미 파악을 잘 할 수 있고, 글을 읽고 잘 이해할 수 있다. 역으로 독자는 독서 과정에서 새로운 어휘를 발견함으로써 자신이 이미 가지고 있던 어휘지식을 확장시킬 수 있다.

효과적인 어휘지도는 다음과 같은 원리를 바탕으로 이루어져야 한다.

첫째, 어휘의 사전적 정의와 문맥적 의미를 동시에 가르쳐야 한다.

둘째, 어휘의 심층적인 이해가 이루어지도록 지도되어야 한다. 어휘의 심층적인 이해는 그 어휘에 대하여 깊이 생각해 보고, 다른 어휘와의 관련성을 학습할 때 효과적으로 이루어진다. 어휘의 심층적인 이해를 가져올 수 있는 학습 활동은 연상하기, 이해하기, 일반화하기 등이 있다.

셋째, 어휘 지도에서 중요한 요인은 어휘가 학습자에게 노출되는 횟수와 다양성이다. 학생들에게 각 어휘의 의미에 대한 같은 정보를 반복해서 제공하며, 다양한 문맥과 난이도를 제공하여야 어휘력 및 독해력의 향상에 실질적인 도움을 줄 수 있다.

넷째, 학습자가 새 어휘를 학습할 때에 자신의 배경지식을 활용할 수 있도록 해야 한다.

다섯째, 학습자가 새 어휘를 학습할 때 학습자에게 능동적인 참여의 기회가 주어져야 한다.

여섯째, 학습자 스스로 어휘 습득 전략을 개발할 수 있도록 지도해야 한다.

어휘를 진정으로 이해한다는 것은 그 어휘의 사전적 의미를 아는 것에 그치지 않고 일정한 맥락과 상황에 적합하게 사용할 수 있는 것을 의미한다. 따라서, 어휘지도는 어휘의 사전적 의미와 문맥적 의미는 물론 습득된 어휘를 실제 상황에서 잘 활용할 수 있도록 하여야 한다.

또, 어휘 지도에 있어서 중요 사항은 어떤 어휘를 가르칠 것인가 하는 문제이다. 가르쳐 져야 하는 어휘는 학습할 내용을 이해하는데 충분한 정보를 얻을 수 있는 것, 깊이 있게 가르칠 필요가 있는 것을 중심으로 이루어져야 한다. 그리고 학습할 내용에서 빈도수가 많지 않더라도 글의 문맥에서 충분히 이해되지 않는 중요한 어휘도 꼭 선정하여야 할 것이다.

어휘지도의 방법은 학습자에게 의미있는 학습이어야 하되 심층적인 이해가 이루어질 수 있도록 연상하기, 이해하기, 일반화하기 등의 단계로 진행할 수 있다. 연상하기 단계에서는 유의어 쓰기, 범주화, 의미 지도 그리기 등의 방법을 활용할 수 있고, 이해하기 단계에서는 반의어 쓰기, 문맥유추, 다의어 및 동음이의어 쓰기 등의 방법을 이용할 수 있다. 그리고 일반화하기 단계에서는 사전 이용, 어휘 정의, 짧은 문장 쓰기 등의 방법을 적용할 수 있다.

(2) 내용의 요약

요약하기는 글에 들어있는 중요한 생각을 간략하게 간추리는 활동이다. 글의 내용을 잘 요약한다는 것은 글에 나타난 정보의 중요도를 잘 판단하고 글의 전체적인 짜임 속에서 글의 내용을 잘 분석하고 종합하여 이해했다는 것을 의미한다.

요약하기에서 글의 중요한 정보와 중요하지 않은 정보를 구별하는 능력인 정보의 중요도 판단은 독해 과정에서 매우 중요하다. 그런데 글의 중요도에 대한 판단은 글의 전체적인 짜임과 맥락 속에서 글을 분석하고 종합하여 이해하는 과정에서만 가능한 일이므로, 종합적인 읽기 능력을 필요로 한다.

요약하기에 익숙하지 않은 학생들은 글을 응집성 있는 전체로 읽지 못하고 일련의 연결되지 않은 문장으로 읽곤 한다. 또한 세부내용을 기억할 따름이고 무엇이 중요한 내용인지를 판단할 수 없다. 학생들은 읽기의 목표가 읽기 자료에서 중요한 정보를 이해하고 기억하는 것임을 알아야 한다. 읽은 내용을 잘 요약함으로써 주의가 집중되고, 보다 잘 이해하고 기억할 수 있다.

글을 요약하는 규칙에 관련해서는 텍스트 언어학을 살펴볼 필요가 있다.
최근의 텍스트 언어학은 글의 분석의 단위를 텍스트로 확대하였는데, 이전의 문장단위, 혹은 문단 단위의 분석에 비해 보다 거시적인 관점으로 텍스트를 볼 수 있게 하였다. 특히, 반다이크와 킨취(Van Dijk & Kintsch, 1977)의 요약규칙은 대표적인 텍스트 구조분석의 성과라고 할 수 있다.
킨취와 반다이크의 요약 규칙은 다음과 같다.

① 삭제 : 연속되는 명제들 중에서 후속 명제의 해석에 직접적이지 않은 부수적인 속성들을 지시하는 명제들을 삭제할 수 있다.
② 일반화 : 연속되는 명제들은 그것들보다 상위의 개념으로 한정하는 명제로 대치될 수 있다.
③ 선택 : 연속되는 명제들 중에서 또 다른 명제들에 의해서 지시되는 사실이나 통상적인 조건들은 삭제될 수 있다.
④ 구성 : 연속되는 명제들은 그 통상적인 조건이나 요소 결과들을 지시하는 하나의 명제로 대치될 수 있다.

글을 요약하는 방법은 국어과에서 매우 중요하게 다루는 글 읽기 책략이지만 학교 현장에서 제대로 지도되지 않는 경향이 있다. 이는 지도 방법의 부재와 관계된다. 요약하기는 직접적이고 명시적인 교사의 지도와 학생들의 연습에 의해 발전할 수 있다. 요약하기 책략의 직접적인 교수와 관련해서 타일러(B.M.Taylor)의 연구를 살펴볼 수 있다.

타일러는 위계적 요약하기, 협동적 요약하기 등의 방법을 정리하였다. 위계적 요약하기는 3~4개의 하위절을 포함한 3~4쪽 정도의 내용을 10~12개의 문장으로 요약하는 것인데, 우선 학생들이 요약할 내용을 대충 읽은 뒤 2~3개의 중심단어(핵심어)를 선정하고, 중심생각을 반영한 문장에 밑줄을 긋는다. 이어 중심 문장과 뒷받침하는 세부문장을 2~3개 쓰는데 자신의 말로 바꾸어 쓰도록 한다. 모든 하위절에 대해 중심문장과 세부문장을 쓴 뒤 절 전체의 중심 내용을 반영하는 문장을 1~2개 적고 스스로 여러 번 읽어본 뒤 짝에게 자신의 요약문을 말한다. 협동적 요약하기는 세 사람으로 구성된 집단에서 함께 하는 활동을 말한다. 이때 위의 위계적 요약하기의 절차를 따른다.

요약하기는 읽기에서 매우 중요한 과정이며, 읽기 전략 규칙에 따라 실제로 요약하는 방법을 직접적인 교수에 의해 습득하는 것은 글을 바르게 읽기 위해서 꼭 필요한 활동이라 할 수 있다.

(3) 중심 생각(main idea) 파악하기

독후활동에서 중심 생각을 파악한다는 것이 중요하다고 생각하지 않는 사람은 없다. 스미스(Smith, 1978)는 읽기를 "언어의 시각적 표상을 음성으로 바꾸는 것이 아니라 의미로 전환시키는 것"이라고 정의했고, 굿맨(Goodman)은 읽기란 "필자가 글자의 배열을 통해 제시한 의미를 독자가 재구성하는 심리적 과정"이라고 정의했다. 즉, 나열된 언어 기호에서 의미를 도출하고 재구성하는 것이 곧 독자이며, 독후활동으로서 중심 생각을 파악하는 활동은 독서 활동의 중심적 행위라고 볼 수 있다.

독자는 필자의 의도가 표현된 텍스트를 통해 의미를 재구성하므로 필자가 텍스트를 쓴 의도나 목적을 알면 독자는 내용을 훨씬 잘 이해할 수 있다. 그러나 여기에서 유의해야 할 점은 텍스트를 이해하거나 중심 생각을 구성할 때, 독자가 자기중심적으로 이해하여 전체 내용을 잘못 이해하는 결과를 가져올 수 있다는 점이다. 따라서, 바른 읽기 지도, 즉 올바른 독서 지도를 위해서 교사는 학습자에게 자기중심적 사고에서 탈피하여 텍스트를 읽는 습관과 능력을 길러 주어야 한다.

읽기를 잘하는 능숙한 독자와 읽기를 잘 못하는 미숙한 독자의 가장 큰 차이점 중의 하나는 텍스트의 중요한 정보에 대한 민감성과 중요한 정보에 대한 회상 능력이다. 정보에 대한 민감함은 그 정보를 기억할 수 있게 한다. 즉, 읽기를 잘 하느냐 못 하느냐를 결정하는 것은 '단락의 중심 생각 찾기'나 '단락 수준의 요약하기'를 잘 하는 학생이라는 것을 알 수 있다.

대부분의 연구자들이 능숙한 독자와 미숙한 독자의 차이점으로 공통적으로 제시한 것으로 상위명제, 중심 내용, 중요한 정보, 거시 구조 등을 잘 구성하느냐 여부였다. 따라서, 중심 생각을 잘 파악하고 못 파악하느냐는 성공적인 읽기를 수행했는가 여부와 직결됨으로 작품 속의 중심 생각 즉, 책의 의미를 파악하는 독후활동을 매우 유의미하다고 볼 수 있다.

중심 생각을 파악하는 첫 번째 요소로서 학습자는 책을 구성한 단어 목록 속에서 중심 생각을 파악할 수 있다. 학생들이 단어들을 상위 범주와 하위 범주 등으로 분류하고 상위 범주들을 중심으로 중심 생각이 비유됨을 알고 그 속에서 중심 생각을 정리한다.

둘째, 일반화된 문장에서 중심 생각을 찾도록 한다. 문장을 구성하고 있는 화제들이 모여 중심 생각이 된다는 것을 교육하고 책 속에서 중심 생각을 찾도록 한다. 특히, 책과 같은 긴 텍스트에서 중심 생각을 파악할 때는 사실적 정보와 추론적 정보 등을 모두 동원하여 작가가 의도하는 중심 생각을 찾을 수 있도록 지도해야 한다. 여기서 주의해야 할 점은 중심 생각이 정형화될 수 있다는 점이다. 어떤 책의 주제는 "○○이다"와 같이 학생들이 텍스트를 읽고 중심 생각을 파악하는 활동도 전체 정형화된 주제를 보고 암기하는 활동으로 흐르지 않도록 주의해야 한다.

독서 활동에서 중심 생각 파악하기는 매우 중요한 항목이며, 독후활동으로서 필수적으로 실현되어야 할 요소이다. 따라서, "작품의 의미를 이해하는 독후활동"으로 제시한 활동지들이 여기에 해당한다. 여기서 작품의 의미란 작가가 중심적으로 독자에게 전하고자 하는 중심 내용을 의미하며, 책을 읽은 독자는 이 활동지들을 통하여 자신이 읽은 책의 중심 생각을 파악하는 활동을 할 수 있는 기회를 제공하는 것이다. 또한 학습자들이 텍스트에서 얻은 정보를 정형화하는 것을 줄이기 위한 활동의 일환으로 제공된다고 볼 수 있다.

(4) 추론하며 읽기

추론은 자신이 가지고 있는 배경지식을 활용하여 주어진 정보의 의미를 재구성하는 것이다. 독해는 독자가 가지고 있는 배경지식을 글 정보와 통합하여 의미를 구성해 나가는 과정이라는 점에서 넓은 의미의 추론이라 할 수 있다. 이런 의미에서 독해 과정은 곧 추론의 과정이며, 추론 능력은 이해 과정에서 중요한 역할을 담당한다.

좁은 의미의 추론은 사실적 이해와 함께 독해의 한 부분이 된다. 사실적 이해가 글에 나와 있는 정보를 정확하게 파악하는 것이라면, 추론적 이해는 글에 나와 있는 정보를 근거로 하여, 글에 나와 있지 않은 정보를 추리하여 이해하는 것이다. 글에 나와 있지 않은 정보는 자신의 경험을 바탕으로 형성된 배경지식을 통해서 구성한다.

바람직한 추론은 글에 대한 사실적 이해를 바탕으로 하여, 독자 자신의 관점, 목적, 태도, 입장을 내세운 상태에서 이루어진다. 필자가 전하고자 하는 의미와 상관없이 극단적인 주관성에 의존한 추론은 오히려 독해에 방해가 된다. 독자는 글을 읽으며 글에 제시된 상황과 사실이 무엇인지, 이와 관련하여 자신이 알고 있는 것이 무엇인지, 글의 내용과 비슷한 상황을 자신의 경험에 적용하며 글의 의미를 찾아가야 한다.

글을 통해 이루어지는 추론은 글 정보를 상황이나 배경 지식과 관련짓게 되므로, 형식 논리학에서 나오는 논리적 추론이 아닌 화용적 추론과 관련이 깊다. 독해는 글에 나타난 정보만을 읽어내는 것이 아니고, 독자의 배경지식을 활용하여 글에 나타난 정보들을 연결시키고 비워진 틈을 채워 가며 이루어지기 때문에 화용적 추론은 독해에서 중요한 부분을 차지한다.

또 추론은 글의 응집성에 기여하는가, 정교화에 기여하는가에 따라 교량적 추론과 정교화 추론으로 나눌 수 있다. 교량적 추론은 필자가 만들어 놓은 글의 빈틈을 메우며 앞의 내용과 뒤의 내용을 이어가는 것을 말하며, 정교화 추론은 필자가 다 제시하지 못한 것의 세부 사항을 더하거나, 자신의 경험을 이용하여 글의 내용과 관련된 세상 지식을 연결짓는 것을 말한다.

의미 있는 독서는 독자에게 이러한 추론이 잘 이루어질 때 일어난다. 능숙한 독자는 단어 의미를 정교화하거나 전체 의미를 끌어내기 위한 추론을 하면서 글의 내용을 쉽게 통합하는 데 비하여, 미숙한 독자는 다양한 유형의 추론을 하는데 어려움을 겪는다고 한다(Oakhill, 1994). 한센(Hansen, 1981)은 적절한 훈련이 제공되고, 추론의 기회를 늘리면 추론 능력이 고양되고 독해력이 향상된다는 것을 가정하여 실험연구를 한 결과, 통제반에 비해 추론 전략반과 추론 질문반은 독해력이 향상된 결과를 얻었다. 스미트와 패리스(Schmidt & Paris, 1983)의 연구는 이야기 속에서 어떤 추론이 맞는 것인지 결정할 수 있도록 돕는 단서의 수가 많을수록 추론이 잘 이루어진다는 사실을 보여준다.

독서과정에서 추론 능력의 향상은 독해력의 향상을 끌어낼 수 있으며, 이를 위해서 학생들에게 다양한 추론이 이루어질 수 있는 활동을 제공하는 것이 필요하다.

사건을 다른 인물이나 독자의 관점에서 재조명하는 활동, 독자와 인물의 의사소통을 통해 인물이 처한 상황을 전체적으로 파악하는 활동, 작품 속의 내용을 독자가 살고 있는 사회로 끌어내는 활동, 인물에 대한 단서를 찾아 인물의 성격을 유형화해 보는 활동들은 학생들의 추론 과정을 이끌어내는 비계가 된다.

(5) 내용의 예측

능동적인 독자는 주어진 글의 내용을 단순히 그대로 받아들이는 것이 아니고 자신의 경험이나 지식을 바탕으로 여러 가지 읽기 전략을 활용하면서 글의 내용에 대해 의문을 가지고, 앞으로 나올 내용을 예측하고, 확인하고, 판단하며 읽는다.

예견하기는 독자의 사고를 활성화시키기 위하여 주로 읽기 전 활동에서 사용해 오던 읽기 전략이다. 제목이나 목차를 통해 글의 내용을 예측하는 것은 독자의 배경 지식을 활성화시키는 읽기 전 활동이 된다. 하지만 예측하기는 그 적용 범위를 좀 더 확대시킬 수 있다. 읽기 중 활동에 적용하여, 앞서 자신이 예측한 내용을 확인하며 자신의 읽기 과정을 조절해 나가고 다시 다음에 나올 내용과 사건을 예측하며 읽어나갈 수 있다. 이런 점에서 읽기 과정은 예측과 확인의 끊임없는 연속이며, 예측하기는 읽기의 전체 과정에 적용할 수 있는 전략이 된다.

예측하기는 단순히 글에 나타난 사실만을 대상으로 하지 않고, 글에 나타난 내용을 벗어난 부분에까지 확대하면, 좀 더 다양한 독후활동으로 이끌어낼 수 있다. 독후활동으로서의 예측하기는 앞서 자신의 예측과 확인 과정을 다시 정리하면서, 필자의 의도와 자신의 예측 흐름을 비교하는 활동, 글의 부분 중에서 중심 요소의 변화를 통해 바뀐 상황을 예측하는 활동, 글의 결론에 이어질 이야기를 예측해 보거나하는 활동으로 구체화될 수 있으며, 독자들은 이러한 활동을 하면서 글의 의미를 내면화할 수 있다.

이러한 활동들이 단순한 재미나 흥미만을 위해서 구성된다면 독후활동으로서 진정한 의미가 없다. 글에서 주어진 단서를 활용한 예측이 이루어지도록 활동의 제한을 두어 글의 의미를 심화시킬 수 있어야 한다.

(6) 글 구조의 이해

글은 여러 가지 정보를 담고 있고, 이러한 정보들은 어떤 의미를 드러내기 위해 여러 가지 형태로 조직되어 있다. 독자는 글에 나와 있는 많은 정보 중에서 덜 중요한 정보와 중요한 정보를 파악하여 가려내고 비슷한 정보끼리 통합해 가는 과정을 거치며 글의 총체적인 의미를 구성한다. 글의 조직 양상은 이러한 독해 과정에 중요한 영향을 준다. 독자는 글이 드러내고 있는 조직의 형태를 통해 주어진 정보의 중요도를 판단할 수 있다.

글을 포함한 텍스트는, 표현구조와 내용 구조의 복합체로, 필자의 지식 구조를 반영한다(노명완, 1988). 텍스트의 표현 구조는 결속성과, 내용 구조는 응집성과 관련된다. 결속성은 텍스트의 표면적인 연결 관계이며, 여러 가지 결속 기제-문법적 표지나 어휘, 또는 특정의 언어적 자질과 어휘적 표현으로 드러난다. 텍스트의 결속성은 미시 명제적 측면에서 독자의 의미 구성에 도움을 준다.

응집성은 텍스트를 구성하고 있는 개별 구성 요소들 사이의 의미 연결 양상 즉 의미 관계로 형성된다. 텍스트 구성 요소들이 긴밀한 의미 관계로 연결될수록 텍스트는 응집성이 높아지고, 그렇지 않으면 응집성이 낮아진다. 텍스트의 응집성은 텍스트의 표현 구조인 결속 기제나 표지를 통해서 드러나는데 독자는 이러한 단서를 이용하여 텍스트를 이해해 갈 수 있다. 결속 기제나 표지가 드러나지 않는 경우, 독자는 텍스트의 상황과 배경지식을 활용하여 텍스트의 의미 관계를 엮어가야 한다.

텍스트의 내용은 의미 구조 내에서 여러 층위로 조직된다. 미시 명제 층위에서는 개별 명제들 사이의 상호 관계를 통해서, 거시 명제적 층위에서는 텍스트의 화제나 요지를 통해서 그 구조를 살필 수 있다. 상위 구조로 갈수록 텍스트의 중요한 의미가 드러나며, 텍스트의 상위 구조는 독자가 텍스트의 의미를 구성하는 데 중요한 역할을 한다. 그러므로 한 텍스트의 구성요소들 사이의 의미 관계를 구조를 통해 드러내는 것은 독자가 텍스트 내용을 훨씬 더 오래 기억하도록 하며, 텍스트의 총제적인 의미에 더 쉽게 접근하도록 한다.

상위 구조는 기술 구조, 수집 구조, 인과 구조, 문제/해결 구조, 비교/대조 구조 등이 있다. 기술 구조는 단 하나의 조직 구성소를 갖는데, 그 한 화제의 특성 하나, 종류 하나, 배경 하나를 제시하여 화제에 관한 많은 세부 정보를 제공한다.

수집 구조는 한 화제에 대하여 여러 개의 특성, 여러 개의 종류, 여러 개의 배경을 제시하는 구조이다. 한 화제에 대하여 단순히 여러 생각들을 관련지어 나열하는 구조로 가장 자유로운 조직 형태이다.

인과 구조는 원인과 결과의 관계로 이루어진 구조이다. 문제/해결 구조는 명제들 사이의 관계가 문제와 해결의 관계가 되는 구조인데, 문제와 해결 사이에는 인과 관계도 자연적으로 성립하게 된다.

비교/대조는 두 가지 이상의 사물들 사이의 유사성과 차이성을 드러내는 구조이다. 비교/대조 구조는 의미 관계가 반드시 쌍을 이루어야 하는데, 이로 인해 구조성이 아주 강하다.

이러한 구조 중에서 인과, 문제/해결, 비교/대조의 구조는 기술과 수집 구조보다 명제 간의 긴밀한 연결과 관계쌍으로, 구조성이 강하여 독해에 긍정적인 영향을 준다.

독해에서 텍스트의 전형적인 구조를 아는 것은 독자가 텍스트의 총체적인 의미를 파악하는 발판이 된다. 이런 점에서 텍스트를 유형에 따라 구조화하거나, 혹은 텍스트의 상위 구조를 드러내는 독후활동들은, 텍스트 정보를 범주화하고 통합하여, 독자의 텍스트 접근을 더 용이하게 한다.

텍스트 구조를 드러내기 위해, 텍스트의 중심 요소를 뽑아 특성에 맞게 구조화하여 의미화하는 활동, 중심 사건을 텍스트가 가지는 전형적인 특징으로 재구성하는 활동을 사용하여 학생들의 독서 활동을 이끌어 갈 수 있다.

(7) 비판하며 읽기

사고력은 인간이 소유한 지적 능력으로서 교육을 통하여 기를 수 있으므로 학교교육은 어떻게 하면 폭넓고 올바르게 사고할 줄 아는 사람을 기를 수 있느냐에 주된 관심을 기울여야 한다. 그럼에도 불구하고 현재의 학교교육은 고도의 산업 사회가 요구하는 최신의 정보와 첨단 지식을 제공하고 단순한 정신 기능을 기르는 일에 대부분의 시간을 들이고 있다. 그러나 많이 알고 있다는 것과 올바르게 사고한다는 것은 별개의 문제이다. 생각하는 능력은 실제로 생각해보는 경험을 통하지 않고서는 길러질 수 없기 때문이다.

언어를 통해 비판적 사고를 가르친다는 것은 비판적 사고의 내용을 가르치는 것이 아니라 비판적으로 사고하는 방법 즉, 기능을 가르치는 것을 말한다.

비판적 읽기는 최근에 이르러 일반화되고 있는 용어라 할 수 있다.

전점영(1992)은 비판적 사고란 '반성적 회의로 어떤 대상을 분석하여 평가하는 정신과정'이고, 읽기란 '글을 자극체로 하여 독자가 자기의 기존 지식과 경험을 동원하여 주의를 집중시켜 능동적으로 의미를 수정하는 지적, 정의적 과정'으로 '비판적 읽기란 독자가 반성적 회의로 글을 분석하여 그 가치를 판단, 평가하는 능동적 읽기'라고 하였다.

대부분의 읽기 연구서에는 다음과 같이 비판적 읽기가 비판적 사고와 밀접한 관련이 있다고 밝히고 있다.

- 비판적 읽기는 읽는 동안과 읽은 후에 비판적 사고를 이용하는 것으로 보인다.
- 비판적 읽기와 비판적 사고는 두 과정이 거의 동일함에도 불구하고 같은 뜻의 용어가 아니다. 필자가 두 과정 사이에서 본 유일한 차이는 비판적 사고가 문자화된 글에 적용될 때 비판적 읽기가 된다는 것이다.

최영희(1993 : 50)는 '문자해독, 어휘학습, 글의 구조, 사실적 읽기, 추론적 읽기, 비판적 읽기, 감상적 읽기, 전략적 읽기'를 읽기 지도 요소로 선정하였다. 그리고 비판적 읽기를 읽기 지도 요소로 선정한 이유에서 "비판적 읽기란 글의 내용과 구조를 비판적으로 평가하는 능동적인 읽기를 의미한다. 그리고 비판적 읽기는 일정한 논리적 근거를 필요로 하는데, 비판의 준거가 글의 내부에 있는 경우와 외부에 있는 경우가 있다. 내적 준거에 따른 비판이란 글 자체의 논리적 일관성을 비롯하여 언어 사용의 정확성과 적절성이 해당되고, 외적 준거에 따른 비판은 사회적 혹은 윤리적, 미적 기준에 바탕을 두는 효용성과 타당성에 대한 비판을 말한다."라고 비판적 읽기의 뜻을 말하고 있다.

비판적 읽기란 이 세상에는 모순이나 오류가 없는 완전한 글은 없다는 것을 전제로 하여 독자가 반성적 회의로 글을 분석하여 글의 내용과 표현, 구조 가치 등을 평가하고 판단하는 능동적 읽기라고 할 수 있다. 비판적 읽기는 이미 얻은 지식을 다시 확인하기 위해서 첨가되는 과정이 아닌 읽기 과정의 필수적인 요소라고 볼 수 있다. 또한 이러한 과정에는 근본적으로 모든 문자 매체는 필자의 인식, 감정이 반영된 것으로서 사회역사적으로나 논리적으로 타당한 것이 있는 반면에 부당한 것도 있고, 독자를 속이는 것도 있다는 것이 전제되어야 한다. 또한 언어 자체는 사실이 아니다. 언어는 주관적인 이해를 객관적인 형식에 담아서 객관화한 것이다. 기록 문장들도 사실들 자체의 완전한 객관적인 묘사가 아니고 관찰을 위한 우리의 조작들의 긍정적이거나 부정적인 성과를 표현한 것이다. 여기에서 근원적으로 비판적 읽기가 필요하게 된다. 이러한 점에서 비판적 읽기는 국어과 영역에 한정된 것이 아니라 교육의 필요요건으로 현대 사회에서 주체적 삶을 영위하게 할 수 있는 하나의 방편이 될 수 있다고 본다.

비판적 사고 능력의 하위분류를 시도한 학자들의 의견을 종합해서 학습 가능한 비판적 읽기 지도 요소를 추출하면 다음과 같다.

1) 출처의 신뢰성을 평가하여 보다 신뢰성 있는 자료 선택하기
2) 사실과 의견 구분하기
3) 동일한 문제를 다양한 관점으로 바라보기
4) 주장이나 진술에 개재된 편견 파악하기
5) 타당하고 충분한 근거(이유, 증거)를 들어 의견을 주장, 평가하기
6) 설득하는 기교를 파악하기
7) 판단(평가)을 하기 전에 평가의 준거 마련하여 사용하기
8) 표현상의 특징과 그 적절성 판단하기
9) 단어의 함축적 의미 파악하기
10) 글의 전개 방식 파악하기

학생들은 이러한 지도 요소들을 반영한 반복적인 읽기 지도를 통하여 비판적 사고력을 아울러 기를 수 있다.

(8) 창의적으로 읽기

언어 사용 능력의 신장은 곧 사고력의 향상을 나타내며, 그 역으로 그 신장이 부진할 경우에는 사고 활동에 분명한 제약을 받게 된다. 따라서 국어사용 능력의 신장은 초보적인 수준의 단순한 의사소통과는 달리, 의도를 실현하고, 냉철히 판단하며, 사고를 자극하고 정리하는 수준으로 신장되어야 한다. 오스번(Osborn)이 제시한 인간의 사고 중 가장 상위 단계인 창의력(creativity)은 다른 정신 능력과는 달리 인간만이 소유하고 있는 고등 정신 기능으로, 급변하는 정보화 사회의 여러 문제를 해결하는 데 없어서는 안 되는 가장 중요한 정신 기능이다. 독서 교육에서 창의적 읽기가 중요한 이유는 독서를 통해 학습자들의 지식을 늘려주는 것보다는 학습자 스스로 새로운 것을 발명하고 발견할 수 있는 가능성을 길러주어야 한다는 측면이 강조되기 때문이다. 즉, 언어를 통해 학습자들의 사고력을 증진시킨다는데 그 의의가 있다.

창의적 읽기란 내용에 대한 학습자의 창의적 사고 활동을 의미한다. 읽기 중이나 읽기 후 활동에서 학습자는 끊임없이 정보를 새로운 상황에 어떻게 적용할 것인가를 생각하고 새로운 경과를 산출하는 데 이용한다. 이러한 결과 산출은 정서적 반응을 필요로 하며, 이는 그 역도 성립한다. 이는 학습자가 독서 활동을 하는 도중에 글쓴이보다 좀 더 적극적인 창의적 관여(creative involvement)를 하게 됨을 의미한다. 즉, 학습자는 창의적 읽기를 통하여 자신의 상상력을 발휘하여 책을 읽는다는 것을 의미한다. 여기서 유의해야 할 점은 올바른 글 이해를 바탕으로 창의적 읽기 활동이 이루어져야 한다는 점이다. 주어진 텍스트와 관련이 없는 상상력이나 비판력은 창의적 읽기로서는 무의미하다. 따라서, 교사는 학습자가 주어진 텍스트의 올바른 이해를 통해 얻어진 결과를 적용하거나 확장할 수 있도록 세심한 지도가 필요하다.

독서 활동을 할 때 활용할 수 있는 창의적 읽기 방법은 다음과 같다.

가. 정서적 반응 촉진 활동

독자들은 글과 끊임없이 상호 작용을 통하여 의미를 재구성해 나간다. 이런 활동을 돕는 것으로 독자의 정서적 반응을 촉진시키기 위한 기제를 동원할 수 있다. 독서 전의 명상이나 음악, 영화 등은 뛰어한 반응 촉진 활동이 될 수 있다. 즉, 감각 활동을 통한 학습은 흥미와 즐거움을 유발시킴은 물론, 보다 완전한 이해를 위한 자발적인 노력에 도움이 된다.

나. 사전 지식의 활성화

독자들의 머리는 진공 상태가 아니라 다양한 지식과 경험들로 가득 차 있다. 읽기는 결국 개인이 갖고 있는 언어로부터 출발하여 개인의 언어로 귀결된다. 즉, 각 개인마다의 차이가 있다 하더라도 개인의 언어에서 출발한 읽기는 다시 각 개인의 언어로 내면화한다. 이때에 어떻게 글에서 의미를 구성할 수 있는지 여부는 독자의 경험에 달려 있으며, 창의적 읽기를 위해 최대한 사전 지식을 활성화하는 것이 중요하다.

다. 수평적 사고 활동의 촉진

주어진 문제 내에서 고민하는 사고력을 수직적 사고라고 한다면, 주어진 문제를 바탕으로 그 문제를 표상하는 사고를 수평적 사고라고 한다. 즉, 논리적 사고를 수직적 사고라고 한다면, 수평적 사고는 텍스트 속에 담긴 문제를 다른 각도에서 다시 한 번 생각해 보는 것을 의미한다. 수평적 사고를 활성화함으로써 텍스트 속에 담긴 문제를 실생활에 적용하여 그것을 활용하여 새로운 문제를 계발하고 해결할 수 있는 능력을 기르게 한다.

교사는 학생들에게 끊임없이 정서적 반응을 촉진할 수 있는 활동을 제시하고 예측하기, 비판하여 읽기, 사전 지식 활성화 등을 통해 학습자의 창의적 사고가 활성화되어 적극적인 창의적 읽기를 할 수 있도록 해야 한다.

라. 비판적 읽기

창의적 읽기의 중요한 활동으로 비판적 읽기를 들 수 있다. 내용에 대해 비판적으로 읽는 것은 창의적 읽기의 바탕이 된다고 할 수 있다. 이러한 비판적 읽기에 대해 전점영(1992)은 다음과 같은 방법을 제시하고 있다. 사실과 의견의 구별, 언어의 함축적 의미 파악, 선전 인식하기, 객관적 읽기 태도 갖추기, 읽기 제재 점검하기와 같은 활동을 통해 독자로 하여금 스스로 생각하게 하고 실제 활동을 통해 글을 쓰고 읽을 수 있게 하는 것이다. 학생들이 비판적으로 텍스트를 읽음으로써 학생들이 그 텍스트를 읽고자 하는 동기를 더욱 강화시키고 효과적인 글 이해 활동을 위한 활동을 다양화할 수 있는 기회를 마련해 준다.

마. 유추하기

텍스트에서 읽은 지식을 바탕으로 새로운 지식을 유추하는 활동을 창의적 읽기 기본적 활동의 하나라고 볼 수 있다. 하나의 텍스트에 적용되던 원리나 지식을 그와 동일한 원리나 지식이 적용되는 상황에 활용하게 함으로써 학습자의 창의적 사고를 증진시키는 데 기여할 수 있다.

이와 같은 창의적 읽기를 위해서 학습자에게 교사는 다양성과 독립성을 촉진하는 것이 필요하며, 다양하고 참신한 방법을 구안하는 노력이 요구된다.

2. 독후활동지

위의 이론적 근거를 바탕으로 독후활동지를 제작할 수 있다. 독후활동지의 유형은 독서 자료에 따라 달리 제작되어야 한다. 그러나 독자가 읽는 모든 독서 자료에 대한 독후활동지를 따로 제작하는 것은 불가능하다. 독후활동지의 유형을 독자가 선택할 수 있도록 다양한 유형을 개발하는 것이 바람직하다.

독서 자료의 다양한 성격을 고려할 때, 독후활동의 목적에 따라 다음과 같은 9가지 유형의 독후활동지를 제작할 수 있다. 내용정리를 위한 독후활동, 작품의 의미를 이해하는 독후활동, 인물을 생각하는 독후활동, 교훈을 생각하는 독후활동, 사회 현실을 생각하는 독후활동, 내용 평가를 위한 독후활동, 감상의 전개와 표현을 위한 독후활동, 지식과 교양을 위한 독후활동, 문학적 장치를 위한 독후활동이 그것이다. 각각의 독후활동 유형은 독후활동의 목적에 따라 나눈 것이고, 이러한 목적에 유의하여 각각의 유형 안에 3~4종류의 세부적인 독후활동지를 제작할 수 있다. 구체적인 독후활동지 유형의 특성과 예는 다음과 같다.

(1) 내용정리를 위한 독후활동

글의 내용을 정리하는 것은 글의 내용 요약과 관련된다.

내용 요약하기는 글을 읽고 나서 할 수 있는 가장 기본적인 독후활동이지만 의외로 학생들이 어려워하는 부분이기도 하다. 이는 내용 요약하기가 글의 내용을 잘 이해해야 할 뿐만 아니라, 어떤 것이 중요한 내용인지를 파악해야만 할 수 있는 활동이기 때문이다.

내용 정리를 위한 독후활동지는 다음과 같이 제작할 수 있다.

우선, 내용 정리를 위한 독후활동은 먼저 시간 순서에 의한 요약을 생각할 수 있다. 독서 자료의 내용이 역사적 사건을 다루거나 사회적 현상을 시간순서로 배열하거나, 순서와 관련 있는 과학적 사실이거나, 서사적인 내용인 경우, 시간 순서에 의한 요약은 전체 내용을 잘 요약할 수 있는 방법이다. 읽은 내용을 우선 떠오르는 것부터 쓰고 나서 다시 글의 전체적인 흐름을 생각할 수 있어야 시간 순서로 정리를 할 수 있다. 이 활동은 글 전체 내용의 흐름을 일깨워 준다는 점에서 의미 있는 활동이라 할 수 있다.

▼ 예시 - 내용정리를 위한 독후활동

책을 읽고 내용을 시간 순서로 정리해봅시다. 역사책의 경우 역사적 사건의 시간 순서를, 사회책의 경우 사회적 현상의 시간 순서를, 과학책의 경우 자연현상 혹은 일이 진행되는 과정의 시간 순서를, 문학의 경우 사건의 순서나 서술의 시간 순서를 생각할 수 있습니다. 시간 순서로 정리해보는 것은 책의 전체적인 흐름을 알게 하기 때문에 내용의 정리를 위해 도움이 됩니다.

1. 어떤 책을 읽었나요? 책의 내용은 어떤 분야(예를 들면 '역사')의 것인가요?

• 책이름 :
• 분야 :

2. 떠오르는 내용을 먼저 순서에 관계없이 <u>명사형</u>으로 나열해봅시다.

3. 그러면 이제부터 위에 나열된 내용을 시간 순서로 <u>서술형</u>으로 써봅시다.

1.
2.
...

다음으로, 읽은 내용을 문제로 만들어서 문제에 대한 답을 많이 맞춘 친구에게 상장을 주는 활동을 할 수 있다. 모두 5개 정도의 문제를 선다형과 단답형 문항으로 만든다. 이 때 문제를 지엽적인 것보다 내용을 요약하는 의미에서 중심되는 내용과 관계있는 것을 내는 것이 내용 요약하기의 취지에 맞겠지만, 흥미를 유발하기 위해서 중심내용에서는 벗어나지만 재미있는 문항으로 만들어도 상관은 없다. 독서 교육의 목적이 독서 동기의 유발에도 있기 때문이다.

다음으로, 사실과 의견 쓰기 활동을 할 수 있다. 사실과 의견이 뚜렷이 구별되는 읽기 자료에서는 사실과 의견을 요약하는 것이 전체 내용의 요약에 도움이 된다. 이 때 작가의 의견이 읽기 자료에서 뚜렷이 구별이 될 경우 작가의 의견에 대한 독자의 의견을 쓸 수 있다. 사실 위주로 되어 있는 글에서는 그 사실에 대한 독자의 의견을 쓸 수 있다. 사실에 대한 의견을 쓰는 활동은 글의 내용을 요약하는 데도 도움이 되지만 독자의 비판적인 생각을 열어 줌으로써 사고력을 키워줄 수 있다. 내용 요약하기 활동이 단순한 요약에 머무르지 않고, 독자의 의견을 제시하여 비판적 읽기로 연결될 수 있는 활동이라 할 수 있다.

다음으로, 과학, 예술, 철학 분야의 책을 읽고 그 내용을 소개하는 전시회장을 열고 초대장을 만드는 활동을 할 수 있다. 초대의 내용을 정하기 위해서는 우선 읽은 책의 내용을 적절하게 요약하고 전시할 수 있어야 한다. 그리고 나서 전시된 내용을 소개하며 초대장을 만든다. 이 활동은 읽은 책의 내용 요약뿐만 아니라 시각적인 꾸미기 활동도 함께 하므로 보다 흥미 있게 접근할 수 있다.

다음으로, 과학 예술 분야의 책을 읽고 보고서를 쓰는 활동을 할 수 있다. 보고서는 보다 전문화된 영역에 대한 자세한 읽기가 전제되어야 할 수 있다. 그러나 독후활동으로 보고서 쓰기는 가볍게 접근할 필요가 있다. 문제의 제기, 조사의 목적을 서론에 정리하고, 내용을 간단히 요약하고, 결론으로 정리를 한다. 양식은 보고서의 양식을 따르되 부담을 느끼지 말고 생각나는 내용을 요약해서 쓰면 된다.

또, 위인 등 인물에 대한 책을 읽고 인물이 살았던 시대적인 배경, 공간적인 배경을 생각해서 쓰고 인물의 활동과 업적을 요약하는 활동을 할 수 있다. 인물에 초점을 둔 요약은 다른 글의 요약에 비해 학생들이 쉽게 쓸 수 있는 장점이 있다.

(2) 작품의 의미를 이해하는 독후활동

여기서 작품의 의미란 텍스트 속에 담긴 작가의 의도를 파악하는 것을 의미한다. 즉, 작가가 말하고자 하는 중심 생각이 무엇인가를 찾아가는 활동을 통해 자칫 자기중심적으로 흐를 수 있는 읽기 과정을 텍스트와의 관련성 속에서 의미를 재구성할 수 있는 기회를 제공하는 독후활동이다.

일반적 교육 활동에서 작품의 의미를 파악하면, 곧장 하나의 문장으로 제시하는 단편적이고 획일적인 활동에서 벗어나 활동지를 제시함으로써 중심 생각 즉, 작품의 의미를 생각하고 표현하는 방식도 다양화할 수 있는 기회를 제공해 준다고 볼 수 있다.

작품의 의미를 이해하는 독후활동지는 다음 세 가지로 제작할 수 있다.

우선, 작가의 주장과 근거를 정확하게 파악하는 활동이다. 활동지의 활용 영역은 장르를 초월하여 제시될 수 있지만, 작가의 주장이라는 측면이 부각된다면, 논설적인 글이나 평론적 성격이 강한 글을 읽은 독자들에게 유익할 것이다.

책은 작가와 독자를 이어줍니다. 작가와 독자는 책을 통해 대화를 나눈다고도 할 수 있습니다. 작가가 책을 통해 전달하고자 한 중심 내용을 글의 '주제'라고 합니다. 오른 쪽 두 사람의 대화를 읽어봅시다. 그리고 지금 읽은 책의 작가가 '나'라고 생각하고 독자에게 전달하고 싶었던 것이 무엇인지 써봅시다.

1. 어떤 책을 읽었나요? 책의 내용은 어떤 분야(예를 들면 '역사')의 것인가요?

- 책이름 :
- 분야 :

2. 그러면 (   )작가님의 주장을 알아보겠습니다.

주장 1

이 유

다음으로, 글의 중심 생각을 파악하는 활동을 할 수 있다. 학습자는 이 활동지를 통해 먼저 작가의 의도를 파악하고 이 의도에 따라 한 편의 글을 써 보는 활동을 한다. 앞에서 제시한 바와 같이 작가가 의도한 중심 생각을 파악하고 그것을 문장으로 표현하고자 할 때, 글을 표현하는 사람은 책의 중심 내용을 적절하게 구체적으로 표현해야 하며, 그 글의 내용을 포괄할 수 있어야 하며, 문장이 간결하고 명료하며, 사용된 단어가 적합해야 한다. 즉, 책을 읽은 독자는 머릿속으로만 중심 생각을 파악하는 것으로 끝나지 않고, 문장으로 표현함으로써 책을 쓴 작가의 의도를 완성된 문장화하고 그것을 정리할 수 있는 기회를 제공하는 것이다.

다음으로, "작가와의 만남"이라는 가상 현실을 설정하고 작가와 만나서 이야기 나눌 수 있는 질문들을 학습자가 만들고 그 답을 정리하는 기록지를 작성함으로써 자신이 읽은 책에서 작가가 의도한 것이 무엇인가를 파악하는 활동을 할 수 있다. 다른 학습지가 직접적으로 작가의 중심 생각을 파악하고 그것을 문장으로 기록하는 활동에 초점을 맞추었다면, 이 활동지는 가상현실이라는 상황 맥락을 제시하고 그 상황 맥락 속에서 글을 읽은 독자가 글쓴이의 의도를 간접적으로 제시하고 그것에 답을 완성함으로써 책을 통해 자신이 파악한 중심 생각을 정리하는 기회를 제공하도록 구성되었다. 그리고 실제 모둠 활동을 통해 학습지를 완성하고, 각각의 역할을 바탕으로 역할극을 해 보며 학습지를 작성한 학생들과 동일한 책을 읽은 학생들과의 토론의 장을 마련할 수 있도록 한다.

이러한 활동지를 지도할 때 교사는 학생들에게 획일적이고 단편적으로 중심 생각을 정리해, 버릴 수 있는 요소를 제거해 주는 것이 중요하다. 한 편의 글을 읽고 난 학생들이 자유롭게 중심 생각을 파악하고 표현할 수 있기 위해서는 학생들이 작품의 의미를 표현하는 양상도 다양화할 필요가 있다.

(3) 인물을 생각해 보는 독후활동

이 활동은 이야기 텍스트 중 인물을 중심으로 한 작품을 대상으로 한다. 인물은 이야기를 형성하는 중심 요소로, 창작에서 가장 우선적으로 구상되는 요소이기도 하지만, 일반 독자 입장에서도 먼저 파악되는 요소이기도 하다. 최근 독서는 작가가 전달하고자 하는 중심 의미가 무엇인지를 해석해 나가는 과정이라기보다는 독자 자신의 의미화 과정이라는 관점으로 변화되어 왔다. 따라서 작품에서 독자에게 유의미한 부분을 찾아내도록 해서, 독자를 작품 속으로 쉽게 끌어들이면서 동시에 작품을 독자의 경험으로 확장시킬 수 있도록 하는 것이 매우 바람직하다.

작품의 성격에 따라 인물은 현실 세계에 존재하는 인물일 수 있고, 작가가 만들어낸 가상의 인물일 수도 있다. 전자는 비문학 영역, 특히 전기문에서 주로 볼 수 있고, 후자는 문학 영역의 소설에서 주로 볼 수 있다.

전기문은 특정 인물의 생애에 대해 써 내려간 글로, 주로 시간적인 구조의 유형을 이루고 있다. 인물의 생애를 시간적인 순서로 재정리하는 활동은 전기문의 중심내용을 요약하여 정리하는 것이다. 요약하기는 글에서 중요한 정보와 중요하지 않은 정보를 구별할 수 있는 능력으로, 독해 능력을 향상시키는데 필수적인 활동이다. 전기문에서 중요사건은 그 인물의 인생 방향에 영향을 준 사건들로, 정리 과정을 통해 인물에 대한 이해가 이루어진다. 그 다음 이어지는 인생 그래프 작성 활동은 시간적으로 나열된 사건을 의미화하는 과정을 한 단계 구체화한 것이다. 인물의 입장에서 좋은 일과 좋지 않은 일을 가려서 정리하지만, 이와 함께 독자의 판단도 같이 개입하게 된다. 이것은 일대기 형식의 소설에도 잘 적용할 수 있는 활동이다.

다음으로, 중요 인물들의 관계도를 만드는 활동은 인물을 통해 중심 의미를 전달하고 있는 소설에 잘 적용된다. 이러한 소설의 경우, 인물들은 작가가 전달하려는 의미를 대변하고 있으며, 인물들 간의 갈등 관계 혹은 협력 관계는 그 소설의 중심 구조를 직접적으로 드러내어 준다. 그러므로 중요 인물들 간의 관계도를 정리하면서 독자는 이 소설의 상위 구조를 파악할 수 있다. 전형적 인물이 주로 등장하고 인물들 간의 갈등이 두드러지게 나타나는 고전 소설에 활용도가 높다.

【적용 영역 : 문학】

인물을 생각해 보는 독후활동

1. 읽은 책의 제목은 무엇입니까? _____

2. 아래의 네모 안에 중요 인물들의 관계도를 만들어 보세요.
   ① 관계도를 만들 인물의 수만큼 원을 그리세요.
   ② 원 안에 인물들의 이름을 적으세요.
   ③ 인물과 인물 관계를 →, ↔ 로 표시하세요.
   * → 는 협력관계, ↔는 대립(갈등)관계를 나타냅니다.
   예) 김유정의 봄봄에서

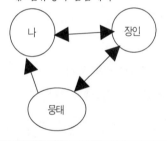

다음으로, 인물의 특징을 유형화하는 활동은 사실적 이해와 추론적 이해를 보조하는 역할을 한다. 먼저 인물의 특징을 여러 가지 단어로 표현하는 활동은 특정 인물을 중심으로 일종의 의미망을 만들어가는 것이다. 이렇게 만들어진 의미망을 바탕으로 인물의 유형을 정하여 평가하는 활동은 독자가 자신의 배경지식을 활용하여 인물을 범주화하는 작업이다. 이때 범주화하는 대상은 해당 인물과 독자가 알고 있는 수많은 인물들 ―다른 작품에 나왔던 인물일 수 있고, 독자의 실제 생활에서 부딪혀 왔

던 인물일 수 있고, 실제 세계의 다른 정보를 통해 알게 된 인물일 수 있다. 범주화 작업은 결국 이들을 함께 고려하여 이루어지고, 그 결과 해당 인물의 유형이 결정된다. 이것은 독자와 작품의 거리를 좁힐 수 있는 활동이며, 작품의 의미를 작품 안의 범위에 한정하지 않고, 독자의 배경지식과 경험을 함께 끌어와서 작품의 의미를 해석하는 추론 활동이 된다.

다음으로, 인물에 관련된 사항을 정리하는 활동은 추론하여 읽기를 적용한 것이다. 추론하여 읽기가 가능하려면 먼저 주어진 정보를 파악하고 이를 바탕으로 추리가 이루어져야 한다. 대개 작품에서 인물의 성격이 직접적으로 제시되는 경우는 적다. 인물의 성격은 주로 인물의 말과 행동을 통해 간접적으로 제시된다. 독자는 표면적으로 드러난 말과 행동을 정리하고 이를 바탕으로 인물의 성격을 추론해 나간다. 이 활동지는 이러한 과정을 포함하고 있다.

또, 두 인물을 선정하여 인물들 간의 공통점과 차이점을 찾아가는 활동은 내용 요소의 구조를 활용한 것이다. 텍스트에서 상위 구조는 독해에서 중요한 정보를 제공하는데, 특히 비교/대조의 구조는 다른 구조에 비해 구조성이 강하여 독자의 기억에 가장 오래 남아 독해에 긍정적인 영향을 준다. 이 활동은 비교/대조의 구조를 도식화하여 독자가 인물에 대해 분명하게 기억하게 한다.

위의 여러 가지 활동들은 인물이 중심이 되는 작품에 가장 효과적으로 적용할 수 있다. 하지만 그렇지 않은 작품이라도 독자가 인물에 관심을 두고 독서활동을 한 경우 유용할 수 있다. 작품의 의미는 작가가 제공한 것만이 아니라 독자가 독서 과정을 통해 형성해 가는 것이기도 하기 때문이다.

(4) 교훈을 생각해 보는 독후활동

교훈의 획득은 쾌락의 추구와 함께 전통적인 독서의 기능이라 여겨지는 것이다. 독자는 책을 읽는 과정에서, 또 읽고 난 후, 책의 내용과 관련해서 심리적인 변화를 일으킨다. 독자가 독서 활동에서 감동을 얻은 다음에 생각하는 것은 책이 주는 교훈일 것이다. 모든 책에서 독자가 교훈을 얻을 수 있는 것은 아니다. 그러나 독자가 독서를 통해 간접 경험을 하고 인생에 대해 깨달았다면 그 독자는 교훈을 얻었다고 할 수 있다. 교훈의 획득은 독자가 필자의 생각을 이해하고 비판하며 수용하는 과정을 포함하고 있으며, 독자의 심리적인 변화와 행동의 변화를 유발시킨다.

독자가 작품에서 교훈을 얻는다면 그 영역은 작품의 주제, 작품 속의 인물, 인물간의 관계, 사건의 전개 과정, 배경 등이 될 것이다. 글의 주제는 작가가 작품을 구상하는 단계부터 가지고 있는 작가의 의도이다. 독자는 작품을 읽고 작가의 의도와 관련지어 교훈을 생각하게 된다. 작품 속의 인물은 전기, 자서전의 경우는 실존 인물이고, 문학작품의 경우는 허구적 인물이다. 독자는 인물의 성격과 인품 등 내적인 면과 겉으로 드러난 행동인 외적인 면을 통해 감동을 얻고, 교훈을 얻게 된다. 인물간의 관계에서 교훈을 얻는 것은 사건과 맞물려 고조되는 인물의 갈등과 갈등을 해결하는 과정에서 어떤 깨달음을 얻는 것을 말한다. 작품 속의 사건의 전개 과정은 독자가 처해 있는 현실의 생활과 연결 지을 수 있다. 독자는 작품 속에서 있었던 일과 같은 일이 현실에서 일어난다면 스스로 어떻게 할까하는 생각을 떠올려 봄으로써 깨달음을 얻을 수 있다. 배경과 관련해서는 시대와 사회상에서 드러나는 여러 가지 모순과 갈등 혹은 현재와 비교해서 더 나은 점 등을 파악함으로써 교훈을 얻을 수 있다.

앞에서 언급한 각 영역에서 독자가 얻는 교훈은 개인의 경험과 생각, 인생관, 관심사 등에 따라 달리 표현될 것이다. 같은 책을 읽고 모든 독자가 같은 교훈을 얻을 수는 없으며, 같은 영역에 있어서도 정반대의 교훈을 얻을 수도 있다.

교훈을 생각해보는 독후활동에서는 우선 작품 속의 인물을 다양한 관점에서 바라보고 느낄 수 있는 활동을 할 수 있다. 한 인물에서 느낀 점을 서술할 때, 학생의 입장에서, 자녀의 입장에서, 한국인의 입장에서, 누군가의 친구 입장에서, 한 인간의 입장에서 보는 관점이 다를 것이다. 이는 독자가 스스로 다양한 사회적 지위에 위치해 있음을 깨닫고, 각각의 위치에서 인물을 바라볼 경우 달라질 수 있는 생각을 표현할 수 있도록 하는 활동이다.

▼ 예시 – 교훈을 생각하는 독후활동

【전기/자서전/문학】

교훈을 생각해 보는 독후활동

※ 글 속에서 배울 점이 있는 인물을 골라 내가 본받을 사항을 적어 봅시다.

내가 (   )(으)로부터 본받을 점
① 학생인 내가 본받을 점   ② 한 가정의 아들/딸인 내가 본받을 점
③ 한국인인 내가 본받을 점   ④ 누군가의 친구인 내가 본받을 점
⑤ 한 인간으로서 내가 본받을 점

다음으로, 인생의 경험을 많이 한 어른의 입장에서 책의 내용과 관련해서 들려줄 수 있는 교훈을 정리하는 활동을 할 수 있다. 청소년에게 때로는 어른들의 말씀이 잔소리로 느껴질 때도 있지만 먼저 인생을 경험하고 들려주는 이야기이기 때문에 고난에 처했을 때 이를 해결할 수 있는 지표가 될 수 있다. 독자는 자신이 어른이라 생각하고 어떤 교훈을 들려줄 수 있을지를 생각해서 활동한다.

다음으로, 책을 읽고 공익광고를 제작하는 활동을 할 수 있다. 공익광고는 일반적으로 공공에 유리한 이념을 내세운다. 공익광고의 성격과 교훈의 성격은 일맥상통하는 면이 있으므로, 학생들은 광고 문안을 만드는 과정에서 책을 읽으면서 느꼈던 교훈을 떠올려서 정리할 수 있다. 세 장면으로 구성된 광고 문안은 작품에서 얻은 교훈을 세 가지 내용으로 정리하도록 유도한다.

다음으로, 교훈을 생각하면서 자녀를 위한 기도문을 작성하는 활동을 할 수 있다. 책을 읽고 느낀 교훈을 정리하면서, 자신의 자녀가 이러한 사람이 되기를 바란다는 기도문을 완성할 수 있다. 기도문이라는 것은 간절히 바라는 형식의 글이다. 작품을 읽고 그렇게 되었으면 좋겠다고 생각하는 사회와 그 사회를 살아가는 바람직한 인간상에 대한 생각을 하게 하는 활동이다.

(5) 사회 현실을 생각해 보는 독후활동

많은 영역에서 읽기 자료의 내용은 현실을 반영하고 있다. 전기, 자서전, 역사, 문학 등의 영역에서 독자는 글의 내용을 바탕으로 현재의 독자 자신이 처해있는 사회 현실을 생각할 수 있는 계기를 마련한다. 이는 독서가 단순한 글의 내용 이해를 넘어서서 비판적으로 사회를 볼 수 있게 해주는 역할을 함을 의미한다.

비판적 읽기는 읽은 글에 대해 그 사실 유무와 글의 가치를 판단, 평가하며, 현재 독자가 처해 있는 현실과 연결하여 능동적으로 생각하는 읽기라고 할 수 있다. 비판적 읽기는 비판적 사고와 밀접한 관련이 있는데, 비판적 읽기를 통해 비판적 사고를 키우는 것은 읽기의 목적에서 매우 중요하다.

독자가 책의 내용과 관련지어서 자신이 처해 있는 사회 현실을 생각하는 것은 매우 수준이 높은 독후활동이라 할 수 있다. 능숙한 독자의 경우, 독서 과정에서 텍스트에 명시되어 있는 내용만을 이해하는 것이 아니라 추론과 비판적인 태도를 통하여 텍스트를 넘어선 사고를 한다. 그리고 반대로, 독서 지도 과정에서 텍스트를 넘어선 사고를 유도함으로써 한층 능숙한 독자로 나아갈 수 있다.

비판적 읽기에서 비판의 대상은 글의 내적, 외적인 면이다. 글의 내적인 면을 비판한다는 것은 글의 논리적 일관성, 언어 사용의 정확성과 적절성 등을 비판하는 것이다. 글의 외적인 면을 비판한다는 것은 사회적, 윤리적 타당성과 효용성을 비판하고, 미적 기준에 의한 가치판단을 하는 것을 말한다. 이 중에서 외적인 면에서 사회적 윤리적 타당성과 효율성에 대한 비판이 독자가 처한 현실과 연결되어 독자의 비판적 사고를 확장시키는 독후활동과 관련된다.

사회 현실을 생각해 보는 독후활동으로 우선 글 속에 나타난 사회의 문제점을 정리하고 이와 관련 있는 현재 우리 사회의 문제점을 생각해 보는 활동을 할 수 있다. 이를 위해서는 글의 내용을 현실과 연결 지어 정리할 수 있어야 하며, 글의 내용과 관련되는 우리 사회의 현상에 대한 예를 생각할 수 있어야 한다. 평소에 사회 현상과 문제에 대한 배경지식이 많거나 관심이 많은 학생들은 쉽게 해결할 수 있지만 그렇지 못한 경우 어려운 과제가 될 수도 있다. 그러나 이러한 활동은 텍스트 자체에 대한 이해를 넘어서게 하는 활동이므로 학생들이 지속적인 훈련을 하면, 독서와 사회에 대한 높은 안목을 가질 수 있다. 그런 다음 정리한 문제점들을 바탕으로 다른 사람에게 책을 읽기를 권유하는 소개의 글을 쓰게 한다. 이 활동을 통하여 학생들은 텍스트와 사회의 문제점을 문제점으로만 남기지 않고 자신의 목소리로 다시 서술함으로써 보다 깊은 이해를 할 수 있다.

▼ 예시-사회 현실을 생각해보는 독후활동

[문학 책 읽기]

사회 현실을 생각해 보는 독후활동지

1. 작품과 사회 생각하기
   문학 작품은 아래의 그림처럼 그 사회 현실을 반영한다고 합니다. 여러분이 읽은 책은 우리 사회 모습을 어떻게 반영하고 있는지 한 번 생각해 봅시다.

2. 책 속의 사건 떠올리기

   당신이 읽은 책에서 가장 인상 깊은 사건은 무엇이었는지, 간단히 적어보세요.

3. 사회 현실 연관짓기
   작품 속 사건을 보며, 떠오른 신문기사나 방송 내용, 잡지와 같은 책에서 보았던 이야기, 예전에 들었던 이야기들이 있다면, 적어보세요. (다음 보기 중 택하기)

   1. 신문 속 사회 현실
   2. 방송으로 보도된 사회 현실
   3. 잡지와 같은 책에서 보았던 사회 현실
   4. 이야기로 들은 사회 현실

4. 자신의 생각 표현하기

작품 속 사건과 여러분이 떠올린 사건 기억들을 보며, 여러분의 생각을 간단히 적어 보세요

나는 ──────────────────────────────────
──
──
──

다음으로 문학 작품 속에 드러난 사건과 관련해서 독자가 살고 있는 사회현실에서 유사한 사건을 정리해보는 활동을 할 수 있다. 유사한 사건들은 신문의 지면이나, 방송, 잡지 등에서 기사화되었거나, 사람들의 입에서 회자되는 이야기들 속에서 찾을 수 있다. 학생들은 작품 속의 내용과 유사한 실제 사건들을 찾으면서 문학이 현실의 반영이라는 생각을 자연스럽게 할 수 있고, 작품이 아닌 현실에서 일어나는 사건들에 대한 생각을 다시 생각할 수 있는 계기를 만들 수 있다. 이 활동은 문학 작품과 유사한 현실의 모습을 찾아내고 그 현실에 대한 비판적 사고를 키우는 활동이라 할 수 있다. 그리고 마지막으로 작품 속 사건과 실제 사건에 대한 기억을 함께 떠올리며 자신의 생각을 정리할 수 있게 하여, 작품과 사회 현실에 대한 보다 폭넓은 생각을 할 수 있게 한다.

(6) 내용 평가를 위한 독후활동

창의적 사고를 신장시키기 위한 독후활동의 하나로 "내용 평가를 위한 독후활동"을 들 수 있다. 일반적으로 평가라고 하면 "사물이나 사람의 가치를 판단하는 것"을 의미한다. 어떤 가치를 판단하려고 하면, 그

것에 적합한 기준이나 준거가 있어야 하며, 평가자는 그 기준과 준거에 따라 사물이나 사람의 가치를 평가하게 된다.

내용 평가를 위한 독후활동 역시 다른 평가 활동과 마찬가지로 평가에 필요한 기준 및 준거가 필요하다. 창의적 읽기의 활성화를 위해 논리적 사고력과 비판적 사고와 같은 복합된 사고력의 증진을 통해 창의적 읽기가 활성화된다.

Bloom이 제시한 인간의 사고 능력 중 평가력은 크게 두 범주로 나누어진다. 평가의 기준이 어디있느냐에 따라 내부에 기준이 있다면 내적 준거에 의한 평가로, 외부에 있다면 외적 준거에 의한 평가로 나눈다. 독후활동의 하나로 제시되는 '내용 평가'는 이 두 가지 준거에 따라 각각 제시되고 있다.

먼저, 외적 준거에 의한 평가 활동을 요구하는 독후활동을 살펴보면, 외적 준거에 의한 평가란 평가의 준거가 사회나 역사, 시대상, 문화와 같은 텍스트 밖에 존재하는 경우이다. 주어진 책을 읽는 독자는 평가의 준거를 자신이 살고 있는 사회나 문화 또는 같은 장르의 다른 작품 또는 자신의 배경 지식 등에 두고 책 내용을 평가하는 것이다. 단, 여기서 유의해야 할 점은 책 내용 자체와 관련되는 평가 활동을 자제해야 한다는 점이다. 평가의 준거가 외부에 있는 만큼, 책 속의 인물이나 배경, 주제 등과 같은 요소들을 평가해서는 안 된다.

일반적으로 외적 준거에 의한 평가에 이용되는 활동은 어떤 특정한 문화에 관한 주요 학설, 통칙, 사실의 비교하는 활동, 외적 기준에 의한 판단으로 한 작품을 그 분야의 최대 수준, 특히, 우수하다고 알려진 다른 작품과 비교하는 활동, 자료(저자)의 신뢰성을 판단하는 활동, 책의 편집 상태 및 삽화의 적절성을 판단하는 활동 등이 있다.

반면에, 내적 준거에 의한 판단은 책 내용을 구성하는 요소나 표현 기법, 사실과 의견 구분, 주장의 논리적 오류 등을 평가하는 활동이다.

내용평가를 위한 독후활동은 다음의 독후활동지로 구성할 수 있다.

우선, 내용을 평가하는 글을 쓰는 독후활동을 할 수 있다. 이 활동은 3개의 질문으로 구성되어 있다. 먼저, 학습자에게 읽은 글 내용 중 공감하는 내용과 그렇지 않은 내용을 적고, 이를 바탕으로 읽은 책을 평가하는 글을 써 보는 활동을 하도록 구성되어 있다.

활동지의 전개 과정은 먼저 위인전에서 중점적으로 다룬 인물의 이름을 적게 한다. 책을 읽은 독자는 그 이름을 적으면서 위인에 대해 다시금 기억을 상기할 수 있다. 그런 다음, 학습자에게 책 속에서 평가하고 있거나 자신이 알고 있는 이 위인에 대한 그 시대 당시 평가를 적어 보도록 한다. 이것은 한 인물의 평가가 항상 고정적이거나 획일화되는 것이 아니라, 시대나 상황에 따라 인물의 평가가 달라질 수 있으며 그 평가의 기준이 무엇인가가 한 인물을 바라보는 데 중요하다는 것을 인식시키기 위함이다. 이 활동지의 세 번째 질문은 작가가 평가하는 인물의 모습을 적는 것이다. 이것은 책을 읽는 독자가 책을 읽으면서 글을 쓴 작가의 의도나 취지를 얼마나 잘 파악했으며, 글쓴이의 어조나 관점을 찾을 수 있는 기회를 제공해 준다. 다시 말해, 창조적 읽기로서의 독서는 한 인물의 생애나 삶을 읽으면서 독자는 책 속에 수록된 정보만을 기억해서는 안 된다. 그 정보를 바탕으로 독자는 책을 읽으면서 텍스트 내용을 통합하고 재조직할 수 있는 능력을 기르기 위해 이와 같은 활동이 필요하다. 마지막으로 제시되는 질문은 독자 자신이 인물을 평가하는 것이다. 이 질문은 앞선 다른 질문들을 바탕으로 자신의 나름의 기준에 따라 한 인물을 평가하는 활동이다. 외적 기준이든 내적 기준이든 자신이 타당하다고 생각되는 기준에 따라 그 인물을 평가하고 판단하면서 책 속에 수록된 정보들을 정리하고 확산하는 활동을 하게 된다.

▼ 예시 - 내용 평가를 위한 독후활동

【적용 영역 : 위인】

내용 비평을 위한 독후활동

▶ 책에서 다루고 있는 인물은 누구입니까? _____
▶ 인물은 그 당시 어떤 평가를 받았나요?

▶ 작가는 인물을 어떻게 평가하고 있나요?

▶ 여러분 자신이 인물을 평가해 보세요

다음으로 '내가 작가라면' 활동은 역시 위인전을 읽은 독자에게 제공되는 활동지이다. 이 활동지에서 추구하고자 하는 점은 준거에 따라 주어진 텍스트를 평가하고 자신이 정한 준거에 따라 창의적으로 글을 생성해 내는 활동을 하는 데 그 목적이 있다.

먼저, 바꾸고 싶은 책 속의 구성 요소나 부분이 제시된다. 인물이나 사건, 배경, 처음, 중간 끝, 그리고 기타 부분에서는 시점이나 문체 등

책의 내적 준거가 될 만한 구성 요소들은 거의 제시한다. 그런 다음 책 내용을 정리하고 그 내용을 독자가 원하는 대로 바꾸고, 바꾼 이유를 정리하도록 되어 있다. 이 활동지에 중요한 것은 "왜 책 속의 (   )을 바꾸고 싶은가", 즉 이유를 정리하는 부분으로 독자가 바꾼 이유를 정리함으로써 내적 준거를 명확히 하여 자신의 주장이 타당한가의 여부도 다시금 확인할 수 있는 기회를 제공한다. 그리고 창의적으로 책 내용을 바꾸어 씀으로써 "창조적 글쓰기" 활동도 병행할 수 있어서 유익하다.

그런 다음, 바꾼 후 좋아진 점을 마지막으로 정리함으로써 "평가의 기준을 자신이 설정하고 그에 따라 판단하는" 활동을 통해 창의적 사고 활동과의 연계성을 이룰 수 있다.

다음으로, '감정의 아리랑 고개'는 읽기 후 학습자가 책 속에 포함된 정보들을 어떻게 수용했는가를 살펴보는 활동지이다. 책을 읽으면서 독자는 책 속에 수용된 정보를 입력하는 것으로 끝나는 것이 아니라, 새로운 상황에 그것을 적용하고자 하는 사고 활동을 시도하게 되는데, 여기서 동반되는 것이 독자의 정서적 반응이다. 정서적 반응을 토대로 독자의 자발적이고 적극적인 사고 활동을 이끌어낼 수 있다. 먼저, 1단계에서는 책이름과 책 전체에 대한 느낌을 기록한다. 전체적 느낌에서 2단계는 부분적 느낌으로 심화되어 간다. 문학이나 인물, 사회, 역사 관련 책을 읽으면서 느꼈던 느낌들을 단계별로 적고 그 이유를 적는다. 이렇게 함으로써 책을 읽은 후의 정서적 반응을 직관적으로 표현하는 데서 그치지 않고, 논리적인 표현 활동으로 유도할 수 있도록 한 것이다. 창의적 사고의 기초가 논리적 사고와 비판적 사고인 만큼, 창의적 사고로 이끌기 위한 논리적 표현 활동을 이 활동지에서 할 수 있도록 제작되었다.

다음으로, 추천 글쓰기 활동을 할 수 있다. 이 활동은 서평 쓰기의 기본이 될 수 있는 활동이다. 남에게 추천의 글을 쓰면서, 책의 표지 상태나 구성, 효용성 등 내적 준거와 외적 준거 모두를 고려한 책 평가 활동이다. 이 활동을 통해 학생들은 책 내용을 평가하는 활동이 단순히 책 속의 인물이나 배경 등에 국한된 것이 아니라, 표지 상태에서부터 글의 효용성에 이르기까지 다양하게 평가할 수 있다는 것을 인지할 수 있는 계기를 마련한다. 그리고 별표를 통해 책을 평가하는 활동을 함으로써 글쓰기에 대한 부담감을 줄이고 단순하지만 항목별로 그 책의 좋고 나쁨을 판단하게 함으로써 독자들의 책 읽기 태도에도 영향을 미칠 수 있도록 하였다. 창의적 읽기를 단순히 비범한 아이디어의 생성으로만 생각한다면, 이 활동지는 의미가 없다. 그러나 책 속에 포함된 각 요소를 여러 각도에서 생각해 보고, 이를 조직화하고 상호 작용하여 글 전체의 가치를 평가할 수 있는 능력을 기를 수 있다는 것이다. 이 활동은 창의적 사고의 기반이 되는 수평적 사고 활동을 활성화하는 과정으로, 이 과정을 통해 창의적 읽기를 좀 더 적극적으로 수행할 수 있도록 한다.

(7) 감상의 전개와 표현을 위한 독후활동

과거의 독서 활동은 여러 가지 분석 방법을 동원하여 작가가 제시한 작품의 의미를 알아내는 데 치중한 반면, 지금의 독서 활동은 작품의 여러 가지 의미를 어떻게 알아내고, 또 거기에 대한 독자의 반응을 어떻게 하면 좀 더 다양하게 이끌어낼 수 있는가에 모든 관심이 모아지고 있다. 독서 활동에서 독자가 좀 더 주체적인 역할을 할 때, 독서 활동은 독자에게 유의미하며, 이런 과정이 반복될 때 주체적이고 독립적인 독자층이 형성될 수 있다. 독자 반응적 측면에서 작품의 의미는 작품 속에 주어진 것이 아니라 작가와 독자, 작품과 독자 사이에 이루어지는 상호작용으로 형성해 가는 것이다. 이런 독서 활동에서 중요한 것은 독자가 작품의 무엇을 파악하느냐가 아니고 어떻게 파악하느냐하는 것이다.

　이 활동은 독자의 감상을 다양하게 이끌어 내는 것을 중심으로 이루어진다. 이것은 작품을 읽고 느낀 점을 적어보라는 식의 요구로는 잘 이루어지지 않는다. 독자의 감상을 이끌어내도록 작품과 관련된 자잘한 장치를 제공하고, 독자는 이런 안내 장치를 통해 자신의 감상을 표출해 낼수 있다. 독자의 다양한 독서 반응을 수용하는 데 고려해야 할 점은 그 반응을 어느 범위까지 수용하고 인정할 것인가 하는 것이다. 독자의 활동을 많이 이끌어내기만 하는 것이 꼭 바른 독서로 이어지는 것은 아니다. 바른 독서는 작품에 대한 독자의 올바른 이해가 바탕이 된다는 것을 간과해서는 안 된다. 그러기 위해서는 독자의 감상이 항상 작품을 바탕으로 하여 이루어지도록 독후활동이 계획되어야 한다. 독후활동은 어느 정도 작품에서 제공하는 단서를 이용하면서, 독자의 다양한 반응을 조정하는 역할을 할 수 있어야 한다. 독자의 관점에서 중심 사건에 대한 반응을 적는 활동은 독자의 추론 능력을 향상시킬 수 있다. 이러한 활동도 최종적인 독자 관점에서 반응 적기로 바로 넘어가지 않고 독자가 먼저 작품에서 주어진 단서를 인식하도록 한다. 학생들은 중심 사건과 관련된 인물들의 반응을 먼저 정리하면서, 중심 사건의 의미와 관련 인물에 대한 정보-성격, 의도를 파악한다. 그 다음에 이어지는 자신의 반응은 작품에서 주어진 정보가 충분히 고려된 후 이루어지게 된다.

　우선, 작품 속 인물에게 엽서 보내는 활동은 독자의 감상을 폭넓게 수용할 수 있는 방법으로 작품 속 인물과 독자의 거리를 좁혀 주는 역할을 한다. 이 활동도 별다른 단계가 주어지지 않는다면 다소 추상적인 감상에 머무를 수 있다. 그런 점을 보완하기 위해서 엽서를 받게 될 인물의 특정 상황을 구체화하는 단계를 엽서 쓰기의 앞에 설정하였다. 엽서를 받을 대상은 '작품 전체 중에서 누구'가 아니고 '작품 중 어느 상황에 있는 누구'인 것이다. 이러한 장치들은 작품에 대한 독자의 감상을 상세하게 끌어내는 데 도움을 준다.

▼ 예시 – 감상의 전개와 표현을 위한 독후활동

【적용 영역 : 문학, 위인】

감상의 전개와 표현을 위한 독후활동

1. 읽은 책의 제목은 무엇입니까? _____
2. 엽서를 보낼 책 속의 인물은 누구입니까? _____
3. 엽서를 받을 책 속의 인물은 어떤 상황에 있습니까?
   _____

4. 엽서를 보내는 목적은 무엇입니까?
   _____

5. 엽서에 담고 싶은 핵심 내용은 무엇입니까?
   _____
   _____

6. 이제 엽서를 적어봅시다

에게

_____(이)가 보냄

작품 속의 인물과 닮은 인물을 찾는 활동은 학생들이 작품에 드러난 인물의 특성을 파악하는 것을 전제로 한다는 점에서 작품 이해가 바탕이 되어 감상을 끌어내는 활동이다. 이 활동은 독자가 독서를 유의미한 활동으로 느끼게 한다. 작품과 독자의 거리가 좁아질수록 학생들은 독서에 대한 두려움도 잊고, 독서에 흥미를 가지게 된다. 독자의 눈높이에 맞는 작품이 많이 읽혀지는 이유도 여기에 있다. 작품과 독자의 거리를 좁히는 방법으로 작품의 내용을 독자의 현실 세계에 적용하여 의미를 찾아주는 활동을 이용할 수 있다. 작품 세계가 작품 안에서만 머물지 않고, 독자의 세계로 확장되어 나올 때, 독자는 그 작품의 의미를 깊이 있게 내면화할 수 있다.

진정한 독서란 독자가 작품에서 자신에게 유의미한 부분을 찾아가는 것이다. 그러기 위해서 독후활동은 학생들이 작품에만 머무르지 않고, 자신이 중점적으로 읽은 부분이 무엇인지, 자신에게 의미가 있는 부분은 무엇인가를 찾아가는 활동이 되어야 한다.

(8) 지식과 교양을 기르기 위한 독후활동

일반적인 독서의 목적과 관련된 내용이다. 어느 한 특정 영역의 독서 자료에 관련된 것이라기보다 모든 독서 자료를 적용할 수 있는 활용유형이라 할 수 있다. 독서 자료를 읽기 전과 읽는 중, 읽은 후 더 알고 싶은 내용에 대한 답을 하게 한다.

【영역 : 비문학 공통(과학, 사회, 역사, 수학, 예술, 철학, 위인)】

지식·교양을 기르기 위한 독후활동

1. 읽은 책의 제목은 무엇입니까? _____
2. 어느 분야에 관한 책입니까? _____
3. 다음 내용을 적어 보세요.
♠ 책을 읽기 전에 알고 있었던 내용

_____
_____
_____

♠ 책을 읽은 후 새로 알게 된 내용

_____
_____
_____

♠ 앞으로 더 찾아 알고 싶은 내용

_____
_____
_____

이외에도 신체의 그림을 제시하고 책을 읽은 후 몸의 각 부분에서 변화된 것이 있다면 어떤 것인지 쓰게 하는 활동을 할 수 있다. 다소 장난스러운 질문을 제공함으로써 독후활동지에 대한 흥미를 높이고, 읽은 책의 내용이 어떤 점에서 자신을 변화시켰는지에 대한 생각을 할 수 있게 하는 활동이다.

(9) 문학적 장치를 이해하기 위한 활동

앞에서 설명한 대부분의 활동지들은 문학과 비문학을 구별하지 않고 함께 하는 활동들이었다. 그러나 문학 독서에서 내용의 감상을 위해서는 문학 독서 고유의 문학적 장치에 대한 이해가 필요하다. 학교에서 수업 시간에 배운 문학적 장치들을 독후활동에서 자연스럽게 적용할 수 있다면 문학 자료의 이해에 매우 도움이 될 것이다. 문학적 장치 들 중에서 서술자의 어조, 시점, 사건의 전개, 표현법에 대한 독후활동을 할 수 있다. 이 때 이 유형들은 단순히 문학적 장치에 대한 지식을 전달하는 것이 아니라, 읽은 작품의 해석을 위해 문학적 장치와 연관시키는 것이라는 점에 유의해서 자연스럽게 독후활동지에 구현되는 것이 중요하다.

먼저 서술자의 어조를 대립척도표로 표시하는 활동을 할 수 있다. 작품 속의 등장인물, 상황에 대한 서술자의 어조를 묻고, 서술자의 어조에 대한 독자의 생각을 물어서 답하게 한다. 이러한 활동은 작품의 어조를 통한 내용이해라고 할 수 있다.

🔽 예시 - 문학적 장치를 이해하기 위한 독후활동

【적용 영역 : 문학】

문학적 장치를 잘 이해하기 위한 독후활동

1. 읽은 책의 제목은 무엇입니까? _____

2. 인물에 대한 서술자의 어조는 어떠합니까?
   *(　) 안에는 인물을 적고, 이 인물에 대한 서술자의 어조를 선위에 표시하세요.

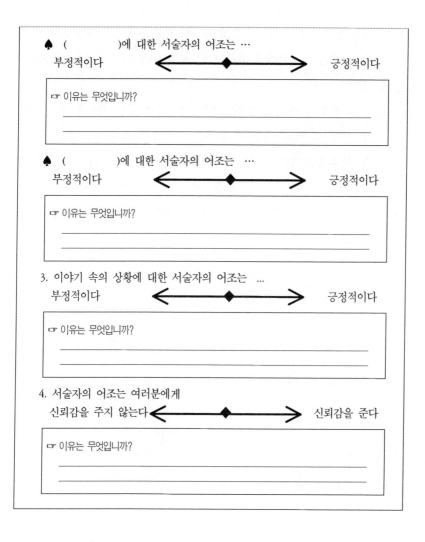

♠ (   )에 대한 서술자의 어조는 …

부정적이다   ◆   긍정적이다

☞ 이유는 무엇입니까?

♠ (   )에 대한 서술자의 어조는 …

부정적이다   ◆   긍정적이다

☞ 이유는 무엇입니까?

3. 이야기 속의 상황에 대한 서술자의 어조는 …

부정적이다   ◆   긍정적이다

☞ 이유는 무엇입니까?

4. 서술자의 어조는 여러분에게

신뢰감을 주지 않는다   ◆   신뢰감을 준다

☞ 이유는 무엇입니까?

다음으로 시점에 대한 활동을 할 수 있다. 먼저 작품의 시점을 파악하게 하는 질문을 하고, 시점을 바꾸어 써 보는 활동을 하게 한다. 작품 속의 인물의 처지가 되어 작품의 상황을 이해할 수 있는 활동이다.

다음으로 독서 자료 안의 사건들을 시간의 흐름에 따라 정리하게 하

는 활동을 할 수 있다. 이는 소설의 구성단계를 파악하게 하는 활동이다. 사건들을 차례대로 기억해서 떠올려봄으로써 인물들의 갈등을 파악하고 쓸 수 있다.

다음으로 문학적 언어의 표현방법을 생각하게 하는 활동을 할 수 있다. 묘사, 상징, 역설, 반어, 풍자의 예를 제시하고 그와 같은 표현방법을 발견했을 경우 동그라미를 치는 간단한 활동이다. 간단하기는 하지만 다른 작품의 예를 보며, 자연스럽게 문학 언어의 표현방법을 익힐 수 있고, 자신이 읽은 책의 내용에서 무심히 보고 지나친 표현방법에 대한 생각을 할 수 있다.

〈부록〉독후활동지 예시

【적용 영역 : 위인】

내용 정리를 돕는 독후활동

1. 책에서 다루고 있는 인물은 누구입니까?

　　　　　　

2. 책 속의 배경을 알 알아봅시다.
♠ 시대적 배경은 언제입니까? 　　　　　　　
♠ 시대적 배경을 알 수 있는 단어들을 써 보세요

　　　　　　　　　　　　　　　　　　　　　　　

　　　　　　　　　　　　　　　　　　　　　　　

♠ 시대의 특징을 구체적으로 설명해 보세요

♤ 공간적 배경은 어디입니까?　　　　　　　　
♤ 공간적 배경을 알 수 있는 단어들은 무엇입니까?

　　　　　　　　　　　　　　　　　　　　　　　

♤ 중심 공간의 특징을 구체적으로 설명해 보세요

3. 인물의 중요 활동을 정리해 봅시다.

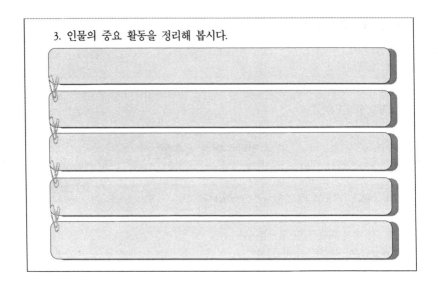

작품의 의미를 생각해 보는 독후활동

♠ step1 : 작가 떠올리기

당신이 읽은 책의 작가는 누구인지, 다음 안내문 속에 넣어주세요.

> 잠시 후, 꿈나무 서점에서는 작가 "○○○"을 모시고, " 작가와의 만남"을 개최합니다. 관심이 있으신 분들은 어서 참석하세요.!!

♠ step2 : 작가와의 만남

자 그럼, 여러분이 이 강연의 작가가 되었다고 생각하고 질문과 답을 만들어 작가와의 만남 상황을 재미있게 만들어 봅시다.

> 사회자 : 안녕하세요. 이번에는 작가 "○○○"를 모시고 좋은 자리를 마련하였습니다. 편안한 마음으로 작가와 좋은 시간이 되셨으면 좋겠군요.
>
> Q :
> A :
>
> Q :
> A :
>
> Q :
> A :
> Q :
> A :

인물을 생각해보는 독후활동(인물 벤다이어그램)

책 속에는 성격과 행동이 다른 여러 인물이 등장합니다. 문학 속에는 작가가 만든 허구적 인물이, 전기문, 사회·역사 책 속에는 실존 인물들이 등장합니다. 우리는 인물을 분석함으로써 책의 내용을 보다 깊이 이해하고 생각의 폭을 넓힐 수 있습니다. 다음에서 여러분이 읽은 책 속에 등장하는 두 인물을 선정하여 공통점과 차이점을 정리해봅시다.

1. 어떤 책을 읽었나요? 책의 내용은 어떤 분야(예를 들면 '역사')의 것인가요?

- 책이름 :
- 분야 :

부모, 형제, 친구, 적대관계, 보조자, 상하관계, 이웃, 연인 등 다양한 관계로 설명할 수 있다.

2. 두 인물을 선정하고 두 인물의 관계를 간단히 써봅시다

인물 1   인물 2

3. 그러면 이제부터 인물에 대한 다음의 벤다이어그램을 완성해봅시다.

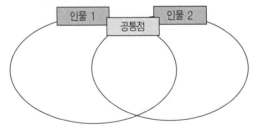

인물 1   공통점   인물 2

4. 인물들에 대한 나의 생각을 정리해봅시다.

교훈을 얻기 위한 독후활동지

1. 책 내용 음미하기

안녕하세요. 여러분!!

책을 읽으면, 자기 자신을 돌아보면서 많은 교훈을 얻게 된답니다. 여러분도 어떤 책을 읽으면서 그런 경험을 겪은 적은 없는지요... 여기서는 여러분이 책에서 얻은 경험을 이용하여 자녀를 위한 기도문을 작성해 보려고 합니다. 기도문 속에 여러분이 얻은 교훈을 넣어, 마치 여러분이 부모가 된 것처럼 친구들에게 읽어주면 어떨까요?

그럼, 먼저 기도문 쓰기를 위해 책 내용을 다시 음미해 봅시다.

2. 기도문 완성하기

만약 당신이 한 아이의 부모라면, 이 책에서 얻은 교훈을 바탕으로 기도문을 완성해 봅시다. 다음 빈 칸 에 적합한 말을 넣어 봅시다.

1. 당신이 읽은 책 이름은 무엇입니까? (   )
2. 책 내용 중 새롭게 깨달았거나 교훈으로 생각되는 점은 무엇입니까?
(   )

자녀를 위한 기도

내 아이를 이런 사람이 되게 하소서

하는 사람이 되게 하소서

하게 하소서

그리하여 그의 아비된 저도 헛된 인생을 살지 않았는가
나직이 속삭이게 하소서

【적용 영역 : 위인, 문학】

감상의 전개를 위한 독후활동

1. 읽은 책의 제목은 무엇입니까? _____

2. 여러분들이 알고 있는 사람들 중에서 책 속의 인물과 닮은 사람을 찾아 써
   보세요.

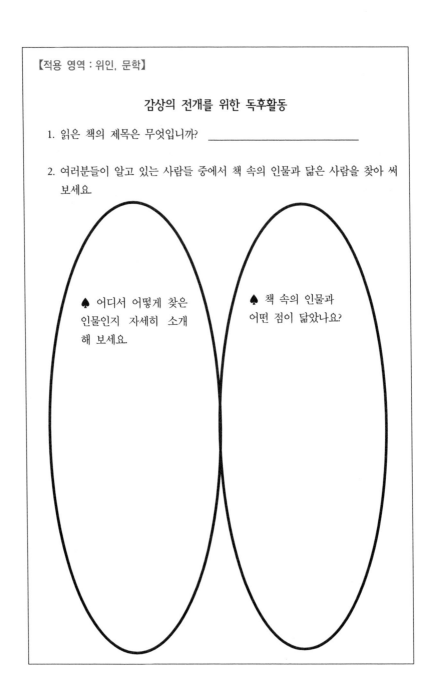

♠ 어디서 어떻게 찾은
인물인지 자세히 소개
해 보세요

♠ 책 속의 인물과
어떤 점이 닮았나요?

지식·교양을 쌓기 위한 독후활동

1. 읽은 책의 제목은 무엇입니까? _____
2. 이 책은 여러분의 어느 부분을 변화시켰다고 생각합니까? 선택하여 이유를 적으세요.

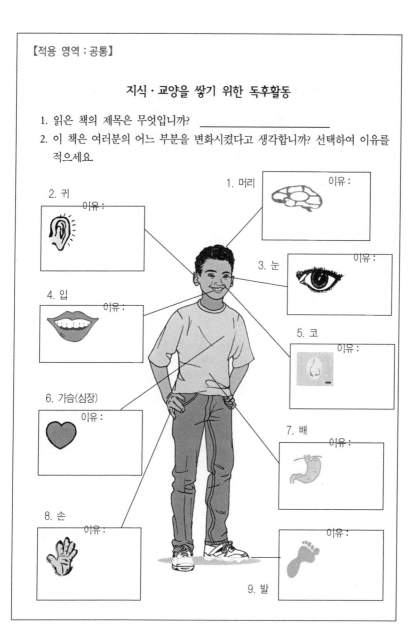

【문학】

문학적 장치를 이해하는 독후활동(플롯 조직표)

　문학에서 개연성이 있는 사건들이 시간적 순서로 나열되는 것을 플롯이라고 합니다. 책 속에서 일어난 사건들을 순서대로 써봅시다. 그리고 플롯의 전개에 따른 여러분의 느낌을 그래프로 나타내 보세요. 하나의 작품을 읽으면서 얼마나 다양한 느낌을 갖게 되는지 알 수 있습니다.

1. 어떤 책을 읽었나요?

- 책이름 :

> 문학작품에서 시간적으로 일어난 사선을 배열하는 것은 전체의 내용을 잘 이해하고 오래 기억하기 위해서 매우 좋은 방법입니다.

2. 책 속의 중요 사건을 시간적 순서대로 나열해봅시다.

　1.

　2.

　3.

　4.

　5.

　6.

　7.

　8.

3. 사건에 대한 나의 느낌을 그래프로 나타내기

> 감정의 위치를 점으로 표시하고 그 점들을 이어봅시다. 책을 읽으면서 느꼈던 감정을 다시 확인할 수 있습니다.

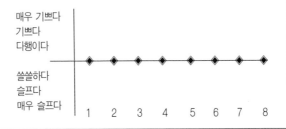

매우 기쁘다
기쁘다
다행이다

쓸쓸하다
슬프다
매우 슬프다

1　2　3　4　5　6　7　8

참고문헌

가경신(1997), 읽기에 영향을 미치는 독자의 심리적 요인, 청람어문학 제20집, 청람어
　　　문학회.
가경신(1997), 독자의 심리적 요인이 읽기 성취에 미치는 영향, 한국교원대학교 석사
　　　학위논문.
가네, 이용남·박분희 외 역(1993), 인지심리와 교수−학습, 교육과학사.
강대홍, 독서시간 운영과 독서습관 형성, 부산교육, 통권 231, 1984. 6.
강상현·채백(1993), 대중매체의 이해와 활용, 한나래.
강윤호(1989), 언어에 대하여, 중학국어 1-1, 교육부.
강지형 외(1999), 초등수학교육, 동명사.
교육부(1997), 제7차 국어과 교육과정, 서울 : (주)대한교과서.
교육부(1997), 국어과 교육과정, 서울 : 대한교과서 주식회사.
교육부, 고등학교 국어과 교육 과정 해설, 서울 : 대한교과서주식회사, 1995.
교육인적자원부(1999), 중학교 교육 과정 해설(II)−국어, 도덕, 사회, 대한교과서(주).
교육인적자원부(2001a), 중학교 국어 1-2, 대한교과서(주).
교육평가연구회 편(1995), 교육 측정·평가·연구·통계 용어 사전, 서울 : 중앙교육진
　　　흥연구소.
국립교육평가원(1996), 초등학교 새로운 평가제도에 따른 수행평가의 이론과 실제, 국
　　　립교육평가원.
金世翊, 어린이를 위한 讀書 指導, 도협월보, Vol. 20, 1979. 6.
金完起, 未來 情報化 社會와 讀書의 生活化, 어린이와 讀書, 제7집, 1986.
金 圓, 읽기 能力과 讀解力 伸張指導, 어린이와 讀書, 제7집, 1986.
金恩典, 讀書敎育의 問題點, 새교육, 통권 241호, 1974. 11.
길버트 라일, 이한우 역(1994), 마음의 개념, 문예출판사.
김 영(1998), 독서와 인성 함양, 독서연구 3호, 서울 : 한국독서학회.
김갑이(2004), 이야기 구성력 신장을 위한 이야기 읽기·쓰기 통합(CIRC) 프로그램 적
　　　용 연구, 석사학위논문, 충북 : 한국교원대학교.
김경동·이홍구·신도철(1983), 한국인의 가치의식과 삶의 질, 서울대학교 사회학연구
　　　회(편) 한국사회의 전통과 변화(서울, 법문사).
김경희 외(1994), 국민독서실태조사, 서울 : 한국출판연구소.
김경희 외(1995), 국민독서실태조사, 서울 : 한국출판연구소.

김명순(2002), 인성 발달을 돕는 독서 지도 방안, 독서연구 7호, 한국독서학회.

김명순(2003), 활동 중심 읽기 교육의 내용 연구, 박사학위논문, 충북 : 한국교원대학교.

김명옥(1986), 자료 분류법, 서울 : 구미무역(주) 출판부.

김미련(1992), 대학생의 초인지와 동기 그리고 독해 문제 해결력간의 관계, 한남대 대학원 석사학위논문.

김병욱 · 오현희 역, 미샤 슈바르츠만(2002), 단락, 어떻게 읽고 쓸 것인가?, 예림기획.

김병원(1986), 『기능 독서』(증판), 서울 : 배영사.

김봉군(1996), 한국인의 가치관과 독서학의 과제, 독서연구 창간호, 한국독서학회.

김상욱(1997), 독자들의 반란-대안문학이 왜 필요한가?, 독서연구 2호, 한국독서학회.

김수남(1987), "독서를 통한 올바른 가치관 형성", 어린이와 독서 8집, 서울 : 서울특별시어린이도서관.

김승환(1979), 중고등학교를 중심으로 한 독서 교육과 현장지도, 나라기획.

김은경(1999), 택당 이식의 독서론 연구, 충북 : 한국교원대 석사 논문.

김정기 외(1999), 매스미디어와 수용자, 커뮤니케이션북스.

김지도(1997), 초등학교 독서 교육, 교학사.

김태옥 · 이현호 공역(1991), 담화 · 텍스트언어학 입문, 서울 : 양영각.

김한식(1993), 독서 태도 및 습관 형성 방안 연구, 한국교원대 대학원 석사학위논문.

김효정(1987), "독서를 통한 어린이의 심성 계발", 어린이와 독서 8집, 서울 : 서울특별시어린이도서관.

남미영(2005), 공부가 즐거워지는 습관 아침독서 10분, 21세기북스

노명완(1994), 읽기 평가의 개선 방안에 대한 연구(최영환)에 대한 토론, 한국초등국어교육 제10집, 한국초등국어교육학회.

노명완(1996), 독서 개념의 현대적 조명, 독서연구 창간호, 한국독서

노명완 · 박영목 · 권경안(1994), 국어과교육론, 갑을출판사.

동해중학교(2002), 다양한 독서행사를 통한 효율적인 독서교육 활성화 방안, 교과교육 공동연구결과 보고서.

柳麗村(1974), 讀書指導와 方法, 새교육, 통권 241호.

류치곤(2000), 인터넷을 활용한 독서의 현황과 개선방향, 아주대학교 석사학위논문.

마샬 맥루한, 박정규 역(1997), 미디어의 이해, 커뮤니케이션북스.

모티머 애들러 · 찰스 반 도렌, 독고 앤 역(2001), 생각을 넓혀주는 독서법, 멘토

문화산업국 출판진흥과(1995), 추천 도서 목록, 문화체육부.

민인식(1999), 독서 능력 측정에 관한 연구, 진주교대석사논문.

박경효(2004), 공무원의 삶의 질, 레포트월드.

박동련(1981), 독서의 진단과 치료, 논문집 21호, 강원 : 춘천교육대학교.

박미정(2004), 내용교과 독서 비조 방안 연구, 한국교원대학교 석사학위 논문.

박보영(2003), 창의적 독서능력 신장을 위한 다양한 독서행사, 책사랑 연구회, 교과교
　　　육 연구자료.

박수자(2001), 읽기 지도의 이해, 서울대학교 출판부.

박수자(2002a), 지식과 창의성의 맥락에서 본 쓰기 지도, 이중언어학 20, 이중언어학회.

박수자(2002b), 쓰기 과정에서 내용 생성에 초점을 둔 쓰기 지도, 국어교육 109, 한국
　　　국어교육연구학회

박여성 역(1996), 지크프리트 J 슈미트, 미디어 인식론 : 인지-텍스트-커뮤니케이션,
　　　까치.

박영목 외(1996), 국어과 교육론, 서울 : 교학사. 전하찬(1986), 독서를 통한 미래 지향
　　　적 인성의 계발, 어린이와 독서 7집, 서울 : 서울특별시립 어린이 도서관.

박영목(1996), 학습 사회와 독서, 독서연구 창간호, 한국독서학회.

박영목, 국어이해론, 서울 : 법인문화사, 1996.

박영목·이인제·남미영(1991), 교육의 본질 추구를 위한 국어 교육 평가 체제 연구
　　　(2), 연구보고 RR 91-19-3, 한국교육개발원.

박영목·한철우·윤희원(1996), 국어교육학 원론, 교학사.

박영민·한철우(2003), 사고와 표현, 교학사.

박온자(1996), 청소년용 독서 자료에 관한 연구, 한국독서학회, 독서연구 창간호.

박인기 외(2000), 국어교육과 미디어 텍스트, 삼지원.

박인기(1996), 독서와 매체 환경, 독서연구 창간호, 한국독서학회.

朴泰臣(1976), 中學校에서의 讀書指導, 교육 평론, 통권 212호.

변창진·송명자 편저(1995), 서울 : 교육심리.

奉源業(1982), 國民學校 速讀 指導의 實際, 충북교육, 통권 62호.

서울대학교 국어교육연구소(1999), 국어교육학사전, 대교출판.

서혁·서수현(2007), 읽기 능력 검사 개발 연구(1), 『국어교육』 123호, 충북 : 한국어교
　　　육학회.

성태제(2004), 문항제작 및 분석의 이론과 실제, 학지사.

손인수 외(1991), 교육학개론, 서울 : 정민사.

스프링, 조종인·김회용 역(1999), 머리 속의 수레바퀴, 양서원.

신석태(1983), 速讀 能力 開發을 통한 讀書指導, 부산교육, 통권 228호.

申順植(1983), 中學校 讀書 指導의 方案, 충북교육, 통권 62호.

신헌재 외(1993), 독서 교육의 이론과 방법, 서울 : 서광학술자료사.

안신호(1996), 사회적 판단과 동기 : 동기가 인지적 책략 선택에 미치는 영향을 중심으
　　　로, 한국심리학회, 한국심리학회지 Vol. 15.

안정임·전경란(1991), 미디어 교육의 이해, 한나래.

엄정화(2003), 웹기반 과정 중심 독서교육 시스템의 설계 및 구현, 인천교육대학교 석사학위논문.

오경호(1994), 출판커뮤니케이션론, 일진사.

오현희 역, 애들러 & 반 도렌(1997), 논리적 독서법, 예림기획.

옥정인(1999), 읽기 태도 형성에 영향을 미치는 요인 연구, 한국교원대학교 석사학위논문.

온스타인·헌킨스, 김인식 역(1992), 교육과정 : 원리, 과제, 전망, 교육과학사.

유민봉(1997), 인사행정론, 서울 : 문영사.

유재봉·최승희(1989), 심리학개론, 서울 : 박영사.

유재천(1987), 청소년 독서 환경 실태 및 독서교육에 관한 연구, 서울 : 한국출판연구소.

윤운성(1995), 학습과 동기전략, 서울 : 문음사.

이경화(2003), 읽기교육의 원리와 방법, 박이정.

李珪範(1983), 讀書 指導 및 圖書館 利用 指導, 부산교육, 통권 228호.

이기우·임명진 역(1995), 월터 J 옹, 『구술문화와 문자문화』, 문예출판사.

이대규(1990), 낱말 수업의 목표와 방법, 국어교육 71, 72 합본호, 한국국어교육연구회.

이덕호 역(1999), 조빈스키, 문체론, 한신문화사.

이도영(1998), 언어 사용 영역의 내용 체계에 대한 연구, 서울대학교 박사학위 논문.

李來眩(1982), 中學校 學級 文庫 運營의 實際, 충북교육, 통권 62호.

李炳垂(1984), 現代的 讀書指導의 方向과 그 活性化 방안, 부산교육, 통권 231호.

李秉喜(1976), 國民學校에서의 讀書指導, 교육평론, 통권 212호.

이삼형 외(2000), 국어교육학, 소명.

李錫雨(1971), 국어 速讀에 관한 硏究, 국어교육 17호.

李成九(1974), 讀書指導의 實際, 새교육, 통권 241호.

이순희(1984), 讀書指導의 實踐 事例, 부산교육, 통권 231호.

이유선(1993), 볼프강 이저, 독서 행위, 신원문화사.

이재승(1997), 국어교육의 원리와 방법, 박이정.

이정춘·이종국 편저(1988), 독서와 출판 문화, 범우사.

이정춘 편(1988), 커뮤니케이션과학, 나남신서 80, 나남.

이종승(1995), 교육연구법, 서울 : 배영사, 1995.

이종우 외(1998), 정보 사회와 매스컴, 이진출판사.

이철수(1983), 독서 지도와 도서관 운영의 효율화, 부산교육, 통권 228호.

이충우(1990), 어휘 교육의 기본 과제, 국어교육 71, 72 합본호, 한국국어교육연구회.

李烘雨(1974), 책은 왜 읽는가, 새교육, 통권 241호.

임동욱 외(1997), 현대 출판의 이해, 나남출판.

임문영 역(1985), 책의 혁명, 출판 편집 총서 3, 진성사.

임희섭(1996), "삶의 질"의 개념적 논의, 한국행정연구, 5(1) : 5-18.

전국교직원노동조합(1992), 책마을로 가는 징검다리, 서울 : 돌베개.

전윤식·강영심 역, 암스트롱(1997), 복합지능과 교육, 중앙적성출판사.

전정재(2001), 독서의 이해, 한국방송출판.

정광수(2001), 다양한 독서 프로그램을 활용한 독서능력 신장, 교육경북 제128호.

정기철(2001), 창의력 개발을 위한 독서 지도법과 독서 신문 만들기, 서울 : 역락.

정미숙(1996), 정의적 변인들간 및 학업성적과의 관계분석, 교육학연구 Vol. 34.

정병헌(1996), 전통적 가치관과 그 현대적 의미, 독서연구 창간호, 한국독서학회.

정옥년(2003), 교수 설계 과정을 적용한 진단적 독서 지도 모형, 독서연구 10호. 서울 : 한국독서학회.

정재찬(1997), 문학정전의 해체와 독서현상, 독서연구 2호, 한국독서학회.

조순복(1983), 독서재 활용을 통한 독서 습관 형성, 부산교유그 통권 228.

조영희(1999), 독서 지도의 효율화 방법론(재판), 전북 : 신아출판사.

趙載厚(1979), 讀書指導 計劃, 도협월보, Vo. 20.

趙載厚(1979), 學校 圖書館의 나아갈 길, 교육평론, 통권 212호, 1976. 6.

중앙교육평가원 편, 정의적 특성의 측정 도구 편람 (Ⅰ-Ⅴ), 서울 : 삼진기억인쇄주식회사, 1987.

천경록(1995), '기능, 전략, 능력의 개념 비교, 청람어문학 제13집, 청람어문학회, pp.316-339.

천경록(1999), 독서 교육과 독서 평가, 독서연구 4호, 한국독서학회.

천경록(2004), 읽기 진단 검사 도구 개발의 기초, 독서와 작문의 통합, 한국독서학회 13회 세미나 자료집.

천경록(2005), 비형식적 읽기 진단에 관한 연구, 독서 연구 제13호, 서울 : 한국독서학회.

천경록(2006), 독서 능력 표준화 검사 도구의 연구 개발, 독서 연구 제15호, 서울 : 한국독서학회.

최지현·이충우·이정숙(2006), 언어 영재성 판별을 위한 평가 도구 개발(1), 국어교육 121호, 강원 : 한국어교육학회.

한국도서잡지주간신문윤리위원회(1986), 사회저명인사가 추천하는 百人百選.

한국독서학회 편(2003), 21세기 사회와 독서지도, 서울 : 박이정.

한국청소년개발원 편(1997), 청소년심리학, 서울 : 서원.

한국청소년연구원 a(1992). 독서교실 활동, 서울 : 한국청소년연구원.

한국청소년연구원 b(1992), 청소년문화론, 서울 : 한국청소년연구원,.

한국청소년연구원(1992), 독서교실 활동, 서울 : 한국청소년연구원.

한국춘판연구소(1987), 청소년 독서 환경 실태 및 독서 교육에 관한 연구, 서울 : 寒國 출판연구소.

한국해석학회 편(1999), 해석학의 역사와 전망, 철학과 현실사.

한기호(2000), 디지털과 종이책의 행복한 만남, 창해.

한상철(1997), 읽기전략과 초인지 그리고 동기요인이 교재 이해에 미치는 효과', 교육학연구 Vol. 35.

한종하 외(1982), 중등학교의 지적 정의적 발달 특성 조사 연구, 서울 : 한국교육개발원, 1982.

한철우 외(1998), 청소년 독서 자료의 분석, 독서연구 제3호, 서울 : 한국독서학회.

한철우 외(2004), 문학중심 독서지도, 대한교과서.

한철우 외(2005), 활동 중심 교과 독서 지도 및 독서이력철 구성과 평가 방안, 부산교육청.

한철우 외(2006), 독서 교육 사전, 교학사.

한철우(1991), 읽기 단원 학습 지도 내용의 선정, 교육연구정보, 제6호, 강원도교육연구원.

한철우(1994), '국어교육학의 의미와 과제', 한국교원대학교 교과교육공동연구소 학술토론회 발표 논문.

한철우(1997), 사람들은 왜 책을 안 읽는가, 한국 독서학회 제4회 학술대회발표문, 한국독서학회.

한철우(1998), 사람들은 왜 책을 안 읽나?, 독서연구 제3호, 한국독서학회.

한철우(1999), 중등학교 독서지도 전문가 양성 방안, 독서연구 제4호, 서울 : 한국독서학회.

한철우(2000), 독서클럽을 통한 인성지도 방안, 교과교육공동연구소, 한국교원대학교.

한철우(2003), 미시적 독서 지도의 한계와 극복', 국어교과교육학회 제8차 학술대회 자료집, pp.1-13.

한철우(2004), 독서지도의 원리와 방향, 독서연구 11호, 한국독서학회.

한철우(1989), '문학교육과 독서교육' 운당 구인환선생 회갑기념논문집, 서울 : 한샘출판사.

한철우·천경록 공역(1996), 독서지도방법, 서울 : 교학사.

한철우·천경록·이경화·최규홍·김영림, 박형성 외(2007), "표준화 독서 능력 및 독서 태도·환경 진단 검사 개발 연구, 독서능력진단검사 개발위원회.

한철우·천경록 역(1996), 독서 지도 방법 Promoting Active Reading Comprehension Strategies, 교학사.

한철우·홍인선 편(2007), 학교 현장 독서 지도 어떻게 할 것인가?, 교학사.

한철우·김명순·박영민(2001). 문학중심 독서지도, 서울 : 대한교과서주식회사.

한철우·이삼형(1999), 독서교육학원론, 한국교원대, 교과교육공동연구소.

한철우·홍인선(2005), 자기 주도성 향상을 위한 독서 워크숍 지도 방안, 독서연구 제 13호, 한국독서학회.

허윤도(1983), 학습 문고 운영을 통한 독서 지도, 부산교육, 통권 228호.

洪慶植(1982), 高等學校 讀書指導의 方案, 충북교육, 통권 62호.

홍인선(2004), 인터넷을 활용한 독서 촉진 프로그램의 효과에 관한 연구, 한국교원대학교 석사학위논문.

황백현(1988), 독서 심리학 개론, 부산 : 국민출판도서문화.

Adams, M. J.(1990), *Beginning to read : Thinking and learning about print*, MA : MIT.

Ajzen, I., & Fishbein, M.(1980), *Understanding attitudes and predicting social behavior*. Englewood Cliffs, NJ : Prentice Hall.

Allen, P. D. & Watson, D. J.(1976), *Finding of research in miscue analysis : classroom implication*. Urbana, IL : ERIC, NCTE.

Allington, R. L. & Strang M.(1977), Effets of grapheme substitution in connected text upon reading behaviors. *Visible Language*, 11, 285-297.

Allington, R. L.(1978), Effects of contextual constraints upon rate and accuracy. *Perceptual and Motor Skills*, 46, 1318.

Allington, R. L.(1984), Oral reading. In P. D. Pearson, R. Barr, M. L. Kamil, & P. Mosenthal (Eds.), *Handbook ofreading research*. New York : Longman.

Alvermann, D. E. & Phelps, S. F.(1994), *Content Reading and Literacy*, Allyn and Bacon.

Alvermann, D. E.(1991), The discussion web : A graphic aid for learning across the curriculum. *The Reading Teacher* 45:92-99.

Anderson, M. A., Hiebert, E. H., Scott, J.A., & Wilkison, I.A.G.(1985), *Becoming a nation of readers : The report of the Commission on Reading*, Washington, DC : U.S. Department of Education.

Anderson, M. A., Tollefson, N. A., & Gilbert, E.C.(1985), Giftedness and reading : A crossssectional view of differences in reading attitudes and behaviors. *Gifted Child Quarterly*, 29, 186-189

Anderson, R. C.(1985), *Becoming a National of Readers*, Washington, D.C. : The National Institute of Education.

Anderson, R., Hiebert, E., Scott. J., & Wilinson, I.(1985), *Becoming a nation of readers*. Washington, DC : The National Institute of Education, U.S.

Department of Education.

Anderson, R. C. and Freebody, P.(1984), Vocabulary Knowledge. In singer H. and Ruddell, R.B, *Theoretical Models and processes of reading*, IRA.

Anderson, R. C.(1984), *Becoming a Nation of Readers*, The National Institute of Education, U.S.A.

Anderson, R. C.(1977), The notion of schemata and the educational enterprise. In R.C Anderson R.J. Sporp, & W.E. Montague(Eds.), *Schooling and the acquisition of knowledge*. Hilisdale, N.J : Eribaum.

Anderson, R. C., & Pichert, J. W.(1978), Recall of previously unrecallable information following a shift perspective, *Journal of Verbal Learning and Verbal Behavior*, 17, 1-12.

Au, K. H · P.(1977), Analyzing errors to improve instruction, *Reading Teacher*, 31, 46-49.

Ausubel, D. P.(1968), *Educational Psychology : A Cognitive View*. N.Y. : Holt, Rinehart, and Winston.

Bandura, A.(1977), Self-Efficacy : Toward unifying theory of behavioral change, *Psychological Review*, 84(2), 191-215.

Barr, R.(1972), The influence of instructional conditions on word recognition errors. *Reading Research Quarterly*, 7, 509-529.

Barrett, T. C.(1968), Taxonomy of cognitive and affective demensions of reading comprehension, Discussed by Clymer, T. in "What is reading?" : some current concepts. In Helen M. Robinson(Ed.) *Innovation and change in reading instruction*. Sixty-seventh yearbook : National Society for Study in Education, University of Chicago Press, 1-30.

Becker, W. C.(1977), *Teaching Reading and language to the disadvantaged*, Harvard Educational Review, 47, 518-543.

Beebe, M. J.(1980), The effect of different type of substitution miscues on reading. *Reading Research Quarterly*, 15, 324-336.

Bernard Weiner(1987), 박아정 역, 인간의 동기화 이론, 대구 : 계명대학교 출판부.

Biemiller, A.(1977-1978), Relationships between oral reading rates for letters, words, and simple text in the development of reading achievement, *Reading Research Quarterly*, 13, 223-253.

Biemiller, A.(1979), Changes in the use of graphic and contextual information as functions of passage difficulty and reading achievement level, *Journal of*

Reading Behavior, 11, 307-318.

Biemiller, M. J.(1970), The development of the use of graphic and contextual information as children learnto read, *Reading Research Quarterly*, 6, 75-76.

Bissett, D.(1969), The anount and effect of recreational reading in selected fifth grade classes, Unpublished doctoral dissertation, Syracuse University, Syracuse, NY.

Bond, G. L., Tinker M. A., Wasson, B. B., & Wasson, J. B.(1989), *Reading difficulties*, Englewood Cliffs, NJ : Prentice Hall.

Bowey. Judith A.(1985), Contextual facilitation in children's oral reading in relation to grade and decoding skill, *Journal of Experimental Child Psychology*, 40, 23-48.

Bransford, J. D., & Johnson, M. K.(1972), Contextual prerquisites for understanding, some investigations of comprehension and recall *Journal of Verbal Learning and Verbal Behavior*, 11, 77-726.

Bransford, J. D., and Franks, J. J.(1971), The abstraction of linguistic ideas, *Cognitive Psychology*.

Britton, B. K. and Graesser, A. C.(1996), *Models of understanding text*, Mahwah, NJ : Lawrence Erlbaum Associates, Inc., Publishers.

Bruce, B. C. ed(2003), Literacy in Information Age, IRA.

Bruner, J. S.(1966), *Toward a theory of instruction*, New York : Norton.

Camboune, B.(1991), Breaking the lore : An altermate view of learning, In J. Turbill, A. Bulter, & B. Camboune, *Therory of others*(pp.12-25). Stanley, NY : Wayne-Finger Lakes Board of Cooperative Educational Servics.

Canney, C., & Winograd. P.(1979), *schemata for reading and reading comprehension performance*(Tech. Rep. N. 120), Urbana : University of Illiois, Center for the Study of Reading. (ERIC Document Reproduction Service No. Ed. 169520).

Chall, J. S.(1996), *Stages of Reading Development* (2nd), Harcourt Brace.

Chall, J. S.(1996), *Stages of reading development*, New York : Harcourt Brace College Publisher.

Chall, Jeanne S.(1967), Learning to Read, *The great debate*, New York : McGrae-Hill.

Chall, Jeanne S.(1958), *Readability : an appropriate research and application*, Bureau of Educational Reserch Monographs, Ohio State, No. 34.

Chandler, T. A.(1968), Reading disability and socio economic status, *Journal of Reading*, 10, 5-21.

Chomsky, C.(1972), Stages in language development and reading exposure, *Harvard Educatioal Review*, 42, 1-33.

Christie, J. F. & Alonso, P. A.(1980), Effects of passage difficulty on primary-grade children's oral reading error patterns, *Educational Research Quarterly*, 5, 41-49.

Clay, M. M.(1968), A syntactic analysis of reading errors, *Journal of verbal Learning and Verbal Behavior*, 7, 434-438.

Clay, M. M.(1973), *Reading : The patterning of complex behavior*, Auckland, N.Z. : Heinemann Educational Books.

Cohen, A. S.(1974-1975), Oral reading errors of first grade children taught by a code-emphasis approach, *Reading Research Quarterly*, 10, 616-650.

Cohen, D.(1968), The effect of literature on vocabulary and reading achievement, *Elementary English*, 45, 209-213, 217.

Conley, M. W.(1992), Content Reading Instruction, McGraw-Hill, Inc.

Cramer, E. H. & Castle, M.(1994), *Fostering the Love of Reading*, Newark, Del. : International Reading Association.

Davey, Beth(1983), Think Aloud. Modeling the Cognitive Processes of Reading Comprehension, *Journal of Reading*, 27, 1.

Daw, S. E.(1938), The persistence of errors in oral reading in grades four and five, *Journal of Educational Research*, 32, 82-90.

Diener, E.(1984), "Subjective Well-being", *Psychological Bulletin*, 95(3): 542-575.

Duffy, G. B. & Durrell, D. D.(1935), Third grade difficulties in oral reading, *Education*, 56, 37-40.

Durkin, D.(1966), *Children who read early*, New York : Teachers College Press.

Durrell, D. D.(1937, 1953), *Durrell analysis of reading difficulties*, New York : Harcourt Brace Jovanovich.

Eldredge, J. & Butterfield, D.(1986), Alternatives to traditional reading instruction, *The Reading Teacher*, 40, 32-37.

Fader, D., with Duggins, Finn, & McNeil.(1976), *The new hooked on books*, New York : Berkley Medallion Books.

Fillmore, C.(1968), The case for case, In E. Bach & R. G. Harms (Eds,) *Universals in Linguistic theory*, New York : HotelRinehart & Winston.

Frederiksen, C. H.(1975), Representing logical and semantic structure of knowledge acquired from discourse, *Cognitive Psychology*, 7. 371-458.

French, Michael P.(1985), *Current Issues in Reading*, ED 263520.

Gambrell, L., Pfeiffer, W. & Wilson, R.(1985), The effect of retelling upon comprehension and recall of text information, *Journal of Educational Reasearch*, 78, 216-220.

Gardner, R. C., & Lambert, W. E.(1959), Motivational variables in second language acquisition, Canadian Journal of Psychology, 6, 29-47.

Gates, A. I. & McKillop, A. S.(1927, 1962), *Gates-Mckillop reading diagnostic tests*, New York : Teachers College.

Golden, J. M.(1984), Children's concept of story in reading and writing, *The Reading Teacher, 37, 578-584.*

Goldstein, B. S.(1986), Looking at cartoons and comics in a new way, Journal of Reading, April.

Good, T. L., & Borphy, J. E.(1987), *Looking in classrooms*, NY : HarperCollins.

Goodman, K. & Burke, C.(1973), *Theoretically based studies of patterns of miscues in oral reading performance*, Final report, project No. 9-0375, Grant no. OEC-0-9-320275-4269. Washington, D. C. : U.S. Dept. Gealth, Education, and Welfare.

Goodman, K. S.(1965), A linguistic study of cues and miscues reading, *Elementary English*, 639-643.

Goodman, K. S.(1973), Miscues : Windows on the reading process, In K. S. Goodman(Ed), *Miscue analysis : applications to reading instruction.* Urbana, IL : KCIE.

Goodman, K. S.(1963), A linguistic study of cues and miscues in reading, *Elementary English*, 639-643.

Goodman, K. S.(1976), Behind the eye : What happens in reading, In H. Singer & R. B. Ruddell(Eds.), *Theoretical models and precesses of reading* (2nd ed.), Newark. Del. : International Reading Association.

Goodman, Y. M.(1970), Using children's reading miscues for new teaching strategies, *Reading Teacher*, 23, 455-459.

Goodman, Yetta M. and Burke, Caylon I.(1972), *Reading miscue inventory*, New York : MacMillan.

Gough, P. B.(1965), Grammatical transformations and speed of understanding, *Journal* of Verbal Learning and Verbal Behavior, 4, 107-111.

Graves, M., Juel, C., & Graves, B. B.(1998), Teaching reading in the 21st century, Allyn and Bacon.

Greenlaw, M. Jean., Information, Please! Books and Their Many Used[ED 146625].

Gunning, Thomas G.(1996), Creating reading instruction for all children, Needham heights, MA : Allyn & Bacon.

Harris, A. J. & Sipay, E.(1980), How to Increase Reading Ability, New York : Longman.

Harris, T. L & Hodges, R. B.(Eds.)(1981), Dictionary of Reading, Newark, Del. : International Reading Association.

Harris, T. L., & Hodges, R. E.(1989), A dictionary of reading, IRA.

Hirschman, P., 'Parents Motivate Children to Read', <The Classroom Reading Teacher> 38(4).

Hood, J. & Kendall, J. R.(1975), A qualitative analysis of oral reading errors of reflective and impulsive second graders : a follow-up study, Journal of Reading Behavior, 7, 269-281.

Hood, J.(1982), The relationship of selected text variables to miscue scores of second graders, Journal of Reading Behavior, 14, 141-158.

Huck, C. S., Hepler, S., & Hickman, J.(1987), Children's literature in the elementary school(4th ed.), NY : Holt, Rindehart & Winston.

Huns, Helen, Helping Children Turn to Reading for Information and Enjoyment[ED 011833].

Hyatt, A. V.(1943), The place of oral reading in the program, New York : Teachers college.

Ingham, J., 'Television Viewing and Reading Habits', <Reading> 16(1).

Irwin, J. W.(1991), Teaching reading comprehension processes.(2nd), Allyn & Bacon. 천경록 · 이경화(2003) (역), 『독서지도론』, 박이정.

Jacobson, Jeanne M.(1998), Content area reading-Integration with the language arts, Delmar Publisher.

Johns, J. R., & VanLeirsburg, P.(1994), Promoting the Reading Habit : Considerations and Strategien, In E. H. Cramer & M. Castle (Eds., pp.18-40), Fostering the love of reading, DE : International Reading Association.

Johnson, D. D. & Pearson, P. D.(1984), Teaching reading vocabulary, N.Y. : Holt, Rinehart and Winston.

Jossy-Bass(1997), Reading Workshop Survival Kit.

Katz. E. and Brent, S.(1968), Understanding connections, *Journal of Verbal Learning and Verbal Behavior*, 7. 501-509.

Kibby, M. W.(1979), Passage readability affects oral reading strategies of disabled readers, *Reading Teacher*, 32, 390-396.

Kim, M. S. & Lee, E. B.(1975), *Korean language education*. Seoul, Korea : Iljoglak.

Kintsch, W., *The representation of meaning in memory*, Hillsdale.

Korean Language Research Institute.(1987), *The vocabulary for the elementary education*, Seoul, Korea : Korean Language Research Institute.

Larrick, N.(1974), 'A Paren's Guide to Children's Reading Interest Classified by Age Level', <The Reading Teacher> 27, April.

Lee, E. B.(1977), Beginning reading instruction appropriate to Korean alphabetic structure, *Journal of language and Literature Research*, 5, 95-110.

Lee, E. B.(1978), A study of basic word for the learning in the elementary school, *Korean Language Education*, 32, 183-242.

Leslie, L.(1980), The use of graphic and contextual information by average and below average readers, *Journal of Reading Behavior*, 12, 139-149.

Leu, D. J.(1982), Oral reading error analysis : A critical review of research and application, *Reading Research Quaterly*, 17, 420-437.

Lindfors, J.(1987), *Children's language and learning*(2nd ed.), Englewood Cliffs, NJ : Prentice-Hall.

Liska, A. E.(1984), A critical examination of the causal structure of the Fishbein/Ajzen attitude-behavior model, Social Psychology Quarterly, 47, 61-74.

Loban, W.(1966), Language ability 7, 8, 9. *Cooperative Reserch Monograph*, No. 18, U. S. O. E..

Madden, M. & Pratt, M.(1941), An oral reading survey as a teaching aid, *Elementary English Review*, 18, 122-126.

Manguel, A.(1996), A History of reading [정명진 역(2000), 『독서의 역사』, 서울 : 세종서적].

Mathewson, G. C.(1985), Toward Comprehensive Model of Affect in the reading process, In H. Singer and R. B. Ruddell (Eds.), *Theoretical models and processes of reading* (3rd ed., pp. 841-856), Newark, DE : International Reading Association.

Mathewson, G. C.(1994), Model of attitude influence upon reading and learning to read, In R. B. Ruddell, M. R. Ruddell, & H. Singer (Eds.) *Theoretical models and processes of reading* (4th ed., pp.1131-1161), Newark, DE: International Reading Association.

Maxim, D., & Five, C. L.(1997), The teaching of reading strategies, In C. Weaver, Practing what we know. NCTE.

McKenna, M. C.(1994), Toward a model of reading attitude acquisition, In E. H. Cramer & M. Castle (Eds., pp.18-40), *Fostering the love of reading*, D E : International Reading Association.

McKenna, M. C., Kear, D. J., & Ellsworth, R. A.(1995), Chidren's attitudes toward reading : A national survey, Reading Research Quarterly 30, 934-956.

McMahon, S. I. & Raphael, T. E.(1997), *The book club connection : literacy learning and classroom talk*, DE : Teachers College, Columbia University.

Mehler. J. & Carey. P.(1967), The role of surface and base structure in the perception of sentences, *Journal of Verbal Learning and Verbal Behavior*, 6. 3350338.

Meyer, B. J. F.(1975), *The organization of prose and its effects on memory*, Amsterdam : North-Hilland Publishing.

Michael F. Greaves, Connie Juel, and Bonnie B. Graves(1998), *Teaching the 21st century, Needham Heights*, MA : Allyn and Bacon.

Ministry of Education.(1988), *The orthographic rules for the written Korean language*, Seoul, Korea : Ministry of Education, Korea.

Monroe, M.(1932), *Children who cannot read*, Chicago : University of Chicago Press.

Morrow, L, M. (ed.)(1995), Family Literacy, New Brunswick, NJ : Rutgers University.

Morrow, L. M.(1982), Relationships between literature programs, lebrary corner designs, and children's use of literature, *Journal of Educational Research, 75, 339-334.*

Morrow, L. M.(1989), *Literacy development in the early years*, Englewood Cliffs, NJ : Prentice-Hall.

Morrow, L. M.(Edit.)(1995), *Family Literacy*, New Brunswick, NJ : Rutgers Univiversity.

Nagy, W., Herman, P., & Anderson, R.(1985), Learning words from context, *Reading Research Quarterly*, 20, 233-253.

Neilsen, L.(1998), Playing for real : performative texts and adolescent identities, In D. E. Alvermann et al.(Eds.), Reconceptualizing the literacies in adolescents' lives, NJ : Lawrence Erlbaum Associates Publishers. pp.2-26.

Neuman, S. B., The Effects of Television Viewing on Reading Behavior[ED 205931].

O'Donnell, M. P.(1979), *Teaching the stages of reading progress*, Dubuque, IA : Kendall-Hunt.

O'Donnell, Holly(1983), 'Death to the Classics', <English Journal> March.

Oakan, R., Wiener, M., & Cromer, W.(1971), Identification, organization, and reading comprehension for good and poor readers, *Journal of Educational Psychology*, 62, 71-78.

Oakeshott, M.(1967), Learning and teaching, In R. S. Peters(Ed), The concept of education, Routledge and Kegan Paul, pp.156-176.

Oakeshott, M.(1989), The voice of liberal learning : Michael Oakeshott on education, T. Fuller(Ed.), New Haven : Yale University Press.

Olson, W. C.(1940), Reading as a function of total growth of the child, In W.S. Gray(Ed.), *Reading and pupil development*(Supplementary Education Monograph No. 51, pp.233-237), Chicago, IL : University of Chicago.

Paris, S. G.(1973), Semantic and constructive aspects of sentence memory in children, *Developmental Psychology*, 9(1) 109-113.

Payne, C.(1930), The classification of errors in oral reading, *Elementary School journal*, 31, 142-146.

Pearson, P. D. & Johnson, D. D.(1978), *Teaching reading comprehension*, New York : Holt, Rinehart, & Winston.

Pearson, P. David(1984), *Handbook of Reading Research*, New York : Longman.

Pearson, P. David(1985), *The Comprehension Revolution*, ED 253851.

Purkey, W. W. & John M. N.(1984), *Inviting School Success*, Belmont, California : Wadsworth Publishing Company.

Purves, A. C., Papa, L., & Jordan, S.(1994), Encyclopedia of English studies and language arts, NCTE.

Raphael, T. E., & Hiebert, E. H.(1996), Creating an integrated approach to literacy instruction, Harcourt Brace College Publishers.

Richardson, J. S. & Morgan, R. F.(1990), Reading to Learn in the Content Areas, Wadsworth Publishing Company.

Robertson, J.(1968), Pupil understanding of connectives in reading, *Reading Research Quarterly*.

Ross, E. P., & Fletcher, R. K.(1989), Responses to children's literature by environment, grade level, and sex. Reading Instruction Journal, 32(2), 22-28.

Rothkopf. E. Z., & Billington, M. J. Goal guided learning from text : Inferring a descriptive processing model from inspection times.

Rubin, D.(1997), *Diagnosis and correction in reading instruction*(3rd), Allyn and Bacon.

Ruddell, R. B.(1976), Psycholinguistic implications for a systems of communication model, In H. Singer & R. B. Ruddell(Eds.), *Theoretical model and processes of reading* (2nd ed), Newark, Del. : International Reading Association,.

Ruddell, R. B., & Speaker, R.(1985), The interactive reading process : A model, In H. Singer and R. B. Ruddell (Eds.), *Theoretical models and processes of reading* (3rd ed., pp. 751-793), Newark, DE : International Reading Association.

Ruddell, R. B., & Unrau, N. J.(1994), Reading as meaning construction process : The reader, the text, and the teacher, In R. B. Ruddell, M. R. Ruddell, & H. Singer(Eds.), *Theoretical and process of reading*, IRA.

Ruddell, R. B.(1986), Vocabulary Learning : A process model and criteria for evaluating instructional stratigies, Journal of Reading, April.

Rumelhart, D. E.(1975), Notes on a schema for stories, In D. G. Bobrow and A. M. Collins(Eds.), *Representation and understanding in cognitive sciense*, New York : Academic Press.

Sachs, J. S.(1967), Recognition memory for syntactic and semantic aspects of connected discourse, *Perception and Psychophysics*, 2, 437-442.

Santeusanio, R. P.(1983), *A Practical Approach to Content Area Reading*, Menlo Park. California : Addison-Wesley Publishing Company.

Schmitt, M. C., & O'Brien, D. G.(1986), Story grammar : Some cautions about the research of theory into practice, *Reading Research and Instruction, 26, 1-7*.

Schoenbach, R., Greenleaf, C., Cziko, D., & Hurwitz. L.(1999), Reading for understanding, Jossey-Bass.

Sheridan, D. Blau(2003), *The Literature Workshop*, Heineman.

Shirley, F. L.(1985), *Directions and Reading Activities for the Students of Today and Tommorrow*, Ed 264543.

Shuy, Roger W.(1977), *Linguistic theory* : what can it say about reading? Newark, D E : International Reading Association.

Singer, H. and Ruddell R. B.(Eds.)(1984, *Theoretical models and processes of reading*, Newark, N. J. : International Reading Associstion.

Singer, H. and Ruddell R. B.(Eds.)(1984), *Theoretical models and processes of reading*,

Newark, N. J. : International Reading Associstion.

Smith, F.(1971), *Understanding reading : a psycholinguistic analysis of reading and learning to read*, New York : Holt, Rinehart, and Winston.

Smith, Frank(1982), Understanding Reading, N.Y.:Holt, Reinhart and Winston.

Smith, R. J. and Barrett, T. C.(1979), *Teaching Reading in the middle grades*, Menlo Park, California : Addison-Wesley Publishing Company.

Spache, G. S.(1963/1972), *Diagnostic reading scales*, Monterey, CA : CTB/McGraw-Hill.

Spache, G.(1962), *Toward better reading*, Champaign, Illinois : Garrard.

Spiegel, D.(1981), Reading for pleasure : Guidelins Newark, Del : International Reading Association.

Stahl, R. J.(ed.)(1995), *Cooperative learning in language arts : A handbook for teachers*, Addison-Wesley publishing company.

Stahl, S. A.(1986), Three principles of effective vocabulary instruction, Journal of Reading, April.

Stanchfield, J. M. & Fraim, S. R.(1979), 'A Follow-up Study on the Reading Intersts of Boys', <Journal of Reading> 22, May.

Stanovich, K. E.(1980), Toward an interactive-compensatory model of individual differences in the development of reading fluency, *Reading Research Quarterly*, 16, 32-71.

Sucher, F., 'A Home-grown Approach to Boostinf Reading Skills', <Early years> 5.

Tamor, L.(1981), Subjective Text difficulty : An alternative approach to defining the difficulty level of written text, *Journal of Reading Behavior*, 13, 165-172.

Tchudi, S. & Mitchell, D.(1999), *Exploring and teaching the English language arts*(4th ed.), Addison-Wesley Educational Publisher.

Terman, L. M., In Harris Singer and Robert B. Ruddell.(1984), *Theoretical models and processes of reading*, IRA.

Thomas G. Gunning(1996), *Creating reading instruction for all children, Needham Heights*, MA : Allyn and Bacon.

Thorndike, R. L.(1973), *Reading comprehension education in fifteen countries*, New York : Wiley.

Thorndyke, E. L.(1917), Reading as reasoning : A study of mistakes in paragraph reading, *Journal of Educational Psychology*, 8, 323-332.

Thorndyke, P. W.(1977), Cognitive Structures Comprehension and Memory of

Narrative Discourse, *Cognitive Psychology*, 9, 77-110.

Throndike, R. L.(1973), *Reading comprehension education in fifteen countries*, New York : Wiley.

Tierney, R. J., Readence, J. E., & Dishner, E. K.(1995), *Reading strategies and practices*, Needham Heights, MA : Allyn & Bacon.

Tompkins, G. E.(2001), Literacy for the 21st Century, NJ : Upper Saddle River.

Trabasso, T.(1980), On the Making of Inferences During Reading and Their Aseessment Technical Report No. 157. Urbana, Ⅲ : University of Illinois, Center for the Study of Reading, January.

Walmsley, S. A. & Walp, T. P.(1989), *Teaching literature in elementary school*(Report Series 1.3), Albany : State University of New York, Center for the Learning and Teaching of Literature.

Washburn, Judith S., Motivating Lifetime Readers for Literature[ED 151804].

Weaver, C.(1988), *Reading process and practice*, Portsmouth, NH : Heinemann.

Weaver, Charles A. and Kintsch, Walter(1991), Expository Text, In *Handbook of Reading Research Vol. II*, New York, NY : Longman.

Weber, R-M.(1968), The study of oral reading errors : A review of the literature, *Reading Research Quarterly*, 4, 96-119.

Weber, R-M.(1970), A linguistic analysis of first grade reading errors, *Reading Research Quarterly*, 5, 427-451.(b)

Weber, R-M.(1970), First graders use of grammatical context in reading, In H. Levin & J. P. Williams (Eds.), *Basic studies on reading*, New York : Basic Books.(a).

West, R. F. & Stanovich, K. E.(1978), Automatic contextual facilitation in readers, *Child Development*, 49, 717-727.

Williams, M., & Burden, R.(1997), *Psychology for language teachers : a social constructivist approach*, Cambridge University Press.

Woiwode, L.(1992), Television : The cyclops the eats books', <Imprints> 21(2), 1.

Wood, O'Donnel(1992), *Becoming a reader*. needham Heights, MA : Allyn and Bacon.

Yopp, H. K & Yopp, R. H.(1996), *Literature-based reading activities*, Needham Heights, MA : Allyn & Bacon.

Yu, M. G.(1977), *A Korean phonetic reader*, Seoul, Korea : hansasuso.

Yu, M. G.(1980), New basic syllable table for Korean standard pronunciation, *Journal of Language and Literature Research*, 4, 534-544.